ADULTÈRES

Aldo NAOURI

ADULTÈRES

Odile
Jacob

15, RUE SOUFFLOT, 75005 PARIS

www.odilejacob.fr

ISBN 2-7381-1827-5

À tous les couples,
à ceux qui ont affronté la tempête
en la combattant sans désespérer,
comme à ceux qui y ont parfois sombré
faute d'avoir été suffisamment gréés
par leurs histoires.

AVERTISSEMENT

Pourquoi traiter de l'adultère, des adultères ? N'est-ce pas un sujet rebattu et n'en a-t-on pas tout dit ?

La réserve serait pertinente, s'il devait être question d'en pister seulement les traces antiques ou d'en cerner le statut dans les mythologies et autres textes sacrés ; s'il s'agissait de s'attarder sur les exploits d'un Casanova, sur le mythe de Don Juan ou sur les mœurs des hommes et femmes célèbres, régnants ou non, qui l'ont pratiqué à grande échelle ; s'il fallait enfin emboîter le pas à la presse *people* et exploiter, du côté masculin, les grossiers étalages de conquêtes ou, du côté féminin, les confessions pathétiques de telle ou telle autre grande écrivaine amoureuse, celles éplorées de telle grande actrice trompée ou celles encore plus pimentées de telle intellectuelle vantant ses performances en la matière.

Qu'on se rassure ! Je n'ai pas l'intention d'aller dans ce sens. Je ne produirai pas plus un descriptif des stratégies mises en œuvre dans ce registre que je n'en ferai l'apologie ou que je porterai à son endroit un quelconque jugement.

Je ne cesserai pas d'être le pédiatre que j'ai toujours été. J'ai en effet passé beaucoup de temps à m'interroger sur le devenir des jeunes couples dont j'ai eu à soigner les enfants et à tenter de repérer les raisons qui conduisent parfois l'un ou l'autre des partenaires à devoir rompre le pacte implicite de fidélité dans lequel il s'était engagé à l'aube de l'aventure et à aller explorer un ailleurs, en une incursion passagère dont il ne sait jamais pourquoi elle est survenue, ce qu'elle signifie et encore moins à l'avance le tour qu'elle prendra. À m'interroger, autrement dit, sur ce qui contraint les anciens enfants qu'ont été l'un et/ou l'autre de ces partenaires à en passer par là tout en cultivant l'illusion d'être autonomes et libres de leurs choix.

Les questions que je me pose portent sur une thématique éternelle. Je ne peux donc pas en éluder l'historique, si succinct le voudrais-je. Malgré la dénonciation et l'opprobre dont il n'a jamais cessé d'être l'objet, l'adultère a en effet toujours eu cours. Comme s'il constituait, pour l'humain, une expérience tentatrice au point de se sentir condamné à devoir la traverser tôt ou tard dans sa vie. C'est ce que laisse entendre, avec beaucoup d'humour, le psychanalyste Lucien Israël quand il affirme[1] que « seuls les paranoïaques sont convaincus de la fidélité de leurs femmes ». Propos qui fait un étrange écho à la fameuse sentence du Christ absolvant de la lapidation la femme adultère et engageant « celui qui n'a jamais péché [à] lui [jeter] la première pierre[2] ».

Pourquoi en serait-il ainsi ?

On sait qu'il y a eu, de tout temps et dans tous les codes, au sein de sociétés unanimement dénoncées aujourd'hui pour leurs excès « machistes », des commandements condamnant cette pratique. Adressés aux seuls hommes et stigmatisant l'attrait féminin, qualifié de diabolique, ils les engageaient à ne pas y céder et à réfréner la violence de leurs pulsions sexuelles. Force est de reconnaître que les résultats obtenus n'ont guère été brillants. Car ces mêmes hommes n'ont pas cessé de mener une sourde lutte contre l'injonction qui leur était faite. « La

1. Lucien Israël, *Marguerite D. au risque de la psychanalyse*, Strasbourg, Ramonville-Sainte-Agne, Arcanes, Érès, 2003, p. 173.

2. Matthieu, 19.9.

chair est faible », ont-ils plaidé, ce dont ils ont rendu les femmes coupables au point de justifier le sort qu'ils leur ont réservé : de l'invention puis de la réglementation de la prostitution à la maltraitance légale des femmes, avec les règles iniques des jugements pour faute dans les procès de divorce, en passant par toute une littérature légitimant en les magnifiant les exploits sexuels masculins.

Les choses ont commencé à changer à partir du moment où, depuis quelques décennies, les femmes se sont dotées des moyens d'aller jusqu'au bout de leur lutte et de restaurer enfin une dignité bafouée. On ne peut que se féliciter, tout insuffisants qu'ils soient encore, des résultats qu'elles ont obtenus. Leur assomption, en particulier, d'une sexualité guère moins exigeante que celle de leurs comparses a bouleversé la donne et a abouti à la libéralisation actuelle des mœurs.

Que recouvre dès lors le concept d'adultère ? Peut-on en effet encore en faire usage quand chacun, au nom d'une liberté qui lui est reconnue et dont il est férocement jaloux, revendique – et se voit reconnaître – le droit de suivre son caprice sans avoir à en rendre compte à quiconque ? On sait les dispositions prises par exemple, à cet égard, par le couple morganatique formé par Jean-Paul Sartre et Simone de Beauvoir : ils s'étaient engagés non seulement à tolérer leurs infidélités respectives, mais à se les raconter par le menu. Qu'ils n'aient, de fait, pas tenu leur engagement n'a été su que fort tard, après que la publicité donnée à leur comportement a fait quantité de naïfs adeptes, lesquels en ont parfois payé les conséquences d'un prix exorbitant.

Et pourtant !

Il suffit de revenir à ce qu'enseigne la clinique du quotidien. Ayant suivi pendant de longues années les nombreux couples que j'ai rencontrés dans ma carrière et qui avaient opté pour toutes sortes d'options en la matière, je n'ai jamais eu à connaître d'une infidélité ou d'une rupture qui n'ait produit d'intolérables douleurs quand ce n'était pas de profonds, voire très profonds, dégâts. Faut-il croire que nos contemporains en sont encore aux contes de fées, que les femmes sont toujours dans l'attente du prince charmant et que les hommes sont toujours mus par la conquête du Graal ? Ou bien doit-on porter ce phénomène au compte de la persistance d'une vision du monde têtue et toujours à l'œuvre alors qu'elle aurait dû naturellement évoluer ? Que l'adultère ait perdu son caractère délictueux ne semble pas en faire pour autant une expérience facile à intégrer ou à dépasser.

On se retrouve de fait dans un paysage ressemblant à mille autres du même type dans lesquels s'affrontent des discours diamétralement opposés et aux potentiels asymétriques : une opinion ultraminoritaire vante bruyamment des options – qu'elle n'a au demeurant pas toujours mises en œuvre pour son propre compte – et parvient à les imposer à une majorité silencieuse prête à se soumettre à une logique proprement terroriste et à se laisser guider par les prophètes dont elle rêve et dont elle refuse de savoir combien ils sont faux par définition.

Car que trouve-t-on, par-delà les descriptions parfois croustillantes ou les aveux douloureux, dans ces histoires d'adultère ? Une apologie de la transgression ? Un prétexte compulsif à la réassurance ? Un module commode pour achever un deuil ? Une façon nouvelle de magnifier l'autonomie ? Une revendication de symétrie dans les comportements sexuels ? Le replâtrage hâtif d'un narcissisme écorné ? Une référence têtue à une stigmatisation qu'on avait crue tombée en désuétude ? La protestation vindicative d'une vision de l'amour ?

Tout cela certes, et bien d'autres choses déjà sues et suffisamment ressassées pour finir par lasser. Mais, toujours, et dans toutes les formes d'union, quelque caractère qu'elles revêtent, l'horizon bleu intense d'une vision de l'aventure amoureuse que ne devrait jamais altérer le moindre nuage ; un espoir que rien ne devrait en principe décevoir ; une forme d'attente obstinée ; une recherche éperdue d'un on-ne-sait-trop-quoi, qu'on sait n'avoir jamais connu et que, pourtant, on serait sûr de reconnaître s'il arrivait de le rencontrer.

Une illusion ?

Peut-être ? Mais qui aurait la vie dure et qui serait singulièrement enracinée pour pousser un sujet dont elle ponctue l'aventure à la mettre en œuvre en sachant, sans toujours en avoir conscience, qu'il n'avait pas d'autre choix !

Une illusion qui, comme cela se passe toujours, s'agrippe à tout ce qui se trouve à sa portée, fabriquant chez un sujet des comportements qui heurtent la raison de son entourage mais auxquels il demeure aveugle parce que sa propre raison parvient parfois à leur inventer une forme de justification. Il n'y a rien d'étrange, et encore moins de monstrueux, dans tout cela. Il ne s'agit jamais que de la mise en œuvre des mécanismes que développe la psyché quand elle entreprend de masquer la racine des choses. C'est seulement quand les appréciations respectives du sujet et de son entourage s'avèrent trop discordantes que se constitue alors ce qu'on appelle un symptôme, lequel peut être plus ou moins reconnu comme tel par le sujet lui-même. Je le spécifie et j'y insiste parce que je ne cesserai pas, tout au long de l'ouvrage, d'interroger les conduites adultérines comme autant de symptômes de leurs auteurs. Il m'a d'ailleurs paru important, pour familiariser chacun à cette démarche, d'illustrer en détail la rencontre que j'ai relevée pour moi-même entre un symptôme anodin, auquel je n'ai jamais prêté cas, et la thématique adultérine sur laquelle je me suis mis à focaliser, un jour, mon attention.

Ceci étant, je ne prétends cependant pas avoir mené une recherche exhaustive sur le vaste problème auquel je me suis attelé. Je suis même prêt à concéder que mon discours emprunte une structure qui lui est propre et fait plus appel à un processus de type analytique qu'à un processus descriptif ou froidement scientifique. Il pourrait lui être en effet reproché, malgré sa visée didactique servie par l'exposé de nombreux cas clinique, de n'avoir usé que d'une série d'intuitions. Mais qu'est-ce donc qu'une intuition sinon une forme de savoir ? Un incontestable savoir, même s'il n'est pas toujours reconnu comme tel. Parce qu'il s'est constitué subrepticement sur l'accumulation d'un matériel au sein duquel a joué le mécanisme de l'association d'idées dégagées de ce matériel lui-même.

Si ce type d'argument n'est pas suffisant, j'ajouterai que l'incontestable avantage produit par le type d'abord et d'exposé que j'ai choisi, c'est qu'il invite chacun à le passer, sans préalable et sans le moindre critère moralisateur, au crible de son propre registre émotionnel, et à ne pas hésiter à le contester, à le rejeter, voire à violemment le dénoncer s'il ne se sent pas intimement concerné par lui. Ce faisant, j'estime avoir, à ma manière, emboîté le pas à Maurice Maeterlinck quand, en exergue de *Pelléas et Mélisande*[3], il affiche son but : sa pièce serait « un poème pour aller au plus proche de l'intimité humaine non par la raison mais par la résonance ».

3. Maurice Maeterlinck, *Pelléas et Mélisande*, Paris, Labor, 2006.

PARCE QUE TOUT EST RENCONTRE

Je passe beaucoup de temps à essuyer mes lunettes. Je l'ai toujours fait. Comme sans doute bien des personnes, mais sur un mode à coup sûr excessif ! Qu'une irisation, une trace de doigt ou une poussière vienne s'inscrire dans mon champ visuel, et me voilà à me précipiter, fébrile, à la recherche d'un mouchoir, qui me fait d'ailleurs régulièrement défaut. Le trouvé-je que rien n'est résolu pour autant : qu'il soit neuf ou déjà utilisé, ce qui est le plus souvent le cas, son usage suscite de nouvelles difficultés ; car, quels que soient les soins dont je l'entoure, l'opération d'essuyage engendre le plus souvent de nouvelles irisations, lesquelles me contraignent à souffler de la buée sur les deux faces des verres et à recommencer à les frotter encore et encore dans tous les sens. Souvent en vain, au demeurant. Si bien qu'en désespoir de cause il m'arrive, toutes les fois que la chose est possible, de gagner le lavabo le plus proche pour laver mes verres au savon. C'est le moyen le plus radical que j'aie trouvé, après avoir épuisé le recours aux *sprays* et autres lingettes nettoyantes que les opticiens ont mis sur le marché. J'ajouterai que, sans devoir être rangée dans la catégorie des TOC[1], mon obsession frôle

1. Troubles obsessionnels compulsifs : il s'agit d'un trouble pathologique invalidant qui contraint en toutes occasions le patient à l'accom-

assurément le pathologique : je ne supporte pas en effet qu'un interlocuteur puisse avoir des lunettes sales ; s'il m'est familier, je cède à ma pulsion et entreprends aussitôt de nettoyer ses verres ; s'il m'est étranger, je réfrène ma propension, en sachant que je devrai lutter sans relâche contre la distraction introduite dans notre communication par le spectacle des traces de doigts et des grains de poussière. J'aggraverais sans doute mon cas en avouant que j'ai un problème strictement identique avec les pare-brise de mes voitures et que je me sens sombrer dans un émerveillement teinté de nostalgie quand il m'arrive de prendre un taxi et d'avoir à constater, parce qu'il se met à pleuvoir, l'efficacité de ses essuie-glaces : je m'enquiers alors de la marque et du modèle du véhicule et je me surprends à caresser le fantasme d'en acquérir un jour l'identique.

Ça n'a jamais, bien sûr, été grand-chose dans le quotidien compliqué qui est le mien depuis si longtemps. Je l'ai toujours supporté sans même y prêter beaucoup d'attention. Si j'en parle ici, c'est seulement parce que ça s'est mis soudain à faire... symptôme ! Je me suis dit un jour que j'en faisais trop. Et je me suis demandé ce que ça pouvait bien vouloir dire. La question en a aussitôt amené une cascade d'autres, dont celle de savoir pourquoi je n'avais jamais été arrêté, jusque-là, par cet état de fait. Qu'a-t-il donc pu se produire pour que je le sois soudain ? J'entamais sans le vouloir le décryptage du symptôme dont Lacan[2] dit « que ça parle, ça parle même à ceux qui ne savent pas entendre, ça ne dit pas tout, même à ceux qui le savent ». Il aurait pu ajouter que ça parle tellement que, lorsque ça affecte un individu qu'une psychanalyse a accoutumé à dévider ses associations d'idées sans ordre ni hiérarchie, ça le contraint parfois à reprendre son parcours personnel jusque dans les zones qu'il avait pourtant cru avoir plus ou moins mises en ordre.

---

plissement de gestes hautement ritualisés dont le but ou la signification lui échappent.

2. Jacques Lacan, séminaire du 20 janvier 1971.

C'est, soit dit en passant, une belle leçon à méditer pour qui imagine qu'une analyse permet au sujet qui en a bénéficié de résoudre l'intégralité de ses problèmes et d'être armé pour affronter tous ceux qu'il pourrait rencontrer. Et une non moins belle occasion de corriger une erreur qui a la vie dure : s'il est vrai qu'une analyse parvient à libérer un individu d'un certain nombre de ses entraves, elle n'a jamais prétendu le désinsérer de la totalité de ses déterminants. Un individu analysé – même s'il a fait son métier de l'expérience qu'il a vécue et qu'il est devenu psychanalyste – n'est pas moins aliéné qu'un autre ; il n'a pas moins de liens qu'un autre ; il en a tout autant ; il les a seulement un peu desserrés pour pouvoir éventuellement en jouer et il a acquis la faculté d'en desserrer d'autres s'ils venaient à le gêner. La discipline de l'association d'idées à laquelle il s'est longuement astreint lui permet de se saisir sans effroi du questionnement qui s'empare parfois de lui. Assuré de la pertinence de sa démarche, il s'y attelle sans plus compter son temps que marchander son énergie. C'est en cela, et seulement en cela, que réside sa singularité. Car, sauf à dénier l'évidence ou à vouloir cultiver une indécrottable paresse, nul ne peut prétendre se soustraire au questionnement qui occupe le cœur même de la vie la plus ordinaire.

C'est dans cet état d'esprit que j'ai affronté l'étonnement soudain dans lequel m'a mis le soin excessif dont j'ai toujours entouré mes verres de lunettes. Et c'est pour permettre à chacun de prendre la mesure des surprenantes découvertes qui ponctuent une telle démarche que j'ai voulu la décrire du mieux possible. Je n'ai cependant pas l'intention de conter par le menu la manière dont je suis parvenu, au fil de longs mois d'associations, à remonter au moment précis où mon souci d'optique s'est constitué en symptôme. Ce serait bien trop long et sans grand intérêt. Je dirai seulement que ce sont des questions autour des problèmes d'adultère qui m'ont mis sur la voie en me renvoyant à la singulière rencontre qui les a augurées.

« Je pratique l'adultère à répétition. Et, chaque fois que j'y cède, je me dis que c'est la dernière fois. » La dame avait dit ça, sur un ton neutre, à la fin du repas, entre le plat et le café. La phrase claire, simple, informative, en apparence anodine, semblait pouvoir entrer dans le cadre de ces propos qui, sur le mode de la confession, augurent d'habitude le passage d'un lien prévu comme éphémère à un lien de plus grande proximité, plus étoffé, plus intime. Mais je n'avais pas la moindre envie de faire passer la relation du « sans lendemain » au « quand se revoit-on ? ». Pas plus d'ailleurs que d'affronter une de ces exaspérantes pseudo-demandes de thérapie qui permettent à certaines personnes de se croire quittes avec ce qui les préoccupe en l'évoquant avec un interlocuteur réputé savoir écouter. J'ai réussi à convaincre mon interlocutrice que je n'étais pas la bonne personne pour l'aider et je lui ai proposé l'adresse d'un collègue. Je me suis cru libéré. À tort ! Car je n'ai pas alors imaginé que je serais aussi longtemps assailli par les propos que j'avais entendus, et plus particulièrement par le fragment de phrase : « ... je me dis que c'est la dernière fois ». La nuance pouvait traduire une sorte de remords ou de sursaut moral (« ... j'y cède... ») devant ce qui aurait été vécu comme transgression. Mais, accolée au repérage d'une répétition irritante, elle m'a paru éclairer d'une façon originale ce qui m'a semblé être encore plus une compulsion qu'une addiction.

Par l'effet de ces mécanismes que les psychanalystes appellent « condensation » et « déplacement », et parce qu'elle m'a touché plus que je ne l'aurais cru, la compulsion qui m'avait été ainsi confessée m'a curieusement révélé la mienne autour du soin attaché à la propreté de mes lunettes !

Je ne pouvais cependant admettre le fait sans chercher à comprendre l'insistance à laquelle je me trouvais confronté autant que la manière dont se sont articulées deux thématiques en apparence aussi étrangères l'une à l'autre.

J'ai commencé par leur trouver un premier point commun : une identité de forme. Il y avait là, pourrais-je dire, quelque chose d'irrépressible qui heurtait la raison. Même si la dame en question se disait que c'était « la dernière fois », elle ne pouvait s'empêcher de recommencer, tout comme je ne pouvais me retenir de m'émerveiller de l'efficacité de certains essuie-glaces ! Je me suis alors dit que, si le nettoyage de mes verres produit toujours un résultat appréciable qui confère à ma compulsion un incontestable statut économique, la compulsion à l'adultère, même sous une formulation pathétique, devait avoir pour son auteur un statut équivalent. Par l'effet d'un mécanisme similaire, l'identité de forme des deux comportements se trouverait ainsi redoublée d'une probable équivalence de résultat.

La conjonction que j'avais opérée entre ces deux conduites pouvait-elle néanmoins s'accommoder du fait que leurs conséquences et les buts qu'elles poursuivaient n'avaient rien de commun ?

C'est face à des questions de cet ordre que l'entraînement à l'association libre révèle son efficience. On laisse venir les pensées sans ordre et sans hiérarchie ; la bonne direction vient tôt ou tard d'elle-même. C'est ce qui est arrivé quand il m'est apparu comme évident que, pour ce qui est de leurs conséquences, l'une et l'autre des compulsions ne semblent nuire à personne : la mienne ne concerne que moi, et celle de la dame, à ce qu'elle en dit, ne semble concerner qu'elle seule, si tant est qu'on fasse abstraction de l'ordre moral dans lequel elle se déploie.

Pour ce qu'il en est des buts poursuivis, la découverte des articulations a été plus lente.

À cause de l'aveu « je me dis que c'est la dernière fois », l'échange m'a ému plus que je ne l'aurais cru. Il m'a ramené, sans que je m'en aperçoive, à mon rapport de médecin pédiatre au tout-petit. Parce que la dame avait des traces d'enfance sur le visage, cet aveu a évoqué pour moi ces vaines mais si touchantes résolutions que tentent longtemps de prendre les enfants qu'on gronde et qui promettent de ne plus recommencer. L'attendrissement que j'ai alors éprouvé m'a mis dans le même bonheur que celui que j'éprouve au spectacle quotidien des enfants. Cela m'a évidemment ramené au registre du regard et en particulier au regard du médecin tel que j'en ai trouvé traitées les performances dans les admirables pages que lui a consacrées Michel Foucault[3]. Des performances qui sont d'ailleurs déjà présentes, comme on l'a montré depuis quelques dizaines d'années, chez le nouveau-né[4]. Dès la venue au monde, la vision se révèle en effet comme le sens synthétiseur par excellence qui conférera au sujet la conscience de son propre corps et celle de l'espace environnant[5]. L'étendue de ses capacités, comme celle de ses pouvoirs, m'a contraint à une réflexion plus longue que je ne l'aurais cru. Ce que la psychanalyse repère, derrière la pulsion scopique, comme tentation de maîtrise, thématique paranoïaque ou problématique perverse, se tenait en effet en embuscade au détour de chaque question. Pour savoir où j'en étais, j'ai dû faire retour à l'ouvrage de Michel Foucault et à bien d'autres, dont ceux de Gérard Bonnet[6]. Ils m'ont permis de conclure que, si les études médicales ont contribué à parfaire les performances de mon regard, celles-ci, sans être suspectes, étaient chez moi déjà suffisamment développées pour me conduire à choisir le métier que j'ai exercé. Ce n'est pas, autrement dit, parce que je suis médecin que j'investis à ce point mon registre visuel, mais c'est parce que j'ai toujours investi massivement mon registre visuel que je suis devenu médecin.

---

3. Michel Foucault, *Naissance de la clinique*, Paris, PUF, 1978, p. 116 et suivantes.

4. On a en effet démontré qu'alors même que l'aire visuelle n'a enregistré aucune image durant la gestation et qu'elle n'a pas constitué, comme l'ont fait les autres aires sensorielles, de banque de données il suffit de huit heures de vie aérienne à un nouveau-né pour reconnaître sa mère sur photo.

5. Henri Hecaen (sous la dir.), *Neuropsychologie de la perception visuelle*, Paris, Masson et Cie, 1972.

6. Gérard Bonnet, *Voir et être vu*, 1 et 2, Paris, PUF, 1981.

Je suis resté assez longtemps encore à me demander la nature du lien qui unissait ainsi ma propre obsession autour de la vue et cette question de l'adultère telle qu'elle m'a happé à l'occasion de la rencontre que je rapporte. Jusqu'au jour où, par temps froid, je suis entré dans un café surchauffé. La buée s'est déposée sur mes lunettes. Je les ai essuyées, mais, m'asseyant à une table près de la devanture, je me suis surpris à me lever pour également essuyer avec mon chapeau la vitre embuée. L'idée m'est alors venue que ce je ne supportais décidément pas, c'était l'opacité. Et ce au point de m'en sentir menacé au moindre indice que j'en relevais.

J'ai produit, à ce moment-là, un véritable saut dans le vécu de ce qui me hantait. J'avais en effet quitté le « signifié » rattaché au seul registre de la vision pour investir un « signifiant » qui m'ouvrait bien d'autres horizons. Ma lutte contre l'opacité débordait largement le cadre de mes lunettes pour s'inscrire dans tous les registres où elle est susceptible de trouver une place. Cela m'a ramené à une série de traumatismes de mon enfance que j'avais explorés au cours de mon analyse et qui étaient tous contemporains de la transculturation que j'ai eu à vivre à cet âge-là. J'ai dû, en effet, passer de la familiarité rassurante de ma langue maternelle à l'opacité d'une langue nouvelle[7] que je devais impérativement acquérir. J'ai été en quelque sorte contraint d'abandonner l'orbe rassurant de ma mère pour entrer dans une aire à laquelle elle est restée pour sa part, sa vie durant, rétive. Or, tout au long de cette aventure initiatique, je n'ai pas cessé d'user de mon regard comme d'une arme : à la manière de l'enfant évoqué par Dupin dans une nouvelle d'Edgar Poe[8], quand

7. Quelques détails de cette aventure sont donnés en Annexe. Non pas pour l'éventuel intérêt que comporterait leur narration, mais pour fournir un exemple vivant de la manière dont une histoire ne cesse pas de se faire en réservant parfois de bien curieuses surprises.

8. Edgar Allan Poe, « La lettre volée », *Histoires extraordinaires* Paris, Gallimard, coll. « Folio », 2004.

j'avais des difficultés à comprendre mon interlocuteur, je le regardais intensément jusqu'à parvenir à calquer ma mimique sur la sienne. J'acquérais alors la certitude qu'il n'avait plus de pouvoir sur moi. Et, comme je ne lui répondais pas, c'est moi qui en avais sur lui, puisque je savais ce qu'il m'avait dit alors qu'il ne savait rien de ce que j'aurais pu dire.

Ces re-découvertes m'ont conduit à percevoir l'intégralité de mon parcours comme si j'étais habité par une lutte acharnée et sans répit contre l'opacité. Pourquoi, comme tant d'autres estimés confrères, ne me suis-je pas en effet cantonné à l'exercice courant, et intéressant à lui seul, de mon métier ? Pourquoi me suis-je senti contraint de m'intéresser aux différents champs des sciences humaines ? Pourquoi suis-je allé entreprendre une psychanalyse ? Et pourquoi ai-je ainsi éprouvé la nécessité de publier des ouvrages dans lesquels je n'ai rien fait d'autre que traduire en termes accessibles au plus grand nombre certains enseignements du discours psychanalytique ? Les réponses à ces questions incluaient, toutes sans exception, les effets de l'opacité. Tout se conjoignait et revêtait un sens nouveau. Même le projet de cet ouvrage : entreprendre, par le biais d'un registre aussi complexe et obscur que celui de l'adultère, d'éclairer, jusque dans leurs impasses, les rapports entre les hommes et les femmes.

Cela n'expliquait cependant pas encore la raison pour laquelle la thématique de l'adultère serait ainsi venue me quérir à l'occasion d'une rencontre. Aurais-je été titillé à mon insu par la tonalité transgressive qu'elle recèle et qui serait venue souligner les inhibitions du banal névrosé que je suis ? Aurais-je été ramené à des affects ou à des soupçons que j'aurais conçus dans mon existence ? Aurais-je éprouvé quelque douleur à avoir été témoin de ses conséquences quand j'ai eu à en recueillir la confidence dans l'exercice de ma profession ? Pourquoi d'ailleurs ces hypothèses seraient-elles exclusives l'une de l'autre ou de toute autre ? Chacune d'elles a probablement contribué sinon à la prise en masse de la conjonction, au moins à sa préparation. Elles m'ont paru néanmoins avoir un rôle minime par rapport à l'axe découvert comme étant celui du travail qui s'était effectué en moi autour de l'opacité. Car l'adultère se caractérise fondamentalement par ce processus d'opacification qu'on appelle la « dissimulation ». Et celle-ci ne vise pas seulement ce qui est soustrait au regard, mais aussi ce qui, dans un comportement ou un discours, est destiné à être tu.

Si la « dissimulation » a offert un nouveau champ d'exploration au malheureux Don Quichotte que je dois être à ma manière, puisque je ne cesse de vouloir réparer des histoires révolues, cela ne m'incite nullement à plaider pour son contraire, la transparence, dont je rejette le terrorisme actuel. C'est seulement un des aspects du problème. Il en est d'autres, en effet, si on s'éloigne tout du moins du côté graveleux du phénomène et qu'on s'y intéresse comme à un symptôme qui « parle même à ceux qui ne savent pas entendre, [et qui] ne dit pas tout, même à ceux qui le savent ». Si on considère que la vie d'un être n'est pas constituée d'une série d'étapes indépendantes les unes des autres et en totale rupture, mais qu'elle est un continuum sans faille ; et que, tout comme l'adulte d'aujourd'hui est le bébé d'hier, le bébé d'aujourd'hui est l'adulte de demain. On doit alors interroger autant la survenue de l'adultère que son déterminisme, sa dynamique et son objectif, en examinant la manière dont ils peuvent être articulés avec des vécus lointains, lesquels ne peuvent pas ne pas rappeler à l'ordre dès lors qu'ils rencontrent des conditions favorables. Car il n'y a pas dans l'adultère un agent actif coupable et une victime trahie ; il n'y a de part et d'autre que des victimes, innocentes, de leurs histoires respectives. Une histoire qui agit chacun d'eux, à son corps défendant, depuis l'instant même où elle lui a échu, laissant sur lui une trace qui défiera le temps et qui ne manquera pas de se rappeler à lui dans une série de rendez-vous auxquels il ne pourra pas se soustraire et qui constitueront pour lui autant de crises. Dans un concours de circonstances inopinées et en usant de la dissimulation, l'acteur d'un adultère se sentirait contraint, autrement dit, à faire un retour solitaire vers des zones de son vécu qui lui sont restées opaques mais qui ne cessent pas de se rappeler à lui.

À la manière dont, en raison d'un événement survenu dans ma petite enfance, j'ai déployé une énergie considérable pour ne pas me laisser à nouveau piéger par l'opacité, mon émouvante interlocutrice a probablement cherché par le seul moyen qu'elle ait trouvé, son adultère « à répétition », à retrouver en vain quelque chose qui n'a cependant pas cessé de se soustraire à sa tentative. Ce faisant, elle a usé de son corps, mais cela disqualifie-t-il pour autant sa démarche ? Lacan ne dit-il pas encore du symptôme qu'il est « la trace d'un dire sur un corps[9] » ? Elle repère, bien au contraire, la limite de sa tentative puisque, cédant à l'attrait d'une rencontre nouvelle, elle exprime une forme de désespoir en se disant chaque fois que c'est « la dernière fois ». Au point d'essayer maladroitement de mettre son entreprise en mots – ce que je l'ai encouragée à faire.

On pourra évidemment relever que la nature de nos démarches respectives est singulièrement différente. Certes, mais bien moins qu'on ne le croit. Car, qu'on ait ou non des difficultés à l'admettre, la spéculation et l'activité sexuelle sont, l'une comme l'autre, l'une et l'autre, des formes de langage. Si la première apparaît plus facilement comme telle que la seconde, c'est seulement en raison des dispositifs sociaux qui interviennent et qui censurent, non sans raison, les processus de nature ouvertement pulsionnelle comme l'activité sexuelle. Mais, dans l'une comme dans l'autre des démarches, il s'agit toujours du déploiement d'une dimension de soi face à un autre ou à d'autres. Sans doute heurterai-je beaucoup de monde en

9. Jacques Lacan, *Télévision*, Paris, Seuil, 1973.

avançant que mon dialogue avec les auteurs que je lis ou que je cite n'est pas très éloigné de celui qu'a entretenu mon interlocutrice avec ses partenaires sexuels successifs. Cependant, ne s'agit-il pas toujours, dans l'un comme dans l'autre cas, de rencontres ? De rencontres plus ou moins réelles, mais de rencontres tout de même, avec, chaque fois, un « autre » chez qui, ou auprès de qui, on espère récolter un brin, une parcelle, un atome de ce qui pourrait rappeler, pour faire retour à lui, cet(te) « autre » lointain et indiscernable dont on a gardé la trace et qui a constitué chacun de nous comme étant lui-même.

Que j'évoque une explication de cet ordre n'implique pas que je défende l'adultère par rapport à la fidélité – il s'en faut beaucoup. La fidélité a au contraire pour moi un statut insoupçonné et appréciable, je ne manquerai pas de le souligner. Je me préoccupe seulement de cerner la logique d'un comportement plus obscur et plus complexe qu'on ne le croit.

Mais que je laisse entrevoir l'existence dans toute rencontre, de quelque ordre qu'elle soit et quelque allure qu'elle prenne, d'un retour vers les zones les plus reculées du vécu ne sera pas sans ouvrir, pour moi, sur des considérations autour des rapports à instaurer avec les bébés et de la manière de voir la puériculture. On imagine bien que, même conscient du poids dont les histoires individuelles affectent les gestes parentaux, je ne vais pas me priver d'interroger cet aspect des choses. Car la nostalgie, qui se trouve à l'œuvre dans tout mouvement régressif, se fabrique sur la trace que chacun a gardée sur lui. Une trace dont il n'est pas l'auteur et qui le fait dépositaire de ce que sa mère a voulu lui transmettre, par ses gestes, ses attitudes et son discours, de son histoire et de son propre désir.

La voie pulsionnelle de l'adultère, chez les hommes comme chez les femmes, ne serait-elle pas alors la réponse tardive à la voie pulsionnelle dont la mère aura usé sans modération et sans régulation avec son petit enfant ?

RIEN N'EST AUSSI PRÈS QUE CE QUI EST LOIN, ET… INVERSEMENT !

« Il vous faut des lointains que je ne connais pas
Je suis de ceux dont les désirs sont sur la terre
Le souffle qui vous grise emplit mon cœur d'effroi
Mais votre appel au fond du soir me désespère
Car j'ai de grands départs inassouvis en moi. »

Jean DE LA VILLE DE MIRMONT, *L'Horizon chimérique*

L'appel

L'appel, l'irrésistible appel. Il a toujours été là, discret, tapi dans l'ombre, attendant son heure.

Il se perçoit un jour, timide au point qu'on n'en fait pas cas. On le range dans un coin, et on s'efforce, jusqu'à en prendre l'habitude, de ne pas même y jeter un regard. On serait soulagé de pouvoir l'oublier, on aimerait en être débarrassé tant on le subodore menaçant pour la rassurante routine. Mais le revoilà, se riant du déni qu'on a essayé d'opérer. Et il insiste encore et encore, jusqu'à devenir effrayant, comme en témoigne le poète.

On lui résiste comme on peut. On s'y fait sourd. On se bouche fort les oreilles. On espère que, s'épuisant, il permettra tôt ou tard de recouvrer l'usage des mains, et celui de la raison. Puis on attend. On attend, jusqu'à finir par devoir reconnaître que ce n'est pas tant son existence qui pose problème – après tout, il ne vise personne en particulier – que la sensibilité qu'on y marque sans en avoir toujours saisi le contenu.

On tente alors de l'affronter, de le mettre en mots, pour le cerner, l'amadouer, l'apprivoiser, en faire tomber la pression, le faire patienter, le temps qu'on puisse y réfléchir, tout en craignant que ce ne soit impossible tant il submerge. On essaie de le convertir, de l'intégrer à toutes sortes d'entreprises en cours, histoire de lui donner une pâture, de le satisfaire même partiellement pour au moins le faire taire. Mais il emporte, et il n'a de cesse d'emporter, se riant autant de la gymnastique qu'on lui applique que du décryptage qu'on tente. Sa force et sa violence tiennent à ce qu'il évoque, qu'on a le plus grand mal à identifier, mais qui, curieusement, semble ne pouvoir passer que par la grille qu'on a soi-même forgée un jour autour de tout ce qui a trait à l'amour et à ses composants.

Pourquoi lui faut-il donc adjoindre à ses moyens de torture cette dimension plus dérangeante encore de l'érotique ? Se confond-il avec elle ? En use-t-il comme d'un moteur ? En est-il le moteur ? Une des nombreuses expressions ? Ou bien en fait-il un véhicule destiné à accroître son pouvoir de séduction ?

Il va falloir admettre que c'est son style ! S'imposer avec force, se rire des limites et des artifices, tout balayer sur son chemin pour se faire percevoir à sa proie et lui faire sentir que, soumise à lui, elle en devient mouvante, changeante, vive, vivante. Vivante, exactement comme dans ces instants marquants où le sexe hurle son espoir d'un plaisir qui mettrait fin à la torture de la jouissance.

Il en est ainsi en toutes sortes de circonstances.

Les quelques vers placés en exergue de ce chapitre ne sont pas en effet sans rappeler, par leur tournure, l'émotion exprimée par les amoureux à l'intention de leurs belles.

Ce n'est pourtant pas à une belle que s'adresse leur auteur, mais aux océans sur lesquels il rêve depuis toujours de partir à l'aventure.

Un exemple parmi d'autres. Le nombre d'objets que véhicule l'appel est si grand et leur nature si variée qu'on ne peut pas plus en dresser la liste qu'en prévoir à coup sûr l'implication. Les modalités d'expression artistique en sont autant d'illustrations. Parmi elles, il semble cependant que ce soit encore l'écriture poétique qui en témoigne le mieux. Le poids des mots dont elle use, leur agencement, le rythme qui s'en dégage et la musique qui en habite même les silences permettent d'entraîner chacun, à n'importe quel âge de la vie et sans qu'il en ait conscience, vers ces zones obscures de son être, celles où il soupçonne et découvre que gît une attente, un désir insistant, inassouvi, auquel serait enchaîné un espoir têtu et toujours à vif[1]. Elle démontre que nous serions, tous sans exception, naturellement soumis à une véritable fascination pour cet « encore inconnu » qui ne cesse de nous héler et que nous vivons comme une promesse, sinon un dû.

Mais comment expliquer que nous puissions ainsi nous lancer parfois dans l'investissement d'un « encore inconnu » et courir le risque de nous tromper ? Voilà qui est contraire à l'économie extrême qui fonde l'ensemble de nos conduites et de nos comportements. Tout en effet, du côté aussi bien de la biologie que des affects, obéit à une logique rigoureuse : celle de la prudence, du moindre risque, d'un souci de stabilité garant de la souveraine

1. Il faut noter que ceux qu'effraie le poids des mots s'en passent mais pallient leur surdi-mutité par l'investissement massif et quasi exclusif de la musique. Ce n'est certainement pas par hasard que la musique, quelle qu'en soit la forme, rencontre aujourd'hui, auprès d'un public dont le stock lexical ne cesse de s'appauvrir, un succès aussi considérable. Quand on sait que seule la richesse lexicale est susceptible de faire obstacle à la violence, on comprend différemment le cas récent de ce musicien qui, ayant pourtant tué la femme qu'il aimait, n'a pas cessé depuis de hurler son amour pour elle.

homéostasie. Sous peine de faire symptôme, toute perte est aussitôt compensée par un gain, et toute accumulation par une élimination. Toute agression est repérée comme telle, et des mécanismes spécifiques sont immédiatement mis en œuvre pour la combattre. Nous sommes naturellement dotés d'une capacité à préserver jalousement nos acquis, à nous défendre et même à nous autoréparer. Quand nous dormons, parce que notre vigilance disparaît et que nous sommes exposés à l'agression, nous disposons de rêves (même si nous ne nous en souvenons pas toujours) destinés à être les « gardien(s) de nos désirs », comme les a définis Freud[2], et toutes les hormones et autres substances destinées à nous permettre de réagir sur-le-champ à une agression sont à leur niveau le plus haut. Même les insomnies de milieu de nuit que connaissent les anxieux relèvent d'un mécanisme de défense niché dans cette partie de notre cerveau qu'on nomme le cerveau reptilien : le réveil qui survient est commandé par une horloge biologique héritée de nos plus lointains ancêtres, lesquels se réveillaient déjà à cette heure-là de la nuit pour être prêts à affronter les bêtes sauvages qui se mettaient en chasse exactement à ce moment-là. Notre corps et notre psyché se débrouillent admirablement en général pour veiller sur notre état et ne jamais se laisser leurrer.

L'apparente antinomie à laquelle il nous semble avoir affaire dans le paradoxal investissement de cet « encore inconnu » ne peut s'expliquer que d'une seule manière : il ne doit tout simplement pas l'être tant que ça cet inconnu ! Il ne l'est même pas du tout. C'est plutôt, un « familier » auquel nous avons été très attaché mais dont, un jour, sous la pression de ce qui a dû nous distraire ou nous assaillir de façon inopinée, nous avons cru devoir oublier ou occulter l'existence. Nous ne l'avons pas pour autant mis à la poubelle. Nous l'avons rangé dans un coin – les psychana-

2. Sigmund Freud, *L'Interprétation des rêves*, Paris, PUF, 1973.

lystes disent que nous l'avons « refoulé » –, mais nous ne savons plus où. Sa trace nous est néanmoins restée quelque part en mémoire. Si bien qu'à défaut de pouvoir réellement le retrouver nous nous contentons longtemps d'un de ses avatars ou d'une métaphore qui en fasse office. Le fait est on ne peut plus flagrant, là aussi et précisément, dans la démarche artistique : l'artiste, quel que soit son domaine, cherche sans relâche, jusqu'à le trouver, ce qu'il reconnaît comme étant cela même qu'il cherchait. Ça lui prend parfois le temps d'une vie et d'autres fois le temps d'une œuvre – ce qui fut par exemple le cas de Rimbaud, dont on continue de se demander pourquoi il a mis fin si tôt à sa géniale production. Comment donc cet artiste pourrait-il ainsi « re-connaître », s'il n'avait déjà « connu » ? S'il ne peut pas toujours l'expliquer et qu'il en arrive à assimiler le résultat de sa démarche à une véritable découverte – « je ne cherche pas, disait Picasso, je trouve » –, cela n'a rien d'étonnant et ne met pas en cause sa bonne foi. Son travail a seulement réussi à le reconduire, dans les méandres d'une mémoire dont il n'a jamais eu conscience, vers ces zones « refoulées » dont il ne savait pas même qu'elles ont un jour existé. Lacan élargissait ce type de considération en martelant qu'« on ne guérit pas parce qu'on se souvient, on se souvient parce qu'on guérit ». Rien d'étonnant, dans ce propos en apparence paradoxal, quand on sait que le même Lacan a appelé « objet a » (à prononcer « objet petit a ») cet objet, l'objet perdu, dont l'existence, un jour « refoulée », en a fait le ressort de tout désir – lequel n'a plus jamais cessé de s'exprimer sous la forme de ce que j'ai imagé comme un appel. On trouvera une illustration cinématographique de tels enchaînements dans le célèbre « Rosebud », dernier mot que prononce sur son lit de mort le milliardaire Kane dans le film *Citizen Kane* d'Orson Welles[3]. À la fin

3. Orson Welles, *Citizen Kane*, États-Unis, 1941.

de l'enquête sur le mystère que constitue ce mot, on le découvre inscrit sur la luge dont a usé le héros de l'histoire, petit garçon, pour signifier sa violente opposition à la perspective de sa séparation d'une mère chérie. Sur ce mot se seront condensés tous les affects récoltés dans la relation à cette mère. On aura vu, tout au long des séquences précédentes, la conduite de ce même héros nourrie par une nostalgie datant de cette période-là, mais que rien de son vécu habituel ne pouvait expliquer.

On peut évidemment résister à l'impact d'un tel exemple au motif qu'il est issu d'une fiction et que l'auteur aura toujours pu trafiquer la mise en correspondance d'événements pour légitimer l'option qui a présidé à l'écriture de son scénario. La réserve ne peut cependant pas être retenue. Tout d'abord, on se trouve face au mécanisme habituel de toute écriture romanesque. Il est notoire, ensuite, que jamais le public ne peut entrer en résonance avec une fiction dénuée de cohérence interne et y adhérer. Mais si, pour aller plus loin, il faut fournir un exemple authentique, vécu et vivant, je veux bien en donner un qui me concerne personnellement. Il s'agit d'une découverte que j'ai faite sur moi-même et sur mon parcours – dont je croyais pourtant avoir revisité toutes les étapes –, alors même que j'avais entrepris depuis quelque temps l'écriture de cet ouvrage. Au sortir d'une séance de travail, je me suis surpris à me dire que : « Au fond, à résumer mon parcours professionnel, je pourrais dire qu'il m'aura somme toute permis de ne jamais quitter ma mère. » Comment en suis-je arrivé à penser cela ? Tout simplement à partir du fait que j'ai exercé pendant quarante ans la pédiatrie sur un mode original, rencontrant des mères qui en arrivaient toujours, à un moment ou à un autre, à me raconter une histoire, leur histoire. Il est vrai que ma formation psychanalytique m'a doté d'une oreille capable de recueillir et d'entendre leurs propos. Mais je sais que je disposais de cette faculté avant même que mon passage par la psychanalyse ne l'ait développée et affinée – c'est d'ailleurs probablement, entre autres motifs, pour mieux l'exploiter que j'ai entrepris une psychanalyse. J'avais déjà mis cette disposition sur le compte de mon intérêt pour la narration, lequel m'a valu de me faire reconnaître, y compris par mes détracteurs, un incontestable talent de conteur. Mais d'où m'était donc venu ce don ? D'une tradition familiale ? Certes, et pourquoi pas ? Il existe bien des familles de juristes, de rugbymen ou de musiciens. Je l'ai souvent, pour ma part et avec force détails, rapporté à une identification à la personne de ma mère, qui était une remarquable conteuse. Mais ce qui m'a conduit à la formulation nouvelle, c'est le souvenir impromptu de ces soirées de ma petite enfance où notre mère nous racontait des histoires à épisodes. Nous étions assis par terre, agglutinés autour de son corps auquel chacun de nous sept avait accès par un point de contact, le dernier que j'étais ayant la place de choix, la tête sur son giron. Lequel de ces soirs-là ai-je dû sentir que je vivais l'essence de ce que devait être à coup sûr la vie ? Je n'en sais évidemment rien. Mais la fusion opérée entre la voix de ma mère et l'histoire qu'elle racontait a offert à cette voix un écrin qui a fait le reste. Mon parcours existentiel, par toutes sortes de détours, n'aura visé de fait que cet objectif et lui seul : retrouver l'écrin et renouveler indéfiniment le bonheur en écoutant une mère raconter une histoire, par définition à épisodes.

On s'empresserait sans doute de prendre appui sur les éléments de cette séquence pour leur donner d'autres interprétations : recouvrer la fascination exercée par la mère, tenter de pénétrer la complexité de son personnage, interroger ses failles, dresser une défense contre elle, etc. Pourquoi pas ? Mais peu importe ! L'élément premier, lui, a été là, repérable avec précision même si, autour de lui, la pensée peut organiser tout un faisceau de conséquences.

Si j'ai consenti à fournir ce témoignage, c'est surtout pour montrer comment, même à mon âge et malgré la densité et la complexité de mes parcours existentiel et professionnel, je continue non seulement de découvrir des zones « encore inconnues », mais de puiser dans ce type de retrouvailles la conscience d'une cohérence plus grande de tout ce que j'ai pu entreprendre. Et, bien sûr, ce n'est pas la fin de ces découvertes, dont je suis certain qu'elles ne s'arrêteront qu'à ma mort. Je n'ai rien d'exceptionnel à cet égard, dans la mesure où, chacun, qu'il en ait ou non conscience, se trouve dans le même cas : des évidences le surprennent de façon parfois fulgurante, travaillant ce qu'on appelle son « humeur » et faisant de lui le vivant qu'il est.

Est-ce un hasard si l'exemple de Rosebud, tout comme ce que j'ai dit de moi-même, a ramené un rapport étroit et marquant à la mère ? Certainement pas. Car tout commence avec elle, et ce commencement n'en finit pas de revenir.

Nous en sommes tous là, tous sans exception. Croyant maîtriser rationnellement l'ensemble de nos comportements, de nos conduites et de nos choix, et cependant sans relâche ballottés, à notre insu et sans que nous y puissions grand-chose, de certitudes en questionnements. Heureusement, serais-je tenté d'ajouter. Tout d'abord, parce que voilà qui prouve la densité et la consistance de notre identité, laquelle a évolué sans rupture de notre âge le plus tendre à notre âge actuel en faisant de nous un agent et un acteur d'une histoire qui nous est spécifique. Ensuite, parce que c'est ce qui fait autant notre diversité que nos richesses respectives et nous différencie de ce monde de robots que nos sociétés rêvent de fabriquer selon des critères standard. Est-il alors étonnant que nous nous trouvions parfois dans des situations qui nous surprennent et que nous ne savons pas comment gérer sans pouvoir pour autant les fuir ou y mettre un terme ? Nous ne pouvons accepter un tel état de fait et avoir à notre propre endroit un minimum de mansuétude qu'en admettant que, mus par la recherche incessante de l'objet perdu – laquelle peut ne jamais aboutir ou prendre infiniment de temps, quand ce n'est pas la vie entière, en empruntant toutes sortes de détours –, nous sommes le jouet d'un insu auquel nous n'avons pas le moindre accès. Cela fait de nous, quoi que nous voulions, des êtres profondément et exclusivement soumis à des pulsions dont les jonctions et l'agencement sont spécifiques à chacun, un peu comme des circuits électriques comportant quantité de dérivations et quantité d'interrupteurs. Leur hiérarchie et leurs emplacements sont définis par l'histoire qui nous a été transmise, l'objet perdu occupant la place d'un interrupteur crucial.

De l'appel à l'adultère

« Je pratique l'adultère à répétition. Et chaque fois que j'y cède, je me dis que c'est la dernière fois. » Je l'ai dit, cette rencontre a été déterminante pour moi. Cette dame disait céder aux sollicitations dont elle était l'objet, non par un goût immodéré qu'elle en aurait eu, mais comme mue par une attente dont elle était pourtant à même de prévoir la déception au point de se dire toujours : « C'est la dernière fois. » Pour faire saisir ce qu'il en est de la manière dont les retours de ce type s'imposent avec force, je rapporterai une séquence de consultation qui se déploie dans un registre différent.

Il s'agissait d'un père qui l'était pour la première fois, un « primipère », comme on pourrait le dire. C'était un philosophe devenu psychanalyste que j'appellerai, parce qu'il est important de lui donner un nom, Monsieur Sicile. J'évoquais avec lui un accident de santé qu'il avait eu dans les jours qui ont suivi la naissance de son enfant et qui lui avait valu une hospitalisation. Il s'agissait d'une dangereuse poussée hypertensive. Il me dit tout de suite que son père était mort, de nombreuses années auparavant, du même type d'accident. Bien que, étant médecin, je sois à même de savoir l'influence du terrain familial dans ce type de pathologie, je n'ai pas pu ne pas être arrêté par la coïncidence de l'accès à la paternité et de la révélation bruyante de la maladie. Il m'a dit avoir lui-même fait ce lien – ce dont je me serais douté. Et parce qu'il a été sensible à mon intérêt pour cette dimension des événements, il a entrepris de me raconter un événement survenu le lendemain de la naissance de son fils et la veille de son hospitalisation : « Une infirmière est venue me trouver dans la chambre de ma femme. Elle m'a demandé si j'étais bien M. Sicile. Je lui ai répondu que oui. Elle m'a alors dit que mon père me demandait à l'accueil, au rez-de-chaussée. Je lui ai répondu que c'était impossible, pour la bonne raison que mon père était mort depuis près de dix-huit ans. Elle a insisté : "Vous êtes bien, M. Sicile ? On est bien au troisième étage ? Votre femme a bien accouché d'un petit garçon avant-hier ?" Et comme c'était bien le cas, elle a ajouté : "Je vous dis donc que votre père vous demande au rez-de-chaussée." Le mieux, m'a-t-il semblé, était encore de descendre lever le malentendu. Le plus extraordinaire n'est pas que j'aie décidé de le faire, c'est que, dans l'ascenseur, je me suis surpris à me dire : "Après tout, et si c'était vrai ?" Il y avait bien au rez-de-chaussée un monsieur âgé que sa belle-fille, dans une chambre du troisième étage, une autre bien sûr, avait rendu grand-père depuis l'avant-veille, mais ce monsieur s'appelait M. Slissyle et, bien sûr… ce n'était pas mon père ! »

Nous avons beaucoup parlé ensemble, non pas tant de la méprise de l'infirmière que de cette surprenante pensée : « Après tout, et si c'était vrai ? » Une variante du célèbre : « Je sais bien, mais quand même », sur lequel a tant disserté le discours psychanalytique.

Voilà bien des faits, parmi tellement et tellement d'autres, dont le déterminisme échappe à notre entendement mais qui ne s'en imposent pas moins à nous avec une force et une insistance surprenantes. La confidence de la dame du déjeuner est du même ordre. Elle n'a pas été sans évoquer, comme je l'ai dit, ces touchantes mais vaines résolutions que tentent longtemps de prendre les enfants qu'on gronde et qui remettent ça alors même qu'ils ont promis, l'instant d'avant, de ne plus jamais recommencer. À l'un d'eux, âgé de 5 ans à peine, je demandais pourquoi il avait recommencé à faire des bêtises alors qu'on lui en avait expliqué la nature. Il m'a répondu comme on sait le faire à cet âge : « C'est plus fort que moi, j' peux pas m'empêcher ! »

Un enfant, quoi qu'il en dise sur-le-champ, parvient néanmoins tôt ou tard à intégrer l'interdit qui lui a été signifié. Mais que fait-il de cet interdit et qui peut le dire ? Peut-être range-t-il ce qui le pousse – la pulsion qui le travaille – au rayon « Ne plus jamais y céder ». Peut-être aussi range-t-il cette pulsion dans un autre rayon : « Y céder si pas de danger », « Y céder dès que possible » ou « Y céder si elle insiste », voire « Y céder si certain de ne pas être surpris », etc. Voilà qui est susceptible aussi bien de créer des dérivations dans le circuit électrique que j'ai figuré que de greffer sur lui des interrupteurs.

Un homme instruit, sensé, rationnel, accoutumé même aux tours surprenants que peuvent prendre les manifestations de l'inconscient ne peut cependant pas s'empêcher de s'abandonner à laisser parasiter la réalité dans laquelle il vit par un « après tout, si c'était vrai ? ». À quel rayon a-t-il classé la mort de son père ? De quelle manière a-t-il exploré ce rayon au cours de sa psychanalyse ? Qu'a-t-il laissé dans l'ombre qui s'est manifesté à lui par une pensée insensée juste avant que son corps ait pris le relais de sa mise en œuvre ?

Et cette dame ? Qui donc ne serait pas porté à stigmatiser sa conduite en s'empressant d'en faire une banale nymphomane ? Ou à rabattre la phrase qu'elle a proférée sur une quelconque manœuvre de séduction à mon endroit, alors même qu'elle dit, à qui veut bien l'entendre, qu'elle subit plus qu'elle ne vit la répétition qu'elle repère comme telle ?

On pourrait, sans l'épuiser, déployer toute la gamme des cas de figure similaires qui se manifestent dans les conduites de nos semblables. Il finirait par s'en dégager une forme de ligne de partage relativement claire et simple. On ne rangera pas en effet dans la même rubrique la douce manie du chasseur de papillons, qui entreprendra de lointains voyages pour trouver celui dont il rêve, et l'exhibitionniste ou le pédophile qui, l'un comme l'autre, sont soumis à la pression de pulsions pour eux irrépressibles. Et on aura parfaitement raison de produire une telle distinction. Pour la simple raison que l'activité du collectionneur ne nuit à personne et procure même à son auteur une bonne dose de satisfaction, alors que celle des deux autres individus agresse violemment des victimes. Mais où et comment classer alors l'adultère de la dame que j'ai évoqué ? Faut-il le condamner au motif qu'il procure un bénéfice à son auteur et une souffrance au partenaire de celle-ci – ce qui en l'occurrence ne semble pas du tout prouvé ? Faut-il l'absoudre en imaginant qu'il ne ferait de mal à personne ou bien, en invoquant la fameuse sentence du Christ face précisément à la femme adultère, inviter « celui qui n'a jamais péché (à) lui (jeter) la première pierre[4] » ? Faut-il ne pas du tout en parler au motif que d'en traiter reviendrait à pratiquement remettre en cause le ressort de toute la littérature, du théâtre et de l'opéra ? Ou bien encore considérer que l'intérêt qu'y ont porté ces formes d'art ne fait que traduire une question insistante à laquelle il n'a pas encore été trouvé de réponse satisfaisante ? À moins de devoir conclure qu'on se trouve en face d'un comportement dont les racines sont de fait tellement entremêlées et participent à tellement de registres pulsionnels qu'il est vain de chercher à les comprendre.

Cette dernière option me paraît personnellement procéder de la paresse. Cela équivaudrait à refuser de jeter un

4. Matthieu, 19-9.

œil sur mon fameux circuit électrique et s'abstenir d'y repérer les interrupteurs qui ont été placés d'une manière telle qu'ils ont rendu inévitable le résultat constaté. Pourquoi devrait-on baisser les bras ? Voilà bien, de plus, un sujet vieux comme le monde et qui n'a laissé aucune société humaine indifférente. Pourquoi renoncer à l'interroger, quitte à devoir être déçu ou n'aboutir à aucune conclusion valable, quand la richesse du matériel qu'il déploie est si grande ? La langue même porte la trace de l'état d'esprit dans lequel il a été traité comme celle des conclusions qui en ont été tirées et qui ont cependant évolué au fil du temps.

L'éclat des mots

En partant simplement des acceptions des mots actuels qui concernent le sujet et en les triturant comme on adore le faire pour les classer dans une perspective fonctionnelle – toujours abusive parce que jamais exhaustive – afin d'essayer d'y entendre un peu plus qu'ils ne veulent dire au premier abord, on tombe d'abord sur le mot « couple ». C'est en effet le lieu même, quelle qu'en soit la forme, sur fond duquel se produit l'adultère. Je ne vais cependant pas m'attarder, ici et maintenant, sur le déterminisme qui préside à la naissance de ce couple, sur sa dynamique ou sur son évolution. Je n'en ferai, pour l'instant, qu'une passerelle destinée à introduire le travail possible autour des mots, voire des phonèmes. Combien de fois n'ai-je pas en effet entendu, au cours d'altercations entre partenaires, l'un ou l'autre d'entre eux faire du mot « couple » « coupe-le » pour revendiquer par exemple l'autonomie de leur cellule familiale et mettre en cause le lien parasite que des beaux-parents persistent parfois à entretenir avec l'autre auquel il s'adresse ? Manière de dire : « Coupe-le donc, ce cordon ombilical que tes parents te forcent à entretenir avec eux ! » Pour belle que soit l'occasion, elle suppose néanmoins un jugement un peu simpliste sur des comportements bien plus complexes qu'on ne le croit et qui méritent l'effort d'un traitement plus nuancé. Car *nul ne peut tout à fait s'exonérer de sa responsabilité dans la manière d'être et d'agir du partenaire qu'il s'est choisi pour former couple avec lui. Le couple est, par excellence*, et j'y reviendrai, *le lieu même où, repérable ou pas, l'interaction intervient à chaque seconde de l'existence*. C'est d'ailleurs sur un tel préalable que peut éventuellement s'opérer une conjonction productive entre le couple et l'adultère, dans la mesure où ce dernier s'inscrit toujours par définition sur le socle du premier, lequel est constitué, quelle que soit sa forme, de deux individus adultes intimement concernés, par leur union, qu'ils le veuillent ou non, qu'ils l'assument ou non. Ce qui permettrait déjà d'écrire une forme de tautologie, à savoir que *l'adultère, dans son sens étroit, est avant tout un acte survenant au sein d'un couple d'individus censés être adultes.*

Là encore, j'ai souvent entendu les mots triturés et conjoints en des jeux le plus souvent destinés, au cours des sempiternelles altercations, à émettre un reproche ou à asséner une interprétation sauvage. Le plus courant de ces jeux de mots laisse entendre que l'auteur de l'« adultère » ne serait qu'un individu plus ou moins paumé, dans la mesure où son acte assone avec un « adulte erre » décrivant son périple. S'il est vrai que, dans ce type d'aventure, un adulte erre parfois, il n'erre cependant pas, comme je serai amené à le montrer, dans un territoire sans limites et sans balises. Sous la pression de l'appel auquel je faisais plus haut allusion, il erre effectivement en ce que, dans son exploration, il ne se fixe pas plus de trajet qu'il ne se fixe de limite entre l'immédiat et le lointain, la raison et la mémoire, l'actuel et le révolu, la maîtrise et la faillite, explorant, comme le ferait une poule à la recherche de sa pitance, un parcours existentiel qu'on a tort – je ne cesserai pas de le répéter – d'estimer discontinu. Du bébé, dès avant sa conception, jusqu'au vieillard qui agonise, il n'y a pas plus de rupture d'essence ou d'identité que de rupture de parcours. Il y a tout au plus une série d'adaptations conjoncturelles qui ne changent vraiment pas grand-chose. Tout comme – je le répète – l'adulte d'aujourd'hui n'est ni plus ni moins que le bébé d'hier, le bébé d'aujourd'hui sera l'adulte de demain. Il suffit d'approcher quelque peu les vieilles personnes en fin de vie pour les voir recouvrer, à coup de symptômes et parfois de manœuvres subtiles, l'état de leurs tout premiers mois de vie. Ne dit-on d'ailleurs pas d'eux, et non sans raison, qu'ils « retombent en enfance » ?

La clinique, comme on sera amené à le vérifier au fil des cas qui seront exposés, démontre à cet égard que l'adultère en tant qu'acte n'est jamais, jamais, l'effet d'un caprice ou d'un hasard. Il s'inscrit toujours dans un parcours existentiel dont nombre d'éléments proches ou lointains auront rigoureusement déterminé sa survenue. Il est, autrement dit, inséré dans le langage du sujet. Il ne se résume jamais à ce qu'il est ou à ce à quoi on croit pouvoir le réduire. Il ponctue un discours qui ne cesse de s'émettre et de traverser son auteur tiraillé entre stupéfaction, remords et obstination, amalgamés à cette forme étonnamment têtue d'espoir à laquelle j'ai déjà également fait allusion. Si on préfère, à ce type de commentaires, une formule choc, ou une nouvelle tautologie, je dirai que *l'adultère est toujours la manifestation d'une pulsion non spécifique qui déborde les mécanismes de répression que le sujet croyait avoir à portée*. Ou bien encore, pour reprendre la métaphore électrique, il proviendrait du fait qu'un interrupteur serait resté allumé alors qu'il était programmé pour s'éteindre – et qu'il aurait dû s'éteindre – sous l'effet d'éléments survenus dans la suite du parcours existentiel.

Pour prématurées que soient de telles conclusions, elles n'en invitent pas moins à revenir aux mots eux-mêmes et à se pencher sur la manière dont, au fil du temps et de l'évolution des mentalités, ils se sont forgés pour rendre compte autant du passage à l'acte lui-même que du statut qui lui a été donné.

Le dictionnaire Robert, par exemple, donne pour définition du mot « adultère » : violation de la foi conjugale, ce qui invite presque à recourir à la définition de chacun de ces mots ! Il signale néanmoins qu'il dérive du latin *adulterare* (qui a donné « adultérer »), lequel signifiait : corrompre une femme mariée ! On peut en déduire que, pour les Romains, seules les femmes étaient contraintes à la fidélité conjugale et que seule leur trahison constituait naturellement un délit. « Adultérer » a néanmoins fini par avoir, en français et donc tardivement, le sens de « corrompre une personne mariée », ce qui ne fait plus de différence – quoi qu'elle ait, comme on le sait, longtemps persisté – entre les sexes.

Du côté de l'étymologie, le dictionnaire Ernout[5] fait dériver *adulterare* de *alterare*, lui-même dérivé de *alter*, comparatif de *alius*, « autre », donc « plus autre », précédé du préfixe *ad*, « vers ». Ce qui reviendrait à entendre que *adulterare* équivaudrait à « aller en direction du plus autre ». De quoi laisser penser qu'au sein du couple le partenaire, par rapport à soi, est naturellement et simplement, voire sainement, « autre » et que commettre l'adultère équivaudrait à s'unir à un « plus autre encore ». L'idée est à creuser car elle laisse déjà entendre qu'une des fonctions du couple résiderait dans une expérience intime de l'autre dont la philosophie comme la psychanalyse ont montré combien elle est indispensable à la constitution de la conscience que le sujet prend de lui-même. On peut déjà en déduire que ce mouvement en direction du « plus autre » signalerait de la part de son auteur sinon le refus de l'expérience habituelle, du moins la perception de son insuffisance ou de son échec : l'« autre » du couple n'a pas

5. A. Ernoult, A. Meillet, J. André, *Dictionnaire étymologique de la langue latine*, Paris, Klincksieck, 1994.

joué – ou a trop bien joué – son rôle, si bien qu'on serait contraint de renouveler l'expérience, dont on espère un résultat, avec un plus « autre » encore. Voilà de quoi un peu mieux cerner la déception de mon interlocutrice d'un déjeuner : elle était dépitée à devoir se lancer, chaque fois, dans une nouvelle aventure, comme si, tout en y allant avec quelque espoir, elle pressentait qu'elle n'y trouverait pas ce que les précédentes ne lui avaient pas apporté ; ce qui lui faisait donc dire que c'était la dernière.

Le même dictionnaire Ernout signale que *adulterare* serait construit – avec un changement de voyelle, qui devrait cependant être un *i* à la place du *u* – sur *adalterare* qui signifie « altérer », « falsifier », « corrompre ». L'exemple *adulterare matronam*, « corrompre une femme », donné dans la rubrique, rend compte ici aussi de l'état d'esprit que j'ai relevé.

Toute révérence gardée aux latinistes en général et à M. Ernout en particulier, j'avoue ne pouvoir m'empêcher de décomposer *adulterare* en *ad ulter* et *erare*, qui aboutirait, avec {*ad*, vers}, {*ulter*, qui se trouve au-delà} et {*erare* que je fais assoner avec *errare*, se tromper}, à « aller, par erreur, vers ce qui se trouve au-delà » ou « se tromper en allant vers ce qui se trouve au-delà ». Cela conforterait la fonction conférée à l'autre proche et immédiat, chacun étant engagé à ne pas commettre l'erreur de s'en écarter.

Si, dans l'exploitation polysémique des mots courants, on se préoccupe également de ce que laisserait encore entendre l'équivalent « adulte erre », il n'est pas sans intérêt de relever que le terme « adulte » a eu très longtemps, jusqu'à la seconde moitié du XIXe siècle, le sens que revêt aujourd'hui le mot « adolescent » et qu'on l'opposait à ce qu'on appelait alors l'« homme mûr ». Le fait mérite qu'on y réfléchisse, car la langue traduit la vision qu'on a des choses. L'étymologie d'« adolescent » renvoie quant à elle à *adolesco*, « je croîs » (du verbe croître), forgé lui-même sur le préfixe *ad*, « vers », le radical *ol* qui pourrait par contraction provenir de *oleo*, « avoir une odeur », et le suffixe *esco* inchoatif (qui exprime le commencement d'une action), ce qui pourrait revenir à « être en train d'acquérir un parfum (un statut ?) », le tout signalant une dynamique. Pour sa part, « adulte » dérive de *adultum* qui est le supin (mode latin qu'on traduit en général par le participe passé) de *adolesco* et signifie donc « qui a fini de croître ». Cela laisse penser que, jusqu'à la fin du XIXe siècle, on a considéré que d'avoir fini de croître n'était pas un critère suffisant de maturité, à rebours de l'opinion de notre époque, laquelle n'a pas hésité à faire de ce seul critère celui de la majorité légale abaissée désormais jusqu'à lui.

Cette proximité sémantique laisse entendre que l'état adulte peut parfois être parasité par l'état adolescent. Il n'est donc pas étonnant que l'adultère inclue si souvent dans sa démarche ces dimensions, flagrantes et tellement envahissantes à l'adolescence, que sont l'angoisse, l'impatience, la fébrilité, l'hésitation, la nostalgie, le regret, etc., le tout traduisant le piaffement dans lequel on se trouve mis en général par la recherche de l'objet perdu. Comme s'il était naturel à l'adolescent de se dire qu'il risque, en passant un cap, de ne plus jamais avoir l'occasion de retrouver son objet perdu. Voilà qui m'inclinerait à franchir un pas de plus et à faire de « adultère », bien plus que le facile et immédiat « adulte erre », un « adulte taire ». Comme pour constater qu'il traduirait une forme de refus de la cruelle dimension vectorielle du temps – qu'on retrouve au principe du fameux « démon de midi » ! – et une dimension régressive qui, dans la phrase de ma fameuse interlocutrice, expliquerait la naïve censure qu'elle oppose à sa compulsion. Cela pourrait se traduire par un : « Il va bien falloir qu'un jour ou l'autre, au lieu de le taire, j'en arrive à l'assumer, mon fameux statut adulte ! »

Ce qui ressort de ce coup de sonde dans la langue ramène qu'on le veuille ou pas, à la stigmatisation univoque de l'adultère en tant qu'acte. Je ne suis pas assez linguiste pour savoir si ce que révèle l'exploitation à laquelle je me suis essayé, en français et en latin, se retrouve dans d'autres langues ou dans d'autres groupes de langues. J'imagine que ce pourrait être le cas si on tient compte tout simplement de ce qu'a été tout au long de l'Histoire, dans toutes les sociétés et dans toutes les aires culturelles, la condition de la femme. Quand on pense au fait que, dans certaines régions de l'Inde, de nos jours encore, la veuve est censée devoir mourir sur le même bûcher que son défunt mari, on ne peut pas imaginer qu'elle aurait pu rencontrer la moindre mansuétude en cas d'infidélité. Et si on se réfère, sans s'arrêter à la mise à mort des nouvelle-nées en Chine, à la manière dont Mao Tsé-toung parlait des femmes – « je rince mon sexe dans leurs cons[6] » –, aux crimes d'honneur qui visent les mêmes femmes au moindre soupçon d'écart dans de nombreux pays ou à la lapidation à laquelle elles sont condamnées dans les pays où la Charia islamique fait loi, on ne peut que prendre acte du consensus qui a fait universellement de l'adultère – surtout, voire essentiellement, féminin ! – un délit. Comment un tel état d'esprit n'aurait-il pas laissé de trace jusque dans les langues elles-mêmes ? Nous sommes là au cœur d'un processus qui a une très longue histoire et dont il importe de cerner un tant soit peu les fondements pour tenter d'en promouvoir une compréhension minimale.

De Zeus au Décalogue

Le code sumérien de Hammourabi[7] (1792-1750 av. J.-C.), considéré comme le premier code humain écrit dont la trace a été conservée, n'émet pas d'interdits mais consigne des lois – celles concernant la cellule familiale occupent ainsi 55 articles sur un total de 282. Il n'introduit cependant

6. P. Short, *Mao Tsé-toung*, Paris, Fayard, 2005.
7. http://perso.wanadoo.fr/jdtr/Hamourabi.htm

ces dernières qu'à partir de l'article 129, consacrant néanmoins les 7 premiers d'entre eux aux problèmes d'adultères. Certaines de ces dispositions font d'ailleurs preuve d'un sens de l'équité étonnant pour les mentalités de l'époque[8].

Les dispositions légales de l'Égypte ancienne étaient, elles, bien plus sévères et ne concernaient que l'adultère féminin, à l'homme étant reconnu le droit d'avoir en plus de son épouse légale autant de concubines qu'il voulait. Une telle inégalité de traitement dans ces sociétés antiques semble cohérente avec le statut qu'elle conférait aux femmes, lesquelles étaient considérées comme la propriété, le bien, des hommes qui d'ailleurs les achetaient – comme ils continuent au demeurant de le faire, de nos jours, dans nombre de sociétés à la surface de notre planète, à commencer par la société arabo-musulmane. L'adultère, que la femme fût ou non consentante, revêtait le caractère d'une atteinte au droit de propriété. Tout cela étant conforme à la lettre, sinon à l'esprit, de la loi de l'espèce qui, comme le soutient le discours anthropologique, a instauré l'échange des femmes entre les hommes.

---

8. 129. Si l'épouse d'un homme est prise en flagrant délit avec un autre homme, les deux seront liés et jetés à l'eau, cependant le mari peut pardonner à sa femme et le roi à ses esclaves.

130. Si un homme viole la fiancée d'un autre, alors qu'elle est vierge et qu'elle vit toujours chez son père, et s'il est surpris, il est mis à mort, et la femme est non coupable.

131. Si un homme accuse l'épouse d'un autre, mais qu'elle n'est pas surprise avec un autre homme, elle doit prêter serment et peut retourner chez elle.

134. Si un homme est prisonnier de guerre, et qu'il n'existe pas de subsistances dans sa maison, si alors sa femme se rend dans une autre maison elle sera considérée non coupable.

135. Si un homme est prisonnier de guerre, et qu'il n'existe pas de subsistances dans sa maison et que sa femme se rend dans une autre maison et a des enfants ; si plus tard son mari revient chez lui : la femme doit rentrer chez son mari mais les enfants restent avec leur père.

136. Si quiconque abandonne sa maison, fuit, et laisse sa femme se rendre dans une autre maison, s'il revient et désire reprendre sa femme : parce qu'il a abandonné sa maison et fui, la femme de ce fuyard ne reviendra pas chez son mari.

Il en allait autrement dans le monde grec ancien. Pour légalement répréhensible qu'il fût – constituant une faute contre la cité[9] – et surtout là aussi quand il était commis par les femmes, l'adultère se portait plutôt bien. Il faut dire que l'exemple en était donné directement depuis le Panthéon et en particulier par Zeus lui-même. La mythologie fourmille en effet des multiples entorses que ce dernier faisait à la régularité de son ménage avec Héra, laquelle, gardienne sourcilleuse de la probité conjugale, se lançait aussitôt dans des scènes hautes en couleur et en représailles exemplaires, contraignant son volage époux à s'amender... jusqu'à la fois suivante ! Les autres dieux n'étaient pas en reste et ne répugnaient pas, tout comme leur roi, à s'unir même parfois à des mortelles auxquelles ils offraient ainsi la maternité de demi-dieux. Du côté des déesses, c'est surtout Aphrodite (dont les romains feront Vénus) qui s'est distinguée. Donnée en mariage à Éphaïstos, le dieu des enfers (Vulcain pour les Romains), elle a partagé la couche de nombreux dieux de l'Olympe[10]. Arès (Mars pour les Romains) en particulier lui donnera deux fils, Éros et Antéros, et une fille, Harmonie ; du mortel Anchise elle concevra Énée, le fondateur de Rome. Il est peu question dans les textes de cas d'adultères d'autres déesses, sauf, bien entendu, celles auxquelles s'est intéressé Zeus. Ces dernières auraient-elles été, sous la férule de Héra leur reine, plus ou moins incitées, sinon vouées, à la fidélité ? Cela pourrait se concevoir si on admet que le Panthéon aurait pu avoir une fonction précise : celle de permettre aux hommes qui l'avaient forgé de s'accommoder et de se consoler, par un effet de miroir, des misères de leur existence, lesquelles frappaient les dieux eux-mêmes, pourtant immortels et dotés de quantité de pouvoirs.

---

9. Sabine Melchior-Bonnet et Aude de Tocqueville, *Histoire de l'adultère*, Paris, La Martinière, 1999.
10. Robert Graves, *Les Mythes grecs*, Paris, Fayard, 1967.

C'est avec le monothéisme hébraïque que l'interdit de l'adultère, qui devient à lui seul un des dix commandements du Décalogue, prend un statut nouveau, lequel ne cessera pas d'influencer jusqu'à nos jours les dispositions légales de nos sociétés monothéistes et en particulier de nos sociétés judéo-chrétiennes. Cette évolution, qui adjoint aux lois répressives un commandement dissuasif à visée préventive, n'est pas sans intérêt, si on inclut ce commandement, au côté des neuf autres.

On peut dire, à distance de son avènement et en portant sur lui un regard de type anthropologique, que ce monothéisme a été mis au service d'un projet d'ailleurs toujours en chantier : constituer un laboratoire[11] au sein duquel le recours à la transcendance parviendrait à changer du tout au tout les comportements des humains, en engageant ces derniers à réprimer radicalement leurs pulsions, nuisibles par essence à la constitution du lien social.

On sait que cette vision a été combattue, hélas non sans un succès dont nous continuons de faire les frais, de diverses manières et en particulier par Jean-Jacques Rousseau qui considérait que l'homme naissait bon – il n'était pas, comme l'a amplement démontré la psychanalyse, un être autocentré soumis à la pression de ses pulsions, mais il était corrompu par la société. On ne sait pas assez, en revanche, les difficultés auxquelles s'est heurtée jusqu'à nos jours l'entreprise du monothéisme hébraïque, autant du côté de ceux qu'elle a tenté de convaincre que du côté de l'environnement dans lequel elle s'inscrivait. Les commentateurs qui ont essayé, tout au long des siècles, d'éclairer le contenu de son monumental message pour en améliorer la transmission ont entrepris de montrer comment des cinq premiers comman-

11. Cette notion éclaire le malentendu persistant autour du concept de « peuple élu », lequel a été en réalité tout simplement chargé malgré lui d'une mission : être le prêtre des peuples et prouver par l'exemplarité la vérité du message qu'il a été enjoint de mettre en œuvre.

dements[12], de nature éthique, découlaient logiquement les cinq suivants[13], à visée sociale, destinés à être concaténés aux précédents. Ce qui justifierait les représentations habituelles de ces deux Tables de la Loi, accolées l'une à l'autre et comportant chacune cinq de ces commandements classés comme je viens de le dire. Un tel processus apparaît comme étant d'une singulière efficience quand il articule par exemple, entre le premier et le sixième commandement, le meurtre de son semblable à la négation, pour ne pas dire au meurtre, de la divinité[14]. Dans cette perspective, l'adultère, que concerne le septième commandement[15], équivaudrait ni plus ni moins à une altération de la foi concernée par le deuxième commandement, puisque ce serait chercher en vain, dans un ailleurs illusoire et prohibé, ce qu'on a déjà à sa portée et qu'on ne doit trahir en aucun cas. Si, au lieu de procéder seulement ainsi, on exploite une autre intertextualité permise par la proximité et le rang des commandements, on s'aperçoit que l'interdit de l'adultère, placé entre celui du meurtre et celui du vol, apporte une contribution supplémentaire à la constitution du lien social, puisque sa transgression serait dénoncée concrètement, au pire, comme un meurtre et, dans le meilleur des cas, comme un vol.

---

12. 1 – Je suis ton Dieu ; 2 – Tu n'auras pas d'autre Dieu que moi ; 3 – Tu n'invoqueras pas mon nom en vain ; 4 – Tu respecteras le shabbat ; 5 – Honore ton père et ta mère.

13. 6 – Tu ne tueras pas ; 7 – Tu ne commettras pas d'adultère (qui a donné dans la version chrétienne : « œuvre de chair ne feras qu'en mariage seulement ») ; 8 – Tu ne voleras pas ; 9 – Tu ne produiras pas de faux témoignage ; 10 – Tu ne convoiteras pas le bien d'autrui.

14. De là découle, d'ailleurs, la profession de foi hébraïque qui consiste à énoncer à voix haute, en se cachant les yeux de la main pour privilégier le registre sonore, ce qui est traduit conventionnellement par : « Écoute, Israël, l'Éternel est notre Dieu, l'Éternel est un. »

15. Après avoir occupé d'autres rangs au fil de l'histoire, ce commandement est aujourd'hui le sixième, dans la liste des commandements du catéchisme de l'Église catholique, 2004 (www.intratext.com/X/FRA0013.htm).

Ce qui n'est pas tellement exagéré – comme en témoignent les illustrations que je vais donner de l'une et l'autre de ces figures. Et cela permet de comprendre que d'en traiter comme je le fais ne vise pas, malgré l'insistance que j'apporte aux détails, à produire un exercice d'exégèse biblique, mais de comprendre comment s'est installé un état d'esprit qui demeure encore le nôtre à bien des égards.

Meurtre

Je les ai rencontrés à l'occasion de la naissance de leur premier enfant, un garçon. Ils étaient impressionnants de sérieux, un peu décalés par rapport aux parents de leur génération. Lui, ingénieur chimiste, avait tous les tics de sa profession, posant, sur un ton un peu méfiant non dénué d'un brin de morgue, quantité de questions, fort intelligentes au demeurant, autour de mes conseils et prescriptions. Elle, professeur d'arts plastiques, plus réservée que froide, portait dans sa mise, son maquillage et sa coiffure la marque de l'excellent goût qui était le sien. Ils m'ont désarçonné l'espace de quelques consultations, jusqu'à ce que j'aie réussi à rapporter leur manière d'être à la trace encore vivace de leurs origines modestes. Je l'ai su pour lui, moins intimidé que son épouse, quand, s'inquiétant des dispositions à prendre pour un long voyage en voiture avec leur bébé, il m'a dit qu'ils allaient le présenter au seul grand-père qu'il avait encore, son propre père, un berger veuf qui l'avait élevé seul, dans le Mercantour, depuis l'âge de dix ans. Les sauts culturels, qui affectent les générations successives, produisent parfois ce type de résultat : l'auteur du saut continue longtemps de se sentir gêné aux entournures – et compense parfois par un brin maladroit d'agressivité – face à des personnes dont il imagine qu'elles ont été mieux loties qu'il ne l'a été.

Nos relations se détendront au fil des consultations sans jamais cependant gagner l'aisance que je visais toujours et qui a été celle que j'avais avec la majorité de ma clientèle.

Leur garçon avait près de 3 ans quand ils sont venus me poser un certain nombre de questions autour d'un séjour dans un pays lointain. Il avait décroché un contrat avantageux, et ils s'en allaient ensemble pour une durée de cinq ans.

Ils sont partis.

Quelques mois plus tard, je l'ai eu, lui, au téléphone. Je l'ai cru revenu. De fait, il m'appelait de son lieu de travail pour m'exposer une situation qu'il a tout de suite qualifiée de « très grave ». Sa femme allait être « rapatriée de toute urgence » à Paris dans le service du professeur M. à l'hôpital G. « Elle a fait un éclatement de la rate, a-t-il poursuivi, qui a nécessité une opération immédiate et qui a révélé une leucémie. Ici, on dit qu'on ne sait pas soigner les leucémies des femmes enceintes. Parce que je ne vous ai pas dit, a-t-il ajouté sur un ton irrité que je n'ai pas compris, que ma femme est enceinte de six mois et demi. » La nouvelle m'a touché, comme on l'imagine, et j'ai dû commencer à balbutier quelques paroles de sympathie quand il m'a interrompu, après avoir repris son souffle : « Je ne vous appelle pas pour vous communiquer seulement la nouvelle, je vous appelle parce que nous n'avons personne à Paris. Moi, je suis obligé de rester ici, je vais garder mon fils et je ne peux pas prétendre à un congé avant la date de l'accouchement. Je ne sais pas à quelle date cet accouchement aura lieu, parce qu'on fera une césarienne dès que ce sera possible ; mais on m'a promis de me laisser partir une dizaine de jours à ce moment-là. D'ici là, ma femme va être très seule. Pourriez-vous aller lui rendre visite ? Ça lui fera plaisir. Elle vous aime beaucoup. » Toujours sans savoir que dire, j'ai acquiescé à sa demande. Il m'a remercié en ajoutant : « Au fait, le médecin d'ici ne lui a pas communiqué le diagnostic. Il n'y a que moi qui le sais. Il lui a dit qu'elle avait une maladie de la moelle osseuse dont il n'avait pas les moyens de savoir la nature. »

Je me suis rendu presque tous les jours, des semaines durant, à l'hôpital G. où le chef du service, le professeur M., qui avait reçu la jeune femme, avait emboîté le pas à son confrère lointain en lui donnant, lui aussi, un autre diagnostic au pronostic moins sombre que celui de leucémie, tout en lui expliquant que le traitement en serait long, complexe et éprouvant.

J'ai recueilli de sa bouche le récit des événements.

Quelques jours avant leur départ, elle s'est découvert de nombreux ganglions disséminés dans le cou, les aisselles et les aines, en même temps qu'elle a été couverte d'une éruption sur le visage et le tronc. Elle est allée voir un dermatologue proche de son lieu de travail. Ce dernier a diagnostiqué une mononucléose infectieuse – maladie virale bénigne susceptible de donner un tel tableau et qui ne relève d'aucun traitement. Il lui a expliqué que sa fatigue était normale et que, tout comme les ganglions, elle durerait quelques semaines. Elle lui a demandé s'il était sûr de son diagnostic et s'il ne fallait pas tout de même s'en assurer par un examen sanguin. Il a balayé sa question d'un geste irrité. Elle a cru devoir alors insister en lui expliquant qu'elle avait besoin de certitude, parce qu'elle partait sous peu pour un pays lointain et qu'elle comptait y mettre en route une grossesse. Il lui a répondu sèchement qu'il connaissait son métier et qu'il savait ce qu'il disait. Ils sont partis et ils ont mis en œuvre leur programme.

Après ce qu'elle avait vécu sur place, elle était là, sous corticothérapie à faible dose, seul traitement, lui avait-on expliqué, compatible avec la grossesse, étant entendu qu'après la césarienne programmée en fonction de l'évolution du fœtus elle aurait un traitement plus puissant et plus actif.

J'étais contrit. Il est vrai que le diagnostic de mononucléose pouvait être évoqué face au tableau clinique qu'elle présentait. Mais, comme une leucémie peut se révéler par un tableau strictement identique, j'ai regretté, sans néanmoins rien en dire, l'attitude de mon confrère. D'autant que je ne savais pas ce que le chef de service pouvait en avoir lui-même déjà dit. La situation, compte tenu du nombre d'intervenants et d'échanges qui avaient dû avoir lieu, ne me laissait pas une grande marge de manœuvre. Je me proposais de profiter de mes visites pour prêter mon oreille aux propos qu'elle pourrait avoir, elle, à m'adresser.

J'en ai été pour mes frais. Jour après jour et semaine après semaine, je n'ai eu droit qu'au récit des petits faits quotidiens et à une quantité de questions qui m'ont étonné autour de mon activité, mon métier, ma personne, mes loisirs, mes enfants ! Quelque attitude que je pusse avoir et quelque détermination que je pusse prendre, je me retrouvais toujours exactement dans la même situation. Même mes questions précises, destinées à enclencher le processus d'associations d'idée et que je focalisais autour de leur vie là-bas, de leur environnement, du travail qu'elle aurait pu trouver, etc., ne recevaient que des réponses laconiques. Qu'est-ce que cela pouvait bien signifier ? Devais-je payer pour le dermatologue du début ? Étais-je devenu comme lui un objet de méfiance ? Je n'en savais rien et ne pouvais rien en savoir. Me disant que je n'étais pas là pour la contraindre ou la faire souffrir, j'ai fini par renoncer à tout objectif et à me faire un simple visiteur briseur de monotonie. Nous avons parlé de ce dont nous pouvions parler : art, littérature, théâtre, cinéma. Il fallait bien meubler les instants tout au long de ces semaines d'attente.

Puis elle a été conduite un jour à la maternité où elle devait accoucher. Son mari, averti, était revenu la veille, ayant laissé leur aîné sur place. C'est lui qui m'a appelé pour m'annoncer la naissance de leur second garçon, dont la prématurité avait nécessité qu'il soit immédiatement conduit dans un service spécialisé. Il m'a expliqué qu'il ne pourrait certainement pas me rencontrer parce qu'il était contraint de faire la navette entre les deux services hospitaliers où étaient son épouse et son fils.

Non sans avoir rendu une dernière visite à la nouvelle maman, j'ai pensé que ma mission était terminée et que j'allais pouvoir mettre un terme, au moins provisoire, à mes déplacements.

Il ne m'a pas fallu plus d'une dizaine de jours pour être détrompé. C'est elle qui m'a appelé au secours. Elle était en sanglots. Il fallait que je vienne la voir. En urgence. Elle n'en pouvait plus. Elle ne savait plus ce qu'il en était ni que penser. Elle était seule, son mari avait écourté son séjour et était reparti la veille. Elle était perdue. J'ai tenté de la calmer et je lui ai assuré que je viendrai dans l'heure. Elle m'a aussitôt averti qu'elle avait changé d'hôpital. Le service dans lequel elle avait été jusque-là avait fermé pour travaux et l'avait fait envoyer de la maternité dans un autre service, à l'hôpital J. Elle a alors éclaté de nouveau en sanglots, longuement, avant de se reprendre et de me dire en hoquetant : « Vous savez quoi ? Le chef du nouveau service est venu me voir. C'est ça, la catastrophe ! Il m'a dit qu'il n'était pas du tout d'accord avec l'attitude de son collègue, que lui, il refusait de cacher les diagnostics aux malades. Tenez-vous bien : j'ai une leucémie ! Et ce n'est pas tout. Il m'a dit que son collègue s'était trompé sur le type de leucémie, qu'il a examiné lui-même les lames et que ma leucémie est beaucoup, beaucoup plus grave que celle qu'on croyait. Vous comprenez ? Vous comprenez pourquoi je vous appelle ? Parce que, en plus, après m'avoir asséné tout ça d'un coup, il a le culot de me dire un truc horrible ! Je vous répète ses paroles. Je ne suis pas près de les oublier. Il m'a dit : "Soyez sans crainte : je vais vous emmerder, je vais vous cogner, je vais vous en faire voir de toutes les couleurs, vous allez être crevée, vous allez tout rejeter par en haut et par en bas, vous allez perdre vos cheveux et tous vos poils, je vais vous en faire baver jusqu'à vous faire demander grâce. Mais je vous promets une chose : je vous guérirai." »

Mes visites ont repris.

La première fois, je suis d'abord allé voir le chef de service qui s'est étonné qu'un pédiatre s'intéresse de la sorte aux parents de ses patients. Je n'ai pas réagi à cette manifestation devant une conduite à laquelle je ne pouvais pas me soustraire – signe de l'égocentrisme de nos sociétés individualistes, le moindre grain de compassion paraît suspect. Il m'a confirmé tout ce qu'elle m'avait appris. Puis je suis allé la voir. Je lui ai tenu la main en lui disant qu'elle n'avait pas le choix et que, comme chacun dans ce type de circonstance, elle était condamnée à devoir faire confiance au médecin qui l'avait prise en charge, et ce d'autant qu'il avait à la fois dénoncé les tricheries des autres et formulé, pour brutaux qu'en aient été les termes, une bien belle promesse. Nous sommes restés longtemps, en silence, la main dans la main. Elle a fini par me dire que son mari reviendrait chercher leur bébé pour le ramener chez la nounou du grand. Et elle m'a posé des questions sur l'effet que cette histoire pourra procuire sur son frère et lui. Je l'ai rassurée comme je l'ai pu en me disant qu'il était tout de même bon qu'elle se projette ainsi avec son bébé dans l'avenir.

Quelques jours plus tard, je l'ai trouvée une fois encore en larmes et dans un grand état d'agitation. Je lui ai demandé ce qui la mettait dans cet état. Elle m'a répondu qu'elle avait reçu la visite de sa mère, qui ne s'était pas encore manifestée depuis son rapatriement. Devant ma mine surprise, elle m'a dit que ça n'avait jamais été « très fort » entre sa mère et elle, et, comme si elle avait voulu l'excuser, elle a ajouté que sa mère habitait en province et que son travail ne lui permettait pas de se déplacer facilement. C'est à ce moment-là qu'elle s'est remise à pleurer et qu'elle m'a déclaré : « Elle aurait mieux fait de ne pas venir, plutôt que de venir pour me dire ce qu'elle m'a dit.

Figurez-vous que, comme je lui ai raconté qu'on allait commencer ma chimiothérapie le lendemain, elle m'a répondu : "Ah, la chimiothérapie, c'est de ça que ma sœur est morte." » Je me souviens que mon sang n'a fait qu'un tour, que je me suis levé d'un bond, au point de renverser mon siège et que je me suis pratiquement mis à hurler sans pouvoir me contrôler : « On n'en a rien à foutre de votre mère ! Mais qu'elle crève elle-même ! Une mère comme ça, c'est pas une mère ! Il aurait mieux valu pour vous ne pas en avoir ! C'est une imbécile doublée d'une dingue meurtrière ! Mais vous allez lui signifier, je vous l'ordonne, vous m'entendez, je vous l'ordonne, de ne plus jamais revenir vous voir ! Faites savoir dans le service que vous refusez ses visites, vous en avez le droit et vous n'avez pas d'explication à fournir. » J'ai continué encore un moment sur le même ton. J'étais vraiment retourné et je regrettais tant de n'avoir aucun matériel qui m'aurait permis de tempérer ou de mesurer ma réaction plus instinctive qu'adaptée. J'ai tout de même constaté que son visage s'était rasséréné et qu'elle souriait presque. Était-ce en raison de l'émotion qui m'avait débordé et qui me faisait plus proche, plus commun, pour elle ? Je me suis calmé et je lui ai fait reproche de m'avoir tenu, pendant toutes ces semaines, à l'écart d'elle et de son histoire.

Elle me l'a alors racontée en me disant que c'était « une histoire somme toute assez pauvre ». Sa mère, ouvrière coiffeuse, qui vivait dans une ville de la côte atlantique, l'a eue d'une liaison passagère et l'a élevée seule jusqu'à rencontrer celui qui allait devenir son mari et qui l'était toujours. Il était, lui aussi, garçon coiffeur. Ils ont décidé d'unir leurs efforts et de réunir leurs économies pour pouvoir un jour s'acheter un salon. Mais ils ne voulaient pas un salon quelconque, ils en voulaient un sur une belle avenue d'une grande station balnéaire. Cet effort d'économie les a contraints à vivre dans un studio qui leur est apparu soudain trop petit quand leur est née une petite fille. Sa mère a alors décidé de la mettre, elle, en pension.

Elle a été en pension à partir de l'âge de 3 ans et demi, dans un établissement tenu par des religieuses et dont elle n'est sortie qu'à 18 ans, munie de son bac, pour entreprendre ses études supérieures grâce à une bourse et de petits boulots. « J'ai survécu, a-t-elle conclu cette partie de son récit, grâce à ces bonnes sœurs. » Puis elle m'a raconté que, tout au long de son enfance, elle n'a jamais vu sa mère qu'une ou deux fois par an. Souvent même pas à Noël. Et pourtant, le salon convoité fut acheté, avec un grand appartement au-dessus. Mais il n'y en avait que pour la sœur qui a eu de gros soucis de santé et qui, par la suite, « a été tellement gâtée qu'elle leur a fait les quatre cents coups. Elle a péniblement fini comme coiffeuse avec eux. Il m'arrive de leur dire, les rares fois où je les vois et que, comme toujours, ils ne me parlent que d'elle, qu'ils ne devraient pas tant s'en faire, parce qu'elle est jolie et que, souvent, ça suffit pour se dégotter un bon parti. Ils ne m'écoutent pas ». Elle a continué d'égrener longtemps encore ses souvenirs et ses dépits. Je l'écoutais en pensant à tout ce qu'il y avait parfois de vrai dans le fameux « tout le monde n'a pas la chance d'être orphelin » de Poil de carotte.

Les semaines se sont succédé, les premières atroces, avec le cortège des effets de la chimiothérapie qui furent, dans ce cas, particulièrement pénibles. C'était l'horreur, au-delà de l'attendu et du descriptible. Au point qu'il m'est souvent arrivé de me demander si elle allait résister et si la fameuse promesse du patron n'était pas un leurre. Je n'ai pas espacé pour autant mes visites, même si elle me faisait fréquemment savoir qu'elle préférait que je ne la voie pas dans l'état où elle était. Je lui faisais dire que je comprenais, mais que je reviendrai quand même. Et je revenais, tant il me semblait que c'était tout ce que je pouvais faire.

Puis, de longues semaines après le début du traitement, ce fut mieux, petit à petit.

Elle est sortie un jour de l'hôpital, déclarée en rémission. Avec la permission de retourner auprès de son mari et de ses enfants au bout d'une paire de mois, assortie de la nécessité d'un retour à Paris tous les quatre mois pour une consultation de contrôle.

À chacun de ses voyages, elle venait me voir à mon cabinet. Je lui manifestais toujours chaleureusement le plaisir sincère que j'avais à la revoir, mais elle ramenait le style de notre relation à celui que je lui avais connu au début de son hospitalisation. Comme si, malgré les petits cadeaux et souvenirs qu'elle me rapportait, elle avait préféré recouvrer le mélange de pudeur et de timidité qu'avait dû lui inculquer son éducation chez les religieuses. Nous nous réjouissions cependant du banal de l'existence qui témoignait tous les jours un peu plus que la vie l'avait emporté.

Alors qu'on était déjà à distance rassurante de la rémission, à l'occasion d'une de ses visites, elle m'a parlé de son mari et de la crise que connaissait leur couple. Avec beaucoup de détails, de précisions, me décrivant par le menu leur mode de vie, l'atmosphère de la communauté d'émigrés dans laquelle ils vivaient, la manière dont elle avait cherché à comprendre le problème, les hypothèses qu'elle avait échafaudées, la recherche d'indices destinés à les conforter ou à les démentir, ses adaptations de conduite, ses tentatives de dialogue accueillies par un épais silence. Elle était à Paris pour un certain temps, et nous nous sommes revus deux ou trois fois de suite sans qu'aucune explication, et encore moins une stratégie ou une solution, ne se dégage. De retour chez elle, elle s'est mise à m'écrire de longues lettres, au fil desquelles elle m'a expliqué avoir fini par prendre son parti du naufrage de son couple. Elle mettait la chose sur le compte de sa maladie en se disant que, pour douloureux qu'il soit, cet échec était peut-être le prix qu'elle avait à payer pour être restée vivante.

Quelque mois plus tard, elle m'a annoncé sa guérison définitive en même temps que sa décision de divorcer. Je ne suis pas parvenu à m'attrister de la seconde nouvelle tant la première m'a mis en joie. Et je pensais que c'était pour moi la fin de cette relation. Je me suis interrogé, à ce moment-là et pour mon propre compte, sur ce qu'avait été ma place dans cette histoire. Parce que, on l'aura compris, depuis le début de la maladie, je n'ai prétendu occuper ni une place de thérapeute ni celle d'un médecin qui aurait facturé son temps d'intervention, mais tout simplement celle d'un être humain sensible aux aventures de ses semblables et perméable à la détresse d'une personne qu'il a connue et qui lui demande de l'aider. Ça m'a fait pas mal gamberger sur mes options, sur mon héritage culturel, sur mon équation personnelle et sur le décalage qui était le mien par rapport à notre environnement sociétal !

Les lettres se sont en effet espacées de plus en plus. Elle est revenue en France et elle a repris un poste d'enseignante en province. Son mari, pour sa part, contrat obligeant, est resté sur place. L'histoire avait suivi le cours qui devait être le sien. Un couple de plus qui échouait, ai-je pensé. Ce n'était ni le premier ni le dernier à prendre cette voie. Je regrettais néanmoins de n'avoir rien compris à ce qui leur était arrivé et je n'adhérais pas à l'importance qu'elle avait conférée pour sa part à la maladie. Il me fallait, comme j'ai eu si souvent à le faire, accepter de ne pas comprendre.

C'est lui qui est un jour venu m'éclairer.

Il m'a appelé depuis son lieu de travail. Je ne l'avais plus entendu depuis des années, depuis exactement la naissance de son second enfant. Il était de passage à Paris dans les jours suivants et voulait me rencontrer pour me parler précisément de ses enfants. Il m'a tout de suite dit qu'il préférait ne pas me voir à mon cabinet. Sans très bien comprendre pourquoi, j'ai accepté sa proposition d'une rencontre, un soir, dans un bar.

Ce fut pénible, très pénible. Non pas parce que les questions qu'il abordait étaient complexes. Rien n'est plus simple, en effet, que de régler les problèmes de rapport avec les enfants dans ce type de circonstance : à partir du moment où l'on sait que, quelques précautions qu'on veuille prendre, on leur fera toujours mal, il est plus facile de trancher dans le vif et d'assumer ouvertement ses choix. Ce qui fut pénible, c'est que j'attendais, moi, de comprendre enfin ce qui avait pu se produire et qu'il évitait, soigneusement et avec un art véritable, lui, d'aborder le sujet ou de répondre aux questions précises que je lui posais à cet effet. À plusieurs reprises, il a cru pouvoir me signifier qu'il voulait mettre fin à notre entretien. Il a même hélé le garçon pour régler l'addition. Ne l'entendant pas de cette oreille, j'en ai profité pour commander un autre cognac. Je sentais que je ne pouvais rien faire d'autre qu'opposer à son obstination une inertie à hauteur de ma frustration et de mon dépit. J'estimais avoir assez payé de mon temps le droit de savoir ce qui avait pu se passer – n'ai-je pas dit avoir passé l'essentiel de ma vie à lutter contre l'opacité ? – et celui de pouvoir clore définitivement ce dossier. Ç'a été une véritable guerre de positions. J'ai encore dû passer commande, d'un café cette fois, en observant un silence plus épais que le sien et en m'adossant à ma détermination. Le bistrot a commencé à se vider. Il a fini par sortir de son silence. Sur le même ton froid, dénué d'émotion, qu'il devait avoir dans sa profession, il m'a expliqué qu'il avait mis fin à son couple pour en former un autre avec une femme qu'il a eue pour maîtresse dès l'hospitalisation de sa femme en métropole. Rien là que de très banal, me suis-je dit, sans savoir pourquoi cette explication ne parvenait pas à me satisfaire. Il a cru pouvoir alors quérir mon soutien dans son intention de demander la garde de ses enfants. Et comme je lui faisais remarquer qu'il « ne manquait pas d'air » et que je ne voyais pas en quoi le nouveau couple qu'il allait fonder l'autorisait plus à formuler cette demande, il m'a rétorqué : « Parce que mes enfants connaissent ma maîtresse, ajoutant devant ma mine surprise, ils la connaissent très bien, c'est ma belle-sœur, la sœur, du moins la demi-sœur de ma femme ; elle est venue à la maison pour s'occuper de notre aîné, quand ma femme a dû être opérée. » Il a poursuivi : « Et elle est restée ; ma belle-mère et elle ont trouvé que c'était la meilleure solution pour pouvoir aussi s'occuper du petit quand je l'aurai ramené. Ma femme ne sait toujours rien de tout cela. Il sera toujours temps qu'elle l'apprenne puisque nous allons nous marier. »

Tout en enregistrant ses paroles, je me suis senti envahi par une violente pulsion meurtrière : j'avais envie de le tuer, là, sur place ! Au nom de quoi s'était-il ainsi fait le véritable complice de sa belle-mère qui, allant jusqu'à dire à sa fille « la chimiothérapie, c'est de ça que ma sœur est morte », lui avait clairement signifié, après l'avoir rejetée depuis toujours, un authentique vœu de mort ? Au nom de sa morgue ? Du sentiment que tout devait lui être dû ? Depuis toujours ou depuis qu'il avait effectué son fameux saut culturel ? Quelle prétention ! Fallait-il que la haine dont sa femme avait été l'objet depuis sa naissance aboutît de sa part à cet équivalent de meurtre ? Chaque élément du puzzle prenait soudain sa place : le studio trop petit, la mise en pension, le surinvestissement de la seconde fille et ses conséquences, les facteurs déterminants de ce mariage entre deux êtres aux origines modestes et ne devant leurs conditions qu'à leurs mérites, la maladie, l'évitement de ma personne de la part du père au moment de la naissance du bébé comme son indisponibilité chronique ; et, face à cela, le rôle des religieuses, le statut de la promesse du second patron, ma présence peut-être et l'investissement timide mais authentique de ma personne par la jeune femme après qu'elle a été rassurée sur mon compte par ses nombreuses questions sur mon entourage ; mais aussi les interrogations muettes de cette femme qui, jusqu'à ce que le divorce ait été prononcé et que le second couple se soit officiellement installé, ne comprendra pas ce qui s'est passé, incapable qu'elle était d'imaginer que son mari et sa sœur aient pu franchir un tel pas et ne pas même se laisser arrêter par l'inceste du deuxième type[16] dans lequel ils s'installaient.

Je ne pouvais pas le tuer. Alors je me suis levé et je suis parti sans même le saluer, me fichant éperdument des effets immédiats ou à terme de mon attitude.

Trois ans plus tard, j'ai reçu d'elle une lettre épaisse contenant des photos : elle avait rencontré un homme avec qui elle s'était mariée et elle m'annonçait la naissance de leur premier enfant commun, un garçon. J'en aurais pleuré ! Je n'ai plus jamais eu de nouvelles de lui, mais je continue à ce jour d'en avoir régulièrement d'elle.

Vol

Elle pleurait beaucoup. Elle pleurait déjà avant même d'être entrée. Elle s'est assise, avec, comme d'habitude, ses jumelles de 8 mois sur les genoux. Elles étaient magnifiques, ces fillettes, avec leurs billes similaires roses et rebondies, et déjà des boucles blondes. Elle en était tellement fière. Elle en avait fait une forme de blason. Je me souviens de notre première rencontre. J'étais allé la chercher dans la salle d'attente. Elle était, comme cela arrive souvent dans les premières consultations, en compagnie de son mari. Je leur ai dit de me suivre tout en leur précisant que je devais les précéder parce que j'étais appelé au téléphone. J'avais laissé la porte ouverte attendant qu'ils me rejoignent. Et, comme il m'a semblé qu'ils mettaient plus de temps que prévu, j'ai levé mes yeux vers le seuil. Elle s'y était arrêtée. Non pas par politesse, attendant que je l'invite à entrer – elle n'a d'ailleurs pas obtempéré au geste que je lui faisais dans ce sens. Elle attendait en quel-

16. Pour plus d'informations sur ce type d'inceste, on pourra se reporter à l'ouvrage de Françoise Héritier, *Les Deux Sœurs et leur mère*, Paris, Odile Jacob, 1994.

que sorte que j'enregistre le spectacle. C'est vrai que c'en était un : elle s'inscrivait tout entière dans l'encadrement de la porte, droite, la tête haute, arborant un sourire triomphal, avec un bébé blond sur chaque bras. Elle avait une curieuse silhouette et une allure un peu singulière. Elle était grande, mais ni frêle ni massive, avec un visage quelconque, dont la grâce se résumait à de longs cils ourlant des yeux grands mais sans beauté. Ses cheveux étaient tirés en arrière et réunis en une grosse tresse qui pendait sur une de ses épaules. Son tronc, envahi par ses bébés, semblait d'autant plus petit pour sa taille qu'une jupe plissée, assez laide et relativement courte, laissait voir de longues jambes un peu massives, dont l'une, la gauche, était enserrée dans un dispositif destiné à immobiliser le genou. Notre communication a dû être immédiate et très rapide, parce que en guise d'invitation à entrer je lui ai dit : « Si, en plus, vous faisiez quelques pas de claquettes, ce serait parfait ! » Ce à quoi, sans se démonter, elle m'a répondu : « Ça n'aurait pas de sens, avec votre moquette ! Il va falloir que vous vous contentiez de ma boiterie. »

Ils sont entrés et ça a été comme si on s'était connu depuis toujours. Et pour cause ! J'avais été le pédiatre de sa meilleure amie d'enfance, et cette dernière lui avait tellement parlé de moi depuis des années qu'elle me « connaîs[sait] sur le bout des doigts » et qu'elle s'était promis de me montrer les enfants qu'elle aurait un jour. Ça me donnait une idée plus précise de son âge : comme je l'avais imaginé, elle avait moins de vingt-cinq ans. Pour ce qui était de sa jambe, elle souffrait d'une entorse du genou survenue au cours de la semaine de ski qu'elle venait de se payer en compagnie de son époux. Ce dernier, d'une dizaine d'années plus âgé qu'elle, n'a jamais cessé de la couver du regard et d'être avec elle aux petits soins. Les fillettes n'avaient bien sûr jamais jusque-là posé de problème. L'atmosphère des consultations est restée sur le mode de la première, elle cherchant toujours à me surprendre, et moi jouant le jeu. Je me suis souvent demandé, en la regardant, pourquoi elle se traitait si mal. Parce que avec un autre style de vêtements, une autre coiffure, un brin de maquillage, elle parviendrait sans doute à « en jeter » autant sinon plus que les jeunes femmes de son âge.

Et là, elle pleurait. Son mari m'a regardé, navré, comme pour me prendre à témoin qu'il n'y pouvait pas grand-chose. Il a fallu y aller doucement, changer de registre tout en y restant, amadouer, jouer de la voix, faire appel à la complicité qui s'était installée. En redoublant de sanglots, elle a hoqueté qu'elle ne pouvait plus vivre avec son mari et qu'elle voulait le quitter. Lui, il a haussé des épaules, levé les yeux au ciel en secouant la tête. Je l'aurais entendu dire : « N'importe quoi ! », comme le font parfois les enfants, que je n'en aurais pas été étonné.

L'histoire que j'ai recueillie besogneusement m'a tout de même permis de comprendre ce qui s'était passé. Elle avait repris son travail depuis plusieurs semaines. Elle a dû se rendre en province pour une mission, avec un collègue dont elle se méfiait quelque peu en raison de l'intérêt suspect qu'il n'avait jamais cessé de lui manifester. Sa mission propre a été un échec retentissant qui l'a profondément affectée. Le collègue, qui, pour sa part, était heureux d'avoir mené à bien la sienne, a alors entrepris de la consoler. Il l'a emmenée au restaurant, l'a fait pas mal boire, l'a entraînée dans sa chambre, etc. Quand elle a repris ses esprits, l'irréparable avait eu lieu. Elle ne pouvait pas se le pardonner. Si bien qu'à son retour c'est la première chose qu'elle a racontée à son mari, en lui disant qu'elle se considérait au-dessous de tout et qu'elle était prête à assumer la rupture de leur ménage et à partir. Il a bien sûr accusé le coup. Mais il a tenté de relativiser l'incident et de la ramener à plus de pondération. C'est en quelque sorte lui qui a plaidé les circonstances atténuantes. Mais elle ne voulait rien entendre, ne cessant pas de dire et redire que son accès de faiblesse devait bien avoir une explication et qu'elle ne pouvait pas faire comme s'il n'avait pas existé. Nous nous sommes revus tous les trois, une fois. Et, au terme de cette consultation, je les ai adressés à un thérapeute de couple avec lequel ils ont fait un excellent travail. J'ai continué de suivre leurs jumelles et j'ai eu à suivre les deux autres enfants qu'ils ont eus par la suite. Je me suis félicité de mon initiative quand j'ai eu à constater, au fil de leur thérapie, les changements qui s'étaient opérés en elle, dans l'allure, la coiffure, le vêtement – comme s'il lui avait fallu ce travail pour mieux et plus investir sa féminité. Je considère d'ailleurs comme regrettable le fait que les couples en difficulté rechignent à ce genre de traitement[17], qui demeure encore presque confidentiel, alors qu'ils n'hésitent pas à consulter pour toutes sortes de maux, même les plus anodins, de leurs corps.

L'adultère comme équivalent du vol est infiniment plus fréquent et bien moins difficile à vivre que celui qui équivaut au meurtre. Heureusement ! C'est celui dont la littérature et le cinéma n'ont jamais cessé de traiter. Il s'agit toujours de couples dont l'un ou l'autre des partenaires a connu un moment de faiblesse passagère et qui sont parfois repartis d'un meilleur pied. Un exemple édifiant, que chacun a probablement vu tant il passe souvent à la télévision, est le film de Marcel Pagnol, *La Femme du boulanger*[18], tiré d'un roman de Jean Giono[19]. Raimu, qui y campe le personnage du mari trompé, est si bouleversant qu'il parvient à lui seul à faire en sorte que le drame puisse délivrer son message en se passant de tout commentaire. Je rappellerai tout de même la trame de l'histoire. Ce brave boulanger fait le bonheur des habitants de son village. Sa bonhomie et la qualité de son pain lui valent une estime unanime à laquelle s'ajoute un brin d'envie suscité par la

17. On peut avoir un excellent aperçu de ce type de travail en se reportant à Alain Valtier, *La Solitude à deux*, Paris, Odile Jacob, 2003, et *L'Amour dans les couples*, Paris, Odile Jacob, 2006.

18. *La Femme du boulanger*, film de Marcel Pagnol, 1938.

19. Jean Giono, *Jean le Bleu*, Paris, 1932, réédité en Livre de Poche, LGF, 1973.

beauté de sa jeune épouse. Mais cette dernière, subjuguée un jour par la beauté d'un ouvrier agricole qui profite de son trouble, le quitte. La vie, pour lui, s'arrête et, n'ayant plus le cœur à l'ouvrage, il ne fait plus de pain, ce qui pénalise le village tout entier : chacun de tenter, alors, de venir à son secours et de retrouver la belle enfuie, laquelle, confrontée à la goujaterie de son bellâtre, finit par revenir… en même temps que la chatte, Pomponette, qui avait elle aussi disparu. Le brave boulanger, trop heureux de retrouver sa femme, ne lui adresse aucun reproche. Il en fait en revanche d'abondants à la chatte, dans un monologue qui est un véritable morceau d'anthologie tant il parvient à monter en épingle la relation de couple en contrepoint de l'immense douleur produite par la trahison.

À l'inverse du cas clinique que j'ai rapporté sous la rubrique « meurtre » et qui déploie son contenu sur la succession des générations, le film de Pagnol se contente de narrer un épisode survenu dans la vie d'un couple dont on ne sait rien. S'il est vrai que le bellâtre est bien plus bel homme que le boulanger, il ne nous est pas dit pourquoi l'épouse de ce dernier a accepté de fonder son couple avec lui. On pourrait voir dans l'exercice de style, pour timide qu'elle ait été mais néanmoins audacieuse pour l'époque, une manière de signaler que les femmes, tout comme les hommes, sont traversées de désirs sexuels qu'elles ne parviennent pas toujours à surmonter. Je reviendrai plus loin en détail sur ce dernier point parce qu'il est au cœur même de l'ouvrage.

L'autre et soi, soi et l'autre

Pour revenir au septième commandement du Décalogue hébraïque, je relèverai qu'il en est un, au même titre que les autres, et qu'en cela il diffère considérablement des simples articles de loi qui figuraient dans les codes des sociétés antérieures. Les articles de loi pouvaient en effet être ignorés du *vulgum pecus* et n'intervenir que pour régler un litige – on sait ce qu'il en est même de nos jours où « nul n'est censé ignorer la loi » ! Le commandement en revanche se trouve répété, lui, en toute occasion et acquiert de ce fait une force répressive préventive et une portée pédagogique certaine. Le contrevenant ne pourra pas plus ignorer ce qu'il enfreint que ce qu'il encourt.

Si ce commandement s'adresse à l'ensemble du peuple juif, il ne s'en adresse pas moins, d'abord et avant tout, voire essentiellement, aux hommes qui décidaient, seuls, de la direction et du sort des sociétés. On peut le vérifier dans toutes sortes de commentaires auxquels il a donné lieu et en particulier à celui d'une autorité théologique du xe siècle, le Gaon R. Saadia[20], adressé exclusivement aux hommes et leur rappelant que l'interdit imposé par ce commandement ne vise pas seulement l'acte, mais se trouve redoublé par l'interdit de la convoitise, énoncé au dixième commandement, qui inclut la femme de son voisin. Il a été immédiatement perçu que, dans ce registre comme dans d'autres, les pulsions, censées devoir être réprimées au moyen des commandements, risquaient de demeurer encore longtemps vivaces – il est difficile d'éteindre des interrupteurs demeurés allumés sur le circuit électrique par lequel j'ai figuré le parcours d'une histoire –, c'est d'ailleurs en se branchant sur cette difficulté que la psychanalyse a gagné ses lettres de noblesse. Aussi, des mesures répressives adjuvantes, destinées à armer la raison, ont, elles, été prises.

Quand on se reporte au Lévitique[21], qui met en place les dispositions légales en la matière, on constate qu'il établit

---

20. Isaac Morali, *Dissertation homilétique de R. Saadia Gaon sur le Décalogue*, Paris, Comité parisien des Israélites de l'Algérois Éditeur, 1965.

21. Dont l'éclairage anthropologique, toujours en chantier, se révèle passionnant. Voir à cet effet, Mary Douglas, *L'Anthropologue et la Bible. Lecture du Lévitique*, Paris, Bayard, 2005.

néanmoins une différence de taille entre l'adultère féminin et l'adultère masculin. Si la femme qui s'en est rendue coupable est destinée à être lapidée – à condition que soient fournies contre elle des preuves dont la réunion semble devoir n'être jamais simple –, l'homme est traité différemment. Dans cette société qui, comme de nombreuses autres de la région et de l'époque, autorisait la polygamie[22], seul est en effet reconnu gravement coupable l'homme qui a perpétré l'adultère avec une femme mariée. Et ce, au motif précis que l'enfant qui naîtrait d'une telle union serait *mamzer*, c'est-à-dire bâtard, et exclu de tout projet d'avenir dans la société dont il est pourtant issu. Ce n'est cependant pas aussi anodin qu'on pourrait le croire quand on rapporte la sanction à l'investissement considérable des enfants par leurs pères. Dans cette société où les notions de paradis, d'enfer et de tout ce qui concerne l'après-mort n'existent pas, c'est le devenir des enfants qui enchaîne les hommes à leurs responsabilités : « L'Éternel [...] conserve la grâce jusqu'à la millième génération [...] se souvient de la faute des pères sur les fils, sur les petits-fils, jusqu'à la troisième et jusqu'à la quatrième génération[23]. » Nous retrouvons, là, dans le rapport aux enfants, un des grands universaux qui a fait et qui continue de faire débat dans la relation des hommes et des femmes. Le partage de la filiation des enfants est en effet singulièrement compliqué : les femmes enfantent concrètement et dans la certitude quand les hommes engendrent dans une incertitude qu'ils ont cherché à contrebalancer par la mise en œuvre de dispositions sociétales. Françoise

22. Lucy Vincent, *Petits Arrangements avec l'amour*, Paris, Odile Jacob, 2005. L'auteur, neurobiologiste, explique que la tolérance de la polygynie des hommes serait la conséquence de leurs caractéristiques biologiques. Au sein de leur environnement d'adaptabilité évolutive, ils éprouveraient l'irrépressible besoin de répandre dans le plus grand nombre possible de femmes l'énorme production de leurs cellules sexuelles.

23. Exode, 34-7.

Héritier[24] a montré la pérennité, les conséquences et la brûlante actualité de cette question. Qu'on soit ou non d'accord avec l'hypothèse qu'elle développe autour de la confiscation de la filiation des enfants des deux sexes par les hommes qui ne pouvaient pas mettre au monde leurs fils, il semble incontestable que les dispositions prises depuis toujours autour de l'adultère ont néanmoins été aussi destinées à assurer à l'individu une filiation et une identité, et de l'inscrire ainsi dans la logique de la Loi de l'espèce telle qu'elle a été mise en place. La Loi de l'interdit de l'inceste, qui a instauré l'échange des femmes entre les hommes, impliquait en effet que chaque individu soit étroitement défini par son rapport à un père[25]. Un tel souci paraît ridicule aujourd'hui que les lois de notre sphère occidentale ont évolué, mais, hier encore, un enfant adultérin y était ostracisé et n'avait pas du tout les mêmes droits que l'enfant « légitime ». Ce qui est encore le cas au demeurant dans nombre de pays, y compris des pays très occidentalisés comme le Japon ou la Corée.

Il ne me paraît pas inutile de relever qu'on retrouve une prévention et des précautions du même ordre, même aux antipodes de la sphère occidentale dans laquelle se situent les discours que j'explore, et ce, à des milliers d'années de distance. Voici, par exemple, dans un récit hors d'âge rapporté par la tradition orale, les recommandations que donne à son épouse à propos de leurs enfants un père kanak[26] contraint de fuir : « Fais attention à nos enfants, apprends-leur notre situation, nos terres et notre famille, nos alliances et nos parents maternels. Avertis-les qu'ils ne commettent point d'adultères (*sic*) et ne nuisent pas à

---

24. Françoise Héritier, *Masculin/Féminin I, la pensée de la différence*, Paris, Odile Jacob, 1996, et *Masculin/Féminin II, dissoudre la hiérarchie*, Paris, Odile Jacob, 2002.

25. Pour de plus amples informations sur ce point, on peut consulter Aldo Naouri, *Les Pères et les Mères*, Paris, Odile Jacob, 2004.

26. Le maître de Koné, texte traduit de la langue a'jië, *in MWÀ VÉÉ, revue culturelle kanak*, n° 44, p. 60, Nouméa, 2004.

autrui, parce qu'il leur arriverait malheur : on les tuerait et on les mangerait. »

Les mondes africain et asiatique ne se situent d'ailleurs pas à cet égard à une autre enseigne que nos sociétés, avec toujours, plus ou moins accentuées, les sempiternelles différences de traitement entre hommes et femmes.

L'universalité de ces dispositions à l'endroit de l'adultère autorise donc à en faire un processus d'essence pulsionnelle qui, comme les autres processus du même type, mérite d'être réprimé par les interdits mis au service de la raison, au bénéfice de la création d'un lien social au sein duquel l'autre revêt une importance considérable.

Quand le texte thoraïque résume l'état d'esprit qui doit présider aux relations à l'autre en prescrivant : « aime ton prochain comme toi-même[27] » – dont les commentateurs feront « ne fais pas à autrui ce que tu n'aimerais pas qu'il te fasse » –, il produit un message pédagogique univoque, unidirectionnel et applicable à l'intégralité des registres du quotidien.

Ainsi en est-il par exemple de l'interdit de voir la nudité de son parent et de ses proches. Mais pour quelle raison ? Tout simplement parce qu'on a plus l'occasion de voir éventuellement nus des êtres auprès desquels on vit à chaque instant et qu'un individu nu, éducation à l'œuvre ou pas, est un individu fragilisé par sa nudité, si bien que le regard porté sur lui équivaut à une altération de son altérité : il ne peut pas se présenter comme il le voudrait et encore moins masquer ce qu'il ne voudrait pas laisser voir. Le regard porté alors sur lui ferait immixtion dans le vécu qu'il peut avoir de lui-même, le condamnant à une transparence qu'il n'a peut-être pas souhaitée et qui ne serait pas sans l'affaiblir. Il n'est d'ailleurs pas étonnant que les règles de l'interdit de l'inceste dans ses différentes occurrences soient énoncées,

---

27. Lévitique 19, 18.

dans le texte thoraïque[28], sous forme d'interdiction de « voir la nudité de… »

Il n'en va pas autrement de l'interdit de la masturbation, inscrit lui aussi dans le texte thoraïque. L'anthropologie en fait d'ailleurs l'acte incestueux par excellence, dans la mesure où, définissant l'inceste comme « faire du même avec du soi », elle considère la masturbation comme la manière radicale de mettre en œuvre son potentiel à se passer de la réalité de l'autre. Quand on pense à la sympathie, encore plus qu'à la permissivité, qu'on est encouragé à marquer aujourd'hui, en tant que parents, à l'endroit de cette activité à laquelle s'adonnent parfois ouvertement les enfants, ça laisse rêveur ! La crainte qu'on a de compromettre la future sexualité de l'enfant est si grande et l'investissement de la satisfaction sexuelle tellement envahissant qu'on ne prend aucune mesure interdictrice, quitte à laisser l'enfant avancer sur le chemin de la simple dénégation de l'autre, et ne concevant cet autre que comme un instrument potentiel de sa propre et seule satisfaction.

Il faut pourtant prendre acte, à l'heure où les leçons de morale dispensées jadis aux enfants dans les petites classes sont considérées comme inutiles et réactionnaires, que c'est à l'acceptation de cet autre et à la construction d'un lien fiable avec lui que l'espèce humaine s'est acharnée à s'employer au cours de son évolution. Et cela n'a jamais progressé autrement qu'à coups d'interdits, lesquels allaient tous dans le même sens et étaient tous destinés à aboutir au même résultat : sur un mode consensuel, aider chacun à lutter contre la violence de ses pulsions.

Ainsi peut-on vérifier que l'objectif poursuivi par l'interdit de l'inceste et celui visé par l'interdit de l'adultère se recoupent singulièrement.

Le jour où nos très lointains ancêtres ont mis en place la Loi de l'espèce, ils ont suscité en même temps la prise

28. Lévitique 18, 1-23.

de conscience de la différence générationnelle : les femmes à échanger étaient les filles de leur père, qui ne pouvait ni ne devait plus les garder pour son propre usage sexuel ; elles ne pouvaient être objet de l'échange que parce qu'elles étaient reconnues comme issues de ce père appartenant à une génération au-dessus d'elles. La différence générationnelle, soulignée de la sorte, a elle-même progressivement entraîné la prise de conscience de la vectorisation du temps[29]. Le temps s'est mis à être perçu comme s'écoulant toujours dans le même sens, son cours étant concrètement aussi impossible à freiner qu'à détourner ou à remonter. Il a fini par confronter un jour l'humain à son échéance mortelle, le contraignant à devoir tôt ou tard accepter, intégrer ces réalités et à en tirer les conséquences. Il devient concevable, à partir de là, de lire tout acte incestueux, comme le refus de la vectorisation du temps et de l'échéance mortelle. Or, vu sous un tel angle, tout adultère procéderait de la même manière. Il entraîne en effet, au moins dans sa première occurrence, le renouvellement de l'expérience augurale vécue jadis avec son partenaire et, dans cette annulation illusoire du temps écoulé, la négation de l'échéance mortelle – qu'on pense, une fois encore, au fameux démon de midi ! Or la négation de l'échéance mortelle n'est pas sans conséquence, car le fait de se savoir mortel, qui permet de se sentir plus vivant encore, améliore la relation à l'autre et renforce le lien social.

Vu ainsi, *l'adultère se présente comme l'altération du lien social le plus élémentaire, celui constitué avec l'autre avec lequel on forme couple. Une altération d'autant plus grave qu'elle ne concerne pas seulement l'individu qui en prend l'initiative, mais également la victime qui la perçoit à juste titre, quand elle en est informée, comme une trahison*. Non dénuée d'intention et masquée en général par la dissimu-

---

29. Pour le développement de ce point, on peut consulter Naouri, *op. cit.*

lation, pas toujours charitable, dans laquelle elle intervient, elle ajoute la préméditation à l'acte – c'est la même nuance qui fait la différence entre le meurtre et l'assassinat. Tous les couples ne se situent pas en effet à l'enseigne du couple Jean-Paul Sartre-Simone de Beauvoir. Dans les couples ordinaires, dénués, eux, de toute prétention intellectuelle à croire pouvoir régir leur registre pulsionnel, les choses se passent sur le mode le plus classique qui soit : le partenaire qui introduit un tiers dans son couple se débrouille en général pour n'en rien laisser savoir et parvient même parfois à mettre fin à la relation qu'il a nouée sans que rien ne transpire – c'est encore ce qui fait le moins de dégâts. C'est en tout cas la fréquence et la banalité de ces situations qui, comme je l'ai dit, ont fait dire au psychanalyste Lucien Israël[30], avec l'humour charitable qui était le sien, que « seuls les paranoïaques sont convaincus de la fidélité de leurs femmes ».

Plus encore que ce dont il témoigne, un tel propos ferait de *l'adultère une expérience si fréquente et si tentatrice que chacun serait quasi condamné à y céder, non pas en raison de la matérialité de l'acte lui-même, mais en raison de son intervention dans le registre pulsionnel du sujet qui en espère, fréquemment sans le savoir, une solution au malaise généré par ses difficultés de gestion dudit registre. Il n'est donc souvent, à cet égard, que la partie émergée d'un iceberg aux dimensions toujours difficiles à évaluer*. Je serai en effet conduit à montrer combien souvent, procédant par un mécanisme de déplacement, il constitue une mauvaise réponse à une bonne question et une réponse de type toujours érotique à une question qui n'a souvent rien à voir avec ce registre. On pourrait illustrer ce paradoxe par la fameuse blague du sujet qui, cherchant dans la nuit un objet perdu au pied d'un réverbère, reconnaît

30. Lucien Israël, *Marguerite D. au risque de la psychanalyse*, *op. cit.*, p. 173.

bien l'avoir perdu ailleurs, mais justifie sa démarche au motif que, au moins là où il cherche, il y a de la lumière.

Or parlons-en de cette maîtrise, sinon cette répression, du registre pulsionnel ! Depuis qu'elle la tente, l'humanité a-t-elle réussi à la faire progresser, voire simplement plus ou moins la promouvoir ? Rien n'est moins certain. Même les religions, qui ont focalisé leur énergie et axé leurs moyens sur ce point, ne se sont pas fait d'illusions. Entérinant l'énorme difficulté de leur entreprise et l'extrême lenteur de l'obtention du moindre résultat, elles ont balisé leurs exigences de mesures destinées à ne pas décourager les bonnes dispositions des sujets. Elles ont donc incité ces sujets à prendre conscience de leurs défaillances et à s'adonner à la demande du pardon. La reconnaissance de la faillibilité de l'humain (Kol Nidré[31]) et la confession publique généralisée qui ont lieu au cours du Kippour (Grand Pardon) hébraïque ont pour pendant la confession privée et l'absolution chrétiennes. Ce réalisme très ancien est rejoint par celui, plus distancié, de l'anthropologue Frazer qui relève avec humour qu'il est tout de même étonnant que nous ayons besoin d'une loi pour nous interdire l'inceste alors que nous n'avons besoin d'aucune loi pour ne pas mettre notre main dans le feu. La remarque ouvre un certain nombre de perspectives. Reconnaissons tout d'abord que, si nous avons besoin d'une loi pour nous interdire l'inceste, c'est que nous aurions un dangereux penchant naturel pour les délices que nous lui supposerions. Il n'en est pas moins remarquable qu'à quelques exceptions près et qui relèvent de la pathologie nous respectons, du moins dans sa littéralité, la Loi de l'espèce. Mais, à y réfléchir un peu plus encore, on s'aperçoit qu'il

31. Ce texte qui ouvre le rituel du Kippour énonce, prenant implicitement acte de la difficulté du contrôle pulsionnel, l'inanité des vœux et des engagements proférés. Il a été finement analysé par Théodore Reik, *Le Rituel. Psychanalyse des rites religieux*, Paris, Denoël, 1974. L'idéologie nazie en a fait largement un usage pervers pour nourrir son mépris et sa haine des juifs et justifier son projet génocidaire.

s'agit pour nous tous d'un leurre. Car, s'il est vrai que nous ne copulons pas avec nos parents et nos enfants, depuis le temps que cela nous a été enfoncé dans la tête, nous ne cessons cependant pas d'enfreindre cette même loi de toutes sortes de manières et, en méconnaissant en particulier son esprit, qui va bien au-delà de sa simple littéralité. Il nous suffit de revenir une fois encore à la définition anthropologique de l'inceste, « faire du même avec du soi », pour prendre acte que le nouvel esprit, de plus en plus individualiste, de nos sociétés actuelles, tout comme celui qui préside aux échanges commerciaux – ne devrais-je pas dire aux guerres commerciales –, aux techniques industrielles des tueries de masse ou à la guerre menée par tous les moyens, se préoccupe fort peu, voire pas du tout, de l'altérité. Les interdits promus par les cultures antiques et relayés par les commandements du Décalogue sont-ils parvenus à un effet quelconque ? Il est vrai que nous ne risquons pas habituellement de nous faire tuer ou trousser en sortant de chez nous, du moins pas encore dans nos mégapoles occidentales. Mais, hormis ce progrès minimal – qu'on peut mettre sur le compte d'un brin de raison forgé par les interdits – et non universel, ne continue-t-on pas allégrement ici ou là de tuer, de commettre l'adultère, de voler, de produire de faux témoignages et de convoiter, quand ce n'est pas confisquer, les biens d'autrui ? Est-ce bien sûr, comme l'aurait voulu Rousseau, que cette masse de malheurs ne soit qu'un effet de nos sociétés et seulement d'elles ? Et pouvons-nous nous prévaloir des exploits de notre technique pour prétendre que nous aurions accompli quelque progrès par rapport à nos lointains ancêtres ? Ne devons-nous pas plutôt admettre modestement que, tout comme eux, nous sommes bien loin d'avoir émergé de la conscience trouble de notre condition et de notre environnement ?

À quoi donc s'emploie, depuis son avènement, la psychanalyse, sinon à faire repérer au sujet qui l'entreprend la violence et les avatars de ses pulsions pour l'amener à les gérer au mieux de son propre intérêt d'abord et de celui de l'environnement sans lequel il ne peut pas vivre ensuite ? Est-il étonnant qu'elle ne cesse pas d'être accusée, pour cette raison même, de subversion par les uns, quand d'autres, au motif qu'elle refuse de s'aligner sur les positions du discours pervers, la décrient ou l'accusent de conservatisme ?

Mais, d'abord, c'est quoi ce « être avec », ce « être ensemble », ce « être deux », et pour finir ce « deux » dont on a dit qu'il était là pour finir par faire « un » ? Un confort ? Un moyen ? Un objectif ? Une recherche ? Tout cela à la fois ? Et que lui demande-t-on alors même qu'on le sait être une aventure périlleuse ? D'abord et avant tout, une forme de fiabilité susceptible de garantir son existence même. On ne peut pas, en effet, « être deux » quand un troisième vient s'immiscer et confisquer ce « deux » lui-même à son propre bénéfice.

LE « DEUX »

De quand date l'institution du couple ? Du couple hétérosexuel et monogame, j'entends. Peut-on le dire ou le savoir avec exactitude ? Rien n'est moins certain. Il est probable que ce fut plutôt tard, fort tard même, dans l'histoire de l'espèce. À peine au moment de la mise en place des cultures ? Peut-être, et sans doute timidement. Si, en effet, la Loi de l'interdit de l'inceste, dont s'est dotée cette espèce quelques dizaines de milliers d'années auparavant, est censée avoir instauré l'échange des femmes entre les hommes de différents groupes, est-on pour autant sûr qu'elle se soit aussitôt préoccupée de leur strict appariement ? Ce n'est pas établi. On peut imaginer qu'il a dû paraître déjà suffisant de permettre aux mâles de satisfaire leurs pulsions sexuelles sans courir le risque d'être tués. Il a fallu probablement encore pas mal de temps pour que s'organisent, en fonction des conditions de vie, les systèmes de parenté, lesquels, s'ils ont insisté – et insistent encore – sur les unions interdites, font en revanche le plus complet silence sur le nombre d'unions simultanées que peut contracter un individu. Ce n'est pas étonnant. Car, même si on imagine que tout cela a réussi à se mettre en place parce que la pensée a émergé, on imagine mal cette pensée d'emblée suffisamment performante pour forger d'un seul coup des dispositions aussi complexes. Tout a dû se faire avec une lenteur considérable et sous l'effet d'une maturation progressive de la prise de conscience qui s'en est effectuée autant que de celle des acquis qui en ont résulté. On voit mal comment des individus soumis, depuis des dizaines, voire des centaines de millénaires, à la pression de mécanismes instinctuels auraient pu maîtriser soudainement cette pression et se mettre à tirer des conclusions de leurs expériences pour inventer en un tournemain des dispositifs susceptibles de réguler et de gérer leurs comportements.

Meubler le silence

L'enseignement que nous apporte à cet effet le travail des primatologues est fort précieux[1]. On y découvre, par exemple, chez certaines espèces, la différence considérable qui existe dans le rapport aux petits entre le comportement des femelles, qui sont mères, et celui des mâles, autocentrés et livrés à la tyrannie de leurs pulsions sexuelles. Les premières sont dans la jonction, la protection et dans ce qui ressemble à s'y méprendre à ce que le pédiatre et psychanalyste D. W. Winnicott[2] a décrit sous l'appellation de « préoccupation maternelle primaire » ; les seconds n'hésitent pas en revanche, au risque de le tuer, à jeter éventuellement l'enfant au loin pour faciliter leur accès sexuel à la mère. Cette description, pour précise qu'elle soit, n'en saisit pas moins les manières d'être en les figeant plus ou moins dans l'étendue immense du temps ; elle ressemble, à cet égard, à un instantané photographique. Les paléontologues ne peuvent pas ne pas en user quand ils décrivent les étapes successives du développement de notre espèce au cours de l'immensité du temps. La rigueur à laquelle ils soumet-

1. Sarah Blaffer Hrdy, *Les Instincts maternels*, Paris, Payot, 2002.
2. Donald, W. Winnicott, *De la pédiatrie à la psychanalyse*, Paris, Coll. « Petite bibliothèque Payot », 1969.

tent leurs conclusions ne leur permet pas d'aller au-delà et de s'aventurer par exemple dans l'explication des processus qui n'ont pas cessé de conduire les hominiens d'une étape à la suivante. Comment nos lointains ancêtres, qui ont longtemps ressemblé à leurs cousins, les primates actuels, en sont-ils venus à évoluer au point de parvenir à maîtriser la pensée, à fabriquer un lien social et à mettre en place des processus générateurs de civilisations ? Voilà une question à laquelle ne peut, scientifiquement, être fournie aucune réponse autre que celle de l'adaptation darwinienne. Mais une telle adaptation relève-t-elle seulement d'une adaptation anatomique et physiologique ? Pourquoi n'aurait-elle pas aussi pu dépendre de la mise en jeu de processus moins repérables parce que plus intimes et ne laissant pas de trace exploitable ? Pourquoi certains sujets strictement identiques les uns aux autres se sont-ils adaptés et ont-ils survécu, alors que d'autres ont péri ?

Je serais enclin, pour ma part et sans la moindre prétention, à proposer une hypothèse pour rendre compte d'une telle évolution. Et je n'étonnerai probablement personne en mettant à cet effet au premier plan – en pédiatre incorrigible – la dyade mère-enfant et en faisant d'elle le moteur inépuisable de ce long processus évolutif.

Quand on se penche sur le règne animal et plus particulièrement sur la vie des grands mammifères terrestres, on s'aperçoit que, si nombre d'entre eux comme le lion, le tigre, le lynx et autres grands carnassiers mènent des existences relativement solitaires, d'autres comme les zèbres, les gnous, les buffles, les éléphants, etc. se regroupent, eux, en troupeaux. On dit en général de ces derniers qu'ils ont un instinct grégaire. Cette explication, qui n'est pas sans évoquer la fameuse « vertu dormitive de l'opium », a été judicieusement complétée par celle des éthologues qui attirent l'attention sur la finalité fonctionnelle du troupeau, lequel permet à chacun d'accroître ses chances d'échapper aux prédateurs. Il n'est pas impossible que les humanoïdes, ayant été tout à la fois carnassiers et herbivores, proies et prédateurs, aient bénéficié d'un gène favorisant un comportement grégaire identique et susceptible d'expliquer la formation des hordes. J'imagine néanmoins volontiers que quelque chose d'autre, et d'une autre nature, se sera greffé sur ce comportement génétiquement déterminé et aura abouti à la formation, à l'acceptation et à l'assomption du lien social, au sens large du terme, qui a fait passer de la horde aux premières sociétés. J'identifierais ce quelque chose d'autre à la suppléance opérée sur l'instinct par la pulsion – il faut se souvenir, à cet égard, de la difficulté qu'ont rencontrée, tant les notions sont proches, les premiers traducteurs de Freud avec le terme allemand de *Trieb* traduit hâtivement par « instinct » avant que n'ait été trouvé le terme, plus idoine, de « pulsion ». J'imagine cette greffe, autrement dit l'émergence de la pulsion, sous la forme des effets répétés, tout au long de dizaines de millénaires d'évolution, d'une trace laissée sur le sujet par les bénéfices tirés de la phase dyadique : dans ses moments récurrents de détresse, il aura pu éprouver une forme de nostalgie d'une aide du même type. Au fil des millénaires d'accumulation de ce type de nostalgie brumeuse, nos humanoïdes ont sans doute mieux toléré la préoccupation maternelle primaire de leurs femelles et, ne la combattant plus sur le mode sauvage antérieur, lui ont permis d'accroître son efficience et de renforcer la trace qu'elle n'aura pas manqué de laisser à chaque génération. Quelques millénaires plus tard, voilà cette trace suffisamment présente pour créer l'idée, elle aussi encore brumeuse, de l'éventuelle aide que peut apporter, sinon une mère lointaine, affaiblie ou parfois disparue, du moins un « autre » susceptible d'y suppléer. C'est ainsi que pourrait avoir pris naissance, en quelques millénaires ou dizaines de millénaires supplémentaires, un lien social, au sens où on l'entend actuellement, qui va ouvrir la voie à tout ce que la socialisation a été et continue d'être susceptible de promouvoir.

Ainsi, la femme ne serait pas seulement l'avenir de l'homme, mais aussi son passé. Ne serait-ce pas pour cette raison que les premiers cultes humains connus ont été féminins ? Et est-ce un hasard, avec un saut vertigineux dans le temps, si nous avons aujourd'hui des problèmes de consommation médicale suffisamment graves pour avoir résisté à tous les traitements rationnels qu'on leur a appliqués ? Le lien social s'étant progressivement délité sous la poussée de l'individualisme triomphant, au sein de nos sociétés surnanties, nos semblables, nostalgiques des bienfaits de ce lien perdu, vont le chercher compulsivement au seul endroit où il existe encore un tant soit peu : chez les médecins, dont l'essence comportementale est d'ordre maternant, comme elle l'est dans tout le système de soins – un facteur, soit dit en passant, que nos gestionnaires de la Sécurité sociale ne peuvent en aucun cas prendre en considération.

En demeurant toujours dans la même dimension d'écoulement considérable de temps, on pourrait donc imaginer que la réussite de l'adaptation des sujets a dû aussi être fonction de ce qu'ils ont tiré de leur expérience dyadique. N'auraient de fait survécu, prospéré et fait évoluer leur environnement que les individus ayant bénéficié dans leur tout petit âge du maximum de soins de la part de leur mère. C'est un fait sur lequel Freud a beaucoup insisté en montrant que l'incomparable trésor représenté par l'amour maternel permet toujours au sujet qui en bénéficie d'avoir un parcours existentiel d'exception. C'est ce même fait, inscrit désormais au fin fond de l'inconscient de chacun, qui explique la culpabilité physiologique écrasante qui affecte les mères : elles subodorent leur éventuelle responsabilité dans de ce genre de résultat dont bénéficierait leur enfant et, déplorant de ne pouvoir maîtriser ou avoir accès aux paramètres que leur impose l'histoire dont elles sont vectrices, elles s'accusent par avance de l'échec éventuel de leur tâche.

On aura compris que le développement dans lequel je me suis lancé est destiné à montrer l'importance que revêt pour chacun, quel que soit son sexe, la relation instaurée à sa mère. Le discours psychanalytique lacanien ne fait-il d'ailleurs pas, de cette mère, l'Autre majuscule et le trésor des signifiants dans lesquels se trouvera enserré, sa vie durant, le sujet ?

Tous les couples ne sont-ils pas arrangés ?

Pour poursuivre le développement de mon hypothèse, je ferai aussi des effets de la trace de l'expérience dyadique dans les deux sexes un facteur déterminant dans l'institution du couple. Cette trace a sans doute produit – et ce n'est pas le moindre de ses effets civilisateurs – une profonde modification du regard que se portent, l'un sur l'autre, femme et homme au fil du temps.

Chez l'être féminin, elle a probablement contribué à renforcer et à complexifier la relation à l'enfant, relation portée par ce qui pouvait être, encore et jusque-là, assimilé à un instinct maternel. Au fil de l'évolution, et au fur et à mesure que sera prise la conscience de la responsabilité de l'acte sexuel dans la procréation, le regard porté sur l'être masculin ne le percevra plus seulement comme encore un prédateur sexuel, mais comme un inséminateur potentiel, et donc attractif.

Le processus évolutif a dû en revanche être différent et bien plus lent du côté masculin, tant l'homme a été rendu fou, dès l'origine de l'espèce, par l'absence d'œstrus chez sa compagne et par une disponibilité sexuelle perpétuelle à laquelle le poussait à violemment réagir un seuil d'excitabilité bien plus bas chez lui que chez elle. Il a néanmoins intégré, probablement à une époque qui se situerait aux alentours de la naissance des cultures, l'importance de cette compagne devenue mère pour la descendance d'enfants qu'il s'est mis à considérer avoir engendrés.

Ces modifications profondes, qu'on pourrait assimiler, dans l'un et l'autre sexe, à une véritable mutation de la vision du monde, ont dû contribuer à faire encore plus accepter, et à permettre d'intérioriser, la Loi de l'espèce, et en particulier les règles édictées par les systèmes de parenté[3]. S'il est vrai que l'adoption, la mise en œuvre et la surveillance de l'observance de ces systèmes ont institué le couple avec son appariement précis et aussi indispensable que sa durabilité, rien ne dit, comme je l'ai laissé entendre, qu'elles aient définitivement et rigoureusement réduit l'union à seulement deux individus. La preuve en est que la polygamie (union avec plusieurs partenaires) existe encore de nos jours. On rencontre encore la polyandrie (union d'une femme avec plusieurs hommes), dont l'occurrence a pourtant été rare de tout temps, en Inde chez les Nayars de la côte des Malabars ou au Népal chez les Pahatis[4]. Quant à la polygynie (union d'un homme avec plusieurs femmes), le fait qu'elle soit largement répandue et légale – dans l'aire arabo-islamique, dans nombre de sociétés africaines ou bien encore, sur un mode plus exotique, chez les mormons – laisse à penser que les mâles humains ne sont toujours pas parvenus à surmonter leur désir, héritage biologique de leurs lointains ancêtres hominiens, d'avoir plusieurs femmes en même temps. Il n'est pas impossible d'imaginer que la lenteur de la répression de ce désir puisse être mise au compte de la nostalgie de la satisfaction procurée jadis par la relation à la mère – nostalgie que seule pourrait éventuellement chasser la possession concomitante de plusieurs femmes. Nombre de ces lointains ancêtres ont dû néanmoins assez tôt se résoudre à la monogamie comme en témoignent les imagos d'un couple premier dans bien des mythologies, à commencer par celle qui fait de nous les descendants d'Adam et Ève.

---

3. Les systèmes de parenté, étudiés par l'anthropologie et qui sont au nombre de six, définissent rigoureusement les unions que peut contracter un sujet. J'en ai produit une recension dans mon ouvrage *Les Pères et les Mères, op. cit.*

4. Françoise Zonabend, *Histoire de la famille 1*, Paris, Armand Colin, 1986.

Que nous puissions nous féliciter de ce progrès minime – mais toujours pas universel –, qui a conféré un jour aux hommes et aux femmes un statut de partenaires en miroir, n'en pose pas moins la question de ce qui a pu le susciter. Comment cela a-t-il pu en effet venir à l'esprit, se produire, gagner du terrain et diffuser à chaque renouvellement de génération, au point de finir par largement s'imposer au sortir de ces longues périodes paléontologiques ?

La question pourrait être considérée comme relevant de l'exercice de style ou procédant d'un luxe insolent si elle n'était, à mon sens, au cœur même de l'aventure de chacun de nous. Elle renvoie en effet à tout ce que j'ai déjà dit des effets à long terme de la trace laissée par la relation dyadique. Elle n'est de surcroît pas près de recevoir une réponse univoque, renvoyant à n'en pas douter au débat que relève Claude Lévi-Strauss[5] entre ce qu'il appelle les anthropologues « verticaux » et les anthropologues « horizontaux » ; les premiers faisant de la famille et de sa descendance les fils de chaîne des sociétés, les seconds faisant des sociétés la trame sur laquelle prennent place les familles, les uns et les autres étant parfois renvoyés dos à dos par leurs réponses contradictoires.

Sont-ce, en effet, les sociétés qui ont imposé délibérément un modèle auquel l'ensemble des familles a été invité à se conformer, ou bien le succès d'un modèle familial a-t-il fait des adeptes et convaincu l'ensemble d'une société ?

On peut tenter de le savoir en cherchant par exemple à repérer, dans l'histoire à portée immédiate de notre mémoire, l'interaction qui s'est produite entre de grands personnages et de grands événements comme celle qui est intervenue entre des faits bien plus anodins et des personnages de moindre importance. Il a suffi, par exemple, aux Beatles d'apparaître à peine quelques fois à la télévision pour qu'une bonne partie de la jeunesse du monde entier

---

5. Claude Lévi-Strauss, *Histoire de la famille, op. cit.*, p. 9-10.

adopte la mode des cheveux longs[6]. *I have a dream* : le discours de Martin Luther King a plus fait, à lui seul, pour la cause des Noirs américains que l'ensemble des luttes séculaires précédentes. Les incessants propos des échotiers des années 1960, autour des malheurs du couple illégal formé par la ravissante Sophia Loren et le puissant Carlo Ponti, ont plus fait, eux aussi, pour assouplir les modalités du divorce en Italie que toutes les campagnes précédentes. Quant à la légalisation de l'interruption volontaire de grossesse en France, on ne sait peut-être pas assez ce qu'elle doit aux femmes qui, en 1975, ont signé le manifeste des 121. Cela s'est en effet passé au sein d'une société hypocrite qui, tout en se prévalant de sa bienveillance à l'égard des femmes et de son écoute de leur détresse, s'était cependant jusque-là faite sourde aux problèmes des avortements clandestins et n'a pas cessé de réprimer de la façon la plus radicale leurs auteurs – la dernière femme guillotinée en France, en 1924, était une avorteuse. On pourrait continuer de multiplier les exemples et interroger l'impact, sur la marche de l'Histoire, de personnages importants dont la galerie irait de Christophe Colomb à Mao Tsé-toung, en passant par Louis XIV, les chantres de la Terreur, Napoléon, Gandhi, Hitler, Staline, de Gaulle et tant d'autres. On retrouvera toujours à l'œuvre le même mécanisme.

Les évolutions importantes ne se font jamais autrement que sous la pression d'un rapport de forces qui n'est pas toujours lisible et encore moins prévisible. Et, quand une bascule s'opère, c'est toujours parce que, sous la pression d'un ou d'à peine quelques personnages, les tenants d'un camp l'ont emporté sur ceux de l'autre. Pour des sociologues professionnels, j'énonce, sans doute et de surcroît assez grossièrement, une navrante banalité. Je n'hésite cependant pas à le faire pour donner à imaginer les conditions dans lesquelles les inventeurs des mythologies à couple

6. Le marketing a d'ailleurs toujours su faire usage de ce type de phénomène.

fondateur ont pu être un jour conduits à accomplir leur exploit. Je pense que ce dernier n'a pu survenir qu'à partir du moment où, dans une population, une majorité d'individus a estimé pouvoir prendre en considération son vécu intime, s'est mise à réfléchir sur son origine et l'a plus ou moins consciemment, intuitivement pourrait-on dire, rapportée à la fameuse trace dyadique. La bascule serait survenue sous l'influence d'un petit groupe dont le message aura été relayé par la société qui l'a adopté puis imposé par la suite au point de paraître avoir été là depuis toujours – combien d'Algériens savent-ils aujourd'hui que leurs ancêtres ont été chrétiens au siècle de saint Augustin ? Cette trace dyadique a dû sans doute continuer de produire ses effets et progressivement apparaître comme digne d'être à nouveau investie et mentalisée pour produire une nouvelle réflexion.

Pourquoi, à l'aube de l'humanisation, les mécanismes de pensée auraient-ils été, moins que de nos jours, le lieu de résistances et de défenses œuvrant au voisinage des affects ? Même aujourd'hui, et quels que soient son sexe, son mode de vie et son environnement, il n'est pas un enfant qui, lorsqu'il apprend la manière dont se déroulent les relations sexuelles, ne commence pas par en refuser véhémentement la réalité. Quand, avec le temps, il finit par devoir l'admettre, il passe toujours par une phase qui consiste à penser ces relations possibles, puis normales, voire indispensables, certes pour tous les adultes, à l'exception de ses parents et en particulier de sa mère[7]. Rien n'interdit donc d'imaginer une forme d'évolution dans la manière de penser les mécanismes relationnels qui

7. Un tel fait ne permettrait-il pas d'ailleurs, à lui seul, d'expliquer la vitesse avec laquelle s'est propagé, sans recours à la violence, le christianisme ? Sous l'effet de la nostalgie d'une croyance à laquelle il a été si difficile à chacun de renoncer, une religion qui offrait comme garantie de son fondateur la conception de ce dernier par sa mère sans recours à l'acte sexuel pouvait-elle ne pas susciter une adhésion massive et immédiate ?

aura fini par inventer un dispositif susceptible d'accepter cette mère, depuis longtemps extraite de sa toute disponibilité à des relations sexuelles anonymes, comme rattachée à un partenaire unique. Une rémanence de cette évolution réside dans la façon dont, aujourd'hui encore, les machos professent que « les femmes sont toutes des putains, sauf ma mère (et ma sœur, quand il y en a une) ». Le processus aurait pu progresser, encore et comme toujours, en quelques dizaines de milliers d'années, à partir d'un fantasme « ma mère ne baise pas » au suivant « elle ne l'a fait que pour faire des enfants », puis à un « elle l'a fait seulement avec un seul homme » pour finir par faire inventer et intérioriser suffisamment le couple parental et produire des mythologies à couple fondateur. Après quoi, tout cela aura pris sa vitesse de croisière et permis de peaufiner, au sein de sociétés en perpétuelle construction, les relations entre les partenaires.

Si on revient au lien social sur fond duquel se serait donc institué le couple monogame, on retrouve un mécanisme qui a déjà été passablement traité au chapitre précédent et qui a consisté, depuis et jusqu'à l'époque actuelle, à multiplier les interdits susceptibles d'aider chacun à réprimer son système pulsionnel propre. Il n'était pas question, en effet, d'amender ce processus tant que ce lien social ne semblait pas avoir acquis une solidité satisfaisante. Or les pulsions – d'ordre multiple et qualifiées pour cette raison de « partielles » dans la mesure où elles seraient des composantes de la pulsion sexuelle – ont pour particularité d'emprunter, pour leur mise en œuvre, la voie la plus facile qui est la voie génitale – on retrouve, là, ce qu'on a nommé le pansexualisme de la psychanalyse, lequel a pour avantage de permettre une meilleure compréhension de dynamiques dont la logique échappe habituellement à l'entendement. Il a donc semblé impératif, pour favoriser, comme le souligne Freud, le processus civilisateur, de réprimer du mieux possible l'exercice de la sexualité. Pour ne pas laisser les individus livrés inconsidérément à la pression de pulsions qui risquaient de déborder l'objectif des interdits, on a décidé de les faire accéder relativement tôt à l'exercice de la sexualité en les unissant sur un mode dont l'appréciation était laissée aux premiers gardiens de cet ordre, autrement dit aux parents. C'est probablement la façon dont ont été instaurées les unions qui ne faisaient pas cas des inclinations des individus et mis en place ce qu'on appelle communément le mariage par arrangement, un tel mariage ayant été perçu par ses promoteurs comme le meilleur garant du lien et de l'ordre social.

Nous savons, par les textes qui nous permettent de nous repérer, ce qu'il a pu en être à des époques passablement éloignées de nous mais encore à portée de notre mémoire. Nous savons par exemple que, très tôt et pendant le plus clair de l'histoire de l'humanité, l'union des individus destinés à former un couple et à procréer a procédé exclusivement de décisions, et parfois de véritables stratégies, de la part de leur environnement ou de leurs parents. Il était exclu que le pharaon d'essence divine épousât une autre personne que sa sœur. Quand, dans le texte thoraïque[8], Isaac en arrive à l'âge où il peut être marié, son père Abraham envoie son serviteur lui choisir une femme dans une famille proche. Jacob, fuyant son frère, ira se chercher femme chez un parent de sa mère et, alors qu'il y découvre l'amour de Rachel, sera néanmoins contraint, par un subterfuge de son beau-père, d'épouser d'abord sa sœur aînée, Léa. De même, dans les sociétés dont nous avons des traces écrites, un(e) affran-

8. Genèse, 24. Il est au demeurant intéressant de relever que l'évolution des modalités d'union de ces trois patriarches constitue à elle seule une belle métaphore. Ces unions dessinent en effet un mouvement d'ouverture progressive vers le monde : Abraham s'unit à l'intérieur de son clan à sa demi-sœur Saraï ; il choisira certes pour son fils Isaac une parente, mais qui vit dans un autre lieu et qui sera amenée jusqu'à lui ; c'est Jacob, le premier, qui quittera son lieu d'origine pour aller prendre une femme, initiant ainsi l'aventure dans l'espace.

chi(e) n'épousait-il (elle) pas un(e) esclave. C'étaient donc des familles, des clans, qui s'unissaient ainsi. Pour mettre fin à des conflits – « on doit faire alliance avec ses ennemis[9] », professent les peuples primitifs –, mettre en place des alliances, réunir et accroître des patrimoines, des zones de chasse, des territoires, etc. Les futurs unis, qui l'étaient souvent parfois dès leur naissance, étaient à peine avertis des projets forgés pour eux et n'avaient souvent pas le moindre droit à la parole.

L'exemple venait d'ailleurs du sommet même de la société, là où, justement, les stratégies avaient un sens des plus évidents. Nous avons été abondamment informés par les cours d'histoire de notre enfance sur celles qui, poursuivant un but précis, ont toujours été mises en place dans les unions de nos rois et de nos princes. La noblesse ne pouvait décemment pas se loger à une autre enseigne, et la bourgeoisie lui a naturellement emboîté le pas. De fait, les inclinations individuelles n'avaient pas la moindre importance, et leur prise en considération n'avait cours qu'au sein du bas peuple et de la piétaille, laquelle, dénuée de toute influence sur le cours de la société de son époque et n'ayant rien à gagner ou à perdre, les investissait comme un bénéfice, voire un privilège.

À considérer ces faits, et à se souvenir de l'éclairage porté dans ce même domaine par les commentaires dispensés dans les cours de littérature tout au long de nos mêmes années de collège et de lycée, on est forcé de convenir que chacun de nous aura été évidemment formaté, à son insu, pour envier à cet égard plutôt les pauvres que les riches. Un tel formatage, pour subtil qu'il soit, masque mal cependant l'idéologie jacobine de notre république responsable de nos programmes scolaires : elle se dit prête à reconnaître, en flattant même leurs excès, la légitimité des aspirations de chacun, à condition toutefois

9. F. Zonabend, *op. cit.*

que ce même chacun renonce à interroger ses méthodes autoritaires ou à les remettre en cause. On sait, depuis Panurge, que le peuple est quelque peu ovin et que, plus il sera leurré, plus facile sera son gouvernement. Si j'aborde les choses sous cet angle et avec ce préalable du côté de l'éducation, c'est simplement pour permettre à chacun, sans doute révulsé à la seule idée que des unions aient pu, ou puissent encore, avoir lieu en dehors du choix des intéressés, d'essayer de réfléchir calmement à ce sujet, délicat entre tous. Car, de fait et comme on le verra, les unions fondées sur les inclinations mutuelles peuvent ne pas différer autant qu'on pourrait le croire, aussi bien dans leur occurrence que dans leur devenir, de celles fondées sur des arrangements.

Ces stratégies matrimoniales n'ont d'ailleurs pas définitivement disparu. Elles restent prévalentes dans l'aire arabo-islamique[10] et au sein de nombreuses populations, en particulier africaines. Elles continuent d'être défendues en Grande-Bretagne par les députés des populations issues de l'émigration, des hommes et femmes pourtant parfaitement intégrés dans la société occidentale et ayant derrière eux un long parcours universitaire. Elles ont cours plus souvent qu'on ne le croit même dans nos contrées : les petites annonces, les agences matrimoniales et les sites de rencontre sur le web ont parfois pris le relais des familles et donnent au sujet l'illusion d'opérer un choix personnel.

Cette dame d'une cinquantaine d'années environ, que j'avais vue une ou deux fois avec l'un ou l'autre de ses petits-enfants, s'est mise à venir régulièrement à ma consul-

10. Elles n'y revêtent cependant pas toujours la même forme : il y a une différence sensible entre les unions arrangées au sein desquelles les partenaires ont un droit de veto et celles qui sont imposées au sein desquelles les partenaires se découvrent mutuellement dans la chambre nuptiale.

tation pour accompagner une jeune mère africaine et son bébé. Il m'a fallu un certain temps pour m'autoriser à m'étonner discrètement auprès d'elle de son assiduité, et ce d'autant que la jeune personne qu'elle accompagnait, fort élégante et s'exprimant dans un français parfait, ne semblait pas du tout appartenir à une population requérant une assistance caritative. Ayant sans doute perçu mon interrogation muette, elle est revenue me voir seule, un soir, pour m'expliquer que, lorsqu'elle a rencontré plusieurs années auparavant celui qui deviendra son mari, un musicien africain talentueux, il l'a loyalement avertie qu'il ne pouvait rien y avoir de sérieux entre eux parce que sa famille l'avait déjà marié à... une jeune femme qui n'était pas même née et qu'il aurait un jour à honorer cet engagement. Elle lui a fait remarquer qu'ils avaient pas mal de temps devant eux et qu'ils pouvaient vivre ensemble en attendant. À la naissance de leur premier enfant, ils se marièrent en étant implicitement d'accord, vivant en France, pour dissoudre ce mariage dès que le suivant deviendrait inéluctable. C'est ce qui est un jour arrivé. La petite fille promise naquit en effet, grandit, devint une jeune femme, et sa famille prit alors contact avec le futur mari déjà grand-père. Ce dernier, fidèle à la parole donnée par ses parents, au demeurant déjà décédés, se rendit sur place après avoir fait passablement avancer la procédure de divorce qu'il avait déjà entamée. Le mariage put ainsi avoir légalement lieu. La nouvelle mariée accompagna son époux en métropole. Et ce dernier fit comprendre à sa première épouse, à laquelle il restait très attaché, qu'elle pouvait, si elle le voulait, garder un statut formel de coépouse, inadmissible légalement en France, mais courant encore dans bien des pays d'Afrique. C'est ce qu'elle fit, révulsant son voisinage qui n'hésita d'ailleurs pas à stigmatiser ouvertement son comportement, la contraignant à déménager ! C'est en tout cas à ce titre qu'elle accompagnait la jeune mère avec laquelle vivait régulièrement son ex-époux devenu du coup et par la force des choses son amant.

Cet exemple, évidemment exotique, réunit pour le même homme une union d'inclination qui n'a pas cessé et une union arrangée qui s'est greffée sur cette dernière. On pourra toujours assimiler cela à une banale polygamie, comme celle que connaissent aujourd'hui, en nombre, aussi bien les hommes que les femmes qui s'engagent dans des aventures successives de vie en couple. Si elle a pris formellement le même caractère diachronique, elle n'en est pas moins devenue synchronique dans la mesure où la première épouse a cessé de l'être mais est devenue amante de son ex-époux après leur divorce. Le fait, singulier en l'occurrence sous nos latitudes, est que ces deux femmes, qui savent ce que chacune d'elles est pour leur homme commun, s'admettent l'une l'autre. Relevons que, si la plus jeune a été façonnée par une culture qui lui a imposé la logique de son destin matrimonial et l'a amenée sans interroger son inclination à accepter d'être formellement une « seconde épouse », la première en revanche, au nom de son inclination et insérée dans une culture qui légitime cette inclination, a néanmoins accepté les modalités de son union, et du devenir programmé de cette dernière, en toute connaissance de cause. L'inclination de cette première femme a accepté la particularité culturelle de son partenaire, tout comme le destin programmé de la seconde semble n'avoir pas été heurté par l'inclination qui a présidé à la formation du premier couple.

J'ai choisi d'exposer ce cas extrême non pas pour faire l'apologie des arrangements matrimoniaux, mais pour essayer de jeter déjà quelque lumière sur cette notion d'inclination.

Il me sera évidemment reproché de le faire à partir d'un cas de polygynie pour laquelle, parce que je suis un homme, je serai probablement suspecté d'avoir quelque sympathie. Ce serait injuste car, en raison même de la manière dont a été organisée son histoire, ce cas a été le fait d'une rencontre exceptionnelle, et pour cela marquante, dans une carrière qui m'a fait croiser des milliers et des milliers de couples. J'ai évidemment rencontré d'autres cas d'authentiques, mais tenues secrètes, polygynies. Mais j'ai aussi rencontré de nombreux cas qu'on pourrait assimiler à la polyandrie. Si, pour les premières, je n'introduis aucune nuance, c'est parce que la plupart des hommes impliqués dans de telles situations les vivaient pleinement, avec deux vrais foyers, un partage plus ou moins équitable du temps – les absences étant toujours rationnelles et justifiées – et l'assomption de l'éducation des enfants. En revanche, pour les cas de polyandrie, il s'agissait de femmes mariées ou non mais vivant en couple régulier avec enfants et qui entretenaient une relation durable avec un ou plusieurs amants, dont l'un, pour quelques-unes, avait été le géniteur d'un ou plusieurs de leurs enfants. Il m'est arrivé de recevoir certaines d'entre elles me conduisant leurs enfants, tantôt avec leur époux, tantôt avec leur amant présenté à l'enfant comme un ami quand il n'en était pas le parrain officiel. J'en ai rencontré une qui vivait sous le même toit avec ses deux hommes et qui trouvait cela rien de moins que naturel. Elle s'est même plainte un jour à moi de la soudaine mauvaise grâce de son époux, qui, ayant décidé de ne plus prendre ses antidépresseurs, a du même coup décidé, l'amant étant au chômage, de ne plus assurer seul les dépenses de la maisonnée. Une autre s'étonnait auprès de moi que son mari ait décidé de se séparer d'elle à peine quelques semaines après qu'elle eut rompu une relation de près d'une quinzaine d'années avec un amant.

Dans tous ces cas de figure, il ne s'est jamais agi, pour la constitution des couples initiaux auxquels je fais allusion, que d'inclination et non d'arrangements qui n'auraient pas tenu compte de la volonté des sujets. Cela ne fait pas pour autant de ces mêmes cas autant de déclinaisons de l'adultère habituel, dans la mesure où l'installation dans la durée de ces relations extraconjugales les range plus dans la catégorie de la polygamie et met hors de cause l'intervention d'une pulsion conjoncturelle irrépressible caractéristique de l'épisode adultérin.

Si, après la rencontre de tels cas, on continue de croire à la légitime et indispensable prévalence de l'inclination dans la formation des couples, il semble qu'on n'aura pas encore tout à fait réussi à prendre la mesure de la complexité des mécanismes qui interviennent autant du côté de leur constitution que de celui de leur dynamique de vie ou de leur durée.

Il est vrai que de s'être enflammé, au cours de sa scolarité, à l'âge où, au rythme de l'espoir de la rencontre majuscule, le cœur bat pour les belles histoires d'amour que connurent les pauvres gens de l'époque classique[11], dispose à continuer de le faire et à ne pas même pouvoir imaginer la manière dont se vivaient les unions sans inclination. On a d'ailleurs hâtivement et définitivement décidé qu'elles ne pouvaient pas se dérouler autrement que dans une atmosphère lourde, triste, étouffante, habitée par le dépit et l'incessant désaccord. De fait, de tout cela on ne sait en réalité pas grand-chose, sinon rien. Du moins rien d'autre que la construction contrapuntique déduite de ce qui est parvenu jusqu'à nous, une fois encore, grâce à la littérature ou au théâtre qui, se mettant délibérément au service de l'inclination, en ont souvent brossé un tableau désespérant. Il n'est pourtant pas du tout certain que ce fut toujours le cas.

J'ai passé une grande partie de mon enfance et mon adolescence dans des petites villes d'Algérie. Les trois communautés s'y côtoyaient. Les communautés dites

11. Le cas de Roméo et Juliette, qui fait exception à cette règle, les familles d'origine étant riches, augure la revendication d'une primauté de l'inclination qui sera amplement reprise par la suite dans le théâtre comme dans la littérature.

« européennes » (les chrétiens et les juifs), qui avaient peu de contacts avec la communauté arabe, plus secrète et plus repliée sur elle-même, observaient un même rituel, sans faille et toujours le même, dans quelque ville que ce fût. Elles « faisaient le boulevard », ou « la rue, ou l'avenue Untel », en fonction du nom porté par l'artère principale de la ville ; tout comme dans les villes du midi de la métropole, à la même époque, on « faisait le mail ». Cela consistait, en fin d'après-midi, à déambuler sur ledit boulevard, dans ladite rue ou ladite avenue, en les parcourant dans un sens puis l'autre, et en renouvelant ces allers-retours jusque tard le soir. Le mieux était bien sûr de faire cela en compagnie. Or, au sein de ces communautés européennes, petites en nombre, il se contractait des unions de type plutôt endogamiques : les chrétiens s'épousaient entre eux, les juifs également. Et il était amusant de constater comment se produisaient les assortiments. Je me souviens qu'avec les copains de l'époque nous jouions à faire des pronostics qui se vérifiaient le plus souvent. Nous ne nous prenions cependant pas pour des prophètes, nous avions seulement compris la logique qui présidait aux appariements. Nous avions compris que, inclination ou pas, quelle qu'eût pu être sa beauté, la fille du ferblantier n'avait aucune chance d'épouser le fils du pharmacien et que, quelles que fussent ses performances universitaires, le fils du facteur n'aurait aucune chance d'épouser la fille de l'industriel. Ce qui nous amusait surtout, c'était de voir les couples, dont les partenaires se connaissaient depuis toujours au point de se comporter souvent en frère et sœur, se former du jour au lendemain et déambuler en se tenant étroitement par la taille comme ils l'avaient vu faire dans les films hollywoodiens. Que s'était-il passé ? Leurs parents, la veille ou l'avant-veille, avaient tout simplement décidé de les marier, et eux, qui s'estimaient en âge de le faire, n'y avaient sûrement rien trouvé à redire. Rien en effet n'aurait pu se faire s'ils s'étaient opposés aux arrangements concoctés des semaines durant entre leurs parents. Ils avaient néanmoins accepté la proposition sans avoir été les auteurs du choix. Il est vrai que la tradition, l'interdit pesant porté sur la sexualité et la pression de cette dernière devaient contribuer à leur faire accepter la solution qui leur était proposée. Après cela, on assistait à leur mariage, à l'église ou à la synagogue, et il suffisait de peu de temps encore pour les croiser dans l'attente d'un, puis d'un autre bébé. Ainsi allait la vie.

La question, qui demeure en suspens au terme de cette description, consiste à se demander ce qu'il pouvait en être de l'amour qu'éprouvaient ou n'éprouvaient pas l'un pour l'autre ces partenaires.

Dans un tout autre univers et à une tout autre époque, un très beau film burkinabé[12], *Tilaï*, aborde en partie ce sujet et apporte un élément de réponse. Un jeune homme, Saga, revient au village après deux années d'absence passées à la ville. Découvrant les derniers événements, il n'accepte pas le remariage de son père avec une jeune femme, Nogma, qu'il considérait comme sa fiancée. Au moment de son départ, il n'avait rien dit de ses projets à personne et pas même à cette dernière. Il estimait cependant avoir le droit de la reprendre dès son retour du fait qu'il l'aimait toujours. Transgressant les lois et la coutume, au nom de la liberté et du bonheur individuel, Saga et Nogma se revoient en cachette et deviennent amants. Cela finit par se savoir, et leur acte est considéré comme un inceste puisque Nogma est la deuxième femme du père de Saga. Le père de Nogma, atteint par le déshonneur que lui a infligé sa fille, se pend. Saga est quant à lui obligé de fuir le village. On le croit mort. Pourtant, Nogma et sa mère connaissent la vérité, et Nogma le rejoint chez

12. Idrissa Ouedraogo, *Tilaï*, Burkina Faso, 1989.

sa tante où il a trouvé refuge. Apprenant que sa mère est gravement malade, Saga revient cependant au village, décidé à affronter son propre père et à lui prendre Nogma. Une violente altercation s'ensuit où son père lui rappelle que « *ya tilaï* », « c'est la loi », celle du clan, qui doit être la règle de conduite de chacun et qui l'emporte sur toutes les autres solidarités. Il n'hésite d'ailleurs pas à le tuer au cours de la bousculade qui suit l'échange.

Ce film oppose précisément les notions de liberté et de bonheur individuel, censées devoir être respectées parce que chargées de promesses, à la loi et à la coutume considérées comme sclérosées, dépassées, écrasantes et ne pouvant vouer les êtres qu'au malheur. Indépendamment de l'admiration que je porte à cette œuvre dont la facture n'est pas sans évoquer les tragédies grecques, j'ai choisi d'en faire état parce que, dans une scène qui se situe avant même que le père de Nogma ne se pende, cette dernière vient plaider sa cause auprès de sa mère et tente de la gagner à elle et à son amour pour Saga. Il s'établit entre les deux femmes un long et tendre dialogue au cours duquel, croyant pouvoir la convaincre, la fille fait valoir à sa mère qu'elle a bien dû aimer son père pour l'avoir épousé. Sa mère la détrompe. Et, comme elle rencontre son étonnement, elle ajoute en la regardant bien en face : « Je l'ai épousé sans amour. J'ai appris à l'aimer. Et je l'ai aimé[13]. »

Voilà qui dessine probablement la manière dont devaient se passer les choses dans la plupart des unions sans inclination. Le partenaire, qui était parfois à peine connu – les longues fiançailles n'étaient pas généralisées –, était cependant parfaitement défini par rapport à soi. L'histoire des stratégies qui ont fait aboutir le projet était

---

13. Dans une aire culturelle différente, on retrouve la même pratique traitée par Hou Hsiao-Hsien dans deux de ses films : *Les Fleurs de Shangaï* et *Three Times*.

elle aussi sue, et l'amour était reconnu de part et d'autre comme absent au départ. Tout était clair, y compris l'entente que les familles avaient déjà parfois entre elles ou celle qui avait nécessairement été établie pour que le projet soit mené à bien. L'assomption partagée de l'union et de sa finalité ouvrait sur une intimité de la vie à deux au sein de laquelle chacun des partenaires, littéralement donné en mariage à l'autre par les siens, savait sans aucun doute devoir faire preuve de bonne volonté. Les transactions ne se passaient pas sur le mode où chacun, en tant qu'objet d'amour de l'autre, est convaincu que tout lui est dû, mais sur le mode du donnant-donnant. Conscient de devoir composer avec la situation dans laquelle il se trouvait, l'un comme l'autre des partenaires y allait d'une attention minime et prudente dont il espérait un retour et qu'il renouvelait dès qu'elle lui était apparue comme productive. L'autre, inconnu et bien sûr imprévisible, contraignait à ne pas investir le seul soi pulsionnel et à ne pas en faire une référence. Il s'offrait comme réceptacle à un amour qu'on imagine ordinairement être tombé du ciel, alors qu'il n'est rien d'autre que la projection sur un tiers de celui qu'on a éprouvé pour sa mère dans le tout petit âge. La psychanalyse ne professe-t-elle pas – et toute son expérience le prouve ! – qu'« il n'y a d'amour qu'amour de transfert » ? C'était en tout cas ainsi qu'on apprenait, lentement, à se connaître et d'autant qu'en raison de la relation sexuelle qu'on avait il était simplement impossible d'éviter de le faire. Tout cela invite à réfléchir.

De l'enfance à laquelle j'ai fait allusion, j'ai gardé en mémoire deux aphorismes, illustrés par la logique que je viens de décrire et qui pouvaient s'appliquer à quantité de situations tout autres. Le premier professait : « Si tu n'as pas ce que tu aimes, aime ce que tu as. » Le second : « Si tu en vois deux qui s'entendent, dis-toi bien que l'un des deux supporte beaucoup. » Autres temps, autres mœurs, autre époque fortement structurée autour de l'interdit et par lui ! Époque certes névrotisante, la même que celle dans laquelle vécut Freud et qu'il accusait précisément de ce méfait. Le seul mérite à reconnaître, à cet égard, à celle dans laquelle nous vivons et qui est guère moins névrotisante que la précédente, est d'avoir rabattu la névrose sur la physiologie et dénoncé l'illusion de la normalité.

Si, malgré le témoignage dont j'ai fait état, il est encore difficile aux jeunes générations d'imaginer qu'on ait pu un jour s'unir sans amour, qu'elles interrogent donc leurs propres parents et grands-parents. Elles s'entendront assurément raconter quantité d'histoires où des mariages sans la moindre inclination n'ont pas empêché des vies de couple tout à fait harmonieuses.

Je me souviens de l'émouvante expression de l'hommage dont cette vieille dame a usé à l'endroit de l'époux qu'elle venait de perdre. Je lui rendais visite pour lui présenter mes condoléances. Je connaissais bien l'histoire de sa famille et celle de son couple : elle avait fini par s'arroger une position de princesse mal mariée par ses parents à un homme qu'elle n'aimait pas, qu'elle a très vite jugé indigne d'elle malgré les trois enfants qu'elle en a eus et qu'elle a dominé jusqu'à l'écraser. Ses sanglots ont redoublé en me voyant, et elle m'a dit : « À vous, je vais pouvoir dire quelque chose que vous seul pouvez comprendre : ça va être l'horreur pour moi, pas à cause de la solitude – j'ai mes enfants pour ne pas trop la ressentir –, mais parce que ce qui va le plus me manquer avec la disparition de mon mari, vous n'allez pas me croire, c'est son silence ! » Le silence profond, le silence plein, le silence approbateur, le silence garant qui lui permettait de se croire réellement, toute déclassée qu'elle se fût crue, la princesse qu'elle avait toujours été persuadée d'être.

Si j'allais jusqu'à faire de cette parole une authentique parole d'amour, sans doute heurterais-je beaucoup de monde. C'en est pourtant une, même si je ne vais pas plus loin que cette affirmation en considérant qu'il est encore un peu trop tôt dans le développement de mon propos pour embrayer sur le contenu des notions, ô combien galvaudées, d'inclination ou d'amour.

J'ajouterai encore, sans tomber dans l'apologie, que le temps intervenant dans cette conjugalité, soumise dès le départ à une forme de contention, finissait le plus souvent par produire des couples vieillissants solides, pleins de sagesse et dispensateurs d'amour pour leur descendance. Bien sûr, ils ne faisaient pas des livres sur leur quotidien, ils n'avaient pas à distiller la haine que Jouhandeau[14] étalait dans les siens à l'endroit de sa femme. Ils devenaient comme ceux qui existent encore même aujourd'hui et dont Élisabeth Badinter[15], dont il est difficile de négliger les jugements, fait l'éloge.

Si, en dehors de ces cas que je présente comme relativement heureux, on réfléchit à ce qui a pu se passer dans les couples restés nostalgiques de l'attrait, et condamnés de surcroît à rester unis à cette époque où le divorce n'existait pratiquement pas, on imagine aisément que chacun des partenaires, s'il n'était pas satisfait – reste à en définir la proportion statistique qui n'est probablement pas celle qu'on croit –, se sentait la malheureuse victime d'un système auquel il n'avait pas les moyens de résister. Soit il en prenait son parti comme il le pouvait, recourant éventuellement au fantasme (la forme universelle et la plus courante de l'adultère), soit il s'octroyait des compensations plus contingentes. Du côté des hommes, quand l'adultère réel n'allait pas bon train, il y avait sa déclinaison fugace dans les bordels – quelles magnifiques pages ne trouve-t-on pas à ce sujet dans Maupassant ! Du côté des femmes, en raison de sa plus grande répression, l'adultère réel était bien plus rare – toutes n'étaient pas Emma Bovary, et qu'on se souvienne du scandale que suscita la publication de l'œuvre et qui conduisit Flaubert

14. Marcel Jouhandeau, *Chroniques maritales*, Paris, Le Livre de Poche, n° 1188.

15. Interview donnée au *Figaro littéraire*, le 25 novembre 2004.

devant les tribunaux – et il n'y avait pas le bordel[16] ! Il existait cependant toute une littérature facilitatrice de fantasmes – relayée aujourd'hui par exemple par la collection Harlequin[17] – et surtout le dérivatif de la religion réputée pouvoir armer contre la tentation. Tout cela venait de loin et avait acquis la force d'un physiologique inévitable sinon d'une tradition. Il y avait bien eu, quelques siècles auparavant, « l'amour courtois », avec tout ce qu'il permettait de supporter et auquel a mis fin le travail de sape de l'Église. Et puis, par-dessus tout, il y avait l'investissement des enfants, en particulier des garçons, dont le premier avait parfois pour sa mère un statut de presque amant. Mon collègue Philippe Gutton, dans un ouvrage que nous avons cosigné[18], a fouillé l'intimité de ce mécanisme compensatoire. Il a soutenu que les mères qui, depuis toujours et aujourd'hui encore, investissent à l'excès leurs enfants ne disposent pas d'un autre choix pour clamer une féminité qu'elles ont du mal à faire reconnaître et de laquelle elles ne retirent pas les bénéfices qu'elles seraient en droit d'attendre.

Je ne suis évidemment pas en train de prétendre que cette forme d'entente tacite parvenait à résoudre les difficultés des conjoints et à les installer dans une atmosphère d'intelligence. Il est indubitable que le partenaire trahi devait réagir et réagir violemment – la paix des ménages a toujours été une utopie. Je n'ai produit cette évocation rapide que pour mettre en évidence un point et un seul : ce qu'on pourrait désigner comme autant de dérivatifs ou

16. Pour ridicule que semble pouvoir être cette remarque, elle ne l'est cependant pas dans la mesure où la prostitution masculine existe aujourd'hui dans bien des pays et qu'il ne manque pas de femmes qui y font appel.

17. Dont l'importance et la place sont très finement étudiées dans le livre d'Annick Houel, *Le Roman d'amour et sa lectrice. Une si longue passion. L'exemple Harlequin*, Paris, L'Harmattan, 1997.

18. A. Naouri, S. Angel, P. Gutton, *Les mères juives n'existent pas, mais alors qu'est-ce qui existe ?*, Paris, Odile Jacob, 2005.

de compensations, sans pour autant applaudir – il s'en faut beaucoup – à la flagrante inégalité qui existait entre les hommes et les femmes, devait sans doute être vécu par leurs auteurs sans angoisse ni dépression et même le plus souvent avec une relative bonne conscience. N'en est-il pas toujours ainsi quand on peut attribuer ses malheurs à une cause extérieure à soi et bien au-dessus de ses moyens d'action ? Et n'est-ce pas aussi pour ce type de contexte que nos semblables ont inventé le bouc émissaire ? Je reviendrai sur ces points quand j'aborderai un peu plus loin la dynamique inconsciente de ce dont je n'ai fait que traiter jusqu'à présent l'aspect sociologique et relationnel.

L'inclination et son paradoxe

Les unions contractées par le truchement d'arrangements ont été, comme je l'ai laissé entendre, unanimement et régulièrement décriées dans nos civilisations, au nom des seules unions dignes de ce nom parce que respectueuses du sujet et fondées sur son inclination et son libre choix. Je ne vais pas plus disserter à leur propos que les décrire par le menu ou en exposer des cas : elles sont sous nos yeux, et nul ne peut ignorer les modalités de leur genèse, leur quotidien ou leur devenir. Peut-on cependant se laisser aller à croire ou à affirmer qu'elles sont le seul fruit du hasard ? N'entre-t-il pas, même dans l'attraction mutuelle qui les fabrique, une part de déterminisme qui serait, qu'on le veuille ou non, de l'ordre d'un arrangement, même s'il s'agit d'un arrangement dont chacun des partenaires aurait été l'auteur ?

Si on examine par exemple la manière dont se forment habituellement ces couples, on constate qu'elle ne doit rien au hasard. Les rencontres se font toujours à l'intérieur d'un contexte délimité autant par la géographie que par le milieu, les fréquentations, la profession ou le goût[19]. Les affinités qui interviennent dans ces registres prennent plus d'importance encore que les arrangements selon les critères sociaux. Chacun des partenaires prend ses déterminants comme seule référence et cherchera avant tout chez l'autre de quoi les nourrir, les favoriser ou pouvoir être mis à leur service. Le processus étant, bien entendu, interactif, chacun attend de l'autre qu'il le narcissise en étant intimement convaincu que, pour ce qui le concerne, il est narcissisant pour l'autre de par sa seule existence. Il s'agit, autrement dit, de la rencontre non pas d'une oblativité double, mais d'un double égoïsme merveilleusement travesti. La preuve en est que, pour peu qu'un détail en vienne à ne pas entrer dans le cadre de cette attente mutuelle, c'est tout le projet qui capote.

Je me souviens du dernier de notre bande d'étudiants à être demeuré encore longtemps célibataire. Il nous a annoncé un jour avoir enfin rencontré au cours d'une croisière la femme de sa vie : « Elle est exactement celle que je cherchais. J'en suis fou. Je sens, je suis sûr, je sais que je finirai ma vie avec elle. Rendez-vous compte : elle est classée au tennis, elle adore le ski d'été, elle boit le whisky sec et, la cerise sur le gâteau, vous la devinerez pas : elle joue le quatre trèfles de faiblesse ! » Il avait ainsi résumé tout ce à quoi il aspirait, tout ce qui lui était indispensable pour faire de cette femme son « objet », et peu lui importait le reste : son origine, la vie qu'elle avait eue jusque-là, son âge, sa profession, sa famille. L'ennui, c'est qu'elle n'a pas voulu de lui : elle aurait jugé rédhibitoires les cinq centimètres qu'il avait de moins qu'elle !

La pantoufle de vair, celle qui s'adapte à la perfection à un pied et à un seul, c'est dans Cendrillon. Et l'idéal est logé à la même enseigne, celle des contes ! Car, quelque attirance, quelque inclination que l'on ait, quelque attrac-

19. J.-Cl. Kaufmann, *La Trame conjugale*, Paris, Nathan, 1992.

tion, quelque fascination que l'on éprouve, il y a, et il y aura, souvent sinon toujours, chez l'être élu, quelque chose qui gêne, quelque chose qui fait problème, un on-ne-sait-quoi qui ne va pas tout à fait et dont on a compris sur-le-champ, dès qu'on en a repéré l'existence, qu'il faudra s'évertuer à l'ignorer. C'est sans doute pour cette raison que le bon sens professe que, lorsqu'on aime quelqu'un, on doit (« il vaudrait mieux », devrait-on sans doute prudemment dire) l'aimer autant pour ses qualités que pour ses défauts.

Mais on peut adhérer à toutes les formes de sagesse, le ver est dans le fruit. On se console de ses manifestations récurrentes en se disant que la perfection n'existe pas, qu'elle est un leurre et que la balance qu'on pourrait établir entre motifs de satisfaction et motifs de dépit serait assurément satisfaisante. On n'en arrive pas moins à devoir prendre acte, à un moment ou à un autre du parcours, d'une inadéquation entre la réalité à laquelle on se heurte et le rêve qu'on a si longtemps caressé. C'est exactement le moment où le partenaire apparaît comme autre, un autre différent de soi, un autre qui, dans une interactivité incessante, va accomplir la mission qu'il est censé occuper inconsciemment dans toutes les unions et pour laquelle je forge un néologisme : « autrifier ». L'idée de l'intensité du drame qui se joue est bien rendue par un conte surréaliste célèbre, « le bal de l'opéra ». Ils s'étaient donné rendez-vous à ce bal masqué ; ils y ont dansé toute la nuit, ivres de bonheur ; mais quand, au petit matin, ils ôtèrent leurs masques, ce fut l'horreur : ce n'était pas lui, ce n'était pas elle.

Or rien ne s'avère en effet plus difficile que la mise en place de ce travail d'« autrification » dans les couples qui se sont formés sur l'inclination et le libre choix, et qui ont fait de ces critères mêmes le moteur essentiel de leur aventure. Comment expliquer un tel paradoxe ?

Essayons, pour le comprendre, de raisonner par analogie et d'utiliser ce que nous a appris l'exploration des couples formés sur des stratégies d'arrangement. *Dans la mesure où, aujourd'hui dans nos sociétés occidentales, nous nous trouvons en présence de couples qui se sont constitués sur le seul critère de l'attirance et sans intervention extérieure quelconque, nous devrions avoir*, selon la logique qui a violemment dénoncé les malheurs engendrés par les mariages arrangés, *une bonne proportion, sinon une inflation, de couples heureux, stables et satisfaits*. Or qu'en est-il ? Exactement tout le contraire ! L'institution du mariage a pris un sacré coup dans l'aile, le divorce ne s'est jamais mieux porté[20], et les familles recomposées, parfois plusieurs fois, sont devenues monnaie courante à côté des familles monoparentales qui ont, elles, connu une croissance exponentielle et ont radicalement tourné le dos à la notion même de couple.

Ce n'est pas sans rejoindre la grave erreur pronostique de Freud dont j'ai déjà fait état à propos du devenir de la névrose. La névrose est plus que jamais là, malgré l'extraordinaire promotion de relations sexuelles qui ne connaissent plus aucun tabou. On en est en effet arrivé, en à peine deux ou trois décennies, au sexe tous azimuts. Le pire, c'est que non seulement les résultats n'en ont pas été probants, mais qu'ils ont abouti à une bien singulière impasse. Car, après avoir constaté l'échec relatif de l'exploration du maximum de possibilités d'aventures, on a fini par échouer, côté masculin, dans le recours massif à la pornographie et, côté féminin, dans celui des jouets sexuels. Au rabaissement de la femme instrumentalisée opéré par la première – dont l'industrie a explosé – ont répondu toutes les déclinaisons du godemiché vendues jusque dans les sous-sols des boutiques de vêtements féminins de luxe[21] !

---

20. Aux États-Unis, certains avocats, pour fidéliser leur clientèle, annoncent par voie publicitaire que, pour le prix de deux divorces successifs dont ils seraient chargés, ils assurent gratuitement le troisième.

21. *Le Figaro Madame* du 21 mai 2005, p. 106-108.

La polygamie rejetée et condamnée est revenue au-devant de la scène avec la simple différence qu'elle n'est plus synchronique mais diachronique. Il est vrai qu'on ne s'unit plus « pour le meilleur comme pour le pire », selon la vieille formule. Comme par un réflexe propitiatoire, on ne veut plus entendre parler que du meilleur. Et, quand le pire se présente, on se sent pris par une irrépressible envie de prendre ses jambes à son cou. Ce que d'ailleurs on n'hésite pas à faire tant on est sûr de trouver autour de soi toutes les approbations qu'on escompte. On n'a bien sûr pas encore, sauf exception, plusieurs partenaires officiels en même temps, on en a plusieurs dans une vie, à la suite les uns des autres, tout simplement. Et, bien sûr, nul ne s'en plaint. Même s'il est amené à constater, parfois sinon souvent à plusieurs reprises, que l'espoir mis dans l'union qu'il a préférée à la précédente a été déçu. Nul ne pense d'ailleurs devoir s'arrêter à un détail aussi insignifiant à l'époque du jetable et du consommable, à l'époque où la gaieté franchouillarde incite à ne pas demeurer rivé à sa déception et à « positiver » en toutes circonstances ! Le hic dans tout cela, c'est que, même si on cherche, seul ou avec toute l'aide périphérique, à la refouler, l'angoisse va être au rendez-vous, saisir, ne plus lâcher, aller *crescendo* et aggraver d'autant le tableau.

Car, si les individus mariés par arrangement ou par convenance ont toujours eu la latitude de se considérer comme les victimes d'un système contre lequel ils avaient tout loisir de se révolter ou à envisager des compensations sans éprouver d'angoisse, ceux que personne n'a contraints à un quelconque choix se sentent profondément responsables de l'échec de leur union. *Et plus qu'une angoisse à hauteur de leur déception, ils développent une véritable dépression même si, au nom de la logique consumériste qui les a happés, ils en dénient l'existence.* Quand ils sont amenés à parler de la perception des ressorts de leur aventure, ils le font de deux manières seulement : ou bien ils déclarent s'être trompés, ou bien ils disent que leur partenaire a brutalement changé et qu'il n'était pas comme il est devenu. Il va sans dire que les deux explications sont, l'une comme l'autre, sans fondement. Parce que l'inconscient qui préside à l'échange, à la communication et au choix ne commet jamais d'erreur. Le partenaire élu a, toujours et indubitablement, été le meilleur possible du moment. Reste bien sûr à savoir ce qui, en lui, a pu décevoir pour le faire rejeter ! Une question dont on s'apercevra, au moment propice où elle sera abordée, que les réponses en sont relativement univoques. Disons seulement, pour donner un aperçu de ce qui sera développé, que, *lorsqu'on pose son inclination comme un élément fondamental, plus encore que prévalent, on pose cette inclination, issue du fin fond de soi, comme ne pouvant ni être remise en cause ni être déçue*. Or cette inclination, dont le contenu est complexe et composite, est à cause même de ce contenu très difficile à remettre en cause, même et surtout quand, dans son inévitable entreprise d'« autrification », le partenaire en vient à l'interroger.

C'est en effet toute la logique du système transactionnel de la situation qui est en cause. Le plus souvent, chacun s'est embarqué dans l'aventure en étant assuré, comme je l'ai laissé entendre, que son inclination l'autorise à jouir égoïstement de l'autre – non sans laisser évidemment l'autre jouir de lui de la même façon – sur un mode débridé et en s'autorisant d'être à l'écoute de son seul registre pulsionnel. Si le système fonctionne de la façon attendue un certain temps, il finira tôt ou tard par enregistrer des ratés, lesquels iront en s'aggravant et en se multipliant si la réalité de l'autre n'est pas prise en considération par chacun. Ce qui s'avère tous les jours un peu plus difficile à envisager dans la mesure où l'esprit individualiste de nos sociétés n'encourage pas, il s'en faut beaucoup, ce type d'adaptation.

La vision amoureuse de nos générations montantes refuserait en quelque sorte d'aller au-delà de son option adolescente. Elle refuserait l'idée, adulte, elle, que l'amour connaît des phases de changement et d'expression et qu'un couple ne peut durer que dans un perpétuel travail d'adaptation. Qu'un tel travail, enfin, loin de signer l'échec, témoigne de la saine mise en œuvre de la fonction du couple, laquelle consiste pour chacun des partenaires à accepter d'abord et avant tout de se remettre lui-même en question. On imagine mal la résistance que marquent les partenaires des couples qui se défont à accepter une telle vision des choses. Il en va comme s'ils ne pouvaient renoncer au piaffement qui les a saisis et que, soumis à la tyrannie de leur registre pulsionnel, ils estimaient devoir le prendre seul en considération. Quand on sait l'intensité de l'angoisse de mort à l'adolescence, on ne peut pas s'empêcher d'établir des parallèles et d'avoir à constater combien la pression de cette angoisse habite les ruptures.

L'erreur est humaine, nous enseigne le bon sens populaire, qui nous avertit, en même temps, qu'il vaut mieux ne pas y persister, sauf à décider de vendre son âme au diable. Or, s'il est un domaine dans lequel il semble, aujourd'hui, que les humains ont cédé au diable, c'est bien celui du couple. Car, à jeter, comme je viens de le faire, un simple coup d'œil sur les modalités des unions, on s'aperçoit que, de quelque forme qu'elle ait procédé, *toute aventure de couple est, statistiquement de manière écrasante, vouée au dépit de l'un ou de l'autre quand ce n'est pas des deux partenaires*. Le fait étonnant, c'est que, malgré ce qui est devenu une évidence pour les sociologues, les statisticiens et pour toutes les couches de la société, les jeunes, même issus de familles ayant collecté les déboires, n'hésitent pas à faire couple et ne cherchent même obstinément que cela. Et ils cherchent à le faire même à une époque où, comme je l'ai déjà signalé, la maîtrise de la contraception, la libéralisation des mœurs et le préservatif leur permettraient de changer de partenaire tous les jours. Ils ne sont d'ailleurs pas les seuls. Car les plus âgés, qu'ils relèvent d'une rupture ou que leur solitude ait une tout autre cause, agissent exactement de même. Ce qui explique probablement la stupéfiante multiplication considérable des sites de rencontres sur le web. Comme si l'anonymat de la toile permettait aux plus timides de se lancer eux aussi dans cette quête. Je ne stigmatise pas cette obstination, il s'en faut beaucoup, pas plus que je ne m'en gausse du haut de mon statut de vieillard au passé banal et monogame. Je respecte et *j'admire cette obstination. Elle a un sens. Elle est ce qui reste de noble et de vivant en chacun*. Il en va en effet comme si, dans une telle démarche, chacun des partenaires cherchait sa vérité, percevant le couple comme un laboratoire privé où il aurait loisir, puisque le libre choix préside à l'union, d'expérimenter ses capacités de lien à un autre qui serait dans les mêmes dispositions que lui-même. La prescience qui fonde sa certitude gît depuis toujours en lui. Elle lui vient de son tout petit âge, de cette fameuse phase dyadique à laquelle j'attribue tant de pouvoirs, de ce moment béni et fugace où, s'étant perçu comme étant lui-même, il a senti que la jonction qu'il avait à cette Autre majuscule qu'était sa mère faisait, des deux êtres qu'ils étaient, une unité insécable. Une unité dont la force et les potentiels étaient si grands que rien au monde ne pouvait en limiter les capacités, les conquêtes ou le devenir.

« Ma mère, c'est ma vie »

On ne naît pas passif et sans histoire. On vient au monde avec une organisation des synapses neuronales déjà singulièrement élaborée. Cette élaboration s'est produite pendant le long séjour intra-utérin. Le cerveau sensoriel a emmagasiné[22], comme autant de bases de données

22. Pour plus d'informations sur ces phénomènes complexes, on pourra consulter A. Naouri, *L'Enfant bien portant*, Paris, Seuil, 2004, p. 317-327.

dans un ordinateur, quantité d'afférences venues toutes du corps maternel et qui feront de ce corps un corps familier, connu et hautement rassurant, un corps qui peut être investi dès la naissance. J'ai déjà signalé qu'il suffit d'à peine huit heures de vie aérienne à n'importe quel nouveau-né pour reconnaître sa mère sur photo, alors même que la zone visuelle de son cerveau n'a jamais recueilli la moindre donnée en raison de l'obscurité du milieu utérin ! Tout cela fonde l'existence avec la mère d'un lien transnatal auquel la mise au monde, loin de l'altérer, confère un statut de permanence si flagrant qu'il fait de la jonction avec cette mère une condition indispensable à la vie.

« Ma mère, c'est ma vie » : proposition universelle à laquelle seraient prêts à adhérer tous les nouveau-nés du monde. Le drame vient de ce que cette proposition s'avère, hélas, assez rapidement obsolète à l'échelle d'une existence. Tout d'abord en raison de la maturation, puis en raison de la prise de conscience progressive d'un environnement qui comporte quantité d'occasions et d'êtres susceptibles de distraire la mère de la toute disponibilité à soi dont on la pensait dotée et qu'on croyait définitive. C'est une période où tout est vécu sur un mode tellement intense ! Chaque jour apporte la même prodigieuse moisson de bonheurs infinis et de peines atroces. On réagit, aux unes comme aux autres, avec la même violence. On éprouve d'abord, sans rien y comprendre, ce qui sera nommé plus tard l'émotion. Après quoi on ira jusqu'à l'expérimenter, repérer ses éléments déclenchants, sa variabilité, son intensité, son évolution. Et rien de cela, bien au contraire, ne détournera de l'objet central de l'attention. Le lien se renforce jour après jour dans la jubilation et semble être promis à une éternité confondue avec chaque seconde de l'existence. L'accumulation des bénéfices semble n'avoir aucune limite. Et c'est heureux qu'ils soient là pour chasser la véritable terreur de ce qui s'est laissé vaguement entrevoir, du fin fond de la récurrence des peines, et qui n'a pas une allure très sympathique.

Nul d'entre nous ne peut prétendre avoir fait l'économie de cette étape, la plus importante de toute l'existence, où, en même temps que nous étions en train de construire, sur fond de relation à notre mère, la matrice de notre premier amour, nous avons eu à devoir prendre conscience que la mort était tapie, là, dans l'ombre et dans l'attente de nous cueillir quoi que nous fassions et quoi qu'on fasse pour nous. *Mors certa, hora incerta* (la mort est certaine, seule son heure est incertaine), disaient les latins – en Sicile, on ne nomme pas la mort, on dit *la certa*.

Et c'est sur ce point que vient généralement se greffer l'histoire qui échoit à chaque individu et qu'il ne peut pas feindre d'ignorer parce que, même s'il ne l'a pas choisie, elle parviendra à se rappeler à lui et à lui signifier qu'il est requis de la proroger et de la transmettre à son tour. Une histoire transmise, automatiquement et sans mots, par la gestuelle maternelle, laquelle s'avère capable aussi bien de traduire le propre discours de cette mère que de transmettre fidèlement celui du père quand il est accepté comme tel.

L'accrochage à cette mère, perçue comme tellement puissante, sera plus ou moins aliénant en fonction de ce que cet accrochage signifie pour elle. Attendrissant, émouvant mais vécu comme devant naturellement prendre un jour fin, il sera infiniment moins aliénant que s'il a été espéré depuis toujours et dès lors perçu comme tellement crucial qu'il ne devra jamais se rompre.

C'est un point sur lequel, sur fond d'une pratique dont je n'ai pas cessé de recueillir des résultats, j'ai une position à tout le moins singulière et qui me semble n'avoir toujours pas réussi à convaincre grand monde. Je professe en effet que *l'enfant, et le tout-petit en particulier, se met toujours au service de sa mère et se conduit, avec une probité qui lui vaut parfois de développer des symptômes, comme le gardien sourcilleux de son équanimité*. Ce qui n'a rien de miraculeux et qu'on pourrait verser du côté de l'instinct : il a parfaitement compris, et depuis longtemps, que sa propre survie dépendait d'elle, il se débrouille donc, par voie réflexe, à ne pas la laisser prendre n'importe quelle direction. Pour peu qu'il la sente préoccupée ou mal à l'aise, il va lui marquer sa sympathie et s'offrir à elle comme lieu de soins susceptibles, sinon de la guérir, du moins de la consoler ou de la distraire de ce qui l'assaille. Combien de troubles du sommeil, auxquels s'appliquait ce type d'analyse, n'ai-je pas « miraculeusement » guéris, le soir même de la consultation, en engageant simplement la mère à dire à son petit pris dans les bras, au moment de le coucher : « La nuit, tu peux dormir, je n'ai pas besoin de toi. »

La suite de l'aventure va prendre le rythme de croisière que chacun connaît. La mère va être le premier objet d'amour, et c'est sur la matrice de cet amour que, quoi qu'il veuille ou fasse et quel que soit son sexe, chacun est condamné à construire l'intégralité de ses amours ultérieurs.

Là encore intervient l'interaction. *Car, si la mère répond par trop intensément à la propension de son enfant, en faisant de lui le centre névralgique de sa vie, elle fera de la matrice amoureuse une machine monstrueuse, avide et dévorante qu'aucun(e) partenaire, choisi(e) pour soi ou choisi(e) par soi, ne pourra jamais combler un jour*. C'est là qu'intervient, dans cette phase que chacun connaît sous l'appellation « œdipienne », le régulateur qu'est censé être le père et qui, lorsque la mère lui confère sa stature, parviendra de ce simple fait à dissuader son fils de continuer vainement à courir derrière une mère à laquelle il n'a pas droit, et de conférer à sa fille la conscience de son identité propre et de sa différence avec une mère de laquelle elle craignait ne jamais pouvoir se disjoindre.

Cela ouvrira sur quelques années de calme, avant que l'adolescence ne vienne reposer, en des termes bien plus violents, les questions qui n'avaient toujours pas reçu de réponse.

À quoi auraient trait ces questions, aussi difficiles à formuler ou à faire entendre par l'impétrant qu'à entendre par des parents déboussolés qui avaient cru avoir élevé un être doux et raisonnable et qui découvrent soudain une bombe au potentiel dévastateur ?

Tout simplement au sens de la vie et à la crainte comme à la hantise de la mort.

C'est un stade dont la traversée, reconnue depuis toujours comme difficile, a été ritualisée de différentes manières dans nombre de cultures. Elle l'est plus encore aujourd'hui que les rituels ont disparu. Et quand, à sa propre dynamique, s'associent les sentiments d'insécurité et de précarité de notre environnement sociétal, cela donne les manifestations lycéennes, la violence et les incendies de voitures dans les banlieues ! On en sort bien sûr, tôt ou tard, parce que le temps fait son œuvre et se rit des atermoiements. On se retrouve alors dans une solitude dont on ne peut sortir, même en fréquentant les bandes de ses congénères. Imperceptiblement et sans en avoir conscience, on verse dans un état proche de celui qu'on a connu quand, nourrisson, on a dû admettre qu'on était soi, coupé de cette mère merveilleuse à laquelle on aurait tant voulu rester indéfiniment accroché. Il revient alors que, sur le chemin de la mutation douloureuse qu'on a dû, plus ou moins tôt, accepter de vivre, s'était érigée une balise, le fameux objet a, qui n'avait jamais cessé de clignoter, laissant croire à d'éventuelles et possibles retrouvailles. Un projet en naît : retrouver le moyen de faire un avec un(e) autre, renouveler l'alchimie de l'expérience vécue jadis et dont le deuil a été refusé afin, par le miracle de ce qui est réputé être l'amour, de faire à nouveau un de « deux ». *Une fois l'autre trouvé et élu parce que formaté sur la matrice du vieil amour porté à maman*[23]*, le miracle devra absolument officier et s'accomplir.*

---

23. J'ai déjà écrit, en une formule choc, que, « femme ou homme, on n'épouse jamais que sa mère ». Pour plus de détails, on peut se reporter à A. Naouri, *Les Filles et leurs mères, op. cit.*

Voilà qui permet de comprendre la violence des amours – comme au demeurant des amitiés – adolescentes. Une injonction, radicale et non négociable, est faite à l'élu(e) de remplir son office, étant entendu qu'on a soi-même la conviction de pouvoir lui rendre la pareille. L'avenir, ainsi condamné à s'éclaircir, n'a plus lieu d'effrayer. On palpe de la certitude. On sait avoir déjà eu, par le passé, à l'école maternelle, ou pendant les vacances en Bretagne quand on avait dix ans, des coups de cœur auxquels on avait cru. Mais ce n'est pas la même chose. Il s'agissait d'enfantillages. Rien à voir avec ce qui est en train de se vivre. On tomberait presque dans la gravité à évoquer l'existence future et à confronter les goûts. On tombe même parfois dans le ridicule en suscitant déjà de véritables scènes de ménage sur le métier qu'on choisira ou le nombre d'enfants qu'on aura. Ça prend toutes sortes d'allures, sous le regard inquiet ou amusé de ces parents qui n'y comprennent décidément rien, tout comme d'ailleurs ils n'ont jamais rien compris. Et ça se poursuit ainsi un certain temps. Sans laisser percevoir que ce qui se joue est une forme d'assomption de la solitude ontologique au sein de laquelle s'affine la perception des stratégies destinées à en alléger le poids.

C'est pourquoi ces jeunes, même issus de familles défaites et recomposées, croient, dur comme fer, aux mérites du couple et à ce qu'ils peuvent en attendre.

Et quand ils parviennent à le former un jour, ce couple, bien plus tard et quand la réalité le leur aura permis, ils ne l'espèrent pas seulement durable et définitif, ils ne peuvent en aucune façon le penser autrement. Il n'est pas en effet question pour eux que quiconque vienne y interférer ou altérer le pacte implicite de fidélité que sa constitution a mis automatiquement en place. On ne va tout de même pas se « laisser avoir » une fois encore. On a cédé à maman et papa qui sont parvenus à faire comprendre comme ils ont pu qu'on ne devait pas troubler leur propre « deux ». On s'est fait une raison. On a cru dans l'avenir, dans l'espoir, dans la promesse que, comme eux, on expérimentera un jour le bonheur de son propre « deux ». Et puis, s'ils n'ont pas réussi, eux, à préserver leur « deux » de la rupture, pourquoi serions-nous condamnés par avance à les imiter ? On a attendu, on a pris ses précautions, on a pesé ses décisions, on a enfin sauté le pas. On a réussi. Il n'est pas question que ça capote ! Sans quoi... ! Sans quoi, ce sera l'horreur, la ruine du rêve, la fin de tout et le début du plus terrifiant des cauchemars, celui qui fait entrevoir la silhouette de la mort tant haïe et dont on s'est évertué à nier qu'elle avait une patience à la mesure de sa détermination.

Voilà pourquoi les couples forgés sur l'arrangement pouvaient survivre. La contention, qui maintenait leur engagement fondé sur le partage du meilleur comme du pire, amenait les partenaires à supporter, et parfois à dépasser, leurs insatisfactions au nom même de la présence indéfectible de l'autre, présence qui permettait de ne pas être obnubilé par la crainte d'avoir à revivre la vieille trahison qu'a été – parce qu'elle est toujours vécue comme telle – la disjonction avec la mère.

Dans un tel contexte, les familles respectives, responsables et garantes de l'arrangement qu'elles ont promu s'entendent en général entre elles et, outre qu'elles laissent à leur progéniture la responsabilité de ce qui se passe, n'hésitent pas à intervenir dans un sens d'apaisement en cas de conflit. Ce qui n'est pas toujours le cas des familles qu'unissent les unions par inclination : elles sont étrangères l'une à l'autre et n'ont pas toujours accepté que leur enfant, même devenu adulte, ait pu opérer un choix dont les déterminants leur échappent. Combien souvent ne les voit-on pas alors intervenir et s'empresser, sous les dehors d'une sollicitude de bon aloi, de verser de l'huile sur le feu, ce feu fût-il une banale étincelle. Ce qui leur permet de retrouver leur mainmise sur leur enfant et, quand cet enfant est une jeune mère, sur leur enfant et l'enfant de leur enfant.

Toute jeune – je cite son cas, mais j'en ai tellement vu d'autres identiques ! – elle était venue me voir, sur les recommandations de sa propre mère qui se disait une de mes fidèles lectrices, parce que sa fille de quatorze mois souffrait d'une anorexie féroce. Elle avait écumé les cabinets de quelques-uns de mes confrères et nombre de services de pédiatrie parisiens. Tous les diagnostics avaient été envisagés, et aucun n'avait été retenu. Ce n'est pas sa fille qui m'a frappé, c'est elle. Et je me suis demandé comment il se faisait que mes collègues n'aient pas réagi comme moi : elle était menue – un simple agrandissement de sa fille –, elle se tenait très droite, elle avait un regard craintif, et son élocution, aussi bien dans son débit que dans son rythme, était celle d'une enfant d'à peine trois ans : elle avait certainement une déglutition et une phonation fixées à cet âge. Ce qui ne l'a pas empêchée d'être directrice de travaux dans un département de physique d'une université parisienne. Les entretiens que nous avons eus m'ont appris qu'elle s'est confiée à sa mère[24] le jour même où elle a eu son premier rapport sexuel avec celui qui allait devenir le père de sa fille – à un âge donc nettement supérieur à la moyenne. Sa mère l'a sommée d'en rester là. Elle ne lui a pas obéi. Mais elle a dû revenir vers elle quand elle s'est trouvée enceinte. Énorme émotion et grand branle-bas dans la maisonnée, le père est requis d'aller chercher le « malotru », lequel ne fait aucune difficulté à se présenter et... à demander, aux parents 2réunis, la main de leur fille. « Vous auriez vu la tête de ma mère ! Elle l'aurait tué ! De fait, et elle me l'a dit plus tard, elle aurait rêvé qu'il meure sur-le-champ et que, sur le coup de l'émotion, j'avorte ! Mon père, plus réaliste, a calmé le jeu. Et c'est comme ça que nous nous sommes mariés. » Le travail, fort difficile, a

24. Ce comportement, fréquent et catastrophique dans ses conséquences, est souvent induit par des mères possessives qui, poursuivant leurs filles de leur assiduité, sont prêtes à les accompagner jusque dans leurs ébats sexuels.

consisté à tenter de faire « grandir » cette jeune femme « dans sa tête ». Je me suis félicité d'être pédiatre, parce que la stratégie de guidance et la stratégie nutritionnelle que j'ai mises au point ont réussi non pas à faire recouvrer un appétit féroce à l'enfant ni à lui faire prendre beaucoup de poids, mais à détendre la mère et à faire diminuer la tension de la grand-mère sur ce point. La naissance d'une seconde fille m'a laissé penser que le travail avait porté ses fruits. Il a fallu à peine quelques mois pour me détromper. À l'occasion d'une visite chez sa gynécologue, la jeune femme a été découverte porteuse d'une infection vaginale bénigne pour laquelle a été pratiqué un prélèvement. Sa mère, venant lui rendre visite et lui montant son courrier, a ouvert, sous couvert, à ses dires, d'une inquiétude naturelle et d'une sollicitude réactionnelle, le courrier du laboratoire d'analyses. Elle est entrée en rage, accusant son gendre d'être « un salaud et de coucher avec des putains ». Le feu est devenu, à partir de là un brasier. La gynécologue a eu beau dire qu'il s'agissait d'un banal germe intestinal qui peut s'attraper de mille manières, rien n'y a fait, l'irascible grand-mère accusait son gendre d'avoir sodomisé sa fille, etc. On imagine la suite : les protestations du gendre décidé à interdire l'entrée de sa maison à sa belle-mère, les réactions de son épouse morte de peur à cette perspective, la demande de divorce pour faute signée sous la contrainte, etc. Ce n'est pas pour rien qu'une phonation infantile se fixe, et ce n'est pas simple de travailler avec celle qui en est porteuse en n'ayant aucune possibilité de travailler avec la génération antérieure.

Quand le couple est menacé

Parce qu'il a été lentement fabriqué pour remédier à un passé qui, pour être lointain, a été douloureux au point d'avoir laissé de profondes traces, le couple ne tolère aucune altération de ce qui s'est noué en lui ni aucune remise en question de la forme qu'il a prise. Chacun des partenaires est en principe vigilant, à sa propre manière et selon ses propres critères, à cette dimension de la relation. Qu'une menace surgisse, réelle ou fantasmée, c'est, en effet, le dispositif tout entier qui s'écroule, ôtant aux protagonistes tout sens de la mesure et les faisant verser dans la tragédie.

« Il faut dire la vérité à quelqu'un qui va mourir. Il faut qu'il sache la vérité, sans cela il ne pourrait pas dormir. » C'est ce que chante Golaud, suppliant son épouse, la jeune Mélisande, s'étant laissée mourir de chagrin et agonisant après avoir mis au monde sa fille. Il lui demande de lui dire la vérité sur ce qui a pu se passer entre Pelléas et elle. Dans cette œuvre lyrique, l'atmosphère est perpétuellement étrange. L'intrigue en est simple. Le prince Golaud, qui découvre, lors d'une chasse, Mélisande perdue dans la forêt, épouse cette toute jeune fille venue d'on ne sait où. Il la ramène au palais de son grand-père maternel, le roi Arkel, où elle rencontre son demi-frère cadet, Pelléas – dont on craint la mort du père agonisant. Les deux jeunes gens se prennent l'un pour l'autre d'une passion ardente, mais chaste. Golaud, farouchement épris de sa femme, perçoit ce qui se passe et est torturé par le soupçon. Il tente de maîtriser son tourment en grondant tout d'abord les deux jeunes gens et en tentant de les rappeler à leurs devoirs respectifs. Mais le doute le submerge et le torture au point de l'entraîner d'abord à tenter de savoir la vérité par l'entremise de Yniold, son jeune garçon, puis, ensuite, à tuer Pelléas dans un accès de jalousie. Tout se passe ici comme dans un rêve. Les événements ne semblent pas obéir aux lois qui régissent le monde réel. Golaud se blesse, en tombant brutalement de cheval, au moment même où Mélisande, en compagnie de Pelléas, perd l'anneau que lui a donné son époux. Ce geste, qu'il ignore, le terrasse, comme s'il était doté d'un pouvoir occulte. Les personnages eux-mêmes semblent droit sortis d'un songe. Voici comment Arkel, le vieux roi, voit Mélisande : « Je t'observais, tu étais là, insouciante peut-être, mais avec l'air étrange et égaré de quelqu'un qui attendrait toujours un grand malheur au soleil, dans un beau jardin » (IV, 1). Le dialogue intense que Golaud instaure avec Mélisande mourante ne lui apprend rien, et, malgré l'absurdité de la situation, le spectateur ne peut qu'être pris d'une profonde pitié pour cet homme quand il chante sur un ton déchirant : « Je ne saurai jamais. Je vais mourir comme un aveugle. »

La pièce de Maurice Maeterlinck[25] comme l'opéra qu'en a tiré Debussy[26] datent du début du XXe siècle, âge majeur du vaudeville et de la critique féroce du mariage bourgeois par arrangements. On était encore si loin de la révolution actuelle des mentalités. On ressentait par exemple une émotion toujours intense au spectacle d'*Othello*, que ce soit en assistant à la pièce de Shakespeare ou en écoutant l'opéra qu'en avait tiré Verdi. Le ressort de la tragédie tenait, là encore, dans le fait qu'un simple doute suffit à torturer un homme, convaincu d'avoir sur la femme qu'il aime un droit de propriété, au point d'être amené à la tuer. Tous les ingrédients nécessaires à l'entreprise se trouvaient réunis : Othello était un maure, présenté par Iago comme brutal, étranger à la bonne société vénitienne à laquelle il avait pourtant rendu d'insignes services. À quelles conclusions voulait-on faire arriver ? Décrire la fragilité, sue depuis toujours, du couple ? Souligner le mystère féminin ? Dénoncer la duplicité dont les hommes accusent par trop facilement leurs femmes ? Insister sur cette même duplicité ? Relever l'aliénation de ces mêmes hommes aux mêmes femmes ? Décliner l'incommunicabilité entre les sexes ?

On voudrait, aujourd'hui, que tout cela soit loin, et surtout définitivement dépassé ! Que les partenaires d'un

25. Maurice Maeterlinck, *op. cit.*
26. *Pelléas et Mélisande*, direction Bernard Haitink, 3 CD, Naïve, 2001.

couple soient unis jusque dans la complicité et qu'ils n'hésitent pas plus à se parler de leur sexualité qu'à se confier leurs fantasmes et, pourquoi pas éventuellement, leurs passages à l'acte – les clubs échangistes, qui ont parfois la faveur de la presse, ne sont-ils pas là pour témoigner qu'une telle possibilité n'est pas à exclure et qu'elle serait même souvent salutaire ! Voilà, là encore, un ensemble de fantasmes auxquels les médias, friands de nouvelles à sensations, ont donné un statut que dément toujours douloureusement la réalité. Car je n'ai jamais rencontré dans ma carrière de couples susceptibles de s'y inscrire. Et je n'ai jamais vu une infidélité réelle ou un fantasme d'infidélité qui n'aient pas produit de considérables dégâts.

Pourquoi de telles tortures quand un soupçon, à lui seul, est susceptible d'envahir l'espace et d'obscurcir aussi bien l'environnement que le jugement ? Maeterlinck a pris le soin, comme je l'ai dit, d'expliciter son intention d'« aller au plus proche de l'intimité humaine non par la raison mais par la résonance ». Comme si le célèbre entomologiste qu'il était (il ne faut pas oublier qu'il a écrit une « vie des abeilles », une « vie des termites », une « vie des fourmis ») avait voulu, à l'instar des éthologistes qui sont venus bien plus tard, interroger les comportements humains et tenter d'engager chacun avec ses moyens propres de les éclairer jusque dans leur obscurité – la psychanalyse n'en était qu'à ses débuts.

C'est au traitement de cette même série de questions que s'est apparemment livré, en un brillant exercice de style, Stanley Kubrick dans son film *Eyes Wide Shut*[27] (« Les yeux grand fermés »). Il lui a suffi de transposer, sans rien en retirer, la nouvelle d'Arthur Schnitzler, la *Traumnovelle*[28], pour montrer une forme de permanence

27. *Eyes Wide Shut*, film de Stanley Kubrick, États-Unis, 1999.

28. Schnitzler Arthur, A., *La Nouvelle rêvée*, Paris, Le Livre de Poche, n° 3358.

des situations et des affects, lesquels semblent se rire autant des époques que des lieux et des modes. Si le génie d'Arthur Schnitzler, lui-même médecin et contemporain de Freud, a consisté à montrer, dans ce tout début du XXe siècle, que les femmes n'étaient exemptes ni de fantasmes ni de désir sexuel, celui de Stanley Kubrick a consisté à souligner la manière dont, même de nos jours et dans une mégapole, un homme, tout averti qu'il soit de ces questions, peut être profondément déstabilisé par une telle découverte.

Bill Harford, jeune médecin à la situation apparemment confortable, se rend avec sa femme Alice, laissant leur fille à une baby-sitter, à une soirée offerte par un de ses riches clients. Elle y est courtisée par un bellâtre qui la fait danser et qu'elle aguiche tout en résistant à ses avances – la séquence, d'une beauté à couper le souffle, a une force érotique hors du commun – pendant que son mari, heureux d'avoir été agrippé par deux jeunes admiratrices, est soudain appelé par son client pour s'occuper, à l'étage de la grande maison, d'une prostituée victime d'une overdose. De retour chez eux, alors qu'ils fument ensemble un joint et qu'ils engagent une conversation oiseuse sur les pulsions sexuelles qui peuvent les traverser, Alice confie à Bill un fantasme[29] qu'elle a eu, un jour qu'ils étaient en vacances ensemble dans un hôtel, quand son regard a croisé inopinément celui d'un officier de marine russe à la table voisine. Alors que Bill va se lancer dans une pitoyable aventure d'exploration de ses propres fantasmes, il ne cessera d'être obnubilé, jusqu'à la torture, par la confidence de son épouse, se la représentant dans les diverses phases de son éventuelle activité sexuelle. Le simple fantasme ainsi confié aura réussi à lui faire prendre conscience de la précarité de sa propre condition. Il est d'autant plus perdu – son riche client-mentor lui a

29. L'héroïne de la nouvelle de Schnitzler, outre la confidence du fantasme, raconte à son mari un rêve qui en serait le prolongement.

d'ailleurs signifié qu'il était comme un enfant se mêlant des histoires de grandes personnes – qu'Alice lui a fait comprendre qu'elle n'était pas dupe de ses incursions nocturnes. Il croit que leur couple va définitivement sombrer. Quand, dans le magasin où ils sont en train d'acheter à leur fille ses jouets de Noël, il demande à Alice la solution qu'elle entrevoit pour les aider à sortir de leur impasse, elle lui répond, et c'est la dernière réplique du film : *to fuck*, autrement dit, « baiser ».

À devoir considérer les choses sous ce dernier angle, on doit prendre à nouveau la mesure de la nécessaire, mais effroyablement lente, maturation de l'individu. *Propulsé dans la vie par celle qui l'a porté, il passe une grande partie de cette vie à se consoler de son expulsion en restant dans une jonction étroite avec elle.* Quel que soit son sexe, il ne s'en éloignera qu'à reculons, à contrecœur et à la condition expresse de pouvoir lui substituer cet « autre » destiné à la remplacer indéfiniment, lui-même occupant pour cet « autre » une fonction strictement similaire.

Alors, que l'« autre » s'écarte soudain d'un tel parcours, voilà qui ne peut que faire drame !

Et, pourtant, l'individu, tout comme l'autre avec lequel il s'est entendu, dès lors qu'il s'est agi d'une substitution, ne peut jamais être assuré, ni sur le moment ni pour toujours, de la pertinence ou de la pérennité de son choix. Il ne pourra pas s'empêcher au mieux de laisser traîner son regard. C'est ce que laisse entendre la sentence christique[30] : « Vous avez appris qu'il a été dit : tu ne commettras point d'adultère. Et moi, je vous dis : quiconque regarde une femme avec convoitise a déjà commis l'adultère avec elle, dans son cœur. »

Serait-ce que l'appel, le fameux appel dont j'ai traité au début du précédent chapitre, ne cessant jamais de s'émettre est insistant, au point de ne permettre à personne de

---

30. Matthieu., 5-27, 28.

l'ignorer ? Serait-ce que, présent depuis toujours et partout, il aurait une force si grande que nul ne peut prétendre avoir les moyens d'y résister ? Est-il cependant possible de ruser avec lui comme le fit Ulysse, quand, ayant bouché les oreilles des hommes de son équipage à la cire, il s'est lui-même attaché au mat de son navire pour s'assurer pouvoir ouïr, sans être contraint d'y céder, le chant des sirènes ?

Un programme bien ambitieux s'il devait être mis en œuvre. Tellement différent, autant dans sa mise en place que dans son efficacité pour les hommes et les femmes, qu'il parvient à accréditer l'idée que l'adultère est toujours la conséquence de la seule insatisfaction sexuelle de son auteur. Comme si on pouvait traiter à la légère du sexe et de la satisfaction ou de l'insatisfaction dont il serait la source ! On n'a pas fini d'en parler quand tout un programme d'erreurs et de fausses idées reçues se profile à l'horizon.

ENCORE ET TOUJOURS LE DEUX

Un regard en trop

Elle s'était assise, un peu tendue, avant de me déclarer s'être « résignée à venir [me] voir ». C'est mon associée, à qui elle avait parlé du récent départ de son mari, qui le lui avait conseillé. « Mon mari m'a plaquée, du jour au lendemain, en me laissant avec les trois mômes sur les bras ! Et je sais même pas ce qui nous a valu ça ! J'ai trouvé mieux, je me tire, je n'y peux rien, ainsi va la vie. Les enfants, ça ne semble pas le préoccuper plus que ça. Il les verra sans doute quand ça ne lui coûtera pas trop... Comme tous les hommes. Vous voyez le topo ? Classique, non ? Il paraît qu'il faut que je vous voie. Franchement, je n'imagine pas une seconde ce que vous pouvez faire pour moi, et encore moins ce qu'on va pouvoir faire de tout ça. »

Elle pouvait me parler comme elle le faisait, avec ce ton direct et presque complice. Elle était la patiente de ma collègue, mais nous étions, à certains égards, de vieilles connaissances. Quelques années auparavant, elle avait cru devoir user de quantité de manœuvres pour obtenir son premier rendez-vous... avec moi ! En s'excusant de son insistance, elle avait tenté d'obtenir la complicité de ma secrétaire. Elle était mère depuis quelques jours. Ses amies – nombreuses, dont je soignais les enfants et dont elle se recommandait – lui avaient offert le guide dont j'étais l'auteur. Elles l'avaient avertie du fait que j'étais très sollicité. Elle ne voulait cependant pas s'entendre proposer les soins de mon associée. Elle était prête à patienter le temps qu'il faudrait pour que, moi, moi en personne, je la reçoive. La secrétaire lui a donné le rendez-vous qu'elle lui a demandé en essayant de lui dire que mon abord était bien plus simple qu'elle ne l'imaginait. Cette assurance ne lui a pas suffi. Elle a expliqué qu'elle voulait être certaine de me voir aussi assumer personnellement les urgences éventuelles. Elle savait d'ailleurs tout du fonctionnement de notre cabinet et elle a donc fait état par avance d'un ensemble d'exigences qui pouvaient se résumer en une seule : je devais être son interlocuteur, le seul.

La secrétaire n'en revenait pas, au point de prendre la peine de me signaler, quelques jours plus tard, alors que je m'apprêtais à aller chercher mon patient suivant dans la salle d'attente, que c'était elle que j'allais voir.

Elle s'est levée quand j'ai ouvert la porte. Elle était grande, mince et élancée, en gros pull et pantalon, et elle portait dans les bras le sac bleu où dormait son nouveau-né de douze jours. Elle n'avait rien de particulier. Ses cheveux, châtains, étaient tirés en arrière et fixés en une queue-de-cheval maintenue par un simple élastique. Son visage, un peu long à mon goût, aurait été quelconque si on n'y percevait une bonne dose d'énergie et, dans les yeux clairs, une expression dont je n'ai pas pu décider sur-le-champ si, par-delà la curiosité, elle manifestait de la dureté ou de la méfiance.

Je me suis effacé devant elle, lui indiquant la porte ouverte de mon cabinet. Et je l'ai suivie.

Parvenue face aux chaises, elle a eu un mouvement d'hésitation, se demandant sans doute si elle devait poser son bébé sur la table d'examen à laquelle elle tournait le dos. J'ai vu le quart de tour qu'elle a esquissé conférer soudain à la courbure de sa hanche droite une beauté que je n'ai pu m'empêcher d'apprécier. Cela a duré une infime fraction de seconde. Mais je me suis immédiatement senti gêné quand je me suis aperçu qu'elle avait surpris la trajectoire de mon regard et qu'elle en a semblé contrariée.

Sur le ton le plus neutre dont je pouvais user, je l'ai invitée à s'asseoir.

La consultation a été des plus banales. Je me suis cependant rendu compte que, malgré la chaleur que j'avais essayé d'y mettre, je n'avais pas réussi à évacuer la gêne qu'avait installée d'emblée notre échange muet.

Elle n'est plus revenue – du moins plus à ma consultation.

J'ai appris le soir même par la secrétaire que, ayant suivi mon conseil de prendre immédiatement rendez-vous pour le mois suivant, elle avait insisté pour l'avoir avec mon associée !

Des années durant, il m'arrivera de la croiser dans le couloir et de la saluer. Elle me répondra poliment, pareille à elle-même, allant, au fil du temps et des circonstances, jusqu'à me présenter, toujours entre deux portes, son mari, puis son deuxième enfant et enfin son troisième. Quand il arrivera que son premier enfant, ou l'un des suivants, soit malade alors que mon associée était absente et que j'assurais, seul, la permanence des soins, elle se débrouillera pour me l'envoyer avec sa mère ou bien son mari. C'est dire que le malaise qui avait auguré notre rencontre ne s'était jamais dissipé.

Je pourrais longuement disserter sur ce qui se passe, et qui est tellement déterminant, à l'aube des rencontres entre le patient et le médecin. Je ne le ferai pas, parce que je l'ai fait ailleurs[1] et que ce n'est pas, en l'occurrence, mon souci. Je voudrais en revanche m'attarder longuement sur

1. Aldo Naouri, *L'Enfant porté*, Paris, Seuil, 1982 et Points-Seuil, n° 479.

cette question du regard, si fulgurant dans l'entrevue que j'ai décrite.

Que s'est-il passé ? Je n'ai pas, intentionnellement, dirigé mon regard sur la hanche de cette jeune femme. De la place où j'étais, mon regard embrassait l'ensemble de la scène qui s'offrait à lui, ne cessant d'y relever des indices, exactement comme il l'avait déjà fait à propos de l'allure de cette même jeune femme, des détails de ses vêtements, de ses cheveux tirés, de sa queue-de-cheval et de ce qui pouvait d'emblée se lire sur les traits de son visage. N'avais-je d'ailleurs pas déjà repéré la place où elle s'était arrêtée, son hésitation et le mouvement de quart de tour qu'elle a effectué ?

Mon regard a toujours occupé une place très importante dans mon économie existentielle et il a toujours été le plus important de mes instruments de travail. C'est un regard de médecin. Ce regard de médecin sur lequel Michel Foucault[2] a longuement disserté, l'entérinant avec Corvisart comme un outil « qui l'emporte si souvent sur la plus vaste culture et sur la plus solide érudition ». Il en dit qu'« il frappe en un point qui a le privilège d'être le point central et décisif [...] il choisit, et la ligne qu'il trace d'un trait opère, en un instant, le partage de l'essentiel ». Les performances de ce regard sont en général le résultat d'une longue éducation conférée par les études. J'ai signalé avoir assez vite compris, pour ce qui me concerne, que ce ne sont pas les études médicales qui ont conféré au mien son acuité, mais que c'est probablement l'acuité dont je disposais déjà qui a déterminé mon orientation professionnelle. Il m'a permis de développer une phénoménale mémoire visuelle et, bien avant l'heure, d'étonnantes aptitudes d'observation.

Un bien étrange registre que celui du regard ! Pourquoi parvient-il parfois à être aussi déterminant dans le sort

2. Michel Foucault, *Naissance de la clinique*, *op. cit.*, p. 122 et 123.

des individus ? Pourquoi et comment l'œil revêt-il, dans l'ensemble de nos organes sensoriels, une importance si grande ?

Ce sont des bibliothèques entières qui, depuis le décryptage des peintures rupestres[3] jusqu'au traitement des pathologies mobilisant la pulsion scopique[4], ont tenté de répondre à ces questions. Je n'ai pas plus l'intention de résumer leur apport que de m'attarder outre mesure sur la complexité du monde qu'ils laissent entrevoir. Je ne peux simplement pas manquer de relever, une fois de plus, le fait que le sujet même auquel je me suis attelé ne peut pas l'ignorer. L'adultère est en effet on ne peut plus concerné par le registre visuel. Toute sa dynamique tente en effet de l'y soustraire dans la mesure où, évoluant dans le registre de l'intime, il se déploie dans la dimension de la dissimulation. Il réussirait en quelque sorte un véritable tour de passe-passe : profitant de la concession de discrétion faite au territoire de l'intime dont le regard accepte qu'il soit soustrait à son pouvoir inquisiteur, il investirait la dissimulation qui lui permet d'échapper volontairement au même pouvoir.

Voilà qui laisse un peu plus entrevoir la place considérable que le regard occupe dans l'économie psychique. On sait que Freud a eu l'idée d'allonger ses patients sur un divan parce qu'il ne supportait pas qu'ils puissent lire sur sa mimique les pensées inconscientes qui l'assaillaient parfois. Le processus s'est révélé plus efficient qu'il ne l'aurait imaginé dans la mesure où le patient, libéré du regard porté sur lui par le thérapeute, va bien plus loin dans l'expression de sa parole. Cela souligne la portée de l'échange des regards dans la communication : en une infime fraction de seconde, cette dame m'a vu regarder une partie de son corps, et son regard, à lui seul, m'a dit

---

3. André Leroi-Gourhan, *L'Art pariétal, langage de la Préhistoire*, Grenoble, J. Million, 1992.
4. Gérard Bonnet, *Voir et être vu*, 1 et 2, *op. cit.*

en retour le désagrément qu'elle en a conçu. On sait par ailleurs, pour se souvenir du fameux vers de Victor Hugo – « L'œil était dans la tombe et regardait Caïn » –, le pouvoir sidérant du regard. Quand il nous vise, il peut, par sa seule expression et par le souvenir que nous en conservons, s'emparer de nous et nous maintenir à jamais captifs. Il peut même aller parfois jusqu'à nous détruire[5]. Mais il peut tout aussi bien nous impulser, nous vivifier, nous rendre plus forts. Il habite et règne en maître dans notre psyché, occupant l'essentiel de la part dévolue à ce qu'on appelle le narcissisme. Le tout-petit a besoin du regard aimant de son entourage, et de sa maman en particulier, pour construire correctement sa propre image. Mais Narcisse, le personnage de la mythologie sur le nom duquel a été construit le concept, est mort noyé en raison de la fascination exercée sur lui par sa propre image.

La culture du beau, et en particulier celui qui est généreusement offert au regard, a toujours été encouragée par les processus de civilisation. Quel que soit le champ de son recueil, l'esthète est réputé pouvoir se nourrir du spectacle qui l'attire et encouragé à le faire. C'est un singulier mystère dont l'existence, qui fonde toute une partie de notre univers culturel, ne suscite pourtant pas plus d'interrogations. On se bouscule aux expositions, et à tout ce qui est offert à notre vue, sans que jamais soit questionné ce qui nous motive ou ce qui motive les exposants. Comme s'il était implicitement admis que nous avons le droit de satisfaire notre faim insatiable de ce type de nourriture dont les exposants seraient les généreux – et géniaux – pourvoyeurs. Comme s'il était non moins implicitement admis que ce type d'échange est générateur de mieux-être pour nous-mêmes autant que pour notre environnement sociétal. Il semble cependant qu'aujourd'hui les choses sont allées bien plus loin, beaucoup trop loin. Car nous vivons

5. Comme en atteste la fameuse crainte du « mauvais œil » qui a cours et force dans tout le pourtour méditerranéen.

désormais dans un univers soumis au règne absolu de l'image, et tellement envahi par elle qu'il ne peut plus s'en passer et qu'il en redemande sans cesse. À notre insu et en quelques décennies à peine, la perception et la dynamique de notre environnement ont été profondément façonnées par ce bouleversement. Nous avons en effet définitivement déserté le monde de la réalité, que nous avons assimilée au réel – tel que le perçoit la psyché et qui s'écrit sur fond de mort –, qui nous apparaît dès lors comme mortifère et donc à fuir. Nous nous sommes empressés de substituer à cette réalité le virtuel en investissant sans distinction toutes les images, chacune d'elles nous renvoyant, dans un jeu de miroirs infinis, à la nôtre. Du coup, nous ne savons plus qui nous sommes. Nous avons le sentiment que l'essentiel, c'est d'être comme il est convenu d'être, conformément aux critères de modes dont le changement ne nous donne plus le tournis tant nous y adhérons dans une passivité sur laquelle nous n'avons plus de moyen d'action. Nous ne sommes plus préoccupés que de savoir comment nous présenter. Fascinés par les sortilèges du paraître, nous fabriquons à tour de bras une panoplie de ce que certains psychanalystes appellent des « faux *self* ». À tête reposée et en faisant taire toute passion, on serait tenté de donner raison aux religions aniconiques qui, comme le judaïsme et l'islam – rejoints plus tard sur ce point par le protestantisme –, interdisent les représentations imagées. Elles fondent non sans raison leur opinion sur le fait que l'humain est bien plus captivé par l'image, figée, que par la réalité, toujours mouvante et sujette à caution, au point que l'image constitue pour lui une plus grande source de vérité que la réalité. Il est vrai que ces religions ont été édifiées en la matière par les idolâtries environnantes au sein desquelles elles ont éclos, alors que nous, nous avons sombré sans même nous en apercevoir dans le culte d'idoles nouvelles.

Qu'est-ce qui avait suscité le malaise lors de cette première rencontre avec ma patiente ? Mon regard, même fugace, s'était porté – eussé-je beau protester d'une pure disposition d'esthète – sur une partie de son corps au potentiel incontestablement érogène. Il n'aurait probablement pas eu les mêmes conséquences s'il s'était porté sur l'épaule, le cou ou le front. Il ne pouvait, dès lors, que passer pour suspect et dépasser les limites de l'émotion esthétique, habituellement admise, pour alimenter chez la personne qu'il visait un éventuel fantasme de capture. Mon œil aurait trahi ma convoitise d'elle et le fantasme que j'aurais eu, sur-le-champ, de sa possession. C'est manifestement cela qui a installé le malentendu et a fabriqué le symptôme qui a affecté notre relation en défiant le temps et en gardant tout son mystère. Un mystère d'autant plus grand que les femmes, qui font en général ce qu'il faut pour les attirer, sont plutôt flattées des regards expressifs que les hommes portent parfois sur elles[6]. Un mystère qui perd cependant de son épaisseur si on le rabat sur la dimension habituelle du symptôme dont je rappelle que Lacan dit que « ça parle, ça parle même à ceux qui ne savent pas entendre, ça ne dit pas tout, même à ceux qui le savent ». « Voir, être vu, regarder, être regardé[7] » : thème délicat donc, et ambivalent entre tous, dans la mesure où il constitue le point d'achoppement entre la névrose banale et la perversion qui est son envers.

On peut essayer de l'aborder prudemment en revenant aux propriétés que j'ai signalées plus haut comme étant, chez l'humain et dès sa naissance, celles qui sont propres au registre visuel. Quand la vision, qui ne s'était jamais exercée avant la venue au monde, intervient dès le début de la vie aérienne, elle joue le rôle de sens collecteur de ses informations propres, mais constitue surtout le sens intégrateur de

6. Isaac Bashevis Singer, *Ombres sur l'Hudson*, Paris, Folio, n° 3670. L'auteur, grand connaisseur de l'âme féminine, y parle, p. 71, de « cette assurance des femmes qui se savent convoitées ».

7. Pour fouiller plus avant cette thématique, que je me contente d'effleurer, on pourra consulter avec profit Gérard Bonnet, *op. cit.*

toutes les informations fournies par l'ensemble des autres sens – je rappelle, une fois de plus qu'un nouveau-né s'avère capable de reconnaître sa mère sur photo dès la huitième heure de la vie aérienne. Et ce n'est possible qu'en raison du fait qu'« une très large portion de notre cortex cérébral est consacrée au traitement des informations visuelles qui lui sont transmises par la rétine de nos yeux[8] ». Quand on pense à toutes les connexions que la vue opère avec les différentes aires cérébrales, on conçoit mieux son pouvoir intégrateur, un pouvoir si grand et si performant qu'il en vient à être investi comme le meilleur, sinon le seul, capteur possible de la réalité – au siècle des Lumières, la question a été amplement débattue dans toute l'Europe philosophique à partir de la *Lettre sur les aveugles* de Diderot[9].

Au cours de son développement, le bébé use considérablement de ce pouvoir intégrateur qui lui sert à construire sa perception de la réalité à partir de son expérience sensorielle du monde. Il suffit de le voir, à moins de un an déjà, se saisir d'un objet : il le regarde tout d'abord, puis il le remue dans tous les sens, le fait passer d'une main à l'autre, le met parfois contre son oreille avant de le renifler ou de le porter à la bouche, ou le contraire ; mais il ponctue chacune des étapes de son exploration d'un coup d'œil sur cet objet. C'est ainsi qu'il fera son apprentissage du monde, et cet apprentissage parviendra à forger son opinion, relativement commune, que la vision est le plus important de tous les sens, le seul sens capable de saisir l'intégralité de la vérité du monde. Il lui faudra longtemps avant de convenir que ce sens extraordinairement fiable – ne dit-on pas « je n'en crois pas mes yeux » ? – n'est cependant pas aussi infaillible qu'on le voudrait – ne

8. Michel Imbert, « La vision aujourd'hui », *in La Lumière au siècle des Lumières*, sous la direction de J.-P. Changeux, Paris, Odile Jacob, 2005.

9. Olivier Bloch, « Le matérialisme éclairé de Diderot », *in La Lumière..., op. cit.*

parle-t-on pas de « trompe-l'œil » ? Ce développement, dont je ne fais qu'esquisser grossièrement les étapes, peut être altéré en deux occasions importantes. La première intervient au moment où une structure psychique, défectueuse, va orienter le sujet vers la psychose : il investira alors exagérément ses perceptions visuelles et jugera du monde environnant à l'aune de la certitude qu'il se sera forgée par leur seul moyen ; on lui connaîtra, plus tard, ce regard mobile, fouineur, perpétuellement défiant et sans relâche à la recherche de la faille de l'autre nécessairement vécu comme dominateur et hostile. La seconde occasion survient lorsque, explorant ce qu'il en est de la différence des sexes, le petit garçon en vient à conclure, en raison d'un certain nombre de paramètres de son environnement et en particulier du comportement de sa mère, que, s'il est indubitable que les garçons et les hommes ont un pénis et que les filles et les femmes n'en ont pas, il existe une exception à cette règle : sa mère, elle, en a un auquel il substituera le fétiche rencontré à l'occasion de ce débat. La voie de la perversion est alors ouverte, et on reconnaîtra plus tard ce garçon à son regard qui met mal à l'aise, soit parce qu'il est insaisissable, soit parce qu'il affecte une expression irritante qui cherche à laisser croire en toutes occasions qu'on « ne la lui fait pas ».

Voilà pour expliquer succinctement l'importance de cette communication singulière qu'opèrent aussi bien l'échange que la charge des regards. Une immense partie de notre vie affective est conditionnée par elle.

Puis-je en faire autant pour aborder la manière dont le recueil ou l'expression visuels peuvent être perçus ou mis en mots ? Aborder, autrement dit, la fameuse dialectique du visible et de l'énonçable – et du délicat équilibre qui s'instaure entre eux – sur laquelle s'est également attardé Michel Foucault[10] en relevant que la médecine, qui, dans

10. Michel Foucault, *Naissance de la clinique*, *op. cit.*, p. 116 *sq.*

l'abord clinique du patient, a singulièrement privilégié le registre du regard, a prétendu faire en sorte que le visible, donc tout ce qui s'offre au regard, soit énonçable et puisse ainsi être mis en mots ? Ce n'est pas tout à fait mon propos. J'use seulement de cette référence autorisée pour relever que, du côté du visible, du constatable, il est indéniable que la jeune mère dont je parle avait fui la charge du regard porté sur sa personne, sur un point précis de sa personne, et qu'elle avait surpris. Mais que pouvais-je faire d'une telle certitude ? Pouvais-je la mettre en mots, l'énoncer ? Étais-je autorisé à lui déclarer que ce qui m'est arrivé là ne m'est jamais arrivé auparavant, que mon regard, surtout à mon âge, était plus celui de l'esthète impénitent que celui du vieillard libidineux qu'elle avait pu me croire, qu'il était en général apprécié et récupéré par le narcissisme des jeunes femmes auquel il lui arrive parfois de s'attacher ? Et, en imaginant possible pareille initiative, un tel propos aurait-il rendu compte pour autant de ce qui s'est passé, par-delà le contrôle que nous en aurions eu, dans la fulgurance de l'échange ? Pourquoi ai-je dérogé, pour ma part, au serment d'Hippocrate par lequel j'avais pourtant juré « ne jamais regarder ce que mes yeux ne doivent pas voir » ? Et pourquoi a-t-elle marqué, pour la sienne, une sensibilité si grande à un détail aussi infime, alors qu'elle s'était évertuée à faire d'avance état de quantité d'éléments susceptibles d'installer dans notre relation un transfert de qualité ? Nous nous trouvons, là, non seulement dans l'éclosion d'un symptôme et de ses mystères, mais également aux frontières de l'exercice de la médecine proprement dite : ce qui est visible et non énonçable n'en fait pas partie ; il doit en être rejeté et il en est rejeté. Les questions de cet ordre sont considérées comme autant de scories à cantonner au bien regrettable versant relationnel de la même médecine, versant jugé périlleux parce que hors du champ de la formation, et de plus en plus évacué au bénéfice d'une technicité grandissante à prétention scientifique, et ce, même si les consultants souhaitent nous voir en développer le maniement.

Je m'étais organisé, vers la fin de mon parcours psychanalytique, pour mettre en place dans ma semaine des plages horaires pendant lesquelles je recevais les patients dont les symptômes des enfants méritaient d'être abordés et explorés autrement que sur le plan médical, en particulier par le biais de la parole. Je ne me prenais pas pour autant pour le psychanalyste qu'on n'a pas cessé de vouloir faire de moi et que je ne suis pas. Je me contentais d'effectuer, et faire effectuer, ce que je parviendrai à nommer bien plus tard un travail de « débroussaillage ». Un débroussaillage de l'histoire du sujet, si loin peut-il la remonter, pour tenter d'y trouver l'erreur d'aiguillage qui aura pu conduire à l'éclosion du symptôme. Il arrivait souvent qu'un tel travail fût suffisant, parvenant à lui seul à tout faire rentrer dans l'ordre. Mais, quand il s'avérait ne pas l'être, et requérir une exploration plus approfondie, il avait néanmoins constitué un excellent tremplin pour un travail d'un autre ordre, psychanalytique celui-là, que je confiais à la technique indispensable du praticien idoine.

C'est à une de ces plages horaires que je l'ai donc revue. J'ai pensé qu'elle devait être dans un bien grand désarroi pour avoir accepté (elle a déclaré s'être « résignée ») de franchir ainsi le pas et de renouer avec moi des années après notre première rencontre. Son mari venait de lui avouer une liaison et de lui déclarer qu'il avait l'intention de la quitter pour refaire sa vie avec sa maîtresse. Et, comme son travail l'avait appelé à occuper un poste en province, il avait décidé de ne plus venir passer que la journée du dimanche avec les enfants. Qu'avait-il pu leur arriver, se demandait-elle ? Qu'avait-il pu arriver à leur couple ? Qu'avait-elle fait de mal pour se découvrir trompée ? Qu'avait-il pu arriver à cet homme qu'elle estimait et qu'elle n'avait pas cessé d'aimer pour que, mature, pondéré, conscient et responsable, il prît une décision aussi grave pour l'avenir de leur couple et pour celui de leurs enfants ? Par-delà la blessure personnelle qu'elle en concevait, elle s'inquiétait autant pour ce qui avait pu lui arriver que pour le devenir de leur cellule familiale.

Il n'est pas inutile de s'attarder, ici, sur les premières données de cet adultère parce qu'il constitue un cas de figure totalement différent de ceux qui ont été décrits plus haut sous les sigles de « meurtre » et de « vol ». Pour celui qui entre dans la rubrique « vol », il concerne, habituellement et comme on l'aura compris, une séduction passagère qui peut être ou non découverte ou avouée – ce qui n'est pas ici le cas, puisque le mari de cette jeune femme lui avoue sa liaison en lui disant vouloir en tirer les conséquences. Cet aveu le met cependant dans une position totalement différente de celle de l'auteur de l'adultère de la rubrique « meurtre ». Elle le dit elle-même avec ses mots quand elle manifeste sa surprise. Ce qui laisse supposer que, à l'encontre des manœuvres habituelles des comparses des adultères « meurtriers », cet homme n'a pas torturé sa compagne au point de lui faire endosser la culpabilité consécutive à leur malaise commun et de la contraindre, pendant des mois et parfois des années, à se remettre péniblement en question et à se demander sans cesse en quoi elle était responsable de son changement d'attitude. Le comparse de type « meurtrier » use littéralement des bénéfices (sexuel entre autres) que lui procure son aventure pour écraser, sinon entreprendre de « tuer » à petit feu l'autre du couple. Son entreprise n'est pas anodine, il s'en faut beaucoup – elle est en général la voie qu'il a choisie pour sortir d'une impasse de son vécu. Le fait pourrait passer pour admissible si les reproches qu'il ne cesse de jeter à la tête de l'autre avaient quelque fondement. Il s'avère que, le plus souvent, ils n'en ont objectivement aucun. Ils résultent d'un simple déplacement : *l'autre devient la cible des reproches qui n'ont pas pu, ni ne peuvent, être adressés à la personne à laquelle ils auraient pu être destinés*. Combien d'hommes ne règlent-ils pas en effet avec leurs femmes les problèmes laissés en suspens avec leurs mères ou leurs pères ? Combien de femmes n'en font-elles pas autant ? Que le fait soit fréquent ne le dispense cependant pas de faire l'objet d'une réflexion, sinon d'un jugement. Car que révèle-t-il ? Rien de plus ni de moins que ceci : *le partenaire choisi* – parce qu'on est loin, ici, des problématiques des mariages arrangés – *ne l'a été que pour cela : devoir tôt ou tard se prêter à être l'objet d'une telle entreprise*. Ce qui vient jeter un brin de suspicion sur le fondement de l'amour réputé avoir clairement guidé le choix. L'auteur du choix, et plus tard de l'adultère, se révèle avoir toujours été doté de ce narcissisme mortifère qu'on désigne aujourd'hui sous l'appellation plus convenue d'« ego surdimensionné ». Il s'en est servi pour séduire plus que pour aimer, pour se faire aimer sans rien donner en contrepartie qu'une habile passivité dans l'échange, attendant le moment propice pour régler son compte par procuration à la personne du passé qu'il accuse de son état.

On aura compris dans ce démontage que le processus, empruntant beaucoup à la dynamique paranoïaque, installe ce type d'adultère au cœur de ce qu'on appelle un peu trop vite et en toutes circonstances la « tromperie ». *La vraie tromperie est en effet là, et pas ailleurs. Elle ne concerne pas vraiment les accidents conjoncturels affectant le pacte implicite de fidélité qui régit les unions. Elle est là parce qu'elle révèle la manipulation menée, depuis le départ de l'aventure, par son auteur*. Et que cela n'ait pu se produire qu'en raison de l'existence chez ce dernier de processus inconscients auxquels il n'a pas accès ne l'exonère pas de toute responsabilité mais fait de lui un sujet sur lequel, qu'on le veuille ou non, qu'on l'admette ou non, peut être porté un jugement objectif. Il est facile de mettre les êtres sur un pied d'égalité. Il est moins facile de le faire quand on en voit certains abuser de leur pouvoir, manipuler ou instrumentaliser un(e) partenaire séduit(e) à coup de protestations d'amour. On pourra toujours arguer, à juste titre, que la victime, en raison de données de sa propre histoire, a été partie prenante, donc innocente, de sa propre aventure. Certes ! Mais cela ne règle rien. Sauf à mettre sur un pied d'égalité victimes et bourreaux et à faire son deuil de toute moralité au sein des échanges sociaux ! On retrouve là la logique des tenants des unions arrangées : à distance des protestations de l'amour et de ses sortilèges, les parents des futurs unis se sentiraient capables de percevoir les conditions susceptibles de favoriser les manœuvres de la tromperie et tenteraient d'en préserver leur descendance. Mais on retrouve aussi la logique de l'interdit de l'adultère énoncé par le Décalogue. Car, quand ce type d'adultère en arrive à la fois à rompre le couple et à détruire l'autre de ce couple, il ne constitue pas pour autant un progrès pour son auteur, lequel recommencera immanquablement le même parcours avec la nouvelle personne qu'il rencontrera comme avec la suivante, etc. – ce à quoi on assiste aujourd'hui dans notre environnement. Si, en revanche, l'auteur de l'initiative avait observé l'interdit, son comparse aurait, tôt ou tard, réagi à ses manœuvres ; il serait parvenu à lui faire plus ou moins bien comprendre l'inanité de sa recherche au pied du réverbère, à le persuader d'affronter l'obscurité et même à lui proposer de l'y accompagner pour l'aider à y trouver l'objet perdu. Tout cela ne se passe pas, bien entendu, sans quantité de souffrances qui étaient supportées tant qu'on admettait l'existence d'une *misère ordinaire*[11] mais qui sont devenues insupportables sur fond de la seule idéologie admise, l'idéologie hédonique. C'est devenu de surcroît inconcevable car on se heurte, là encore, au principe devenu sacro-saint de la liberté individuelle et à celui, scrupuleux, du respect du choix de destinée des intéressés. Et il ne faut pas compter sur les avocats que se choisissent les partenaires pour tenter de faire relativiser les dissensions et ne pas jeter un peu plus

11. Moustapha Safouan, *L'Échec du principe de plaisir*, Paris, Seuil, 1979.

d'huile sur le feu. Par ce moyen, le contexte sociétal achète sa paix relative et se lave les mains de ce qu'il advient des individus. Ce type d'attitude ne concerne d'ailleurs pas seulement les problématiques qui affectent les couples mais régit celles qui se posent dans quantité d'autres domaines. On s'étonne, après cela, que nos contemporains soient dans l'état où ils se trouvent ! Pendant le plus clair du temps d'évolution de notre espèce, la dialectique qui était en jeu concernait l'interdit et sa transgression : la transgression entraînait la culpabilité, ramenait plus ou moins vite au respect de l'interdit et motivait la salutaire et banale névrose. Depuis quelques décennies, les interdits ont été levés et ont été remplacés par le culte de la performance : les performants ne le deviennent qu'en développant leur instinct de tueurs, et les autres sombrent dans la dépression[12] qui, traduisant le manque d'estime de soi, paralyse toute initiative. Quand un tel processus affecte l'ensemble des pans relationnels, on peut toujours courir après l'illusion d'une société autre que celle, dépressive, que nous avons fabriquée nous-mêmes.

Le travail, qui a commencé le jour de cette seconde première rencontre, sans que rien ne fût dit ou ne demandât à être dit sur le raté de la précédente, s'est poursuivi pendant environ quatre mois à raison d'une rencontre par semaine. Et, comme toujours, il a consisté à laisser venir ce qui demandait à venir en laissant les pensées s'associer sans en opérer de censure ou de hiérarchie. Ce grand principe, dont le psychanalyste se doit de l'énoncer au patient qu'il invite à s'allonger sur le divan, porte le nom de « libre association » et constitue la « règle fondamentale » de tout travail psychanalytique ou de type psychanalytique, fût-il « historiopathique » comme le mien.

---

12. Pour de plus amples détails sur ce point, on pourra se reporter à Alain Ehrenberg, *La Fatigue d'être soi*, Paris, Odile Jacob, 1998 et « Poches Odile Jacob », 2000.

Pour en comprendre la pertinence, il faut imaginer que le travail auquel se livre un individu qui entreprend une telle démarche revient à tenter de débrouiller une pelote de fils de différentes couleurs dont on ne sait pas comment ni quand ils ont réussi à s'embrouiller à ce point. La question la plus angoissante qui soit, parce que nous sommes formatés à procéder en toute chose sur le mode rationnel, c'est toujours celle de savoir, puisqu'il s'agit de tenter de démêler, par quel bout commencer le travail. Or l'expérience psychanalytique enseigne que, quelque bout qu'on choisisse, cela revient au même : le démêlage s'opérera toujours, à condition néanmoins de ne pas céder à l'impatience, dont Kafka fait le « péché originel ». Ce qui, loin d'unifier les comportements, révèle de façon flagrante les différences considérables qui s'observent d'un individu à l'autre. Quand l'un va rester longtemps dans la contemplation atterrée de sa pelote de fil sans oser y toucher, un autre va se précipiter sur elle et tirer inconsidérément tout ce qui lui tombe entre les doigts, embrouillant un peu plus le tout, alors qu'un troisième passera timidement d'un brin à peine tiré et qu'il croira bloqué à un autre qu'il pensera plus facile à manipuler. Rien, dans ces différences, n'est anodin ou sans signification ; elles fournissent sur la structure du sujet des renseignements qui contribuent à guider le thérapeute dans son écoute. Le temps et le transfert qui s'opère feront le reste et régleront tôt ou tard son sort à l'impatience.

Comme j'ai encouragé ma patiente à procéder ainsi, j'ai vu, par petites touches et comme toujours dans le plus parfait désordre, se dévider une histoire sur plusieurs générations.

Il y eut, entre les deux guerres, une grand-mère maternelle qui entreprit de secouer le joug mâle de l'époque. En rupture avec son propre père et consciente de sa puissance de séduction, elle s'en est servie pour mener par le bout du nez nombre d'hommes riches, dont certains célèbres, et en obtenir en quelques années un parc immobilier dont continuait d'ailleurs de vivre une partie de sa descendance. Elle avait fini par tenir salon dans une magnifique maison d'une station balnéaire célèbre. C'est là qu'elle rencontra un homme qu'elle jugea digne d'elle, qu'elle finit par épouser et qui lui donnera coup sur coup trois enfants : deux garçons et une fille. Elle s'évertuera à faire de cette dernière un modèle de vertu à qui elle fera faire un beau mariage bourgeois, arrangé (*sic*) par elle selon ses seuls critères. Cette fille, je la connaissais : c'était la mère de ma patiente. Je ne l'ai jamais rencontrée sans que son attitude ne me fît penser, avant même de savoir son histoire, à *Pénélope*, cette chanson de Georges Brassens qui interpelle les femmes comme elles en termes si émouvants[13].

Puis vinrent, aussi en désordre, les détails sur l'enfance, le rapport à son père – consterné par ce qui arrivait à sa fille et prêt à aller « casser la gueule » de son gendre –, les jeux, l'école, la naissance d'une petite sœur puis celle d'un frère. Les amis, les études universitaires et les premiers emplois, les premiers flirts, les premières aventures sexuelles, la rencontre déterminante pour elle de celui qui allait devenir son mari, sont, eux aussi, venus toujours dans le désordre, sans rien apprendre de déterminant ou mettre sur une quelconque piste qui eût pu répondre aux questions posées lors de la première rencontre. Elle ne rechignait pas à parler de sexualité et, en particulier, de la sienne propre qu'elle semblait avoir depuis toujours investie sainement – c'est d'ailleurs ce qui la préoccupait, et elle ne cessait pas de se demander ce que son mari avait pu aller tenter de trouver ailleurs. Ce en quoi elle laissait entendre qu'elle n'avait dans ce registre ni gêne ni tabou. Bien qu'elle n'y eût pas obtenu de réponse, sa question

---

13. « N'avez-vous donc jamais/appelé de vos vœux/l'amourette qui passe/qui vous prend aux cheveux/qui vous conte la bagatelle/qui met la marguerite au jardin potager/la pomme défendue aux branches du verger/et le désordre à vos dentelles ? »

était des plus recevables. Car on imagine souvent sinon toujours que c'est pour satisfaire une fantasmatique riche et torturante, mais qui demeurerait en l'état faute de la complicité de la partenaire, que nombre d'hommes multiplient les aventures. Elle me laissait entendre en quelque sorte qu'en la matière le sien n'avait lieu de se plaindre en aucune façon.

Je relevais, au fil des rencontres, qu'elle n'allait somme toute pas si mal que ça et qu'elle supportait relativement bien sa situation. Était-ce sous l'effet de nos entretiens ou en raison d'une constitution plus solide que ne pouvait le laisser présager son désarroi initial ? J'avais eu tout loisir de la regarder en clinicien : elle n'était pas réellement belle, bien faite et agréable à regarder tout au plus, mais pas aguichante pour deux sous. Elle avait un corps élancé de sportive qui lui donnait l'allure de ce qu'on appelle habituellement une forte femme, énergique et déterminée comme le trahissaient ses traits : front plat et large, yeux vifs dont j'ai signalé l'expression, pommettes hautes, nez droit et un peu fort, lèvres minces et menton marqué. Elle me paraissait assez bien assortie à son mari, que je connaissais et dont je me souvenais qu'il avait le visage d'un homme solide et relativement serein.

Avec le temps, elle s'était mise à m'« avoir à la bonne ». Elle me l'a dit en me rapportant que, dans les conversations qu'elle avait avec sa mère, son père, ses amies et même son mari, elle parlait de moi en me nommant « Aldo ». La première fois que ça lui est arrivé, elle s'est excusée en riant et en me disant qu'elle faisait comme tout le monde et que je n'avais qu'à avoir « un prénom moins sympa ». Je n'ai pas réagi, m'attendant à ce qu'elle poursuivît ses associations en évoquant enfin notre rencontre ratée. Ce ne fut pas le cas. Et je me suis alors rendu compte que j'étais travaillé plus qu'elle par ce que je continuais de vivre comme une inqualifiable faute déontologique.

Puis vinrent, de plus en plus souvent, ce qu'on pourrait appeler des « séances de bavardage » : comme on est là pour parler, on raconte une rencontre ou une altercation quand ce n'est pas un film ou la dernière pièce de théâtre qu'on a vue. C'est d'ailleurs toujours comme ça, à un moment ou à un autre de ce type de travail, comme d'ailleurs dans les analyses sur divan. Le locuteur perd sa faculté de tenir une parole consistante et pleine, et ne dit plus rien qui ait quelque importance ou qui vaille d'être entendu. On sait que le processus est en général dû à la crainte d'entamer la jouissance procurée par une situation ou à celle d'affronter ce qu'on appelle une résistance et qui désigne quelque chose que, par peur de s'en trouver débordé ou de la perdre, on rechigne à laisser venir. Lacan, qui détestait perdre son temps dans ce genre de séances, les raccourcissait, tout en les faisant évidemment payer, jusqu'à les réduire parfois à quelques secondes quand il sentait son analysant se complaire dans une telle disposition. C'est son invention de ces séances, qui prirent à partir de sa pratique le nom de « séances courtes », qu'il fut exclu de l'IPA (sigle anglais de l'Association internationale de psychanalyse), ce qui le conduisit à fonder l'École freudienne de Paris, suivi en cela par nombre de ses élèves. Avec ma seule prétention de « débroussailleur », je ne me suis jamais permis ce type de réaction. Ainsi ai-je eu à prendre mon mal en patience, subissant autant de propos et de récits vides qu'il était nécessaire pour que survienne enfin quelque chose de plus édifiant.

Ce me fut offert par un hasard du calendrier. Ainsi commença-t-elle, ce matin-là, par me dire que son anniversaire était « dans deux jours et que ça [la] déprimait par avance ». Je ne l'imaginais pas se mettre à tenir un discours amer sur la fuite du temps, le vieillissement ou somme toute l'angoisse de mort. J'étais plutôt prêt à l'entendre me déclarer le dépit que serait le sien de devoir fêter l'événement sans son mari, quand je l'ai entendue me dire : « Ça a toujours été comme ça, depuis que je suis mariée. » J'ai dressé l'oreille, quand elle a ajouté : « Je déteste mon anniversaire, j'en ai la nausée rien que d'y penser ! C'est d'ailleurs cette brusque sensation de nausée qui me fait prendre conscience, bien des jours avant, de la proximité de la date. » Je n'ai pas émis le moindre son. Le propos semblait être parti dans une trop belle direction, et il n'était pas question de prendre le risque de l'interrompre par la moindre ponctuation. Elle s'est tue quelques secondes, puis elle s'est mouchée et, comme si sa phrase était demeurée en suspens, elle a poursuivi sur le même ton : « Parce qu'à cette occasion mon beau-père, vous ne voudrez pas le croire, mon beau-père trouve toujours intelligent et spirituel de m'offrir des dessous ! » Preuve, s'il en était besoin, que, quelles que soient les facultés dont on croit disposer ou dont on dispose, on ne peut jamais prévoir ce que dira l'autre, seul détenteur de son savoir. Elle s'est alors mise à décrire l'état dans lequel la mettait ce cadeau qu'elle jetait à la poubelle aussitôt revenue chez elle : « Ça augmente ma nausée, et il m'arrive même de vomir, comme pour me punir des remerciements que je dois exprimer et des sourires polis que je dois faire devant la galerie. »

J'étais soufflé.

Pas seulement par ce que j'apprenais et que je jugeais pour ma part révoltant et inqualifiable tant c'était violent, insultant. Mais aussi, par-delà l'impudeur et l'indécence, le droit que s'octroyait le donateur d'exercer une insupportable mainmise sur le corps du destinataire à qui il était ainsi signifié qu'il n'était, pas plus que son partenaire légitime au demeurant, le propriétaire de ce corps. Le fait est, hélas, bien moins rare qu'on ne le croit. Il m'a été rapporté à de nombreuses reprises, et j'ai constaté qu'il était perpétré, toujours sur des jeunes femmes, autant par leurs beaux-pères que par leurs pères ou leurs mères. Quand il est l'œuvre du beau-père, il exprime son désir sexuel sur un mode des plus pervers. Quand il est celle du père, il manifeste ouvertement sa pulsion incestueuse.

Quand il est le fait de la mère, il introduit une dimension d'intimité et d'impudeur destinée plus ou moins consciemment à s'immiscer dans la sexualité de la fille, à la brider, voire à en jouir par procuration. Quand il implique les deux parents, il trahit la haine viscérale inconsciente qu'ils peuvent parfois nourrir à l'endroit de leur malheureux gendre, auquel ils signifient ainsi ne lui avoir jamais laissé que la disposition habituelle du corps de leur fille, corps qu'ils considèrent comme étant toujours le leur, leur appartenant de droit et à jamais jusque dans ses parties les plus intimes. J'ai parfaitement conscience, en écrivant ce que j'écris, de me lancer dans une digression inopportune. Mais pourquoi ne pas profiter de l'occasion pour dénoncer les méfaits de comportements plus fréquents qu'on imagine ? Quant au fait que je me livrerais à des interprétations sauvages dont on sait la violence, je ne vois pas pourquoi ni au nom de quoi je prendrais des gants avec des parents qui opteraient pour des comportements aussi destructeurs pour leurs enfants et leur descendance. Je l'ai toujours dit et écrit : je ne suis pas du tout convaincu que la confusion des générations et des sexes, et encore moins la complicité intergénérationnelle – hélas désormais à la mode – puissent constituer, où qu'elles s'exercent et quelque masque qu'elles prennent, un progrès pour notre humanité.

Par-delà les sentiments troubles qu'il manifestait et suscitait, le processus décrit comme récurrent par ma patiente me fournissait avant tout, tant j'en étais préoccupé, l'explication de notre rencontre ratée. J'étais de la même tranche d'âge que son beau-père. Le regard que j'avais porté sur sa hanche et qu'elle a surpris ne pouvait pas lui apparaître autrement que porteur d'une charge érotique et lui rappeler l'agression incestueuse qu'elle dénonçait mais contre laquelle elle n'avait toujours pas trouvé de moyen de se défendre. Ayant nourri beaucoup trop longtemps le remords de cette faute professionnelle et ayant échafaudé à son propos quantité de questions demeurées sans réponse, j'ai estimé pouvoir lui communiquer mon sentiment. Je l'ai fait. Nous avons alors repris nos souvenirs respectifs. Ils concordaient point par point. Je n'ai rien dit de mon émerveillement renouvelé devant la surprenante alchimie que produit toute rencontre. Quel miracle a donc fait en sorte que je ne me sois pas défendu du regard que j'ai porté sur sa hanche, dès que nous avons été en présence, alors même qu'elle n'a rien fait pour le susciter ? Et par quel prodige de communication d'inconscients nous sommes-nous trouvés face à face soudainement encombrés du scénario qui gisait au fin fond de son malaise ? Si, pendant des années, le symptôme a « parlé » en ne cessant pas de dire sa présence, il venait enfin de « dire » plus qu'il n'avait « dit » jusque-là. Mais avait-il pour autant fini de « dire » ? Elle eut le dernier mot de la séance : « Je m'étais fait tout un cinéma ! Je ne regrette pas d'avoir fait suivre mes enfants par votre associée, mais à quelque chose malheur est bon : parce que maintenant que je vous connais mieux, j'aurais vraiment regretté de m'être autant cabrée. Vous êtes trop sympa ! »

Cela se passait, comme à l'accoutumée, un mardi. Le vendredi matin suivant, j'eus la surprise d'un appel de son mari. Il était de passage à Paris pour le week-end et il désirait me voir en urgence car il avait des dispositions à prendre concernant ses enfants en raison de son départ définitif de la maison et de son installation imminente avec son amie. Dans la perspective d'un long week-end à la campagne, je ne devais pas travailler cet après-midi-là. Je me fis néanmoins violence et lui fixai rendez-vous pour 14 heures.

Me sachant au courant de toute l'histoire, il entra sans détour dans le vif du sujet, s'aidant d'une *check-list* de questions qui allaient du « comment annoncer la chose aux enfants » à « l'organisation des vacances » en passant par « la manière de régler les rapports avec son amie » qui, de surcroît, était étrangère et parlait mal le français. Je l'ai écouté, assez distraitement dois-je dire, tant ce type de questions, attendues et quasi stéréotypées, ne me sont jamais apparues autrement que comme destinées à masquer une culpabilité sourde qu'on tente de combattre par la prise d'avis autorisés ; avis proprement inutiles puisque la solution des éventuels problèmes est toujours du ressort des parents et d'eux seuls. Toute séparation des parents, à quelque âge qu'elle se produise et de quelques précautions qu'elle soit accompagnée, est toujours une source d'intenses souffrances pour les enfants, autant d'ailleurs que pour les protagonistes eux-mêmes. Alors mieux vaut encore y aller d'un coup, d'un seul : c'est comme la différence qu'il y a entre enlever lentement un pansement et l'arracher d'un geste rapide. Je lui ai donc régulièrement répondu qu'il était le père de ses enfants, qu'il pouvait faire comme il l'entendait et qu'il n'avait pas plus à s'autoriser de mon avis qu'à rendre de compte à qui que ce soit.

En bon gestionnaire de métier qu'il était, il a repris sa liste de questions en me faisant répéter pour chacune, et en le notant, qu'il pouvait donc faire comme lui seul l'entendait. J'ai répondu les mêmes choses, encore une fois, à moitié absent parce que je me débattais, pour ma part, avec une question qui me semblait d'une bien plus grande importance et qui n'avait pas cessé de me hanter depuis le début de notre rencontre : allais-je le faire payer ? La réponse qui m'est venue a été, je ne savais pas trop pourquoi, que, si je m'étais posé la question, il ne fallait surtout pas que je le fasse payer. Sa liste ayant été épuisée, il m'a remercié, il s'est levé puis il m'a demandé combien il me devait. Je lui ai répondu : « Rien. » Il en a été étonné, il a insisté et argumenté, j'ai balayé tout cela d'un geste. Il m'a alors demandé la raison de ma libéralité, et je lui ai répondu que c'était « comme ça », sans plus. Je dois dire que je ne savais pas moi-même, sur le moment, pourquoi la question m'était venue ni pourquoi je l'avais résolue ainsi. Il faut dire que la question de l'argent dans ce type de travail est une des plus délicates qui soit. Son maniement est parfois infiniment périlleux, et elle est si mal comprise par le public qu'on lui fait dire tout ce qu'on veut et pire encore ! J'imagine néanmoins qu'on s'essaiera à interpréter mon geste comme la conséquence directe de ce par quoi cette histoire a commencé. « Œil pour œil » en quelque sorte : je pouvais travailler « à l'œil » pour le mari de cette femme sur la hanche de laquelle je me serais « rincé l'œil »...

Elle est revenue le mardi suivant. Et elle m'a déclaré, aussitôt assise, que je n'avais décidément pas volé la réputation qui m'était faite. « Encore une de ces entrées en matière dont elle a le secret », me suis-je dit, non sans éprouver à son endroit un brin de tendresse. Elle a poursuivi : « Qu'est-ce que vous avez fait à mon mari ? Qu'est-ce que vous lui avez dit ? Comment vous avez procédé ? Vous êtes vraiment un sorcier ! Vous ne le savez peut-être pas, encore que... mais vous avez fait un véritable miracle ! » Puis elle s'est tue un instant. Je ne savais pas si elle était émue ou si elle ménageait son effet. J'ai attendu, comme toujours, prêt à me laisser surprendre. Elle a poursuivi alors, me racontant que son mari, après m'avoir quitté, était directement revenu chez eux, qu'il s'est excusé auprès d'elle de tout le mal qu'il lui avait fait, qu'il lui a dit combien il l'aimait et combien il se sentait bête de s'être lancé dans cette stupide aventure. Et comme elle n'en croyait pas ses oreilles, il a appelé devant elle sa maîtresse pour lui dire que tout était fini entre eux, qu'il ne rentrerait pas et qu'il était définitivement retourné auprès de sa femme et de ses enfants. « Le ciel m'est tombé sur la tête, mais je n'ai jamais autant apprécié une chute ! Nous avons fait l'amour, là, par terre, sur-le-champ, comme des bêtes, et nous n'avons pas arrêté de tout le week-end. Parce qu'il est resté et qu'il a tout expliqué – faut voir comment et avec quel doigté ! – aux enfants qui étaient fous de joie, vous pensez ! Il a appelé ses collègues de travail pour voir avec eux comment gérer les jours à venir. Il va nous chercher une grande maison, parce que celle où il avait prévu de vivre avec la nana est trop petite. Et nous le rejoindrons dès la fin du trimestre scolaire des enfants. »

Elle a continué encore un moment à rêver tout haut ou à tenter de faire le bilan des événements.

Je ne l'écoutais plus. Je faisais moi aussi le bilan de mes propres actes, en tête desquels venait singulièrement ma décision de ne pas me faire payer par cet homme venu me consulter ! On a beau répétitivement vérifier, dans ce type d'exercice, les effets surprenants du travail de l'inconscient, on en est toujours stupéfait ! L'histoire comportait encore quantité de zones d'ombre. Était-il si important de les éclairer ? Je n'en étais pas sûr. Le résultat était là. Il me fallait seulement comprendre comment il était advenu. Je pouvais sur-le-champ le résumer ainsi. Un couple de deux individus, chargés de leurs histoires respectives, se constitue sous des auspices favorables et fonctionne bien pendant un certain temps, mettant au monde et élevant trois enfants. Un grain de sable s'est cependant subrepticement glissé dans les rouages et se traduit par un détail récurrent : le grand-père paternel indispose régulièrement sa bru en lui offrant des « dessous » pour ses anniversaires. Ce faisant, il lui exprime ouvertement l'intérêt qu'il lui porte en tant qu'être féminin au sexe duquel il offre un vêtement intime. La bru sent confusément qu'il y a dans cette offrande quelque chose d'indécent, comme le désir qu'il lui signale répétitivement avoir pour elle. Un désir inadmissible de la part d'un homme qu'elle est censée respecter, tout comme elle a respecté son père avec qui elle a trouvé la bonne distance le jour où, dans son petit âge, elle a renoncé à le séduire et admis qu'il était l'homme de sa mère. Le tout se déployant, bien entendu, non sans l'ambiguïté qui parasite l'évolution de ces liens. Elle croit pouvoir néanmoins s'accommoder de ce qu'elle vit et commence par feindre d'ignorer l'intention et le geste. Mais le geste se renouvelle. Elle a son premier enfant. On lui a parlé de ma manière de travailler. On a dû me décrire à elle comme ce praticien singulier dont une oreille seulement est occupée par le stéthoscope alors que l'autre reste ouverte aux mots. Elle ne sait pas que c'est ce qu'elle cherche, mais cette aptitude lui parle. En s'adressant à ma secrétaire lors de sa première demande de rendez-vous, elle fait le siège de ma personne. Et voilà qu'à peine m'a-t-elle rencontré qu'elle surprend mon regard sur... sa hanche ! « Tous des vicieux, les mecs, et plus encore les mecs de cet âge-là », a-t-elle dû se dire, avant certainement d'ajouter dans le style que je lui connaîtrai : « Quel poison ! pas moyen de leur faire confiance ! Le malheur que d'être une femme ! »

Elle me fuit. Elle le peut, et elle me le signifie clairement en fréquentant, à mon nez et à ma barbe, le cabinet de mon associée et en évitant soigneusement de me rencontrer quand les circonstances ne devront pas lui laisser le choix. Cette agression récurrente à mon endroit lui permet sans doute de supporter sa situation de bru agressée par un beau-père incestueux qu'elle ne peut pas fuir au cours des réunions de famille nécessairement parasitées pour elle par le souvenir obsédant du cadeau indécent. M'ayant, par déplacement, fait payer pour un autre, elle pose néanmoins un acte. S'est-elle un jour ouverte de son malaise à son époux ? Elle ne l'a jamais fait, m'a-t-elle dit quand je lui ai posé la question, précisant qu'elle a craint de semer la discorde dans la relation qu'elle a toujours sentie un peu tendue entre les deux hommes. Et qu'aurait donc pu faire ce fils, qui n'a probablement pas manqué d'être frappé par le geste de son père ? Que pouvait-il faire, face à ce père dont la stature continue manifestement d'impressionner l'ancien petit garçon qu'il a été ? Que pouvait-il faire, sinon encaisser ? Encaisser, comme c'est souvent le cas, en raison de la sourde, lointaine mais toujours présente culpabilité qu'il a conçue pour avoir cédé, comme tout sujet masculin, au rêve d'être un jour, lui, l'homme de la femme de son père. Il se tait. Jusqu'à ce que survienne une goutte d'eau – impossible, faute de matériel, de savoir laquelle – qui fait déborder le vase. Il rencontre une femme à qui il semble plaire – ce n'est ni rare ni difficile. Il en fait sa maîtresse. Et, là, il éprouve le bonheur de sentir à nouveau la puissance de ses génitoires menacées par le geste récurrent de son père et l'apparente passivité de son épouse. Le voilà qui a trouvé le moyen le plus efficace de combattre ce à quoi les psychanalystes ont donné le nom clairement évocateur d'« angoisse de castration ». Il met sa femme au courant de son intention de la quitter, au nom même de sa préoccupation : « sauver les meubles ». Ce n'est de fait pas tant elle qu'il quitte. À rebours de Golaud tenaillé par le doute ou du piteux héros de *Eyes Wide Shut*, bouleversé par la découverte que sa femme peut éprouver un désir sexuel pour un autre que lui et qui cherche à comprendre le mystère de ce type de désir, à rebours également de ces hommes qui se mettent à ne plus supporter les compagnes castratrices qu'ils s'étaient pourtant choisies, il n'a pas, lui, à se plaindre d'un quelconque désinvestissement réel ou fantasmatique de sa personne. Ce qui peut se déduire de la manière dont cette femme a évoqué leur sexualité comme n'ayant jamais été bridée par une gêne ou un quelconque tabou. Ce qu'il quitte, c'est le terrain où elle constitue l'enjeu d'une lutte potentielle et forcément inégale entre son père et lui.

La machine s'enclenche. Elle, elle vient me voir. Et, dans le transfert, elle pourra dire, me dire et dire en même temps symboliquement à son beau-père, combien l'incommode ce cadeau des « dessous ». Mais comme ce n'est manifestement pas elle qui est en cause pour ce qui travaille son mari, ça n'aurait pas changé grand-chose pour lui : c'était trop tard. Voilà que néanmoins, lui, poursuivant son projet de restauration de sa virilité, vient me rencontrer. Pour me demander conseils et recettes ? Ou pour me dire, me mettant en lieu et place de son père, qu'il cède le terrain ? Or, et probablement en est-il étonné, non seulement mes réponses le valorisent en le restaurant dans sa stature et son autonomie, mais je ne le fais pas payer. Je quitte, ce faisant, le statut du froid professionnel. Je deviens du coup, pour lui, à son insu comme au mien, par le même mécanisme de projection auguré chez sa femme par mon regard porté sur sa hanche, une figure paternelle possible, une figure qui se destitue ostensiblement du pouvoir qu'il lui prêtait. Je deviens le « bon père » dont il n'a plus rien à craindre et qui l'a reconnu comme un homme susceptible de prendre en main son propre destin et digne d'avoir la femme qu'il a choisie et de l'aimer comme il l'entend, y compris à même le sol dans l'heure suivante.

Je l'ai encore vue, elle, trois ou quatre fois, pour m'assurer que je ne m'étais pas « fait un cinéma ». Tout allait pour le mieux, et elle me transmettait régulièrement le bonjour de son époux.

Ils ont déménagé en province, mettant fin à la lourde atmosphère des réunions familiales protocolaires et aux cadeaux d'anniversaire empoisonnés. Ils ont pris l'habitude de me donner de leurs (toujours bonnes) nouvelles à l'occasion des vœux de la nouvelle année.

Quatre ou cinq ans plus tard, elle m'a appelé un jour au téléphone. Ils envisageaient de venir passer quelques jours dans la région parisienne et ils souhaitaient me voir. J'ai eu un peu peur et j'ai immédiatement demandé si quelque chose n'allait pas. Tout allait bien. Ils voulaient simplement profiter de leur passage pour m'inviter à déjeuner ou à dîner, à ma convenance, afin de me témoigner leur reconnaissance et de me dire ce que j'avais été pour eux.

Et ça a été un « vraiment chouette » repas, comme nous en sommes convenus en chœur.

Visions du couple

Ils sont donc partis. Et, des années après notre première rencontre, ils m'ont encore pris à témoin pour me faire part de leur quotidien, celui de ces gens heureux réputés n'avoir pas d'histoire. On ne manquerait certainement pas, dans la partie la plus bavarde et la plus active de notre environnement sociétal, dans cette partie avide des malheurs dégoulinants des feuilletons télévisés et de la dénonciation de la moindre teinture « bourgeoise » – y a-t-il mot plus chargé de mépris dans notre vocabulaire actuel ? – de l'existence, de les plaindre sinon de brocarder leur choix de vie. Ils forment un couple, une famille. Ils élèvent des enfants. Ils tissent un quotidien nécessairement triste à mourir en se retrouvant tous les jours, en veillant par de petites attentions à leur bien-être mutuel, en partageant de petits soucis et de ridicules autant que minuscules préoccupations. Et on tient à les imaginer, au total mépris de leurs propres propos, s'unissant parfois sexuellement, parce que poussés par un reste de désir animal assurément dénué – comme de bien entendu ! – de passion. « Le bonheur est une boule qui roule, après laquelle on court et qu'on pousse du pied quand on l'a », professait Chateaubriand. Eux ont décidé de le cueillir, prosaïquement, quand il s'est enfin présenté après avoir menacé de prendre à jamais le large.

Ils n'ont décidément rien de ces personnages romanesques qui ont envahi notre horizon en même temps que notre entendement !

Mais, si on examine avec précision ce que cherchent dans leurs contorsions les fameux personnages qui se veulent romanesques, on s'aperçoit que, de quelque manière qu'ils se comportent et quels que soient leur génie inventif ou les solutions qu'ils mettent en œuvre, tous autant qu'ils sont et quelles que soient les données de leurs histoires, ils n'ont qu'une seule et même visée : sortir de leurs débats épuisants, mettre fin à leur périple et atteindre enfin la forme de havre, bien moins facile à trouver qu'on ne le croit, que ce couple a atteint. S'il n'en était pas ainsi, aurait-on vu la courbe des séparations prendre son allure exponentielle et conférer au couple la précarité extrême comme première caractéristique ? On s'y est essayé. Pourquoi pas après tout ! Mais, enfants ou pas, on n'a pas hésité à rompre à la première anicroche, parce qu'il semble que cette anicroche menaçait... quoi au fait ? sinon ce fameux idéal – « bourgeois » – qu'on poursuit, sans le savoir et encore moins l'admettre, comme un dû à recevoir sans tarder et sans avoir à faire le moindre effort pour l'obtenir !

Comment comprendre un tel paradoxe ?

C'est une question vraiment difficile. « Le paradoxe, c'est la vie ! », enseignent les thérapeutes systémiciens, qui en font le ressort de leurs prescriptions quand ils ont besoin de mobiliser une situation figée ou qui menace de le devenir. Ce qui se dessine derrière les faits courants, c'est qu'il y aurait sur ce point, en tout humain, à quelque langue ou culture qu'il appartienne, une forme de recherche d'homéostasie au service de laquelle interviendrait une forme de comptabilité rigoureuse, qu'il est impossible d'effacer et avec laquelle il est impossible de négocier et encore moins de tricher. Et cette homéostasie n'est repérable que par son absence qui rend la vie difficile parce qu'elle l'y inscrit comme un manque.

J'ai déjà parlé de ça. Quand il m'a semblé nécessaire de le faire dans la foulée du propos que je tenais à ce moment-là. Mais ai-je épuisé pour autant la question ? J'aurais aimé. Comme j'aurais aimé que soient plus clairs et plus simples les rapports des hommes et des femmes, des mères et des pères. Comme j'aurais également aimé que le système transactionnel indispensable à toute entente entre deux êtres, *a fortiori* quand ils forment couple et qu'ils sont père et mère, puisse fonctionner comme il l'a fait entre cette femme et cet homme que j'ai accompagnés quelques semaines dans leurs échanges

Mais de quelle illusion me nourrirais-je à croire qu'un tel souhait pourrait se réaliser !

C'est sans doute parce qu'elles ont repéré l'extraordinaire difficulté à laquelle se heurtent le plus souvent de tels rapports que les générations précédentes ont maintenu, pendant des siècles sinon des millénaires, le même formalisme autour de la constitution des couples. Les choses se font d'ailleurs, parfois même de nos jours, sur le même mode ritualisé, jamais commenté ou éclairé et fleurant un parfum discrètement suranné. La future épousée arrive à l'autel (civil ou religieux) au bras de son père, le futur époux au bras de sa mère. Ils ressortent au bras l'un de l'autre, ne se définissant plus désormais que par leurs rapports mutuels. Elle a cessé d'être la fille de son père dont elle ne portera plus le nom, il a cessé d'être le fils de sa mère, prolongeant le nom de son père qu'il fait sien propre en le donnant à une autre femme que sa mère. Ils sont les compagnons l'un de l'autre, unis sinon « devant Dieu », du moins et toujours « devant les hommes ». Et l'union est, bien entendu, scellée pour durer : l'engagement légal, les lois et le poids des « familles qui s'unissent » étant destinés à œuvrer dans le même sens et à maintenir ce scellement à l'abri des vicissitudes.

Tout cela entrait dans la logique de la Loi de l'espèce et se retrouvait à quelques variantes près dans toutes les cultures du monde, des plus sophistiquées aux plus primitives. Mais c'était l'époque, et les populations, dans lesquelles les humains n'avaient pas encore été convertis – ils le seraient malheureusement encore trop peu pour nos secoueurs de joug ! – à l'idée qu'ils n'avaient en aucun cas à se préoccuper de leurs histoires respectives, des liens qu'ils avaient forgés et de la place qu'ils avaient conférée à leurs géniteurs en fonction de leurs sexes respectifs. On n'avait pas saisi, et encore moins compris, que, « un homme sur deux étant une femme », il était indispensable d'effacer une différence des sexes génératrices de toutes les injustices et, dans la foulée, une différence générationnelle source de toutes les oppressions. C'était l'époque où on imaginait que les mots avaient quelque poids et où on attribuait une bien trop grande importance à la symbolique d'un nom qui, ayant bien été arbitrairement fixé un jour, pouvait tout aussi arbitrairement être changé à tout moment dans le cours des générations successives. Et puis pourquoi diable, s'est-on enfin demandé, donner celui du père ? Pourquoi celui de la mère n'aurait-il pas la même valeur ? Pourquoi d'ailleurs ne pas accoler les deux dans un ordre quelconque ou en inventer un nouveau ? Les pays ibériques et toute la culture hispano-lusitanienne, a-t-on fait valoir pour balayer les dernières réticences, n'ont-ils pas toujours procédé de cette manière ? Il est vrai qu'on ne s'interroge pas, ou mal, sur l'origine de cette particularité dont on se contente de la relever et d'en user. Elle est pourtant la conséquence directe d'un fait historiquement inscrit et qui a traversé les siècles – preuve, s'il en était besoin, que les usagers d'une telle argumentation vont chercher dans leur panoplie les éléments d'une histoire tout en déniant l'importance de cette dernière ! Un tel usage est en effet la greffe, sur les us hispano-lusitaniens, d'un procédé courant de la civilisation arabo-islamique qui a régné sur ces contrées pendant sept siècles. Il y est demeuré, comme les palais, les jardins, certaines caractéristiques de la cuisine, la jota et quantité de mots des langues espagnole et portugaise.

Les hommes de la civilisation arabo-islamique étaient polygames, et les femmes avaient pour devoir, comme elles l'ont toujours, de nommer Mohammed le premier des garçons qu'elles mettaient au monde. Un homme, Ali, pouvant ainsi avoir cinq, huit ou quinze fils nommés Mohammed, n'aurait pu que leur transmettre un grave trouble identitaire en en faisant autant de Mohammed fils d'Ali. La solution la plus commode a été de simplement conférer également à chacun d'eux le nom de sa génitrice.

De cette façon, Mohammed fils d'Ali et Fatma ne pouvait pas être confondu avec Mohammed fils d'Ali et Aïcha, ainsi et de suite. Cela ne pouvait d'ailleurs advenir que dans un contexte où les us de la civilisation arabo-islamique avaient force de loi. En Algérie, dans mon jeune âge, pour me faire un peu d'argent pendant les vacances, j'ai travaillé à la mairie de la petite ville où j'habitais. Je devais copier, sur de grands cahiers destinés aux bureaux de vote, les listes électorales qui avaient été dressées en vue d'un référendum projeté. J'ai eu, à cette occasion, à écrire des pages entières de SNP Mohammed ben Mohammed qui se succédaient par milliers. SNP signifiait « Sans nom patronymique » – ces personnes n'ayant en effet jamais pris le soin de se doter d'un tel attribut. Le numéro de la carte d'électeur qui leur était assignée allait, le temps de la consultation électorale, leur conférer une identité officielle, étant entendu qu'ils ne se confondaient pas entre eux dans leurs échanges et dans leur vie de tous les jours. Il ne pouvait cependant pas en être autrement sur le plan formel, car la loi française n'acceptait pas alors l'apposition du nom de la mère à celui du père. Il est paradoxal de constater que, maintenant que nos lois n'ont plus à gérer le sort de tant de SNP Mohammed ben Mohammed, les voilà à vouloir se doter d'une réforme dans ce sens présentée comme un véritable progrès ! À qui et à quoi servirait-elle ? À des mères désireuses de transmettre le nom de leur propre père sans prendre acte qu'un tel souhait traduit un symptôme qui ne manquera pas d'affecter le devenir de leur enfant : outre qu'elles manifestent avoir un droit inaliénable au nom de leur père – au détriment de celui du père de l'enfant ou de celui de leur propre grand-père maternel –, elles font symboliquement de leur père celui de leur enfant, éjectant ainsi leur partenaire et continuant de se complaire dans une rivalité non résolue avec leur propre mère. Voilà la Loi de l'espèce clairement malmenée et interrogée dans sa légitimité. C'est une incontestable victoire de la structure perverse qui affecte une frange minime mais très active, et très puissante parce que très écoutée[14], de nos populations. C'est pourquoi j'en ai traité comme je l'ai fait et avec le seul ton qui convient à pareilles inepties, quelque succès qu'elles remportent.

Je crains cependant que nos semblables ne soient amenés à céder de plus en plus massivement aux sortilèges d'une société de consommation qui les invitera à n'investir que l'instant en faisant fi tout autant du passé et de l'histoire que de l'avenir ou du devenir des enfants qu'ils auront semés comme des colifichets témoignant d'une expérience passagère à peine un peu plus marquante que les autres. Il paraît qu'on n'a pas à s'inquiéter : tout ce monde, qui aura donc accédé au seul statut admis de consommateur, bénéficiera, pour traiter les troubles éventuels et forcément passagers qui pourront parfois surgir, de l'intelligence des versions successives du DSM[15] et de l'efficacité comme de la rapidité des drogues puissantes inventées par une pharmacopée à hauteur des enjeux en cause.

Il n'en reste pas moins qu'il est légitime, à défaut d'espérer bloquer cette décomposition de notre statut et de notre lien social qui va s'accélérant, de se demander ce qu'on peut faire, d'ici là, pour ces quelques générations intermédiaires qui seront placées entre un passé irrémédiablement condamné et ce gouffre inévitable et d'une profondeur désespérante qui se dessine comme

---

14. Un exemple : le 22 avril 2006, le rédacteur du journal de 13 heures de France-Inter, rapportant l'information concernant la légalisation, en Belgique, de l'adoption des enfants par les couples homosexuels, entend la faire commenter. Il choisit à cet effet une sociologue, évidemment favorable à cette décision, laquelle dénonce la réticence française en la matière en déplorant que dans notre pays les législateurs continuent de fonder leurs décisions sur des « principes » !

15. Sigle d'un manuel *Diagnostic and Statistical Manual of Mental Disorders* établi par l'American Psychiatric Association et régulièrement mis à jour. Pour ce DSM, la psychanalyse n'existe évidemment pas.

avenir. Et que peut-on faire d'autre que de continuer de les éclairer sur ces forces auxquelles ils croient n'avoir pas d'autre choix que de céder parce qu'elles menacent, quand elles ne les minent pas, les couples qu'ils ont formés pour accomplir ce qu'ils croient devoir être leur parcours de vie ?

Je poursuivrai donc l'exploration que j'ai entreprise en m'attardant, cette fois, non pas sur un cas clinique mais sur une œuvre cinématographique qui traite d'un adultère féminin et qui me semble particulièrement édifiante.

Un gâchis

Il s'agit du film *Infidèle*[16], dont il ne me semble pas indifférent de signaler que sa réalisation a été assurée par une femme, Liv Ulmann, alors que l'auteur du scénario est un homme, Ingmar Bergman. Cette collaboration a certainement permis un croisement de regards sur une histoire complexe impliquant des vécus forcément différents puisque sexués jusque dans les plus infimes détails.

La gravité du sujet que ce film aborde de manière subtile y est affichée, d'emblée, dans un propos que les générations montantes devraient d'autant plus méditer qu'il s'agit d'un récit en grande partie autobiographique et que ce propos est tenu par un homme qui sait manifestement de quoi il parle. Cet homme, comme pour insister sur son contenu, lit à voix haute un texte écrit sur l'écran et qui dit : « Aucun échec ordinaire, comme une maladie, un échec financier ou professionnel, ne résonne aussi cruellement dans l'inconscient qu'un divorce. Le divorce touche directement à l'origine de l'angoisse et il la ravive.

16. *Infidèle*, Suède, 2000, film de Liv Ullmann sur un scénario d'Ingmar Bergman.

C'est la plus profonde des blessures que la vie nous inflige[17]. »

Le premier plan, qui donne le ton de la suite, montre un vieil homme seul, face à la mer. Un vieil homme supposé avoir, à cet âge, un regard neutre et distancié par rapport aux êtres et aux choses ; la mer, Thalassa, source de toute vie ; la solitude et l'âge évocateurs du terme de la vie, de la mort proche. On verra d'ailleurs souvent le vieil homme et la mer ponctuer le récit. Qui est ce vieil homme interprété par l'acteur Erland Josephson ? Il n'en est rien dit explicitement. On apprend, le film fini, en prenant connaissance de la distribution, qu'il serait Ingmar Bergman lui-même. On aurait pu ne rien en dire car on le voit, de fait, fonctionner à la manière du coryphée des tragédies grecques auxquelles le film fait souvent penser par l'universalité de son thème et par la rigueur de sa construction. Ce coryphée est cependant le plus souvent muet. Au point que son silence n'est pas sans évoquer parfois l'écrin que celui du psychanalyste offre à la parole du patient.

Le récit lui-même est organisé, au demeurant, sur le modèle de ce qu'on imagine être une psychanalyse, autour des visites, ou plutôt des apparitions impromptues de Marianne, qui en est le personnage central. Le contenu de ces entretiens, bien qu'ils soient supposés parler du passé, construit cependant le récit au présent, de manière linéaire comme pour faire vivre plus intensément le déroulement de l'histoire.

Marianne est une belle jeune femme, comédienne de son état. Elle est mariée depuis onze ans à Markus, chef d'orchestre de stature internationale, avec qui elle vit dans une entente parfaite à tous les points de vue – encore un chromo « bourgeois », pour revenir aux considérations développées plus haut et pour relever que, même dans cette

17. La citation est empruntée au romancier allemand Botho Strauss, comme le signale le traducteur du livre d'Ingmar Bergman, *Une affaire d'âme*, Paris, Cahiers du cinéma, 2002.

Suède qui nous sert de modèle en tant de domaines et en particulier pour ce qui concerne les relations hommes-femmes, ces chromos seraient tout de même plus fréquents qu'on ne l'imagine. Marianne est par ailleurs mère d'une fille de neuf ans, Isabelle, dont elle dira à plusieurs reprises qu'elle est « mystérieuse, avec ses rêves et ses histoires ».

Le couple a un ami commun de vieille date, David, metteur en scène, partageant, surtout avec Markus, la passion de l'opéra – ils en ont monté plusieurs ensemble. David a par ailleurs une relation très forte avec Isabelle. On apprendra un peu plus tard qu'il a deux fils – qu'il ne voit pas ou peu – du premier de ses deux ménages, lesquels ont l'un et l'autre échoué. Il en va ainsi comme si, face au chromo « bourgeois », on avait tout de même tenu à dresser le schéma d'un parcours de vie devenu de nos jours des plus courants.

Rien là que de très banal. Du quotidien sans relief particulier et qui aurait pu se poursuivre longtemps sur ce rythme de croisière.

Sauf qu'un soir, à la dernière de la pièce de théâtre qu'il a mise en scène, David rencontre incidemment Marianne et lui propose soudain de... coucher avec lui ! Elle est si surprise par une proposition qu'elle trouve à tout le moins incongrue qu'elle l'accueille en riant. Elle croit néanmoins pouvoir y percevoir une réelle détresse. Si bien qu'elle propose à son ami de poursuivre la conversation en venant dîner chez elle où ils seront seuls puisque Markus est en tournée. Au terme d'une collation arrosée, la tension s'étant relativement calmée, ils finissent par dormir ensemble dans le même lit, mais comme frère et sœur – c'est elle qui l'impose. Rapportant la séquence, elle déclare au vieil homme coryphée avoir alors « découvert le véritable David, en voyant son visage endormi ».

Qu'a-t-elle vu dans ce visage ?

Ce sont les deux séquences suivantes qui l'expliquent avec une finesse qui ne peut être appréciée que si on prête une attention suffisante à leur apposition.

Lors de la première, on assiste à une répétition d'un quatuor de Brahms dans lequel Markus, déployant au plus haut son art et sa maîtrise, tient la partition de piano. Regardant sa fille Isabelle qui assiste également à la répétition, Marianne évoque la relation de cette dernière à son père. Elle se surprend à penser « que cette fille est bien la fille de son père et que leur relation est particulière, fermée au monde extérieur ». Manière de dire s'en sentir exclue. Comme si elle prenait acte qu'aucun de ces deux-là n'avait un besoin essentiel d'elle.

En contrepoint de la première, la seconde séquence explique pourquoi cette histoire avec David est « tombée du ciel ». David, que retrouve Marianne au sortir d'une répétition de la pièce de théâtre qu'elle va jouer, s'excuse auprès d'elle de sa conduite de la veille en insistant cependant sur le désarroi dans lequel il se trouve. Il se met à produire sans retenue un bilan précis, triste mais réaliste de sa vie, concluant : « Chaque fois que j'essaie d'établir un contact, ça aboutit à un échec. » David, à l'opposé de Markus et d'Isabelle qui, tous deux, semblent n'être pas dans le besoin, dit en quelque sorte y être jusqu'au cou. Marianne en est émue. Elle veut lui porter secours. Il l'en remercie. Ce qui ne fait qu'accroître, chez elle, le sentiment à l'évidence de type maternel qu'elle ressent à l'endroit de cet homme qui s'entend par ailleurs si bien avec Isabelle. Elle commente sa perception en disant : « Je faisais partie de quelque chose de très mystérieux », propos qui renvoie, côté mystère, à ce qu'elle avait précédemment dit à propos d'Isabelle. Le mystère de sa fille l'éloigne d'elle en lui faisant sentir de manière plus aiguë encore la nature de leur jonction. Le mystère dans lequel elle relève se percevoir la renvoie implicitement à sa propre relation avec sa mère. Si bien qu'à leur double insu David, sur un mode palliatif, sollicite au premier chef, en elle, la mère dont elle vient de penser qu'Isabelle aurait appris à plus ou moins se passer. Quand il en arrive enfin à évoquer l'éventuel recours à une psychanalyse, elle lui rétorque que « la psychanalyse attendra » et elle l'embrasse sur la bouche, se proposant ainsi, par sa présence et par l'aventure qu'elle lui offre de partager, de s'en remettre seulement à elle pour soigner son mal-être. Ce dont lui mesure autant l'enjeu que l'ampleur et qu'il commente aussitôt en relevant avec une incontestable pertinence que « c'est grave, c'est très grave ».

Cela mérite qu'on s'y arrête. Car on assiste à la naissance de ce qui aboutira à un adultère féminin, et c'est le premier dont il est traité en détail dans cet ouvrage.

Rien ne devait, en principe et en fonction des raisons que le sens commun attribue à son occurrence, le voir survenir. On est en effet en présence d'une femme et d'une mère, l'une et l'autre comblées – travail intéressant, mari brillant, attentif et aimant, amitiés et fille adorable sainement investie. Pourquoi cette femme et cette mère auraient-elles à aller chercher quelque chose dans une aventure nouvelle ? Et qu'y chercheraient-elles ?

Une possible réponse a déjà été proposée par le vécu de Marianne : Isabelle, la fille, est dans une relation tellement étroite à son père qu'elle semble n'avoir plus aucun besoin de sa mère ; Markus, le mari, est tellement rempli par sa musique et tellement satisfait par tout ce que la vie lui apporte qu'il semble apparemment n'éprouver aucun besoin. Ni le mari ni la fille ne manifesteraient donc clairement le moindre besoin de Marianne qui continue pour sa part d'avoir besoin de materner. David, en revanche, est tellement déboussolé dans la vie qu'il se présente avant tout comme un être de besoin, que ce besoin torture au point de ne pas le faire hésiter à tenter de le satisfaire par la possession de la femme de son meilleur ami !

J'ai longuement analysé, dans de précédents ouvrages[18], la logique du comportement féminin en la qualifiant de « logique de la grossesse » et en faisant d'elle une logique

18. Aldo Naouri, *Les Filles et leurs mères*, Paris, Odile Jacob, 1998, et *Les Pères et les Mères*, *op. cit.*

comportementale centrée sur une satisfaction des besoins d'un tiers susceptible de conférer à son exécutante un sentiment de cohérence et de puissance. Face à cette logique, j'ai décrit la logique comportementale masculine comme étant une « logique du coït » : l'être masculin, taraudé par la crainte de perdre ses génitoires, se rassure compulsivement en mettant en œuvre leurs potentialités. Tout cela trouve son origine dans la trace, laissée dans la psyché, des rapports identificatoires des tout-petits des deux sexes à leurs mères respectives qui font de la mère, pour les uns comme pour les autres, le premier objet d'amour, celui sur lequel se forgera plus tard toute la vie amoureuse. Freud ne va-t-il pas d'ailleurs jusqu'à soutenir[19], en une sentence que je discuterai plus loin, que « le bonheur conjugal reste mal assuré tant que la femme n'a pas réussi à faire de son époux son enfant, tant qu'elle ne se comporte pas maternellement avec lui » ?

Cela se déduirait du fait que les hommes seraient dans une position relativement simple et claire : *toute rencontre avec un corps de femme, quel que soit son rang dans la succession des rencontres, se placera pour eux sous le signe des retrouvailles et conférera à cette femme le rang deux, le rang un étant à jamais occupé sur un mode plus ou moins insistant par la mère, inévacuable, elle*. De ce simple fait, l'adultère masculin, confondant sans difficulté les femmes successives, peut aussi être lu comme la traduction d'un désir de vérifier, dans ce type de retrouvailles, que celle acceptée comme impossible et qui a cependant occupé le rang un l'occupe toujours. On peut comprendre, de ce même fait, à la fois la facilité avec laquelle les hommes envisagent les aventures adultérines, le peu de remords qu'ils en conçoivent et la fierté qu'ils en tirent sinon le souvenir qu'ils en gardent, allant parfois, comme Don Juan, jusqu'à en faire établir un catalogue.

---

19. Sigmund Freud, *La Féminité, in Nouvelles Conférences sur la psychanalyse*, Paris, Idées, 1978, p. 175.

Il en va tout autrement pour les femmes. N'ayant sur elles que la trace de leurs mères et en aucune façon celle de leurs pères qui ne les ont pas portées, *toute rencontre qu'elles feront avec le corps d'un homme se placera, comme ce fut le cas jadis avec le père, sous le signe d'une découverte qui conférera à cet homme, quel que soit son rang dans la succession des rencontres, le rang un. Voilà qui explique autant leur hésitation habituelle à franchir le pas adultérin que l'effacement mnésique qu'elles en opèrent ou le remords qu'elles en conçoivent parfois.*

On peut, en combinant ces informations, mieux saisir la réaction que les hommes et les femmes ont habituellement face à la découverte de l'adultère de leur partenaire.

Un homme qui aura cru pouvoir enfin disposer d'une femme toute à lui, en lieu et place de la toute première dont il a eu à convenir, la mort dans l'âme, qu'elle était celle de son père, aura beaucoup de mal à accepter l'idée de perdre son rang un au bénéfice d'un autre et de revivre, aussi douloureusement qu'il l'a jadis vécu, ce deuil de la relation. Il tolérera très mal ce qui lui arrive et ne pourra pas toujours facilement s'en relever, même s'il ne s'agit que d'un doute comme pour Golaud, d'un soupçon comme pour Othello ou de la confrontation avec un simple fantasme comme pour le héros de *Eyes Wide Shut*. Un récent film américain, portant le même titre que celui dont je traite ici, *Infidèle*[20], décrit de manière précise et réaliste comment un mari trompé va jusqu'à tuer l'amant de sa femme – c'est dire le nombre de variations auquel peut donner lieu ce scénario de base. *La Peau douce*[21] de Truffaut l'illustre à la perfection pour ce qu'il en est du versant féminin.

S'il n'est pas rare de voir des femmes furieuses d'avoir été trompées et d'être amenées à en tirer les conséquences, il est tout de même plus fréquent de les voir passer

20. *Infidèle*, États-Unis, 2002, film d'Adrian Lyne.
21. *La Peau douce*, France, 1964, film de François Truffaut.

par-dessus l'événement, voire en faire assez peu de cas. Cela tient, entre autres explications sur lesquelles je reviendrai plus longuement, au fait que leur homme, qu'elles ont donc placé en rang un, n'a pas plus effacé que le père vers lequel elles se sont jadis tournées pour asseoir leur identité sexuelle la trace indélébile et ô combien précieuse de leurs mères sur elles. On pourrait d'ailleurs aller jusqu'à imaginer, pour certaines d'entre elles au moins, que ce que Françoise Héritier[22] désigne comme « le mélange des substances », les mettant par homme interposé en relation intime avec une autre femme, pourrait satisfaire leur goût pour ce qui prendrait l'allure sinon de l'inceste fondamental, du moins d'une relation homosexuelle qui les renverrait au modèle tout premier qu'elles ont noué avec leur mère.

On en était donc resté, pour revenir au film de Liv Ullmann, au moment où Marianne, ayant découvert sur le visage de David le besoin, décide, elle, d'y répondre, alors que David est pourtant prêt, par l'éventuel recours à une psychanalyse, à en retirer l'expression.

Elle lui expose son plan. L'aventure projetée s'avère en effet être possible grâce à un concours de circonstances. Elle bénéficie d'une bourse de son théâtre pour aller passer trois semaines à Paris. Il suffira de faire concorder ces semaines avec la tournée que doit entreprendre Markus et de confier Isabelle à Mamy. « On ne mentira pas », dit-elle. Il suffira seulement pour organiser l'escapade que David fasse savoir qu'il doit lui aussi aller à Paris pour y prendre contact avec son scénographe et discuter du fameux film qu'il projette depuis déjà longtemps de mettre en scène. La coïncidence des dates de leurs voyages respectifs sera découverte comme un effet de hasard. Ils mettent calmement en œuvre le scénario au cours d'un dîner intime avec Markus, dîner au cours duquel on voit

---

22. Françoise Héritier : *Les Deux Sœurs et leur mère*, *op. cit.*

Isabelle aller des bras de l'un à l'autre des trois protagonistes. Marianne pousse le luxe jusqu'à provoquer son mari en lui demandant s'il n'est pas soupçonneux ou jaloux de cet étrange concours de circonstances. Ce dernier balaie la remarque par un : « Ma Marianne, mon David ! » ajoutant un peu plus tard, dans la chambre à coucher, au moment même où il s'apprête à faire l'amour à sa femme : « Ce serait une trahison. »

Il s'agit donc pour Marianne de son premier adultère, totalement imprévu et n'ayant en apparence pas la moindre raison objective de survenir. Elle est mariée, je le répète, à un homme absolument remarquable et qui la satisfait sur tous les plans, y compris sexuel, est-elle amenée à préciser, comme si les images de leur couple pouvaient ne pas le laisser entendre clairement. « Il me fait jouir, dit-elle au vieil homme qui l'écoute, à un point que je n'ai jamais connu et que je ne connaîtrai sans doute jamais, il m'arrive même parfois de m'évanouir. » Elle n'en programme pas moins froidement l'aventure, allant jusqu'à la mettre en scène dans ses moindres détails.

Cette question de « mise en scène » n'est d'ailleurs pas anodine, si on prend en compte le fait que David, l'amant projeté et choisi sur l'intensité de son désarroi, est lui-même metteur en scène. C'est comme si, du coup, ce qui sollicite Marianne du côté maternel lui permettait en même temps de se commettre sur le terrain même de ce partenaire projeté, alors qu'elle ne peut pas prétendre à un rôle de cet ordre avec Markus, son mari, lequel évolue dans des sphères, musicales, qui lui sont totalement inaccessibles. Elle se sent prête à abandonner sa position de mère et de femme, l'une et l'autre comblées mais sans réel pouvoir, pour s'essayer à exercer un brin de ce pouvoir. Pour parler en des termes qu'utilisent les psychanalystes, on dirait qu'alors qu'elle vit Markus comme détenteur du phallus, elle vit David comme susceptible de le lui conférer, de la phalliciser. « Aimer, c'est donner ce que L'on n'a pas à qui ne L'est pas. » Le L majuscule de cette définition lacanienne de l'amour, souvent citée de manière approximative et déformée, représente le fameux phallus.

Qu'est-ce donc que le « phallus » ? C'est un concept psychanalytique crucial, d'un abord complexe et à polarités multiples, auquel Lacan a donné une place majeure et éclairante dans la lecture des instances de l'inconscient. C'est un concept qui a par ailleurs fait couler beaucoup d'encre, en particulier ces dernières décennies, et dont le développement sous la plume de Freud a valu à la psychanalyse d'être violemment attaquée – il faut dire qu'elle l'est si souvent ! – et violemment disqualifiée par les courants féministes au motif qu'elle serait une discipline aveuglément sexiste.

Le phallus, malgré la contiguïté sémantique, n'est qu'une instance symbolique qui n'a rien à voir avec la réalité concrète du pénis. Il est vrai qu'il emprunte à ce dernier un certain nombre de caractéristiques qui expliqueraient la confusion qu'on est porté à faire. Freud, qui se méfiait déjà de cette confusion possible, laquelle aurait risqué de donner au phallus une consistance plus ou moins réelle alors que nul ne peut prétendre réellement le détenir, récusait la lecture quasi mythologique que voulait en faire Jung. Il n'en reste pas moins que les caractéristiques empruntées par le phallus au pénis permettent d'éclairer son inscription dans l'inconscient. « Le phallus est ce en quoi s'indique l'insuffisance du pénis, bien qu'il soit image de cet organe même », précise Moustapha Safouan[23]. C'est à la fois cette différence et cette insuffisance qui permettent de comprendre sa distribution dans la psyché des deux sexes.

Comment comprendre cela ?

Le pénis, qu'on le veuille ou non, qu'on l'admette ou non, est cet organe, masculin bien sûr, qui a pour particularité d'être parfaitement visible – les Romains le nommaient également *fascinus*, d'où dérive le mot « fasciner »

23. Moustapha Safouan, *La Sexualité féminine*, Paris, Seuil, 1976, p. 29.

et ses dérivés – et de pouvoir se gonfler de sang et s'ériger, contraignant parfois son possesseur à la violence pour satisfaire le désir dont il est porteur. Ses caractéristiques auront pu s'inscrire dans la psyché, au fil de l'évolution de l'espèce, comme la représentation de la violente poussée, pour ne pas dire de la pulsion, de vie qui s'empare d'un individu et qui se place d'abord à son bénéfice exclusif.

Il est vrai que ce type d'irruption impérative de vie localisée dans les organes sexuels n'est pas une exclusivité mâle. Je me souviens d'une jeune femme me parlant de son inhibition et me disant à propos de ce qu'elle ressentait en présence de cet homme qui lui faisait une cour empressée à laquelle elle craignait de céder en raison du risque de sida : « Je savais que nous venions de passer devant un porche d'hôtel à l'énorme chaleur que je ressentais monter brutalement entre mes cuisses. Il aurait suffi qu'il y porte ou que j'y porte la main pour sombrer aussitôt dans l'orgasme. » Les organes sexuels féminins comportent bien évidemment, eux aussi, des tissus érectiles (clitoris, tissu spongieux périvaginal) susceptibles de faire ressentir aux femmes, comme l'explique cette patiente, des poussées de désir strictement identiques à celles des hommes. Mais ces tissus ne sont pas visibles, et leur existence, longtemps ignorée, n'a été démontrée très tardivement que… par les dissections anatomiques ! Quand on prend la mesure de l'importance de la vue, telle que je l'ai esquissée plus haut, on comprend que l'inscription intrapsychique de ces poussées n'ait pas été représentée, même chez les femmes, par un équivalent du clitoris. Des cultes dits « phalliques » ont par ailleurs existé de tout temps et dans quantité de contrées, mobilisant aussi bien les hommes que les femmes. Au printemps, la saison du renouveau et des cultes de la fertilité, dans le Japon d'aujourd'hui[24], on promène en d'immenses processions, d'énormes pénis –

24. Théo Lesoualc'h, *Érotique du Japon*, Paris, J.-J. Pauvert, 1968, p. 14 et 15.

encore un effet de la proximité sémantique. Ce même Japon n'ignore pas pour autant le sexe féminin, qu'il accouple sur un mode très réaliste à un pénis en de savantes sculptures, les « nyngio » au pouvoir réputé bénéfique. Il est incontestable que cette prévalence donnée à la représentation de l'organe sexuel le plus visible crée une hiérarchie qui en fait l'organe fertilisant par excellence. Cela n'a bien sûr pas manqué de favoriser les dérives machistes au sein des sociétés, et à bien des égards on ne peut que se féliciter que les femmes aient entrepris de secouer un tel joug. Mais, même s'il paraît légitime dans le quotidien de nos paysages de « dissoudre la hiérarchie », selon la belle expression de Françoise Héritier[25], on se doit de reconnaître qu'on ne peut pas intervenir sur les instances de l'inconscient. Soutenir, de toutes les façons possibles, que la seule présence du phallus dans la psyché est une lecture machiste du contenu de cette psyché qui doit bien comporter la représentation d'une vulve reviendrait à s'étonner de ne pas voir sur un écran cinématographique la représentation de l'appareil de projection. L'économie psychique prend implicitement en compte que la vulve, ce lieu d'où chacun, quel que soit son sexe, a été propulsé dans la vie ; ce lieu auquel les hommes ne rêvent que de pouvoir faire retour et qui intimide sans doute les femmes qui en sont porteuses au point qu'elles mettent du temps, quand elles y parviennent, à en investir sciemment les potentiels.

Compte tenu donc de la contiguïté au moins sémantique de l'instance psychique et de l'organe réel, on dit habituellement que le sujet masculin « L'a » et que le sujet féminin « L'est ». L'homme serait censé « L'avoir » au motif qu'il a dans son pénis la source de sa représentation ; la femme serait censée « L'être » au motif que, désirée et pénétrée, elle Le serait, majuscule, se confondant avec un prolongement du pénis.

25. Françoise Héritier, *Masculin/Féminin II*, *op. cit.*

Pourtant, je le répète sciemment, malgré cette contiguïté avec le pénis, le phallus n'est cependant pas, quoi qu'ils veuillent croire, l'apanage des hommes. Les femmes, censées ne jamais pouvoir L'avoir mais pouvoir L'être pour les hommes qui les désirent, peuvent en réalité, elles aussi, Le détenir. Ne dit-on pas de certaines d'entre elles qu'elles sont de « fortes femmes » ou bien qu'elles « portent la culotte » ? Elles le détiennent par ailleurs fréquemment dans leur enfant. On peut avoir quelque raison de récuser à ce propos la lecture qui consiste à faire de l'enfant pour une femme l'équivalent du pénis qu'elle aurait désiré avoir. Mais on ne peut pas récuser le fait que la maternité, conférant à une femme une incontestable cohérence de sa logique comportementale, puisse la conduire à se vivre, grâce à son enfant, plus achevée, plus accomplie. De là à ce qu'elle puisse se prévaloir d'une certaine puissance, il n'y a qu'un pas, aisément franchissable au demeurant. Et ce, que cet enfant soit un garçon ou une fille – ce qui permet de disjoindre encore plus le phallus du pénis. Détiendrait de fait le phallus tout individu, quel que soit son sexe, qui serait suffisamment jaloux de son pouvoir[26] – bien entendu imaginaire, mais non perçu comme tel ! – sur les autres sans distinction, pour veiller à toujours l'entretenir, l'accroître et ne jamais en abandonner la moindre parcelle. D'où viendrait une telle disposition, sinon une telle prétention ? Il n'est pas simple d'y répondre en quelques mots. Je dirai seulement pour l'instant que cette disposition ou cette prétention est en général en étroite relation avec le statut que, homme ou femme, on a soi-même occupé dans l'économie psychique de sa mère.

---

26. Un pouvoir qui, tout imaginaire qu'il soit, aide singulièrement celui qui l'exerce à s'accrocher à la vie. Il suffit pour s'en convaincre de penser à la survie exceptionnelle de quatorze années qu'un tel pouvoir a donné à François Mitterrand atteint d'un cancer de la prostate dès son élection à la présidence de la République.

On conçoit, pour en finir du moins provisoirement avec ce concept du phallus, qu'il puisse ne pas aller dans le sens de la morale habituelle ou du lien social. Il leur ferait même plutôt obstacle. À relire, sous cet éclairage, la définition que Lacan donne de l'amour, on comprend qu'il le situe du côté de la destitution de tout pouvoir sur l'autre comme de la tentative de « donner » à cet autre un brin de pouvoir sur soi.

On comprend donc, pour revenir à la trame du film, qu'en dépit des critères objectifs habituels comme des apparences Marianne, toute comblée qu'elle se reconnaisse l'être par Markus, puisse ne plus vivre leur relation habitée par l'amour, alors qu'elle vit – elle le déclarera d'ailleurs à plusieurs reprises tout au long du film – ce qu'elle engage avec David précisément sous ce signe. David, « cet être imprévisible et bordélique dans sa vie privée » et qu'elle perçoit dans un total désarroi, va lui donner Ce qu'il n'a pas à elle, petite comédienne qui, malgré l'intensité de ses orgasmes, se vit comme l'objet sexuel de son époux et LE serait tout à fait pour cet époux. De même escompte-t-elle lui donner Ce qu'elle n'a pas, à lui David, qui, à rebours du brillantissime Markus, ne Le serait pas.

Pour l'illustrer encore différemment, on peut appliquer cette grille de lecture par exemple au cas du début de ce chapitre. Il est alors facile de constater que la jeune femme s'était correctement mise en disposition, dans la relation à son mari, de Lui donner Ce qu'elle n'avait pas. Et que, s'il est allé Le chercher ailleurs, c'est parce qu'il a eu, à un moment de leur parcours, le sentiment de ne pas pouvoir En disposer parce qu'il En était régulièrement dépossédé par le comportement récurrent de son père.

On pourrait dire toutes ces choses d'une façon encore différente et peut-être plus conforme aux manières courantes d'expression. Pour paradoxal que cela puisse paraître, ce n'est pas parce qu'elle aurait à se plaindre de lui ou à lui adresser un reproche quelconque que Marianne va tromper Markus. Elle va le tromper parce qu'elle en est, comme je n'ai pas cessé de le signaler, littéralement comblée. Cet homme, qui semble ne manquer de rien et qui fait en sorte qu'elle ne manque elle-même de rien, tout méritant qu'il soit, fige la dynamique de leurs échanges. Il ne peut plus rien lui apporter. Elle croit ne plus rien pouvoir lui apporter. Il n'y a pas trace de manque dans une relation dont, tout habitée qu'elle soit par un échange sexuel satisfaisant, ils n'auraient plus rien à attendre. Or, s'il n'y a pas de manque, il n'y a plus de désir. Car le manque est le moteur du désir. Tout cela est à souligner sur le mode le plus grave et le plus sérieux. Car qu'en est-il dans la vision habituelle que nous avons en nous du destin du couple ? Que chacun s'efforce d'apporter à l'autre, jusqu'à le satisfaire et même le sur-satisfaire, ce qui lui manque, étant implicitement entendu que le bonheur sera alors atteint ! Voilà bien cependant un projet trompeur, terriblement erroné et qui ne devrait jamais, pour la survie du couple, être mené à bien ! Il est vrai que de s'en défier et de se tenir à son écart expose à devoir affronter les reproches suscités par le dépit du partenaire en « état de manque ». Mais il vaut mieux encore courir ce risque et en vivre les désagréments que de combler ce partenaire et de tuer du même coup son désir.

La démonstration de cette option est pratiquement fournie par la relation que vont instaurer Marianne et David.

Si leur séjour à Paris est traité selon les scénarios classiques de l'escapade adultérine, y compris les mensonges au téléphone débités par Marianne à son mari, il révélera le comportement de David comme se situant à l'opposé de l'élégance innée de Markus. L'amant va en effet se révéler être d'une tyrannie et d'une jalousie féroces, doublées d'une brutalité inattendue et incontrôlée. Marianne lui offre une boîte à musique qui joue le second thème de Papageno dans *La Flûte enchantée* et dont les paroles – il ne faut pas oublier que David a mis en scène des opéras – disent : « Une petite jeune fille, c'est ce que souhaite Papageno pour lui ; une douce colombine serait pour moi le bonheur. » Manière de lui signaler que, s'offrant ainsi à lui, elle veut son bonheur. Mais lui semble sourd à ce message. Ce qu'il lui demande en revanche avec insistance, c'est de raconter ses relations sexuelles précédentes et de lui donner des détails précis sur sa relation sexuelle avec les hommes qu'elle a connus et en particulier avec Markus. David se comporte de fait avec Marianne non pas comme un amant, mais comme un enfant-tyran qui se sentirait en droit de tout exiger d'une mère qu'il ne conçoit pas autrement que comme devant être à sa toute disposition, allant jusqu'à s'estimer le droit de lui demander comment son père lui fait l'amour. « Tu veux tout, et même plus ! » lui assène-t-elle quand elle sent le piège de sa propension maternante se refermer sur elle, et que se pose à eux la question du devenir de leur relation une fois de retour. Son recul lui vaut d'être battue par David dans la chambre d'hôtel même qui a abrité leur amour.

Pour comprendre la nature du rapport qu'il pourrait y avoir entre l'amour que porte Marianne à David et la propension maternante qu'elle a à son endroit, il est nécessaire de s'appuyer sur ce que la psychanalyse dit de l'origine de l'amour, à savoir « qu'il n'y a d'amour qu'amour de transfert ». Le psychanalyste, support du transfert qu'opère sur lui son patient, s'évertue à reconnaître les personnages successifs auxquels ce dernier s'adresse par son intermédiaire : il est en effet tour à tour la mère, le père, la sœur, l'oncle, le frère, l'amie, etc. Il sait aussi qu'à l'intérieur des scénarios qui se jouent avec ces différents personnages il ne s'agit toujours que de la mise en œuvre du seul et authentique amour que chaque être conçoit dans son tout petit âge… pour sa mère et pour elle seule. La réalité de l'objet de mon amour m'échappera toujours – que puis-je, en effet, être assuré de savoir de lui ? –, mais cela ne m'empêche pas pour autant de transférer sur lui l'amour premier que j'ai éprouvé pour ma mère. Il est d'ailleurs là pour ça, et je ne l'ai choisi que pour ça. C'est cet amour que Marianne vit avec David. Et ce d'autant qu'il la domine et même la maltraite, comme avait dû la dominer et peut-être même la maltraiter jadis Mamy. Or rien de cela n'existe, ni n'a dû exister, avec Markus qui la traite avec un grand respect – le même sans doute qu'il a eu pour sa mère en retour de celui qu'elle a dû avoir pour lui.

À la proposition de David de tout révéler, à leur retour, elle préfère la fin de leur aventure. Ce n'est pas qu'elle ne puisse pas faire ça à Markus, dont elle semble avoir réglé le sort. Elle ne peut pas faire ça… à Isabelle !

On effleure là aussi ce grand classique de l'histoire de tant et tant de couples au sein desquels peut d'ailleurs s'inscrire ou non un épisode adultérin : on reste ensemble pour les enfants en s'accommodant comme on le peut des tensions et des impasses. Un choix qui n'a pas fini d'être débattu et qui ne peut pas l'être tant que l'énoncé du problème sera posé, comme il l'est, c'est-à-dire en termes erronés.

On a en effet toujours trop vite pris en compte la souffrance avancée par les individus ayant vécu dans une atmosphère de ce type. Et on en a hâtivement conclu, sur ce seul critère, qu'il valait mieux pour un enfant des parents séparés mais détendus que des parents vivant ensemble tout en ne s'entendant pas. Raisonner de cette façon, c'est rester, dans l'analyse de la situation, à un niveau superficiel navrant. *Car quel est, tout d'abord, l'enfant capable de dire avoir eu une enfance qui a uniformément baigné dans le bonheur ? Quel est l'enfant pouvant dire avoir tiré bénéfice de l'entente ou de la fusion amoureuse de ses parents ?* Les rares fois où le récit d'une atmosphère idyllique entre les parents m'a été rapporté, c'était par des sujets venant se plaindre de n'avoir aucune confiance en eux, de ne pas savoir qui ils étaient ou ce qu'ils étaient, en raison du fait qu'ils ont eu l'impression de ne pas avoir compté pour leurs parents, seulement préoccupés l'un de l'autre. Il faudrait donc sérieusement relativiser la souffrance supposée des enfants dans ces cas de figure. Il faudrait la comprendre comme déclinée dans la physiologie de la phase œdipienne : je ne peux, enfant, que souffrir du peu de cas que fait ma mère (ou mon père) de l'amour que je lui porte et dont elle (ou il) est incapable de mesurer l'intensité ; et je ne fais que souffrir, selon mon tempérament, un peu plus, plus ou beaucoup plus, en devant constater que mon amour ne peut pas même éventuellement la (ou le) consoler de la mésentente avec mon père (ou ma mère) ; mes parents se sont certainement séparés à cause de moi ; je suis coupable de leur séparation parce que je n'ai pas réussi à leur apporter mon amour en compensation de celui qui leur a fait défaut ; et puis mon père (ou ma mère) a dû sentir que je lui préférais ma mère (ou mon père) et il en a été jaloux.

Il faut ensuite en finir avec les contes de fées et ce qu'ont semé en nous les *happy ends*, avec soleil couchant, ciel flamboyant et violons qui susurrent, des films hollywoodiens ! *Une vie à deux est une aventure difficile à vivre, à chaque instant et pour des raisons inhérentes à la physiologie et à la fonction du couple, pour chacun des deux partenaires. Elle ne peut jamais être supportée si elle ne s'inscrit pas dans une perspective temporelle à long terme.* « Ce que je pardonne le moins à ma femme, me confiait un ami dont l'épouse avait pris l'initiative d'un divorce après plus de vingt ans de vie commune, c'est d'avoir fait en sorte que nous ne puissions pas accueillir ensemble nos petits-enfants. »

Marianne regagne ses pénates et retrouve son décor habituel y compris la discrète, quoique omniprésente, inconditionnelle et redoutablement efficace, Mamy. David lui propose qu'ils se revoient. Elle y serait prête si n'intervenaient pas des problèmes d'emploi du temps. Il finit par lui adresser un ultimatum auquel elle répond rageusement en lui signifiant une rupture définitive. Ce qu'on peut comprendre, dans la mesure où une telle démarche, conférant implicitement à David la prétention de détenir le phallus, romprait les conditions mêmes qui ont présidé à la naissance de leur amour.

Pour ce qu'il en est de la seule thématique de l'adultère, les choses auraient pu en rester là et le film s'arrêter sur cette rupture. L'histoire, pour originale qu'elle soit, aussi bien dans son contenu que dans sa construction, aurait alors été réduite à une histoire d'adultère de plus, sans rien d'exceptionnel.

Mais Bergman, le scénariste qui a aussi choisi l'exergue du film, décide d'en poursuivre le développement, manière de rappeler que la sexualité humaine n'est pas une sexualité animale préprogrammée et mécanique, mais inscrite comme langage dans le langage des êtres et laissant dans la psyché une trace plus ou moins insistante mais toujours indélébile.

Le récit n'insiste pas sur la manière dont se sont réorganisées les relations, jadis étroites, du trio Marianne, Markus, David. Il les éliderait même, et c'est peut-être sa faiblesse, la seule au demeurant. On apprend seulement qu'après plusieurs mois Marianne a eu vent des sérieuses difficultés professionnelles de David au sein du théâtre où ils travaillent tous deux. La mécanique qui avait initié l'aventure se retrouve au rendez-vous : David est, à nouveau, dans le besoin, « dé-phallicisé », une fois de plus. Elle va pouvoir courir à son secours. Leur relation reprend. Ce qui lui fait dire : « C'était comme un drame, où ce qu'on redoute le plus se répète à l'infini. » Et elle se trouve prise à nouveau dans le piège de la maternisation où l'accule David : « Il se livre sans relâche, parfois sa puérilité m'exaspère ! »

C'est dans cette atmosphère que l'adultère ordinaire jusque-là va ouvrir la voie à la tragédie.

Alors qu'elle sommeille auprès de David, chez lui, après qu'ils ont fait l'amour, Marianne est réveillée par un bruit : un papier a été glissé sous la porte ; c'est une feuille de papier à musique sur laquelle Markus a écrit : « Ouvrez, je reste sur le palier dix minutes, après quoi j'entre, j'ai la clef. » Et là, alors qu'elle aurait pu profiter du délai dont elle disposait pour réveiller David et faire en sorte qu'ils soient l'un et l'autre au moins habillés pour accueillir Markus, elle ouvre aussitôt, mettant Markus en présence de la réalité la plus crue de l'adultère, avec un David réveillé en sursaut et qui passera son temps, le ponctuant de salves de rire gêné, à tâcher de masquer sa nudité. Aura-t-elle voulu mettre fin à la duplicité de sa conduite ou entamer rageusement ce qu'elle a un jour perçu comme la position de maîtrise de Markus ? Rien ne le dit, sauf l'attitude du même Markus, gardant jusqu'au bout son sang-froid et sa dignité, allant jusqu'à lui proposer, après avoir expliqué qu'il était au courant de tout depuis le début, de profiter de sa voiture pour entrer à la maison.

La suite rapporte les éléments habituels qui entrent en jeu dans la perspective de tout divorce. Elle est prête à aller vivre avec David en confiant Isabelle à Mamy – ravie pour sa part de la perspective ! – pour ne pas lui faire changer d'école et en attendant que David, tout criblé de dettes qu'il soit, trouve un appartement plus grand. Mais Isabelle préfère vivre avec David et elle – surtout avec elle ! –, même dans ces conditions précaires. Markus, quant à lui, réclame la garde exclusive de leur fille et annule, dans ce dessein, tous ses contrats à l'étranger. L'instruction du procès suit son cours, avec les changements d'avocats et la terrible enquête sociale qui souligne le fossé existant entre les deux foyers qui réclament la garde de l'enfant commun et au cours de laquelle David se comporte une fois de plus comme un enfant.

Au fil des semaines qui passent, Marianne se découvre, dans le bonheur, enceinte de l'enfant qu'elle a voulu faire à David. La perspective les rend l'un et l'autre heureux. Mais leur bonheur tranquille est interrompu par un coup de fil – le premier depuis de longs mois – de Markus à

Marianne : il lui propose qu'ils se voient parce qu'il aurait trouvé une solution – qu'il ne veut cependant pas dire au téléphone – susceptible de mettre fin au conflit qui les oppose. Il veut pour cela la voir seule, sans avocats et sans David. Ils prennent rendez-vous pour le lendemain soir. La scène qui suit est d'une violence inouïe, David interdisant à Marianne de voir, seule, Markus dont il se méfie. « Il cherche à nous humilier, il nous humilie », lui hurle-t-il. À quoi elle répond sur le même ton qu'elle le connaît, qu'elle a vécu onze ans avec lui, ajoutant : « Et nous, ne l'avons-nous pas humilié ? » On pourrait remplacer dans cet échange le mot « humilié » par « dé-phallicisé », on comprendrait mieux le ton des propos. La charge de haine est terrible. La jalousie du semi-raté David contre le brillant Markus comme la véhémence de Marianne contre la prétention de ce dernier à exercer son droit de père sur Isabelle y sont tout à fait perceptibles.

Markus vient prendre Marianne chez elle. David avait décidé, quant à lui, pour protester contre la décision de Marianne – encore un comportement d'enfant –, qu'il ne rentrerait pas cette nuit-là. Mais elle le retrouve à son retour et pense pouvoir définitivement le rasséréner en lui annonçant que Markus a accepté de lui laisser la garde d'Isabelle. Lui, qui n'a pas quitté son attitude de méfiance, ne croit pas un mot des raisons qu'elle donne à ce brusque revirement et il lui demande... d'enlever sa culotte pour voir si elle est tachée de sperme ! Accablée par cette perspective et connaissant son bonhomme, elle prend le parti de la franchise et entreprend aussitôt de lui raconter par le détail le déroulement de la rencontre. Markus lui a en effet immédiatement proposé de lui abandonner la garde d'Isabelle « si j'acceptais qu'il me baise ». Après quoi, elle va faire le récit très précis de la manière dont s'est déroulée la relation sexuelle, en décrire les détails, allant jusqu'à mentionner le fait que Markus l'a sodomisée en exigeant qu'elle jouisse, ce à quoi elle a consenti « pour en finir au plus vite ». David, qui a subodoré dès le début la perspective de cet adultère en retour, n'a pas interrompu sa confession – à se demander s'il prenait quelque plaisir à la narration de cette sodomisation ou s'il en avait perçu la finalité : Markus aurait tenté de soumettre totalement Marianne en faisant taire chez elle, par la pénétration anale, le potentiel agressif qu'il lui attribue et qui se trouve condensé, comme chez chacun, dans cet orifice. David l'accuse d'avoir souillé leur enfant. « Ne dis pas ça, lui rétorque-t-elle, ça peut porter malheur à l'enfant. » Réflexion stupéfiante que cette forme de superstition chez une femme qui se croit mue par la seule perception de ses sentiments et de ce qu'elle croit être son libre-arbitre. Comme si l'attention à donner aux enfants devait tout prendre en compte, y compris les éléments irrationnels. En contrepoint de ces croyances implicites, les séquences de disputes entre adultes sont ponctuées d'images quasi insupportables montrant l'intensité de la souffrance de la petite Isabelle, comme pour dénoncer l'aveuglement dans lequel se tiennent des adultes aliénés à la satisfaction de leur registre pulsionnel.

Comme si elle avait fait le bilan de ses erreurs, Marianne, profitant d'un voyage de David, avorte, sans le consulter, de leur enfant – ce à quoi il ne trouvera rien à redire quand il l'apprendra à son retour.

Le couple s'installe dans son quotidien. Le procès de divorce a lieu. Bien que Markus soit revenu sur l'engagement qu'il avait pris avec Marianne et que l'enquête sociale ait produit un résultat défavorable au nouveau couple, le juge confie néanmoins la garde d'Isabelle à Marianne.

On croit venue la fin de l'histoire. C'est faire encore peu de cas du talent d'entomologiste que Bergman met en œuvre dans son exploration de l'âme humaine. Le récit va donc se poursuivre et permet d'apprendre que Markus ne s'est pas manifesté des mois durant auprès d'Isabelle. Marianne l'ayant appelé pour lui en faire reproche, il vient chercher sa fille un soir puis la ramène à la maison.

Le lendemain, alors qu'elle est au théâtre, Marianne est avertie du suicide de Markus. Elle va voir le corps à l'hôpital et ressort de la chambre comme devenue totalement étrangère à l'histoire qui a eu lieu : « Je l'ai quitté. Je ne ressentais plus rien. Puis je suis allée voir Isabelle à qui j'ai dit que Markus était mort. » Bien étrange réaction que celle de cette Marianne qui, d'un coup d'un seul, fait comme si elle n'avait pas vécu avec cet homme dont elle vient de voir le cadavre onze années de vie, certainement augurées par un authentique amour et pendant lesquelles elle reconnaissait elle-même avoir été comblée. David aura-t-il achevé de gagner, pour elle, face à la dépouille de son mari, le rang un ?

C'est en ce point que se manifeste, mise au service de la narration, toute l'habileté de la construction du récit. Le recours au cadre du vieil homme coryphée qui va, vient, ouvre un tiroir, change de siège, regarde par la fenêtre, manipule un cahier, ouvre un autre tiroir, regarde une photo d'Isabelle, met une couverture sur les jambes de Marianne, joue à faire chanter l'air de Papageno à la boîte à musique, sème le trouble tout en conférant à la construction une plasticité qui n'étonne pas même si elle est inattendue. Si bien qu'on n'est pas surpris de retrouver David à la place de Marianne. Il est sérieux, grave, triste. « J'ai honte, dit-il, j'aimerais être condamné à une peine qui effacerait toute culpabilité. » Comme s'il fallait impérativement ce propos pour mettre en relief le précédent de Marianne (« Je l'ai quitté. Je ne ressentais plus rien ») et en faire attendre l'explication. Alors que Marianne, initiatrice de l'adultère, n'exprime aucune culpabilité, David dit clairement se sentir coupable de la mort de son vieil ami Markus qu'il a trahi en lui dérobant sa femme et sa fille – manière de reconnaître qu'il avait cru pouvoir se phalliciser sans déphalliciser aussi radicalement son ami.

Marianne n'est donc pas du tout dans ce type de disposition. Comment peut s'expliquer l'attitude du monstre qu'elle n'est cependant pas ?

Elle entreprend d'exploiter une information recueillie à l'hôpital. Elle obtient l'adresse de la femme qui a signalé le suicide de Markus et qui a accompagné le corps dans l'ambulance. Elle la rencontre. Cette femme, fort belle, est apparemment bien plus âgée qu'elle. Elle lui raconte que Markus avait projeté son suicide en même temps que celui d'Isabelle, le soir où il a reçu cette dernière chez lui, mais que, n'ayant pas réussi à la convaincre du bien-fondé de son initiative, il lui a demandé de réfléchir et de l'appeler le lendemain à 10 heures. Curieuse proposition que celle que fait ce père aimant à sa fille. Proposition impossible à comprendre autrement que suscitée, chez cet homme totalement détruit, par ce qu'il a dit être la « trahison » de sa femme et de son ami et décidé à mettre fin à ses jours, par le désir d'atteindre d'abord Marianne au plus profond d'elle-même. N'ayant pas reçu le coup de fil qu'il attendait d'Isabelle, il l'a appelée puis il s'est suicidé, seul, quand elle lui a déclaré qu'elle ne viendrait pas parce qu'elle avait peur. Elle-même ne l'a découvert que par hasard en étant revenue chercher des gants qu'elle avait oubliés dans l'appartement. Oui, elle avait les clefs de cet appartement. Oui, elle connaissait Isabelle. Oui, elle était la maîtresse de Markus, et ce depuis vingt ans, avant même qu'il n'ait rencontré Marianne.

Qu'est-ce qui de l'ordre de l'intuition, on ne peut plus féminine en l'occurrence, avait donc fait subodorer tout cela à Marianne ? Cela reviendrait-il à dire que c'est cette maîtresse ancienne, et non pas Marianne, qui avait conféré à Markus le phallus, au point que Marianne ne pouvait en aucune manière Le donner ? Certainement pas, malgré les apparences. Si Markus a reçu le phallus vingt ans auparavant de cette maîtresse, il a bien fallu qu'elle ne lui suffise plus pour qu'il ait investi Marianne au point de veiller à la combler à tous les niveaux et d'être sûr de se l'attacher de cette manière, allant jusqu'à accepter de prendre le risque de la laisser accomplir son escapade parisienne. C'est en ce point que se produit la faille.

Car Markus, qui veille à être avec elle jusque dans la compréhension et le respect sourcilleux de sa dignité, se présente alors à elle comme celui qui L'a et qui ne lui laisserait aucun moyen de Le lui donner.

C'est alors l'abîme des malentendus qui se laisse entrevoir et que se comprend un détail en apparence tout à fait anodin donné au tout début du film. Il est en effet signalé très tôt par Marianne que Markus est juif. Pourquoi cette précision dans un scénario ? Elle doit bien avoir un intérêt pour avoir été donnée. Or elle n'est plus jamais reprise, sauf à une occasion tout aussi discrète : l'avocat, qui joue le premier conciliateur entre Marianne et Markus et qui fait apparemment partie de leur cercle d'amis, a un nom juif. Le juif Markus n'aura-t-il pas été desservi par cette caractéristique fréquemment retrouvée chez les juifs – et chez nombre de minorités, les homosexuels par exemple – qui se croient condamnés à l'excellence pour pouvoir simplement être admis dans les sociétés au sein desquelles ils vivent[27] ? Markus excelle dans tous les registres qu'il aborde : chef d'orchestre, directeur de groupe, ami, père, mari, amant. Bien qu'aucune scène ne le montre exerçant ou abusant d'un quelconque pouvoir, il est vécu comme s'il les détenait tous. Donnant sans compter à ses proches, il n'aura eu pour tout défaut que celui, à une exception près (« Ce serait une trahison ») : ne jamais laisser entendre qu'il attendait ou demandait quelque chose en retour. Voilà qui l'aurait fait percevoir par David comme par Marianne comme L'ayant déjà et, de ce fait, à ne pas ménager. On se trouve face à une déclinaison originale d'un universel. Le détenteur du phallus dans la psyché, c'est ce père dont on sait, qu'on soit garçon ou fille, qu'on doit un jour le « tuer ». Markus, époux et ami, en raison même de l'excellence dans laquelle il se contraint d'évoluer, est vécu par Marianne

27. On sait ce que cela leur a coûté dans l'Allemagne à laquelle ils vouaient une véritable passion et pour laquelle ils ont tant fait.

comme par David comme le père à abattre. Ce qui explique la nécessité dans laquelle le scénariste a dû se trouver de conférer une certaine importance à ce personnage secondaire qu'est Mamy comme d'insister sur le côté « sale gosse » de David.

On peut néanmoins se demander, pour aller jusqu'à la fin du film, quelle trace de femme, repérable par une femme sur un homme, peut produire le savoir qui pousse Marianne à aller rechercher cette vieille maîtresse de Markus, qu'elle avait d'ailleurs rencontrée une première fois au cours de la répétition du quatuor de Brahms ?

Si on considère que, « dans l'acte sexuel, où règne l'appel à faire Un, la référence de la relation à la mère est présente, fût-elle inconsciente[28] », l'obstination de Marianne à retrouver la vieille maîtresse de Markus prend un sens nouveau. Markus, chef d'orchestre rompu aux complexités des partitions, semble avoir réussi à évacuer, avec cette maîtresse, la référence à sa propre mère dans sa relation à Marianne, la laissant seule avec la sienne propre au point qu'elle tentera de l'explorer dans sa relation à David. À rebours de la relation placée sous le signe du phallus qu'elle avait avec son mari, elle se jette avec son amant dans une relation quasi incestueuse. Ce qui explique qu'en contrepoint de ce qu'elle dit quand il est question de la qualité de sa relation sexuelle à Markus elle ne dit pas un mot de ce qui se passe sur ce plan avec David. Quelle forme de bilan est-elle amenée à tirer de son expérience ? *Que les hommes aussi sont enfermés dans la référence à la relation à leurs mères et que c'est probablement ce parasitage qui les entraîne à passer, chacun à sa manière, d'une femme à l'autre !* Mais elle occulte alors ce qu'il en est du bilan de sa propre aventure et qui peut se comprendre, dans sa relation sexuelle avec Markus, en se référant au fait que « l'image de la perte de conscience

28. Gisèle Chaboudez, *Rapport sexuel et rapport des sexes*, Paris, Denoël, 2004.

pour décrire le plaisir veut rendre compte du mouvement de plongée, de l'oubli de soi, qui obéit à la nécessité de se ressourcer aux racines de son histoire, renvoyant la femme à un moment idéal où l'amour de la mère est sans faille. Mais au risque de s'y perdre », comme l'écrit Annick Houel[29] qui, poursuivant son propos en citant Jacqueline Schaeffer[30] (« L'amant de jouissance affronte et sépare de la mère archaïque »), ajoute : « Dans un effort de différenciation des fonctions complémentaires du mari et de l'amant dans l'adultère, l'amant adultère serait celui qui prendrait cette place d'amant de jouissance là où le mari a échoué. »

Marianne va vérifier la validité de cette partie du savoir qu'elle a acquis lorsqu'elle aura la confirmation d'avoir été trompée par David avec lequel elle rompt définitivement dans une scène où l'un et l'autre se comportent d'une façon grotesque.

Mais cet aspect de la question est laissé en suspens. Et le vieil homme, comme pour en souligner la complexité, met en marche la boîte à musique : « Un homme se contente de peu, semble-t-il constater, juste d'une jeune femme. »

Est-ce si simple ? Est-ce si vrai ?

Et que sème chacun en se laissant conduire par ses pulsions, dont l'expression sexuelle est la plus courante des servantes, parce que la plus obscure, la plus attractive et la plus facile à mettre en œuvre ?

---

29. Annick Houel, *L'Adultère féminin et son roman*, Paris, Armand Colin, 1999, p. 147.

30. Jacqueline Schaeffer, *Le Refus du féminin*, Paris, PUF, 1981, p. 142.

OBJECTIF SEXE ?

Est-il nécessaire d'y revenir et de le répéter : Marianne n'avait-elle pas, en Markus, le mari rêvé ? Le mari des contes de fées : artiste célèbre et riche, beau, intelligent, sensible, brillant, bon père, bon gendre, bon ami, prévenant, attentif, délicat, aimant, excellent amant – et peu importe l'ordre des qualités recensées dès lors qu'il les avait toutes ! Mais que lui a-t-il donc pris pour qu'elle aille un jour lui préférer le David qu'elle dira elle-même « bordélique » et qui finira d'ailleurs par la plaquer pour une énième autre ? Quelles limites a-t-elle refusé de s'imposer en conscience pour éviter de produire le regrettable gâchis qu'a été pour elle, pour sa fille et surtout pour son malheureux époux la suite de son aventure ? Je sais, bien évidemment, qu'à interroger comme je le fais la pulsion qui l'a débordée, je serai traité de réactionnaire et de rétrograde. Je récidive en effet dans ma dénonciation de l'individualisme et des dégâts qu'il produit dans le lien social ! J'ai pourtant pris la peine d'insister sur le fait que le film que j'ai entrepris d'analyser, même s'il est passé inaperçu et qu'il n'a eu ni la faveur des critiques ni celle du public, est venu de cette Suède qui nous fascine parce que nous la vivons comme le pays promoteur de toutes les libertés, à commencer par la liberté sexuelle. Je ne manifesterai donc pas plus longtemps mon regret du privilège désormais accordé à la satisfaction des pulsions les plus brutes au détriment de l'invitation multimillénaire faite à chacun de tenter au moins de dresser sa raison contre ses pulsions. Je poserai la question autrement : quelle force travaillait donc Marianne au point de lui faire ainsi saborder une vie placée depuis onze années sous les meilleurs auspices ?

Ai-je par ailleurs répondu aux autres questions qui me sont venues en vrac en ayant procédé – non sans une certaine tristesse, je l'avoue – à l'analyse à laquelle je me suis livré ? Sans doute pas. Et c'est pourquoi je ne manquerai pas de revenir encore et encore sur le cas. Car l'éclairage que j'y ai apporté n'a visé qu'à tenter de comprendre, et seulement en partie, le ressort d'un adultère survenu dans un couple où régnait même une parfaite entente sexuelle. Ce qui n'est habituellement pas la règle, la mésentente sexuelle étant réputée se retrouver, en général ou le plus souvent, au premier plan dans les histoires qu'on recueille ou qu'on peut entendre ici ou là. Elle est d'ailleurs prise dans son sens le plus étroit, comme si le sexe était un *ready-made* parfait dans la marche duquel ne peut ni ne doit interférer le moindre facteur.

Les plateaux de la balance

Au bout de sept années de vie commune et de deux enfants, cette jeune femme s'est mise un jour à ne plus supporter les reproches incessants de son compagnon, éjaculateur précoce, qui, sur fond de ses expériences précédentes, la rendait responsable de l'échec de leur vie sexuelle. Fait étonnant en soi, car cet homme, qui obtenait pour sa part son plaisir, se sentait néanmoins frustré de l'absence de plaisir de sa compagne et lui en faisait reproche au lieu de se remettre, lui, en cause. Or la voilà, à l'occasion d'un voyage de nuit dans un train, qui cède sur un coup de tête aux avances du compagnon de compartiment qui l'a entreprise. Elle éprouve son premier orgasme. Quelque temps après, s'étant demandé si ce n'étaient pas, après tout, les conditions exotiques de ce rapport qui avaient contribué à sa satisfaction, elle a noué une nouvelle aventure, laquelle s'est avérée tout aussi concluante. Le faible investissement de cet amant l'a conduite à s'en séparer assez rapidement. Elle en a alors pris un autre, puis un autre encore, les multipliant ainsi au motif d'explorer, reconnaît-elle, la part d'intervention de l'interdit et de la transgression dans son vécu nouveau. Elle a fini par prendre conscience de ses indéniables capacités orgastiques et par les accepter. Cette découverte l'a rendue plus disponible à elle-même et à ses aspirations. Si bien que, lorsqu'elle a rencontré enfin un homme avec qui, pour toutes sortes de raisons, elle pouvait envisager de vivre, elle en a parlé ouvertement au père de ses enfants. Ce dernier, à son grand étonnement, ne lui a fait aucun reproche. Il a même été soulagé de son initiative. Il avait en effet lui-même rencontré, depuis quelque temps déjà, une femme avec qui il s'entendait très bien et avec laquelle il comptait désormais partager sa vie. Ils se sont séparés rapidement et en bons termes.

À quelques variantes près, ce scénario se rencontre assez souvent aujourd'hui. En général, il ne pose pas beaucoup de problèmes. L'entente sexuelle étant désormais sacralisée, l'environnement l'admet implicitement comme un critère majeur dont la distribution serait de l'ordre d'une loterie et intègre sans difficulté la situation qui en résulte. Les enfants, qui ont définitivement adopté les termes « amoureux » et « amoureuse » pour désigner les nouveaux partenaires de la configuration familiale initiale, vont facilement d'une maison à l'autre et d'un couple à l'autre, lesquels restent d'ailleurs en bons termes avec leurs amis communs.

Il n'en va évidemment pas toujours ainsi, en particulier lorsque la fracture du couple prend son origine dans une décision unilatérale que le, ou la, partenaire n'a pas toujours la faculté d'admettre ou de suivre. Les déchirements et la douleur sont alors au rendez-vous, avec la cascade des reproches, du ressentiment et de la haine. Et ce sont des histoires qui déboulent, confinant combien souvent au sordide. L'environnement, enfants compris, s'en trouve largement éclaboussé. Les familles respectives se fuient, et les amis s'égaillent. Le conflit se chronicise, faute qu'un consensus ait pu être trouvé pour donner sens à la manière dont s'est déroulée l'aventure commune. Le, ou la, frustré(e) sexuel(le) restera littéralement accroché(e) à cette cause première sans rien vouloir entendre d'autre, alors que son, ou sa, partenaire ne cessera pas de vouloir exciper, pour les fouiller, de quantité d'autres facteurs.

Il en irait en quelque sorte dans ce type de situations comme dans les pesées pratiquées jadis avec des balances à plateaux : dans le premier cas, les plateaux ont rapidement trouvé leur équilibre, ayant été patiemment et également chargés par l'un et l'autre des partenaires ; dans le second, le poids du reproche implicite, focalisé sur le côté sexuel de la relation et brutalement jeté sur le plateau, décourage l'accusé de tout effort à visée équilibrante et l'entraîne à secouer la balance elle-même, alors que son (ou sa) partenaire tente vainement de décharger son propre plateau pour faire recouvrer une forme d'équilibre.

Cette métaphore de l'équilibre est d'ailleurs plus parlante qu'il n'y paraît. Elle peut en effet s'appliquer aussi bien aux cas où existe une mésentente sexuelle qu'à ceux où cette mésentente n'existe pas. Elle permet de comprendre que l'équilibre requis par l'économie affective de chacun puisse parfois intervenir dans les scénarios dont les montages, qu'on croit ne pouvoir ressortir que de la fiction, tout en usant de sa voie, ne mettent pas la problématique sexuelle au premier plan.

Cette jeune femme, pourvue d'enfants et d'un mari qu'elle dit aimer et apprécier, n'a tout de même pas réussi à le séparer suffisamment à son goût d'une mère, veuve, dont il est le fils unique et qui, omniprésente, parasite la vie du couple, en particulier pendant les week-ends à la campagne. Plutôt que d'entrer dans un conflit qu'elle subodorait perdu d'avance, elle a eu recours à la solution qui lui a paru convenir. Elle s'est mise à inviter, régulièrement et à tour de rôle, des couples amis en week-end. Et elle s'est vite arrangée pour faire comprendre à l'invité ce qu'elle attendait de lui. « Vous n'imaginez pas, me dit-elle, le bonheur dans lequel je me sens, à me faire faire l'amour dans l'herbe haute ou derrière un buisson, à une centaine de mètres de mon mari et de sa mère faisant leur rituelle partie de scrabble avec la femme de mon amant de l'instant. C'est à ce prix que je préserve mon équilibre et que je peux vivre mon quotidien comme le souhaitent mon entourage et mon mari en particulier. Si vous saviez combien je peux être aimable avec ma belle-mère ! Chacun de nos amis croit, bien entendu, être le seul avec qui j'ai noué une aventure. Combien de fois ne m'ont-ils pas, les uns et les autres, proposé de nous revoir en semaine. Ils n'ont jamais compris que je refuse. Mais comment leur expliquer que c'est seulement, là, dans le jardin de cette immense maison que j'éprouve ce besoin. Ils n'y comprennent rien, mais moi non plus d'ailleurs, sauf que je me sens infiniment mieux. »

Cette autre-là ne comprenait pas, elle non plus, pourquoi, depuis des années, elle entretenait un adultère avec le même homme, rencontré par hasard et auquel elle rendait visite une fois par semaine pour... rien d'autre qu'une fellation. Elle ne s'était jamais « donnée » à lui. « C'est seulement à mon mari que je me donne », précise-t-elle, et cet homme n'a jamais plus exigé d'elle que cette caresse. Ce qui rapproche son cas de celui de cette autre qui se prévalait d'une fidélité méritoire au motif qu'elle n'octroyait, aux amants de rencontre qu'il lui arrivait de prendre, rien d'autre qu'une relation sodomique.

Du côté des hommes, les cas de figure ne sont pas moins instructifs alors même qu'on imagine l'adultère masculin plus banal, plus animal, en tout cas plus mécanique que l'adultère féminin.

Cet homme marié à une femme ravissante, aimante et d'une grande douceur ne cessait pas de collectionner des maîtresses qui, outre qu'elles étaient, de son propre aveu, bien moins belles et moins attractives que sa femme, étaient insupportables et ne cessaient pas de le harceler et de lui faire de véritables scènes de ménage dès que son regard se posait sur une autre femme qu'elles. Chacune d'elles finissait par lui faire atteindre un point de rupture qui lui permettait de s'en débarrasser pour se mettre aussitôt en quête d'une suivante du même acabit, jusqu'à ce que...

Cet autre, gérant d'entreprise, profitait des vacances d'été de sa famille pour accumuler les conquêtes passagères. Il procédait de façon très méthodique, changeant tous les jours de quartier et abordant dans la rue les femmes qui attiraient son regard. Il les entreprenait jusqu'à obtenir d'elles un rendez-vous. Précautionneux ou enseigné par une longue expérience, il donnait une série de rendez-vous en les espaçant d'une demi-heure et de cent cinquante mètres de distance. Il disait que, parant ainsi aux défections, il était assuré de satisfaire son besoin de deux femmes différentes toutes les nuits. « Ce sont mes vacances à moi, mes véritables vacances. J'adore ces rencontres et ces femmes. Je déclare à chacune d'elles qu'avec elle j'ai rencontré l'amour. Ça ne mange pas de pain et ça exalte l'atmosphère de la rencontre. Après quoi je ne les revois jamais plus, bien entendu. Mais je suis tranquille le reste de l'année. Je suis le type même du mari aimant et fidèle. Je ne suis même pas dans l'attente impatiente de cette période de l'année. Je sais qu'elle viendra. Je peux dire que j'ai acquis le rythme de croisière qui m'équilibre et équilibre ma famille. »

Celui-là, pourvu d'une famille et d'une épouse aussi ravissante qu'il était lui-même beau, a pris l'habitude de me rendre visite, seul, quand il allait mal, me parlant de tout et de rien. Il s'est mis un jour à m'adresser en consultation, pour leurs enfants, ses collaboratrices, en me demandant de ne pas les faire payer et de lui adresser directement ma note d'honoraires. Je le soupçonnais d'avoir choisi ces femmes autant pour leur attrait physique, toujours très grand, que pour le fait qu'elles étaient mères, bien que je n'aie jamais cru devoir lui attribuer une fibre parentale féroce. J'ai pensé naïvement que la chose était à mettre au compte de l'incompréhensible transfert qu'il entretenait à mon endroit. Pour compléter le tableau, j'ajouterai qu'il exerçait une profession artistique assez peu courante et qu'il se plaignait régulièrement de dettes toujours énormes. Un jour, j'ai cru devoir lui reconnaître un état de dèche plus grand qu'à l'ordinaire. Il m'a en effet appelé pour me demander de prendre en charge l'enfant d'une secrétaire qu'il venait de recruter en insistant sur le fait qu'elle était aussi démunie qu'il l'était à ce moment-là. J'ai reçu, pendant quelque temps, ladite dame : sans grâce, elle jurait dans la collection que je lui avais connue. Je me demandais comment le redoutable esthète qu'il était pouvait ne serait-ce que s'accommoder de la vue d'un pareil laideron. Quelques mois plus tard, il déboule un jour au beau milieu de ma consultation, conduit par son épouse. Il tient à peine debout. Il est gris, cadavérique, il porte une barbe de plusieurs jours. Aussitôt que nous sommes seuls, il me déclare être au bord du suicide et n'avoir absorbé depuis une semaine que deux litres de whisky et six paquets de cigarettes par jour. Il me raconte ce qui l'a conduit là. Il avait enfin décroché le contrat de sa vie qui devait lui permettre d'éponger toutes ses dettes en une fois. Au centre de ce contrat, qui l'avait conduit à l'étranger, il y avait un jeu d'échecs de collection extrêmement précieux et trois mois pleins de travail grassement rémunéré. Il a réussi à s'occuper comme il le devait de chacune des pièces jusqu'à la toute dernière : le roi. Il a tenté de résoudre de toutes sortes de manières l'énorme problème que lui posait ce roi, pour finir par décider de le retirer de l'échiquier. Or, au cours de sa manipulation, il l'a fait tomber et il l'a brisé. Il n'a pas osé affronter la colère de son commanditaire. Renonçant à ses émoluments, il a ramassé ses affaires, filé jusqu'à l'aéroport et pris le premier avion : « Le pire m'attendait à l'arrivée », me dit-il entre deux sanglots. Et moi d'imaginer les flics ou les sbires de l'ambassade étrangère venus le cueillir ! C'est alors qu'il poursuit, en pleurant de plus belle : « Elle est partie, elle m'a quitté. » Je le laisse pleurer tout son saoul attendant une suite qui ne vient pas. Si bien que je risque un timide : « Qui donc ? » La fameuse secrétaire ! Je mets, je l'avoue, un bon bout de temps à l'admettre. Et, comme je suis repris par mon questionnement resté en plan, je lui demande presque ingénument après un long silence : « Mais vous lui trouviez quoi, à cette femme, pour que son départ vous mette dans un tel état ? » Il me répond : « C'est la seule femme que j'ai rencontrée dans ma vie avec qui je pouvais tout me permettre et qui ne m'a jamais rien refusé. »

Julien, 15 ans, que je connais depuis sa naissance, a demandé à me voir seul. C'est un magnifique et brillant adolescent. Il me dit très vite vouloir partager avec moi un secret et en discuter. Il est certain que ses deux parents se trompent l'un l'autre. Étant allé chercher une gomme dans le bureau de son père, il a trouvé sur le bloc de correspondance ouvert ce qu'il a pensé être le début d'une lettre commençant par « ma chérie ». « Ça ne pouvait pas être une lettre de mon père à ma mère. D'abord, pourquoi lui écrirait-il ? Et pourquoi lui dirait-il "ma chérie" en lui écrivant alors qu'il ne s'adresse jamais à elle de cette manière ? » Après m'avoir donné l'indice qui a éveillé sa curiosité, il me fait part de la véritable enquête policière qu'il a entreprise pour conforter sa suspicion : surveillance du courrier, écoute des conversations téléphoniques, surtout quand l'un ou l'autre de ses parents cherchait à s'isoler, jusqu'à leurs pistages respectifs qui lui ont permis de les voir s'engouffrer dans un hôtel avec leurs partenaires. « Bien sûr, que j'en ai eu de la peine, beaucoup de peine. Jusqu'à ce que je me sois dit que c'était leur problème et pas le mien. Que c'était peut-être comme ça qu'ils pouvaient rester ensemble. Je n'ai pas encore eu le courage de raconter ça à mes sœurs. Est-ce que je dois le faire ? Mais, si je ne le fais pas, comment je vais garder ça pour moi et qu'est-ce que je vais en faire ? »

Celui-là était pétri de douleur. Non seulement sa femme l'avait quitté, mais elle lui réclamait, par avocat interposé, une somme considérable en le mettant en demeure de vider les lieux, l'appartement ayant été acheté par tous les deux, mais, pour d'obscures raisons fiscales, en son seul nom à elle. Il me raconte leur rencontre, leur amour, la naissance de leurs enfants, puis la manière dont il a perçu, au fil de leurs vingt ans de vie commune, le délitement de leur relation : « Elle n'acceptait plus de faire l'amour que la lumière éteinte, très vite, sans le moindre préalable ni le moindre mot, comme si elle s'acquittait d'une corvée. » Mais il est prêt à tout. Il est prêt à lui pardonner, à reprendre leur vie commune, à faire au besoin un travail ensemble – « Pourquoi pas avec vous ? » – sur leurs difficultés. « Je ne m'imagine pas avec une autre femme. C'est à elle et à aucune autre que je veux faire l'amour. Je rêve d'elle tous les soirs. Je ne parviens à m'endormir qu'en me disant qu'elle sera là, dans le lit, demain peut-être. Tout pourrait s'arranger. Je suis prêt à lui pardonner et à tout oublier. Je n'exigerai rien. Si, cependant ! Une chose, une chose seulement : qu'on s'embrasse à nouveau sur la bouche. Parce que c'est quelque chose dont elle m'a rapidement privé. Je ne sais pas pourquoi, et elle a toujours refusé de s'en expliquer. Je vais vous dire mieux : moi qui ne draguais jamais, quand il m'est arrivé de céder aux avances de certaines femmes, c'était seulement pour échanger avec elles des baisers, les baisers dont j'étais privé. L'aventure qu'elles espéraient s'arrêtait toujours là. »

Je ne vais pas continuer plus longtemps d'égrener les exemples, même si leur réalisme semble parfois dépasser la fiction. La littérature et notre univers de l'image en fourmillent. Je ne les ai convoqués, pêle-mêle, que pour montrer leur variabilité et leur singularité, lesquelles dégagent une forme d'enseignement : *croire que le sexe, qui y est toujours au premier plan, soit seul à l'œuvre, c'est commettre une erreur d'appréciation extrêmement grave et ne rien voir de cet essentiel même que le sexe excelle à masquer quand il ne s'est pas évertué à le faire.*

Le mode d'illustration de la balance et de l'équilibre des plateaux de la pesée, dont j'ai usé plus haut, a permis de comprendre qu'un adultère, quelle que soit sa forme, puisse parfois s'inscrire dans la logique singulière d'une relation, mettre en œuvre son potentiel évolutif, voire assurer sa pérennisation. On peut user d'un autre mode encore pour illustrer la manière dont une aventure de couple, fondée même sur un accord sexuel satisfaisant, évolue parfois, sinon souvent, vers la discorde et la séparation.

Imaginons cela sous la forme d'une scène théâtrale dont le couple qui se forme croirait pouvoir prendre une entière possession pour y déployer la pièce dont l'un et l'autre n'ont encore qu'une vague idée, mais qu'ils sont assurés de pouvoir mener à bien tant ils l'ont désiré et tant ce qui les unit leur donne de force et de détermination. Rien ne leur fait peur. Ils sauront assurément construire le scénario, écrire les répliques, dessiner les décors, élaborer la dramaturgie, assumer la mise en scène et même régler les éclairages. Ce sera un magnifique spectacle. Le plus beau qui puisse s'imaginer. Ce sera leur œuvre commune. Elle aura été leur apport à l'ordre du monde, mais avant tout leur création, sainement destinée en priorité à eux-mêmes. Q'importe en effet que d'autres l'apprécient ou non dès lors qu'elle témoigne de ce qu'ils se seront apporté l'un à l'autre. N'est-ce pas ainsi que débute toute aventure à deux même quand l'un ou l'autre, et parfois chacun des deux, a eu à être témoin de l'échec de la relation de ses parents et des déchirements qui se sont ensuivis. N'est-il pas en effet notoire que « les amoureux sont seuls au monde » ? Et n'est-ce pas au nom de cette « solitude » qu'on imagine que tout leur est promis et qu'ils ont la capacité, intrinsèquement nouée à leur attirance et à leur accord, de « soulever des montagnes » ?

Ils montent sur scène dans une joie indicible, leurs mains jointes préfigurant une copulation projetée pérenne. Mais il ne leur faut pas beaucoup de temps pour avoir à déchanter. Car la scène qu'ils ont investie se révèle assez rapidement à eux comme ayant été là depuis des temps immémoriaux ! Le matériel en est d'une obsolescence inattendue et d'une fragilité désespérante. Elle n'est pas aussi déserte qu'ils se l'étaient laissé dire. Elle est peuplée d'une foule d'ombres qui vont et viennent, qui s'agitent dans tous les sens, hurlant des textes étranges, sans jamais les laisser en paix, allant même jusqu'à les happer et les éloigner l'un de l'autre. Ils résistent. Du temps passe. Toujours mus par leur projet initial, ils se débattent comme ils le peuvent. Ils vont même jusqu'à s'essayer aux retrouvailles. Ils y parviennent de moins en moins. Jusqu'à y renoncer, signant alors la fin de leur aventure. Quand, contre toute attente, ils y parviennent, comme cela arrive parfois, plus rien ne sera comme avant car ils ressortent de l'épreuve meurtris et sans illusion sur leur devenir.

Que veut Emma ?

Les bruits parasites, comme les événements intercurrents ou les ombres qui envahissent la scène de la métaphore que j'ai ainsi construite ne sont rien d'autre que ce qui « se joue sur l'autre scène », comme le disent les psychanalystes. Cette « autre scène », appellation métaphorique de l'inconscient, n'est pas l'apanage de quelques-uns, candidats ou non à un travail sur le divan. Elle existe chez chacun, qu'il en convienne ou non. Et qu'elle soit peuplée d'ombres menaçantes n'a strictement rien d'étonnant dès lors qu'on accepte l'idée que, quels que soient les circonstances ou les décors dans lesquels on évolue, on ne cesse jamais d'être soi, portant sur soi, autour de soi et en soi ce qu'on a emmagasiné de son histoire et des expériences qu'on a vécues. On serait tenté d'en conclure que cette vision des choses condamnerait, à terme, toute relation sexuelle à l'échec. Une telle opinion est aujourd'hui, comme je n'ai pas cessé de le relever, largement répandue. Sans pour autant sombrer dans un angélisme qui n'aurait rien à y voir, je ne la pense pourtant pas plus légitime que pertinente. Je pense qu'elle est simplement à mettre au compte d'une paresse chronique comme d'une forme de désenchantement qui a gagné la plupart de nos semblables et qui semblent destinées l'une et l'autre à préserver, dans notre monde tel qu'il est, l'image que chacun cherche à construire et surtout à donner de lui-même. L'état d'esprit dans lequel on se trouve quand on monte sur scène est de première importance. La déception est toujours à la mesure de l'illusion qu'on a nourrie.

On comprend alors, peut-être, pourquoi j'ai opéré, dans les chapitres précédents, ce détour par ce qu'on appelle les mariages arrangés. Car on imagine bien que nul n'a contraint l'épouse de l'éjaculateur précoce à s'unir à lui.

On peut même aisément imaginer qu'ils ont fait un bout d'essai de leur union avant de s'y installer. On peut se dire, à partir de là, que leur union avait bien une finalité, même si cette dernière n'est pas repérable à la lecture au premier degré de leur histoire – il est d'ailleurs facile de parvenir à la même conclusion pour tous les autres exemples que j'ai cités. À l'opposé de ce qui se passe dans ces cas de figure où seul est intervenu le libre choix, les partenaires des mariages arrangés ont toujours été encordés l'un à l'autre par leurs propres parents, lesquels, rassurés par le dispositif, n'éprouvent pas le besoin de revenir sur la scène où se joue l'union et la désertent en général, laissant à leurs enfants la tâche, certes dure, d'inventer à tâtons la relation qui pourrait un jour leur convenir. Et, quand je dis qu'une relation librement forgée n'est pas inéluctablement condamnée à l'échec, je laisse clairement entendre qu'elle le serait d'autant moins que les contractants demeureraient unis, face aux retours conjoncturels des faits de leurs histoires respectives, et pourraient ainsi résister à l'impossibilité, inhérente à la condition même de leurs parents, de respecter scrupuleusement leur autonomie et leurs choix de vie. À l'heure où l'institution du mariage est elle-même désertée et où chacun des contractants, relation sexuelle ou non, enfantements ou non, ne cesse pas d'être défini symboliquement comme l'enfant de ses parents, ce type d'accident ne peut qu'augmenter, et les ombres parasites de la scène sont assurées d'avoir de beaux jours devant elles.

Pourquoi s'évertuer, dans ces conditions et avec autant d'interférences susceptibles d'expliquer les accidents des couples, à faire de la mésentente sexuelle la tarte à la crème et à la mettre au principe de l'adultère comme d'une précarité réputée devoir désormais être celle de ces mêmes couples ?

Les éléments superficiels fournis par les cas cliniques ne sont pas seuls à illustrer une telle vision des choses. Les œuvres romanesques, théâtrales ou cinématographiques le disent avec encore plus d'insistance. L'immense Flaubert lui-même ne construit-il pas l'histoire d'Emma Bovary – pour laquelle il a reconnu n'avoir pas grande estime – autour de la figure veule et sans consistance de son Charles d'époux ? Le lecteur commun peut-il du coup ne pas éprouver pour elle une certaine sympathie en considérant qu'elle ne se serait peut-être pas lancée dans sa course aux amants si elle avait trouvé ce dont elle avait besoin chez ce mari choisi pour elle par son père ? La course aux amants qu'elle se choisit ne corrige d'ailleurs pas cette première lecture, parce que ces amants ne lui donnent jamais que ce qu'ils veulent bien lui donner et jamais ce qu'elle demande. Si on se reporte, par ailleurs, à la manière dont les vaudevilles campent à cette même époque les hommes ou les femmes trompés, elle parle d'elle-même. Les manèges y sont largement passés en revue, plus ou moins cocasses, plus ou moins tragiques, pour, de fait, donner un statut légitime au papillonnage masculin et laisser croire, pour utiliser des expressions qui ont eu cours en la matière, que, si « la fortune sourit aux audacieux », c'est parce qu'« il n'y a pas de forteresse imprenable mais seulement de mauvais stratèges ».

La pulsion sexuelle, qui travaille chacun au point de ne lui en faire accepter la limite qu'à contrecœur, n'est pas l'apanage du sexe masculin. C'est désormais admis, même si ce n'est admis que depuis peu ! On se souvient du docteur Harford, le héros de *Eyes Wide Shut* auquel je reviens encore. Il prend cette vérité en pleine gueule le soir où sa femme lui avoue la violence du désir subit qu'elle a éprouvé pour un officier russe assis à la table voisine de la leur. Il en est tellement bouleversé qu'il va tenter de s'initier, comme il le peut, aux mystères et à la complexité de ce qu'il a découvert. Il échoue, bien sûr. Si bien qu'au terme de son périple son riche mentor lui signifiera qu'il n'a ni la stature ni l'âge pour prétendre à ce type d'initiation. Un peu comme, dans la traversée de la tourmente œdipienne, un père engagerait son fils à réprimer le désir qu'il a pour sa mère et à investir la patience pour accéder ultérieurement à la pleine réalisation de ce désir sans avoir, comme il le fait pour l'heure, à se tromper d'objet.

Cette façon schématique de rendre compte de ce message paternel légitime, fondé, sensé, mesuré et sainement dissuasif laisserait entendre que son contenu ne saurait être distordu dans le parcours bref qu'il emprunte et qui va de l'émetteur au récepteur. N'engage-t-on pas d'ailleurs les pères à procéder de la sorte en ce type de circonstance ? Et ne leur laisse-t-on pas entendre que c'est par ce genre d'intervention qu'ils parviendront à libérer leur enfant de la tyrannie de sa pulsion ? Quelle nouvelle illusion ne cultiverait-on pas à le croire ou à le laisser croire ! Car l'expérience démontre que rien autant que la mise en œuvre du désir sexuel n'est autant parasité par cette erreur d'analyse : la mère du petit garçon n'est pas indifférente, il s'en faut beaucoup, au désir qu'exprime pour elle cet enfant ; elle n'y est pas seulement sensible, elle le suscite sans gêne et elle l'entretient avec un soin infini, son rêve étant que jamais, au grand jamais, ce désir ne puisse se détourner d'elle. Le père de la fille n'est pas en reste et ne se comporte d'ailleurs pas différemment, laissant du coup souvent sa fille confrontée à la sourde ambivalence de la mère à son égard. Non pas que cette dernière se soit sentie supplantée auprès de son homme, mais en raison du fait qu'elle en voudrait à cette fille de s'être brutalement détournée d'elle, lui laissant implicitement entendre qu'elle s'est intéressée à quelqu'un qui ne fait vraiment pas le poids.

« Docteur, au secours, me hèle cette mère au téléphone. Je ne sais plus comment faire, conseillez-moi. Basile (son fils de cinq ans) ne me quitte pas d'une semelle et, surtout, il n'arrête pas de me dire qu'il veut me faire l'amour (*sic*). » Je connais Basile depuis sa naissance. Je connais aussi ses parents : des gens pas simples, qui ont leur opinion dans tous les registres et qui détiennent bien évidemment la vérité sur toute chose ! Je suis donc à moitié étonné qu'à un âge aussi tendre cet enfant puisse dire des choses comme celles-là. Objet d'adulation de sa mère, il l'est encore plus de son père. Il me paraît donc inutile de conseiller une réprimande dissuasive à défaut d'une punition et encore moins d'une de ces bonnes claques qui n'ont jamais tué personne tout en ayant souvent permis la fabrication de solides limites. Je m'enquiers alors de la réponse que la mère a apportée à son fils. « Bien sûr que je ne suis pas restée sans réponse. Je ne cesse pas de lui dire : "Mais, mon chéri, il y a ton père !" » J'étais tellement stupéfait que je lui ai fait répéter sa phrase. Elle en a été étonnée, ajoutant, inquiète : « Ce n'est pas ça qu'il fallait dire ? C'est pourtant la vérité ! » Comme il m'apparaissait impossible de lui faire percevoir, même en lui faisant répéter une fois de plus la phrase, les effets de la formulation de son message, j'ai tenté d'attirer son attention sur ce « mais » introductif. Elle ne comprenait pas. Elle a seulement compris après que je lui ai dit : « Madame, si je vous dis que j'ai envie de coucher avec vous et que vous me répondez : "Mais il y a mon mari", je suis pratiquement certain de parvenir à coucher avec vous dans un délai des plus brefs. »

Si, pour rendre compte des effets potentiels de la réponse faite à l'expression du désir de l'enfant, il a fallu en passer par la transposition de cette réponse dans l'univers adulte, c'est bien sûr – et c'est ce qui vient immédiatement à l'esprit – parce qu'on n'imagine pas, même quand la formulation ne laisse aucun doute, que la pulsion qui travaille l'enfant puisse être strictement identique, y compris dans sa violence, à celle de l'adulte. En l'affirmant, Freud a suscité, à son époque, un scandale énorme. On croit aujourd'hui l'opinion admise et le malentendu dissipé : il n'en est rien. L'erreur d'appréciation persiste. Elle provient de la conjonction d'une série d'idées fausses. Nous ne sommes pas, en effet, de grossiers adultes cohabitant avec la délicieuse innocence de l'enfant. *Nous sommes seulement des enfants qui ont poussé sans que rien d'essentiel ne se soit modifié en eux* – l'essentiel étant le registre pulsionnel que l'expression sexuelle résume parce qu'elle en est la plus aisée – *et qui, seulement dotés de moyens plus performants que ceux des enfants, tels que la maturation affective et psychologique, se trouvent autorisés à s'exprimer et à prétendre assumer leurs actes et leurs choix.*

Si nous refusons de considérer notre enfant comme soumis à la violence de ce registre pulsionnel, c'est seulement parce qu'il nous faudrait accepter l'idée que nous l'avons été nous-mêmes dans ces âges-là. Et que *nous sommes devenus ce que nous sommes en raison seulement du fait que nous nous sommes frottés aux écueils et à la répression de notre environnement*. Voilà qui nous contraint à admettre que *nous serions, que nous le voulions ou non, le produit d'une histoire* – qui ne cesse pas de se rappeler à nous et qui se manifeste sous la forme de ces ombres parasites que j'ai évoquées – *et non pas le résultat d'une sorte d'autocréation qui aurait fait de nous les êtres libres que nous nous obstinons à croire que nous sommes*. De quoi nous ramener aux comptes entretenus avec notre narcissisme et nous inviter à un peu plus de modestie au lieu de nier le fait que, qui que nous soyons et quelle qu'ait été notre histoire, le sexe est l'épicentre de nos préoccupations et une des sources les plus productives de notre angoisse. Les *news* de tous bords le savent parfaitement qui en font périodiquement, aujourd'hui qu'il est libéré, des titres, des accroches ou l'objet de tests destinés à *booster* leurs ventes. Ainsi chacun peut-il apprendre à faible prix s'il est libéré, inhibé, entreprenant, refoulé, performant, narcissique, un peu sado, franchement hétéro ou pas tout à fait, etc., les classifications elles-mêmes relevant d'une imagination productive et souvent débordante. Ce qui en ressort, c'est qu'au fond *chacun de nous, pour* impliqué qu'il soit dans ce registre, *ne peut y relever que des insuffisances* – ce n'est d'ailleurs pas faux, en soi, et il n'y aurait rien à y redire si l'information ne laissait implicitement entendre qu'il existerait en la matière une satisfaction possible et qu'il y aurait des individus ne souffrant pas du moindre handicap ! Une telle satisfaction deviendrait du coup, pour chacun, non seulement un but légitime de recherche, mais un droit inaliénable qu'il serait invité, sinon incité, à exercer, non pas en s'interrogeant sur les ressorts de la gêne qu'il éprouve mais en n'hésitant pas, au besoin, à mettre en cause les compétences de son partenaire habituel.

Que nous apprend la physiologie sexuelle ?

Tout comme nul n'a jamais eu besoin de savoir comment fonctionnait un estomac pour y engouffrer des aliments, nul n'a jamais eu besoin de savoir comment fonctionne le sexe pour s'y adonner. À ceci près, cependant, que, si on parcourt la littérature même depuis la plus haute antiquité, on s'aperçoit que les écrits qui concernent l'estomac, y compris la production vouée à la gastronomie, sont d'un volume ridicule sinon inexistant par rapport à ceux qui concernent de près ou de loin le sexe. On s'aperçoit néanmoins que, si la médecine et la physiologie n'ont jamais cessé d'écrire, et même abondamment, autour de l'estomac comme autour de tous les autres organes du corps, elles ont été longtemps, très longtemps, singulièrement muettes sur le sexe. Comme si l'opprobre jeté par la religion et la morale sur ce registre en avait fait un sujet par définition inconvenant[1] et seulement digne de circuler sous le manteau ou de trouver refuge dans certains rayonnages de bibliothèque[2] où trouvaient refuge les écrits, souvent considérés comme autant de délires, d'auteurs pourtant parfois célèbres.

Anatomie discrète et physiologie muette expliquent donc en partie pourquoi la sexologie, née depuis longtemps dans l'ombre, n'en soit sortie officiellement que dans la seconde moitié du XXe siècle et n'ait acquis droit de cité que vers la fin de ce même siècle. Mais cette naissance ne s'est probablement pas produite par hasard. Elle ressemble, à s'y méprendre en effet, à la réponse que la

---

1. À l'occasion du présent travail, je suis allé consulter les traités d'anatomie et de physiologie en ma possession et dont j'usais pendant mes études, c'est-à-dire dans les années 1960. J'ai eu à constater, comme si elle n'existait pas, le silence total observé autour de la physiologie sexuelle. Il est vrai que la physiologie n'avait pas d'autre intérêt que d'éclairer les différents secteurs de la pathologie pour en permettre le traitement. Or, comme nul ne se préoccupait alors des dysfonctionnements sexuels, il était inutile de s'y intéresser. Quand j'ai voulu par ailleurs faire le point sur l'innervation du vagin, j'ai constaté que des traités aussi minutieux et diserts sur l'anatomie génitale que ceux de L. Testut et O. Jacob (*Anatomie topographique*, Paris, Doin et Fils, 1909), et de H. Rouvière (*Anatomie humaine*, Paris, Masson, 1954) n'en donnent aucun détail, se contentant de signaler que cette innervation est dévolue au plexus hypogastrique inférieur. Seul le traité de P. Poirier (*Anatomie humaine*, tome V, Paris, Masson, 1901) s'étend sur la manière dont les terminaisons nerveuses sont distribuées tout au long du vagin et fait état, dans la partie inférieure de l'organe, de différentes sortes de corpuscules, dont les corpuscules de Pacini, auxquels il donne le nom, poétique, de « corpuscules du sens génital et de la volupté ». Outre l'intérêt qu'il y a à relever le détail sémantique, cela explique qu'un auteur comme Alfred Kinsey ait pu soutenir (*in* G. Chaboudez, *op. cit.*, p. 55) que le vagin n'est pas innervé. Pour aller plus loin encore dans le relevé des effets de la pudibonderie qui a affecté depuis toujours même les anatomistes, il est important de signaler que les artères, les veines, les lymphatiques et les nerfs de la région dite du petit bassin ont toujours été désignés par le qualificatif de « honteux » ; ainsi a-t-on le plexus honteux, le réseau honteux, l'artère honteuse interne, etc.

2. Le département de l'« Enfer » à la Bibliothèque nationale de France leur était consacré et a longtemps été d'accès difficile.

médecine aurait tardivement faite à l'initiative de Freud. Il ne faut pas oublier que le jeune médecin désargenté et angoissé qu'il était s'était plus ou moins résigné, pour se faire une clientèle, à s'occuper des patients pour lesquels la médecine semblait ne rien pouvoir. Ce n'est d'ailleurs pas autrement qu'il a été mis sur la voie de la découverte de l'inconscient et du rôle central occupé par la sexualité non seulement dans certains tableaux pathologiques, mais dans la vie de chacun à quelque sexe qu'il appartienne et de quelque âge qu'il soit. C'est à la suite de cela que la psychanalyse, même – et toujours, hélas ! – contestée, a fini par attirer l'attention sur ce secteur et lui donner la place qu'il mérite.

Comment cela s'est-il produit et que nous a appris d'essentiel la sexologie ?

Pendant quelques décennies, il n'y a d'abord eu que des articles disséminés, ici ou là, dans différentes revues scientifiques généralistes. Mais, à la suite des véritables bombes que furent, en 1948 et en 1954, les rapports Kinsey sur le comportement sexuel des hommes d'abord, puis sur celui des femmes ensuite, quelques médecins de différents pays occidentaux, les États-Unis et les pays scandinaves en tête, ont décidé d'orienter leur activité dans cette direction, voire de s'y consacrer totalement. Ils se sont mis à publier, à leur tour, et à fonder des sociétés savantes. Leur initiative fit des adeptes dans l'ensemble du monde occidental. Je me souviens cependant que, du temps où j'étais tout jeune praticien, nous nous étonnions entre collègues de cette orientation à tout le moins singulière et nous marquions à l'encontre de cette pratique une certaine défiance, sinon une certaine suspicion. Nous étions portés à imaginer que les confrères qui avaient choisi de s'y consacrer avaient trouvé un moyen, lucratif de surcroît, de satisfaire leur penchant voyeuriste. C'est dire combien les questions tournant autour du sexe nous gênaient. Nous ne manquions pas pour autant d'entendre qu'on les posait de temps à autre dans nos consultations. Mais, comme nous ne pouvions les ramener qu'aux seules notions conférées dans notre formation par la gynécologie médicale ou par l'étude des maladies vénériennes, nous ne pensions pas devoir en être concernés ou avoir à les aborder, renvoyant éventuellement et dans les meilleurs cas leurs auteurs aux psychiatres et non aux psychanalystes dont l'exercice était encore confidentiel. Par un de ces mécanismes que Marx aurait eu plaisir à exploiter, cet état de choses s'est trouvé bouleversé, après Mai 68, par l'explosion de ce véritable marché, quand les mœurs se sont libéralisées et que les préoccupations autour du sexe ont définitivement cessé d'être taboues. Avec leur logique, les revues grand public de cette époque ont propulsé le sujet en faisant concours d'information et en contraignant en quelque sorte le corps soignant à se former lui-même à cette discipline neuve.

Cela a été possible grâce aux travaux d'une équipe américaine qui a consigné ses résultats dans un ouvrage[3] à diffusion mondiale et dont les conclusions continuent de servir de base à la formation sexologique. Cette équipe, formée de William H. Masters et de Virginia E. Johnson, a rendu compte d'une étude expérimentale rigoureuse et très documentée qui a exploré la physiologie de la relation sexuelle.

Ce travail a été mené pendant plus d'une dizaine d'années, au Centre de recherche de la biologie de la reproduction à Saint-Louis dans le Missouri, avec le concours de 383 femmes et 312 hommes dont les âges s'échelonnaient entre 18 et 89 ans, et qui étaient pour la majorité d'entre eux volontaires et d'un bon niveau intellectuel (des universitaires pour la plupart). Cet échantillon de population présentait par ailleurs l'avantage d'inclure un certain nombre de femmes enceintes et quelques-unes qui, affectées d'une agénésie vaginale (absence congénitale du vagin), avaient été opérées et avaient donc un vagin

---

3. W. H. Masters, et V. E. Johnson, *Les Réactions sexuelles*, Paris, Robert Laffont, 1966.

artificiel, fabriqué en général avec une anse colique. Pendant leurs accouplements ou leurs séances de masturbation, en présence de l'équipe, les sujets étaient harnachés de divers appareils d'exploration (électrocardiogramme, électro-encéphalogramme, électromyogrammes implantés dans différents muscles et dans la paroi utérine pour les femmes, enregistreurs de tension artérielle, de pression veineuse, des contractions du sphincter anal, etc.) et étaient parfois radiographiés selon diverses techniques. Il n'y aura manqué – mais sans doute cela posait-il des problèmes techniques insurmontables – que des capteurs de pression disposés au fond du vagin pour étudier le rendement du mouvement de piston produit par le pénis au cours du coït : cela aurait peut-être éclairé l'origine de la dilatation du fond vaginal survenant juste avant l'orgasme. Par ailleurs, ce recueil de données graphiques était doublé d'interrogatoires menés par des psychologues et destinés à traduire les sensations en mots susceptibles de permettre une exploitation meilleure des données graphiques. L'étude a été complétée par la comparaison, chez les sujets des deux sexes, des phénomènes enregistrés et commentés pendant le coït d'une part et la masturbation d'autre part. Car, pour ne rien laisser dans l'ombre, les femmes aussi furent invitées à se masturber, à leur convenance et au rythme qu'elles fixaient elles-mêmes pour obtenir un ou plusieurs orgasmes, avec des pénis artificiels fabriqués pour l'étude qui avaient pour particularité d'être transparents de manière à pouvoir être reliés à une caméra, laquelle enfin rendait ainsi visible l'invisible[4].

---

4. Dans *Tropique du Cancer* (1934, repris récemment dans la collection Folio-Gallimard), l'écrivain Henry Miller raconte que, pris un matin d'une soudaine angoisse par la passion qu'il éprouvait pour le sexe féminin et en particulier pour le vagin, il décida d'aller voir ce que ce vagin pouvait contenir au point de l'aliéner si radicalement. Muni d'une lampe de poche, il entreprend d'examiner le vagin de sa maîtresse du moment et constate, en un cri stupéfait et douloureux : « Mais il n'y a rien, rien, dans un vagin ! »

Ce travail qui n'a négligé aucun détail a littéralement posé le fondement de la sexologie clinique, laquelle, outre l'éclairage qu'elle comptait jeter sur la physiologie sexuelle, visait à mettre en place les bases thérapeutiques aussi bien de certains aspects de la stérilité que des dysfonctionnements sexuels. C'est à partir de sa publication que la littérature consacrée au sujet a tout simplement explosé, aussi bien du côté scientifique que du côté des ouvrages de vulgarisation. L'idée d'une sexualité épanouie et performante se mettait en place et, relayant le droit à la santé, apparaissait à son tour comme un droit nouveau auquel chacun pouvait prétendre.

Qu'a donc apporté, pour le résumer, ce travail titanesque et formellement louable sinon inattaquable ?

Tout d'abord, que la satisfaction sexuelle, pour attendue et espérée qu'elle soit par chacun, est distribuée d'une façon singulièrement inégale, inégalité dont il est reconnu que le mystère n'a pas encore été totalement levé. C'est ce qu'ont confirmé les enquêtes de masse réalisées dans différents pays à la suite de la toute première – le fameux rapport Kinsey.

Ensuite, que les physiologies sexuelles masculine et féminine sont foncièrement différentes. La seconde conduisant non seulement à un plaisir plus intense et plus long que la première, mais en permettant de surcroît une reproductibilité immédiate et quasi inépuisable, alors que la détumescence qui affecte la première entraîne une période réfractaire d'une vingtaine de minutes environ pendant laquelle aucune nouvelle érection n'est possible. Voilà qui était certes su depuis l'Antiquité, grâce aux dires d'un certain Tirésias[5], mais qui est aujourd'hui scientifique-

5. Ce personnage de la mythologie, qui aurait été changé en femme pendant sept ans, fut appelé un jour à arbitrer une querelle survenue, à propos de l'intensité de leurs plaisirs respectifs, entre Zeus et Héra. Il témoigna que la femme éprouve neuf fois plus de plaisir que l'homme.

ment établi au point de n'avoir pas manqué de nourrir des débats idéologiques passionnés. Ces deux points vont en effet être récupérés pour renforcer la crédibilité des revendications émises par nombre d'associations féministes. Le combat contre l'inégalité et l'injustice y trouvait en effet un nouveau cheval de bataille. Dans la mesure où ce sont les femmes qui sont le plus souvent frustrées du plaisir sexuel, il leur appartient de mener les luttes pour y accéder sans restriction.

On savait aussi depuis longtemps qu'à l'encontre des hommes les femmes étaient dotées de deux sources potentielles de plaisir, le clitoris et le vagin, dont on imaginait qu'elles étaient censées leur procurer deux formes distinctes de jouissance. À la suite de Kinsey, Shere Hite[6] écrit cependant : « L'orgasme, qu'il soit obtenu par le coït ou autrement, et quelles que soient les différences de perception [...] est toujours dû, quelles qu'en soient les modalités, à la stimulation clitoridienne. » Quant à Elisabeth Lloyd[7], une autre chercheuse américaine, elle professe que l'orgasme féminin, qu'elle rapporte elle aussi à la stimulation clitoridienne, est « un écho accidentel de l'orgasme masculin, un peu comme les mamelons des mâles sont des échos inutiles des mamelles des femelles ». Il a néanmoins été définitivement établi qu'au cours du coït les deux sources participent de conserve, mais de façon spécifique à chaque femme, à une seule et même jouissance rapportée à l'évolution d'un phénomène de vaso-congestion auquel participent bien d'autres zones du corps, y compris la zone anale. C'est ce que soutenait d'ailleurs déjà Freud, quand il faisait de la sensibilité du clitoris une sorte de petit bois destiné à nourrir et à majorer la flamme. Son avis et surtout la signification qu'il donnait à l'investissement exclusif du clitoris ont

6. Hite Shere, *Le Rapport Hite (sur les femmes)*, Paris, Robert Laffont, 1977.

7. Elisabeth Lloyd, *The Case of Female Orgasm – Bias in the Science of Evolution*, Harvard University Press, 2005.

été combattus. Il soutenait en effet que cet investissement relevait d'une fixation à un stade infantile de la sexualité et devait laisser place, chez la femme adulte, à la prépondérance du plaisir vaginal. On lui a longtemps opposé le fait que les caractéristiques anatomo-physiologiques du vagin faisaient de cet organe un organe destiné pratiquement au seul plaisir masculin et à la procréation. Tant et si bien qu'il y eut un courant féministe pour conseiller aux femmes, au mépris de l'équivalent incestueux que cela représente, de se passer des hommes et de s'adonner sans réserve à la masturbation.

Il a fallu attendre 1981 pour que soit publiée la description dans le vagin du point G[8] ainsi nommé en hommage aux travaux du docteur Grafenberg, gynécologue obstétricien allemand, qui avait été le premier à évoquer l'existence de cette zone dès 1950. Il faut noter que Grafenberg lui-même, dans sa publication de 1950, ne parlait pas de l'existence d'une zone ponctuelle orgasmique vaginale. Sa publication portait uniquement sur le comportement sexuel de certaines de ses patientes qui se procuraient des orgasmes en s'introduisant des aiguilles à chapeau dans l'urètre ! Il en avait conclu que l'urètre pouvait être une zone érogène chez certaines femmes. Nombre d'auteurs contesteront d'ailleurs par la suite l'existence de ce point alors que d'autres en auraient trouvé quatre et que d'autres encore ont entrepris d'en produire une amplification[9] à visée thérapeutique, et donner à nouveau un rôle à ce vagin qui semble n'avoir pas fini de livrer ses secrets.

De véritables secrets puisqu'on admet actuellement l'existence, chez certaines femmes, les femmes-fontaines, d'une éjaculation survenant pendant l'orgasme[10]. L'ana-

---

8. J. Perry et B. Wipple, *Journal of Sex Research*, 17, 22-39, 1981.
9. Marie-Claude Benattar, *Medica judaïca*, 2004, n° 93, p. 14.
10. M. Zaviavic, *et al.*, « La prostate féminine », *Sexologie*, 2002, p. 11-39, 53-60.

lyse biologique du liquide éjaculé démontre qu'il provient d'une zone tissulaire de type prostatique située dans le pourtour du méat urinaire. Ce qui demeure mystérieux, c'est qu'une telle origine ne devrait fournir que quelques gouttes d'éjaculat alors que ces éjaculations sont suffisamment profuses[11] pour avoir longtemps justifié des interventions urologiques destinées à les supprimer.

Il a été également établi, sur fond de ces caractéristiques, que la dynamique d'installation de l'excitation sexuelle et la survenue de l'orgasme sont également différentes d'un sexe à l'autre, l'excitabilité et l'obtention de l'orgasme étant fréquemment plus rapides chez les hommes que chez les femmes, lesquelles se trouvent, par conséquent, pénalisées par la survenue de la détumescence. Le fait a été mis au compte de la logique des mécanismes de la reproduction, l'homme ayant absolument besoin d'éjaculer, et donc d'avoir du plaisir, pour se reproduire, alors que la femme peut être fécondée même si elle n'a pas de plaisir. Il est évident qu'une logique de cet ordre n'a plus de raison de prévaloir, ou même d'être, dès lors que la procréation et le plaisir ont été scindés. Le fait a donc nourri quantité de réactions qui sont allées, comme je l'ai signalé, du simple rejet des hommes prôné par les mouvements féministes extrêmes vantant les avantages de la masturbation, avec ou sans aide, aux tentatives d'éducation à une sexualité mieux partagée entreprise aussi bien par les magazines grand public que par les publications des sexologues. Il a même été fait référence aux techniques extrême-orientales telles que l'entraînement à la rétention volontaire du sperme pratiquée par les taoïstes. S'il est vrai qu'un tel entraînement est susceptible de favoriser la survenue de l'orgasme féminin, il ne semble pas qu'il ait été aussi désintéressé qu'on l'imagine si on le rapporte au fait qu'il est fondé non pas sur le

11. Comme en traite un film japonais, *De l'eau tiède sous un pont rouge*, de Shohei Imamura (2001).

souci de contenter les femmes, mais d'abord sur celui de ne pas entraîner de déperdition d'énergie masculine par l'émission du sperme. Qu'on se souvienne du propos de Mao Tsé-toung, adepte des techniques taoïstes, déclarant : « Je rince mon sexe dans leur vagin. »

Ces données, rappelées ici de la façon la plus succincte au regard de l'étendue de la littérature qui leur est consacrée, ont pris place dans les connaissances de tout un chacun et n'ont pas manqué d'intervenir, du fait des différences qu'elles soulignaient, dans le malaise qui a affecté la relation des hommes et des femmes. Un peu comme si elles avaient mis au jour, et permis de le dénoncer enfin, le ressort tenu secret de la hiérarchie que les cultures ont instaurée depuis toujours entre les sexes.

Et c'est bien regrettable. Car, pour formellement impressionnants que soient les travaux de Masters et Johnson, on ne peut pas ne pas s'interroger, psychologues présents ou non au sein de l'équipe, sur ce qui a pu éventuellement mener les sujets de l'expérimentation à s'y prêter.

Il ne me semble pas en effet que l'entreprise soit très différente d'une tentative de tirer des conclusions définitives sur le rapport au désir et au plaisir sexuel des hommes et des femmes au moyen d'enquêtes statistiques menées dans les clubs échangistes ou sur les tournages des films pornographiques. Les auteurs prennent bien la précaution de rapporter, on ne peut plus honnêtement, qu'ils avaient engagé au départ seulement des prostituées, puis que, devant l'afflux des candidats, ils ont veillé à leur permettre de s'accommoder lentement et longuement aux conditions de l'expérience. Mais un tel afflux de candidats n'est-il pas suspect en soi ? Et une telle précision est-elle suffisante pour croire pouvoir réduire une expérience sexuelle au simple accouplement de deux appareils anatomiques ?

Cela est-il suffisant pour croire pouvoir expurger cette expérience de l'inévitable fantasmagorie qui l'accompagne et des formidables phénomènes émotionnels qu'elle met en jeu en toutes circonstances ? Une fantasmagorie dont on ne sait pas encore clairement comment elle intervient sur le toujours mystérieux appareil génital féminin, mais dont on sait avec une grande précision la manière dont elle affecte l'appareil génital masculin au fonctionnement réputé si simple.

On a en effet découvert, il y a une vingtaine d'années environ, que le mécanisme qu'on croyait être celui de l'érection masculine était totalement erroné. On imaginait en effet le pénis comme une éponge passive se remplissant de sang sous le seul effet de l'excitation. On a découvert que cette éponge était, au contraire, particulièrement active et que l'état de flaccidité du pénis, loin d'être un état « naturel » résulte de fait d'une répression constante, émise à partir des centres cérébraux, des mécanismes de l'érection qui mettent en jeu le monoxyde d'azote, un agent vasodilatateur[12]. Cette répression s'opère par le biais de la noradrénaline qui contracte les muscles lisses des artères péniennes et les empêche constamment de se remplir. Or la noradrénaline est également sécrétée sous l'effet de la peur. « Cela donne à penser, écrit Philippe Brenot[13], que l'homme est en *érection permanente*, c'est-à-dire une érection toujours prête à se réveiller, car il suffit simplement pour cela que l'interdit du cerveau soit levé [par] l'absence de peur, de crainte, de gêne, de tabou ! » Voilà une information encore relativement inconnue du grand public, alors qu'elle est au fondement même du comportement masculin. N'est-il pas notoire que les hommes « ne pensent qu'à ça » ? Et pour cause, serait-on désormais tenté de dire !

Il en irait donc dans ce vaste domaine, pour prendre une comparaison, comme si un extraterrestre visitant Paris en venait à décrire par le menu l'art architectural

---

12. Ce qui a donné lieu à la mise au point des molécules destinées à traiter les déficiences érectiles en tête desquelles vient le fameux Viagra®.

13. Philippe Brenot, *Le Sexe et l'Amour*, Paris, Odile Jacob, 2003, p. 189.

actuel en tirant ses conclusions de l'observation concomitante de la cour du Louvre, de la tour Eiffel, des barres des banlieues, de la Conciergerie, des tours de la Défense, de Notre-Dame, de la tour Montparnasse, du Sacré-Cœur, sans tenir compte du fait que ces différents bâtiments ont été conçus à des périodes historiques et dans des conjonctures foncièrement différentes. Qui peut prétendre à 30, 40 ou 50 ans penser et vivre son activité sexuelle de la même manière que lorsqu'il avait 16, 19 ou 22 ans ? Il n'est donc plus étonnant qu'à partir de la stricte similitude établie entre les effets d'un orgasme coïtal et ceux d'un orgasme obtenu par masturbation on ait pu entendre les fameux courants féministes prôner cette dernière comme seul mode de satisfaction et imaginer la campagne publicitaire[14] faite autour des jouets sexuels féminins vendus dans certaines boutiques de vêtements de luxe. Ce qui est d'ailleurs plus intéressant encore que de relever la confusion, c'est de tenter de repérer, comme je le ferai plus loin, où une telle recommandation prend sa source et ce qu'elle cherche à promouvoir.

Pour impressionnant que soit ce travail ambitieux, *on ne peut en aucune façon, pour ce qui concerne la sexualité, parler de physiologie. On ne peut pas en effet en édicter des lois générales qui seraient conditionnées par les seules caractéristiques physiques et physiologiques propres des deux appareils sexuels, si faits soient-ils l'un pour l'autre.* Car ces caractéristiques ignoreraient les strates des différents facteurs qui les conditionnent, comme le prouvent par exemple les indéniables orgasmes obtenus par des femmes ayant une anse colique à la place du vagin, ceux vécus et obtenus par des femmes africaines excisées, tout comme ceux obtenus par le coït anal ou la fellation. Je me

14. Cette campagne comparait, sur un mode humoristique d'assez bon goût, le « prix de revient », assez exorbitant, d'hommes de différents types au « prix réel », modique, de l'appareil destiné à procurer le plaisir attendu de ces hommes.

souviens d'ailleurs en évoquant ces faits d'au moins deux exemples originaux et particulièrement édifiants que j'ai recueillis au cours de ma carrière.

J'ai eu en effet à suivre les cinq enfants, tous de géniteurs différents, d'une femme qui se présentait elle-même et d'emblée comme une « grande amoureuse ». Elle avait un travail artistique lucratif, comme il en existe quelquefois, et elle ne cessait de parcourir le monde. Plus que de simplement multiplier les aventures, elle s'évertuait, comme elle aimait à le dire, à les « collectionner ». Selon son humeur, il lui fallait deux à trois, voire parfois cinq ou six hommes nouveaux par jour. Elle mettait ce besoin au compte du fait qu'il lui fallait ce stimulant sexuel pour *booster* sa création. Il est vrai que le fameux dicton latin *post coitum omne animal triste* ne semble se vérifier que pour les hommes tant fréquemment les femmes soulignent la vertu énergétisante de l'orgasme qu'elles obtiennent – effet euphorisant, nous apprend la neurobiologie, de la sécrétion accrue d'ocytocine. Le langage machiste a fait usage de ce qui s'en perçoit dans la méprisable expression désignant les « mal baisées », comme s'il était entendu que l'accès à l'orgasme témoignait d'un rapport équilibré à l'autre, engendrant sécurité et bonne humeur.

Quand la rencontre de notre amoureuse prenait un tour particulier, elle gardait le compagnon quelque temps, s'en faisait faire sans rien lui en dire un enfant, puis le quittait dès qu'elle avait acquis la certitude de sa grossesse. Elle ne mettait pas pour autant fin à sa frénésie qu'elle acceptait de suspendre seulement au bout du sixième mois de sa gestation. « Non que j'aurais eu des difficultés à trouver des partenaires, me confiait-elle, si vous saviez combien il y en a qui adorent ça ! Non pas, non plus, que l'envie m'en manque : elle était même plus forte encore. Mais je craignais, peut-être à tort, les effets des ébats sur la santé de mon bébé. » Elle avait ainsi collecté en quelque sorte des enfants de différentes couleurs. Un jour que je tentais de la faire parler de l'attrait aigu et inépuisable qu'elle semblait ainsi marquer pour le sexe masculin, elle me répliqua, prenant ma remarque au pied de la lettre : « Mon bon docteur, vous êtes comme tous les hommes, vous n'y comprenez rien ! Un homme, ce n'est pas un sexe, ça n'a rien à voir avec son sexe, grand, gros, noir, jaune ou petit. Je vais vous dire mieux : un homme, ça pourrait même ne pas avoir de sexe du tout. Pour moi, ça ne changerait rien, il suffit qu'il soit un homme. Et rien que ça, ça me fait grimper aux rideaux ! » Voilà qui se situe presque en opposition à ce qu'on peut lire, sous des dehors similaires, sous la plume par exemple de Catherine Millet[15], qui présente son activité comme fortement, directement liée au sexe masculin lui-même et à connotation ouvertement autoérotique.

Cet enfant de 6 ans, second de sa mère qui avait une fille plus âgée que lui de quatre ans, était très préoccupant. Il avait de gros troubles du langage et du comportement. Il alternait des phases d'agitation et de repli intense, avec un regard étrange et inquiétant. Je m'étais d'ailleurs demandé, dès qu'il était entré dans mon cabinet, s'il n'était pas psychotique. Quand j'ai revu sa mère seule, je lui ai demandé de me dire dans quel projet s'était inscrite la venue de cet enfant et de me raconter les événements qui auraient pu éventuellement la marquer. Au fil des associations, elle en est arrivée à me raconter sa conception, dont elle se souvenait parfaitement pour avoir eu toutes les raisons de n'avoir pas pu l'oublier. Son mari lui avait en effet demandé depuis longtemps et avec insistance, en s'en expliquant seulement comme d'une violente envie, d'accepter qu'il lui fasse l'amour en présence d'un de ses vieux amis. Elle avait toujours refusé. Mais, comme il ne cessait de revenir sur la question en

15. Catherine Millet, *La Vie sexuelle de Catherine M.*, Paris, Points-Seuil, P1008, 2001.

toute occasion, elle a cru pouvoir en finir en lui cédant au moins une fois. C'est ainsi qu'ils se mirent un soir à trois au lit, l'ami n'étant destiné en principe qu'à être un simple spectateur. Son mari lui fit donc l'amour. Elle était pour sa part beaucoup trop tendue pour en tirer le moindre plaisir. Elle a même senti monter en elle une sorte de rage au point que, pour la surmonter et marquer son dépit, elle s'est levée et elle a quitté la chambre prétextant aller boire un verre d'eau. « Dès que j'ai eu franchi la porte de la cuisine, il m'est arrivé une chose incroyable : j'ai senti fondre sur moi un des orgasmes les plus violents qu'il m'ait été donné de sentir. J'en ai été submergée. J'ai dû m'appuyer au mur pour ne pas tomber. Quand il a pris fin, je me suis sentie vidée et triste. Mais ça n'a pas duré parce que j'ai eu sur-le-champ la certitude que ce qui venait de m'arriver me mettrait enceinte. Je l'ai été. Ce soir-là, et pas un autre, puisque mon mari est parti le lendemain soir pour un stage de deux mois. »

Comment classer et intégrer de tels événements – dont il m'est arrivé d'entendre confirmer l'exactitude – dans les rubriques ascétiques d'une physiologie sexuelle ramenée aux seuls effets apparents d'une simple mécanique ? Comment passer outre cette évidence qu'il n'y a, et ne peut y avoir, de sexualité qu'individuelle. Au point que, pour rester dans la terminologie classificatoire de la médecine, on devrait placer les explorations déjà entreprises, comme celles à venir, sous la rubrique « physiopathologie ». Et je ne mets aucune nuance péjorative dans l'ajout « pathologie ». Je soutiens seulement que, comme l'idée d'un sujet « normal » est à exclure parce que la névrose est l'affection la mieux partagée du monde, il ne peut pas y avoir une sexualité « normale ». Et ce dans la mesure où *la sexualité d'un sujet est la sienne propre et jamais celle d'un autre. Elle est une part importante, voire cruciale, de son langage. Elle est un langage de son corps émis dans et par un territoire précis, non neutre et singulièrement expres-*

sif parce que, mobilisant de façon particulière l'ensemble des instances de la psyché, il constitue l'expression la plus condensée de l'être tout entier. On comprend, à admettre une telle vision des choses, que le vieux texte thoraïque ait pu utiliser le verbe « connaître » pour désigner ce qui se passe dans une relation sexuelle : *même quand elle s'instaure sur un mode autoérotique qui instrumentalise le partenaire, elle aboutit peu ou prou à une co-naissance, chacun des deux partenaires naissant en même temps que l'autre à une perception renouvelée, fût-elle parcellaire, de lui-même.*

C'est seulement ainsi, et non autrement, qu'on peut comprendre l'évolution des différents cas que j'ai rapportés. Pourquoi, en effet, l'épouse de l'éjaculateur précoce a-t-elle accepté d'engager sa vie et même d'avoir deux enfants avec lui avant d'entreprendre d'obtenir une satisfaction personnelle ? Pourquoi cet homme, éjaculateur précoce avec cette femme, l'a-t-il lui-même choisie, alors que la suite de son aventure parviendra à lui montrer qu'il est capable de satisfaire une femme ? Que cherchait donc cette épouse s'adonnant compulsivement à la seule fellation d'un amant régulier ? Et que trouvait cet homme chez elle qui ne le fit jamais aller au-delà de cette caresse ? Quel chemin parcourait le collectionneur de maîtresses acariâtres ou son homologue multipliant les aventures d'été ? Qu'imaginait pouvoir trouver, chez son officier russe à peine entrevu, la belle épouse du docteur Harford ? Et qu'espérait donc trouver Marianne chez David qu'elle pensait n'avoir pas trouvé auprès de son si parfait Markus de mari ?

On se retrouve, face à ces différents cas, comme l'extraterrestre visitant Paris. À vouloir chercher les lois qui gouvernent l'érection des monuments au mépris de la nuance de taille qu'introduisent leur histoire et leur datation, on va droit dans le mur. Si on tient cependant à dégager de l'ensemble d'observations qui aura été fait les règles fondamentales de l'architecture qui ont présidé à la construction de cet ensemble disparate d'œuvres d'art, on devra rabattre ses prétentions. On ne pourra en effet convenir que d'une chose et d'une seule : l'architecture peut tout faire et tout se permettre à condition de ne jamais déroger à une loi fondamentale, la loi de la gravitation universelle modestement représentée par le fil à plomb.

De même que cet universel ne pardonnerait jamais qu'on ait voulu l'ignorer, de même le rapport des hommes et des femmes obéit-il à une règle implicite. À ceci près que cette règle, en raison de la variabilité extrême de son expression, n'a pas encore été rendue clairement perceptible, malgré le soin qui a été mis depuis toujours à son repérage. Son existence a été subodorée par les mythologies, puis traquée par les systèmes religieux ou philosophiques, lesquels, soucieux de mettre un semblant d'ordre dans le tissu social, se sont empressés d'édicter nombre de mesures, moins nocives qu'on ne s'évertue à le dire, tirées de l'intuition qu'ils en ont eue. Elle a constitué l'objectif majeur de Freud. Il a courageusement pris, lui, le chemin qui y conduit et il a passé sa vie à dresser le relevé topographique de son aventure pour permettre à ceux qui prendraient sa suite de ne pas perdre la piste qu'il a ainsi ouverte. Ce travail exploratoire a été poursuivi, non sans le génie qu'il faut lui reconnaître, par Lacan, lequel ne s'est pas seulement consacré à la confirmation du parcours dessiné par Freud, mais a rendu compte comme personne avant lui, en des formules certes souvent opaques pour qui ne fait pas l'effort de les entendre, de ce qu'il voyait au bout de la piste. C'est dans cette direction que je situe mon propre travail, dont je dois dire qu'il est largement redevable à la confiance que m'ont faite les parents de mes petits patients et à ce que m'ont appris les véritables maîtres qu'ont été ces derniers. Cette règle, qui régit chacun de nous, est présente et officie de diverses manières dans tous les cas dont j'ai traité. Mais aucun de ces cas, même s'il s'y plie rigoureusement, ne peut en fournir un repérage immédiat. Non pas parce que la règle s'évertue à nous berner en se tenant soigneusement à l'abri de notre approche, mais parce que l'abord que nous croyons pouvoir en avoir ne parvient pas, aujourd'hui plus que jamais, à prendre en considération la différence sexuelle qui y est accolée et qui la masque.

Cette différence sexuelle ne se résume pas à une différence anatomo-physiologique des organes génitaux. Elle l'intègre, bien entendu. Mais elle la déborde aussi dans la mesure où elle aboutit à la constitution de deux conditions foncièrement différentes par leurs manières de percevoir, de sentir, d'agir, de voir le monde, de penser et d'être[16]. Cela explique que les hommes et les femmes n'adhèrent pas de la même manière à la règle et n'en font pas du tout le même usage.

L'expressivité de cette règle s'en trouve affectée et conduit, si on n'en est pas averti, à une grave distorsion de sa lecture. C'est pour cette raison qu'au risque de heurter certaines sensibilités et quelques convenances politiquement correctes je reprendrai cette différence sexuelle non pas du côté de l'anatomie et de la physiologie différentielle dont j'ai souligné l'insuffisance, mais du côté de ce que j'appellerai donc des conditions, féminine et masculine.

L'abord de ces conditions, fortement intriquées l'une à l'autre, ne prétend absolument pas exposer, et encore moins épuiser, ce qu'il peut en être de la féminité, de la virilité ou des êtres féminin et masculin. Il vise seulement à intégrer les différences sexuelles au sein d'un ensemble d'autres différences pour mieux éclairer le sujet dont je traite. Il me

16. Pour insister sur le caractère radical de la différence sexuelle, Lacan énonce qu'« il n'y a pas de rapport sexuel » (*in* « Radiophonie », *Scilicet 2-3*, Paris, Seuil, 1970, p. 65). Cette formule, qu'il assène et qui s'offre comme toutes ses autres à différentes lectures, invite à convenir qu'à rebours de ce qu'on peut faire avec deux nombres mis en rapport mathématique on ne peut, en aucun cas et d'aucune façon, déduire les caractéristiques, les propriétés ou les potentialités d'un sexe de celles de l'autre.

semble que, encore mieux soulignée, la différence sexuelle parviendra enfin à occuper *une fonction de filtre susceptible d'aider chacun*, s'il reprend la lecture des exemples et des cas, de percevoir la règle dont je parle et d'en explorer éventuellement les effets pour lui-même.

LA CONDITION MASCULINE

Que je commence par traiter d'abord de ce que j'ai décidé d'appeler « la condition masculine » n'est pas plus un effet du machisme qu'on pourrait vouloir me prêter qu'une forme d'ignorance de la galanterie – que je cultive non sans délice. Si je procède ainsi, c'est seulement parce que, en tant qu'homme, cette condition masculine m'est plus familière et me semble d'un abord plus simple et plus facile à exposer que la condition féminine.

Une énergie dispendieuse

Comment qualifier cette condition ?

Je dirai qu'elle est une condition de nature énergétique condamnée en apparence – quand ce n'est pas dans la réalité ! – à une forme épuisante d'activisme. Masquant le doute et l'incertitude qui la travaillent en profondeur derrière une attitude d'allure agressive, elle est conditionnée à devoir dominer pour tenter, en vain d'ailleurs, d'asseoir solidement une identité jamais assez assurée. Cela se traduit par un réflexe défensif à coloration paranoïaque dont la violence est proportionnée à l'intensité d'une angoisse difficile à cerner, à identifier et plus encore à combattre ou à maîtriser.

Pourquoi en est-il ainsi ?

On ne peut le comprendre qu'en remontant à l'origine d'une aventure qui a commencé à moins de trois mois d'âge fœtal. C'est à ce moment-là, en effet, que le chromosome Y a branché sur l'ébauche génitale indifférenciée son gène SRY, qui constitue le facteur de détermination testiculaire. Dès lors, il a fallu à l'être en formation construire progressivement ses testicules et ne plus cesser de leur faire sécréter de la testostérone afin que ses organes génitaux se forment correctement. Car, si, par un hasard quelconque, y compris d'ordre pathologique, il cessait de le faire, ne serait-ce qu'un court instant, son ébauche serait définitivement parasitée par des éléments féminins quand elle ne s'orienterait pas entièrement sur ce mode[1]. Mais ce n'est pas encore suffisant car, une fois les testicules formés, il faudra encore les faire migrer depuis la région rénale dont ils sont issus jusque dans les bourses et veiller – parce qu'il leur faut une température inférieure à 37 degrés – à ce qu'ils demeurent à l'extérieur du corps.

Il en va donc comme si, depuis toujours et à jamais, depuis déjà avant sa naissance et pour le restant de sa vie, l'être masculin ne pouvait pas faire autrement que s'inscrire dans l'effort (auguré par la sécrétion précoce de testostérone et la migration des testicules), dans la preuve (ses organes doivent absolument être bien conformés) et plus tard dans la performance (l'indispensable érection

1. Par-delà les hermaphrodismes dont la survenue relève de ce mécanisme, le syndrome du testicule féminisant représente un cas extrême et exceptionnel. Il s'agit d'individus d'aspect féminin jusque dans la présence de seins, d'une vulve et d'un vagin, mais n'ayant ni utérus, ni trompe, ni ovaires. Ils ont en revanche, dans l'épaisseur des grandes lèvres, des testicules, mais ceux-ci, qui fabriquent pourtant de la testostérone, n'ont cependant pas pu orienter correctement l'édification des organes sexuels masculins. Cela provient d'un défaut génétique empêchant les cellules germinales d'être dotées des sites récepteurs de la testostérone qui leur auraient permis d'orienter correctement l'évolution.

pénienne n'en est pas la moindre, et la testostérone est un remarquable dopant) qui les résume. Il ne peut donc pas, sauf à courir le risque de perdre ce qui fonde son identité anatomique et biologique, se soustraire à cet état de choses – c'est cela qui le définit. Elles le contraindront même, quoi qu'il veuille ou fasse, à quitter un jour sa base de départ et à s'en éloigner pour mener sa propre aventure. Une aventure qu'il croit novatrice et placée sous le signe de la découverte, alors qu'elle emprunte le chemin toujours trompeur d'un inévitable retour. Le texte de la Genèse (2,22-24), par le truchement d'une histoire de côte qui aurait été prélevée sur Adam[2] pour fabriquer sa compagne, en tire un enseignement et justifie le fait que l'homme quitte toujours ses lieux d'origine[3] pour rejoindre une femme.

Telle est la condition de l'homme : nu et exposé, sans protection et sans possibilité de repli, aussi bien au froid qu'à l'agression, voire au simple regard.

On pourrait imaginer qu'il n'a pas encore tout à fait quitté sa condition primitive, tel un rejeton persistant et tardif de son ancêtre à l'aube de l'espèce, même si sa longue aventure lui a encombré la tête d'une quantité phénoménale d'expériences qui s'avèrent avoir toutes été destinées, sans y être parvenues, à le pourvoir et à le rassurer. Pourquoi pas ? Cela permettrait de comprendre qu'il ait très tôt entrepris de se chercher un refuge, des vêtements, et que, dans cette attente, mu par l'instinct animal de la perpétuation de son espèce, il ait formé de ses mains, tout

---

2. Lacan estimait que c'est par pudeur que le texte sacré parle d'une côte. Il se serait agi pour lui d'évoquer l'os qui manque au pénis, dans la mesure où la détumescence fait obstacle à unir les deux jouissances. Pour plus de détails sur ce point, voir Chaboudez Gisèle, *op. cit.*, p. 162.

3. Ce que Lacan commente en disant, et en écrivant, que « l'homme ex-siste » (de *ex*, dehors et de *sistere*, se tenir) alors que « la femme n'ex-siste pas » – formulation que je serai amené à expliciter et dont on imagine le foin qu'elle n'a pas manqué de faire.

au long de son périple, une conque protectrice à ses génitoires. Il faudrait, pour introduire une variante ou voir les choses sous un angle différent, pouvoir encore l'imaginer parcourant, seul et voûté, l'espace désertique, soucieux de libérer ses mains pour agir sur son environnement sans courir le risque d'exposer inconsidérément ce qui lui confère son identité et dont il n'a pas su, durant l'essentiel de l'histoire de son espèce, qu'il constitue aussi son potentiel procréatif.

Mais que faire de telles images ? Qu'en faire quand des millions d'années se sont écoulées depuis et qu'un simple bouton dans la demeure confortable permet de régler à son gré la température ambiante ? Que faire de ces images quand le paysage désertique s'est mué en mégapoles grouillantes ? Que faire quand l'espace et le temps se sont à ce point rétrécis ? Quand les moyens se sont surmultipliés pour favoriser les échanges, donner toutes les assurances et garantir à chacun la pertinence et la maîtrise de ses options ? Malgré la force calculée de l'évocation que je tente, ne procéderait-elle tout de même pas d'un certain délire ?

Hélas, non ! Car, vêtements ou pas, l'être masculin demeure foncièrement nu et soucieux de masquer sa nudité, souci que la Genèse[4] met au compte de l'ingestion du fruit interdit de l'arbre de la connaissance du bien et du mal. Pour modeste, par exemple, que soit parfois le cache dont il use sur les plages, il n'en est pas moins universellement répandu. Et il ne s'agit pas plus, là, de l'effet d'une contrainte que de celui du désir de préserver l'ordre social : dans les tribus primitives, jamais un homme adulte n'acceptera de retirer son étui pénien. Force est de convenir que, s'il y a bien une chose qui semble avoir traversé le temps, c'est cette obscure réticence que l'homme manifeste à exposer son sexe, ne serait-ce qu'au regard.

Et pour cause !

---

4. Genèse, 3, 7-15.

Un organe dérangeant

Ce sexe trouble, en effet, ce bandant perpétuel ! Il l'interroge, il le poursuit, il l'habite et il ne cesse de l'inquiéter. Comme un être vivant, étrange et irritant d'avoir sa vie propre, d'être à ce point autonome, avec ses caprices, ses exigences, ses réactions incontrôlables et parfois même gênantes. Il a eu tellement de mal à s'y accoutumer avant d'en faire le plus précieux de ses biens ! Ces érections intempestives réglées, comme pour ne jamais cesser de vérifier le bon fonctionnement de la machine, par une chimie diabolique et non encore complètement démystifiée, que de problèmes elles ont posé ! Quel est le petit garçon qui ne s'en est pas trouvé effrayé et qui, troublé par la sensation subtile qui les accompagnait, ne les a pas longtemps cachées dans un mélange d'effroi et de honte quand il a cru ne pas devoir en parler ?

« Coupe-le-moi, papa, coupe-le-moi ! », disait cet enfant de 3 ans et demi, venu en pleine nuit quelques minutes auparavant dans le lit de ses parents, en baissant son pantalon de pyjama et en exhibant son pénis en érection. Quelle présence d'esprit – ou quelle émouvante et salutaire réminiscence ? – a-t-il fallu au papa pour lui répondre, dans un demi-sommeil : « Mais non, mon chéri, mais non, je ne te le couperai pas. Tu vas avoir à t'en servir la vie entière et il te permettra même, un jour, de devenir papa à ton tour. »

Quant aux érections des autres âges, combien souvent les hommes, ces ramenards toujours prêts à narrer sans pudeur leurs exploits pour masquer leurs préoccupations et leur profonde inquiétude, se sont-ils répandus en textes de toutes sortes pour les décrire d'abondance ! Il y a celles, nocturnes, inévitables et physiologiques, dont on ne sait pas exactement si elles accompagnent les rêves érotiques ou si elles les suscitent, mais dont les andrologues et les sexologues s'évertuent à pister la survenue chez leurs patients, au moyen de bagues qu'elles s'avèrent capables de briser. Celles encore de ces gênants « réveils triomphants » que chantait Victor Hugo vieillissant. Celles, prétentieuses, irréalistes et déprimantes dont font état les ouvrages pornographiques, celles qui surviennent par surprise, celles qui durent désespérément et qu'on voudrait voir prendre fin, celles qui, de façon parfois inattendue, ne durent pas assez, celles enfin qui brillent par leur absence, alors même qu'on supplie le ciel pour qu'elles ne vous humilient pas en vous faisant défaut ! Jamais les mêmes, somme toute. Mais toujours aussi également tyranniques. Comme si, impertinentes, elles s'efforçaient de convaincre que leurs ordres proviennent d'un lieu qui se joue de la logique mécaniste tout autant qu'il échappe à la maîtrise de leur porteur.

Quand on songe que Claude Bernard, le fondateur de la médecine moderne, définissait la santé comme « le silence des organes », on conçoit que les êtres masculins puissent être perpétuellement inquiets d'un organe aussi « bruyant » tant il ne cesse de se manifester. De là à ce qu'ils en viennent à le croire vraiment périssable et menacé, il n'y a qu'un pas ! Un pas dont la perspective est d'autant plus menaçante qu'il est nourri par un fantasme archaïque sur lequel je reviendrai. L'hypocondrie masculine ne se construit en tout cas pas autour d'un autre foyer. Et ce ne sont pas les cultes ithyphalliques propitiatoires des civilisations antiques qui seront parvenus à remédier à cet état de choses.

Il est inutile de le nier, de tricher ou de s'en offusquer : *pour chaque homme, son pénis est au centre névralgique de ses pensées, au point d'ailleurs que, de manière plus ou moins évidente, il y ramène tout ce qu'il a à vivre.*

Il ne sait pas en conscience – il n'a certainement jamais su, et moins encore aujourd'hui, que cette préoccupation est le dernier de ses soucis – que, ce faisant, il se met ainsi au service de l'impérieux instinct de reproduction de l'espèce. C'est que cet instinct, roublard comme il l'est dans toutes les espèces vivantes, a su en effet masquer son objectif derrière le plaisir à nul autre pareil, fulgurant et inépuisable, fourni par l'organe béni. Un plaisir pressenti au moment même où la toujours démoniaque machinerie chimique qui travaille le corps, levant la répression, ouvrant subitement les vannes et, laissant affluer le sang, confère à l'organe un aspect majestueux ou redoutable, attractif ou repoussant, selon l'humeur de celle dont la présence – et parfois seulement la pensée – a été responsable de la montée du désir. C'est alors la torture de l'attente et celle d'une expression si claire de ce désir qu'elle en rend le porteur transparent et fragile tant il est incapable de feindre.

Une transaction impossible

Dans les autres espèces animales, le désir est régulé par de longues pauses qui permettent au corps de se reprendre, de se répandre, de paresser. Les femelles humaines, elles, n'ont pas d'œstrus. Elles sont tout le temps disponibles au sexe. Ce qui rend fous les mâles évoluant sans cesse dans une atmosphère saturée de phéromones. Et, s'il n'y avait que ça, peut-être serait-ce supportable ! Mais elles sont si nombreuses, ces femmes, si attirantes et en apparence tellement prêtes à la rencontre ! Quel supplice que de devoir en choisir une, parfois deux ou tout au plus trois ou quatre, quand, sans même le vouloir, on rêverait parfois de les avoir toutes, et peu importe que ce soit une par une ou toutes ensemble ! Car « la fidélité, l'homme ne peut la concevoir que comme renoncement *malgré* le désir. Mais qu'il s'aperçoive, fût-ce au cours de l'union la plus amoureuse, que la beauté féminine des autres le laisse physiologiquement indifférent, et le spectre de l'impuissance se profilera tôt ou tard à l'horizon[5] ». Comment faire quand l'envie est si forte, la vie si courte et que chaque satisfaction donnée au sexe confère le sentiment d'avoir saisi un brin de plus de son identité et arraché une miette inaliénable autant à la certitude qu'à l'éternité ? Porté par cette étrange énergie, on n'a pas d'autre choix que de ruser. Mais ce n'est pas si simple, il s'en faut beaucoup ! Transparent en effet, puisque trahi par cette expression incontrôlable du désir qui se manifeste de façon aussi ostensible, on se trouve en effet dans l'inconfortable position de demandeur. Or on sait, selon les lois du marché, et bien mieux encore depuis que la logique des transactions a été éclairée, que le demandeur, exposé au refus du destinataire de l'échange, y occupe toujours la « position basse », son interlocuteur détenant le pouvoir d'orienter le dialogue à sa guise ! Alors, comment parvenir à ses fins sans y laisser trop de plumes ? C'est une question d'importance. Aujourd'hui surtout. Car, pendant le plus clair de l'histoire de l'espèce, l'homme ne s'est pas encombré de scrupules : mû par la violence de son désir et mis par son érection en état de le satisfaire, il l'imposait, sans le moindre état d'âme et avec la brutalité qu'on sait, à une partenaire dont l'anatomie n'avait pas besoin d'être modifiée pour permettre une pénétration, possible en toutes circonstances. Mais, depuis que les cultures s'en sont mêlées et que, langage articulé aidant, un certain formalisme a été introduit dans l'échange, ce n'est plus du tout pareil. *Celui dont l'anatomie permet de dire « non » à la copulation est pratiquement toujours, en raison de ses érections intempestives, en état de dire « oui », le manifeste et le claironne, alors que celle dont l'anatomie ne peut dire que « oui » à cette copulation passe son temps à dire « non » et à ne concéder de « oui » qu'avec la plus grande circonspection.*

5. Piera Aulagnier, *in Le Désir et la Perversion*, ouvrage collectif, Paris, Seuil, 1967, p. 60.

L'asymétrie des positions, « basse » pour le premier et « haute » pour la seconde, ne s'explique pas seulement par la place conférée, sous forme de conventions et de codes, au langage articulé par l'avènement des cultures. Ces conventions et ces codes, sans rien comprendre au mécanisme qui y présidait, n'ont fait qu'entériner et réguler la situation préalable dans laquelle se trouvaient les partenaires. Un peu comme si l'idée avait été définitivement acceptée que les hommes « ne pensent qu'à ça » alors que les femmes y seraient relativement indifférentes. On est, là encore, au sein d'un mystère de plus tissé par l'instinct de reproduction. L'homme, à la facture si simple et à l'économie si brouillonne, fabrique des spermatozoïdes par milliards et les répand à raison de cinquante millions par millilitres d'une éjaculation de plusieurs millilitres qui peut se renouveler plusieurs fois par jour depuis sa puberté jusqu'à la fin de sa vie. La violence de sa pulsion sexuelle serait mise en quelque sorte au seul service de ces semailles profuses dont rien ne lui prouve de façon patente qu'elles produisent un quelconque résultat. Comme la finalité de son acte ne peut jamais être inscrite concrètement dans son accomplissement, il est condamné à le renouveler indéfiniment.

Il en va différemment du côté féminin. On pourrait en effet dire de la femme qu'elle bénéficie d'une facture plus achevée mise au service d'une gestion intelligente et économique de son potentiel procréatif : un stock limité mais suffisant d'ovocytes – moins de deux mille, dont seulement quatre cents seront pondus – lui est imparti à la naissance ; indépendamment de son activité sexuelle, elle en pond un seul par mois pendant une période relativement limitée de son existence – les trois à quatre décennies qui s'écoulent entre sa puberté et sa ménopause. Il est probable que, relativement tôt dans l'histoire de l'espèce, elle a dû mettre en relation sa grossesse et son activité sexuelle. *En imaginant qu'elle n'ait jamais fait que subir son activité sexuelle, elle avait la possibilité d'en escompter un résultat, même s'il devait être différé*. Mue, comme les autres femelles animales, par ses « tripes », elle a découvert sans doute assez tôt que son intervention auprès des enfants qu'elle mettait au monde renforçait les résultats de l'activité à laquelle elle avait été contrainte de se soumettre. C'est probablement ainsi qu'elle est parvenue à construire progressivement les sources multiples de satisfaction que vit sa descendante d'aujourd'hui : être désirée, copuler et, par-dessus tout, mettre au monde des enfants et s'occuper d'eux.

La description de ces dynamiques différentes en ces termes a longtemps été accusée d'avoir une teinture idéologique irrecevable. Il était inadmissible – et il l'est encore pour bien des courants féministes – que soient conférées à la relation sexuelle des inscriptions dissymétriques aussi tranchées et que soit soulignée la différence de la relation entretenue aux enfants par les femmes et par les hommes. Or la connaissance récente qu'on a de la chimie des états amoureux[6] montre la manière dont ils sont réglés par une foule de molécules parmi lesquelles une hormone, l'ocytocine – qui a reçu pour cette raison l'appellation d'« hormone de l'attachement » –, intervient dans l'intensité de l'investissement que chacun des partenaires fait de l'autre, au point de créer chez chacun d'eux un état proche de celui de l'addiction aux drogues ; chacun des deux a en effet besoin de son comptant d'hormone. Or il s'avère que l'homme ne répond qu'au seul stimulus de sécrétion d'ocytocine qu'est chez lui le coït, alors que la femme dispose, elle, de deux stimuli, le coït d'une part et la relation à ses enfants d'autre part. Ce qui permet de comprendre les propos souvent amers des pères qui vivent difficilement le fait d'être souvent relégués au second rang des préoccupations des mères de leurs enfants. Propos qu'il

6. On consultera avec profit, à cet effet, Jean-Didier Vincent, *Biologie des passions*, Paris, Odile Jacob, 1986, ainsi que Lucy Vincent, *Comment devient-on amoureux ?*, Paris, Odile Jacob, 2004.

est délicat – et politiquement très incorrect – d'émettre ou de soutenir à notre époque qui a inventé et adopté, avec l'infantolâtrie, le culte nouveau qu'elle croit devoir être celui de demain.

Voilà en tout cas matière à dessiner une fois de plus l'asymétrie foncière des rapports. *L'un, n'ayant qu'une seule source de plaisir, s'attache à l'autre qui en a deux à sa disposition. L'un ne peut pas se passer de l'autre, alors que cette autre peut parfaitement se passer de lui. Qui domine l'autre ? Qui a dominé l'autre, même et y compris au sein des sociétés patriarcales ?* On répond à cette question en prenant seulement en considération ce qui est patent et visible : la violence manifestée par les hommes, aussi ostensible qu'est leur sexe, sans prendre en considération la violence féminine, infiniment plus subtile et masquée comme l'est le sexe féminin lui-même. On plaquera évidemment, sur une telle remarque, la notion intangible du respect que chacun doit marquer quant à la liberté de l'autre de disposer de son corps comme il l'entend. Il n'en reste pas moins que le couple qui s'est formé sur une entente fondée sur le libre choix voit souvent, avec la naissance des enfants, celle-ci voler en éclats. Or c'est sur ce point que peut se plaider l'existence d'une violence subtile. Car qui assurera à l'homme sa recharge en ocytocine si celle à qui il propose l'union la lui refuse ? Il est vrai qu'elle pourra toujours plaider, pour sa part, qu'elle n'en éprouve pas le besoin et qu'elle ne veut pas se forcer même si elle subodore qu'elle pourrait y reprendre goût. Les partenaires vont alors entamer une ronde infernale dont le pronostic est le plus souvent assez sombre. L'effet castrateur de ce refus se trouvant fréquemment relayé par des conduites et des propos infiniment plus destructeurs encore. C'est la voie ouverte – et combien souvent ai-je eu l'occasion de le vérifier ! – non seulement à l'adultère, à visée réparatrice sinon consolatrice, de l'homme, mais à la rupture définitive du couple.

Alors, quand on est un homme qui s'efforce d'être raisonnable, compréhensif, doux, patient et pacifique, quand on est un homme qui se veut exemplaire au regard des critères sociétaux, quand on est un homme soucieux de maîtriser ses pulsions au lieu de se laisser mener par elles, sans rien savoir de la chimie des états amoureux, on entreprend de « faire avec » cette situation comme cela a probablement dû être le cas depuis longtemps.

On s'empare d'abord du pouvoir qu'on a à portée de main. Puis de tous les pouvoirs. Pouvoir sur l'organisation, le matériel, le législatif, le politique, l'institutionnel et même le quotidien familial ! On met ainsi en œuvre les caractéristiques de sa condition. On agresse, on se rehausse, on assume ce pseudo-sceptre de phallus qu'on croît être la clef consolatrice de toutes les frustrations. On sublime, comme aiment le dire certains. C'est-à-dire qu'on déplace une partie de cette énergie, qui aurait pu servir à satisfaire toutes ces autres réticentes, inaccessibles ou interdites. On la déploie dans des entreprises où l'on peut laisser cours à ces dispositions énergétiques acquises depuis même avant la naissance. On met sa force, son brin de paranoïa, sa détermination et sa discipline au service de la conquête. On s'évertue à accumuler les bénéfices personnels. On se sert : le « moi d'abord » étant la règle de base pour chacun, pourquoi s'en écarter ? On se préserve. On se défend. On piétine. On élimine. On ramasse. On amasse. On prend de la surface. On assoit alors encore plus cette fameuse force et on la montre, assuré qu'elle rend plus attractif – n'est-ce pas la loi de tout le règne animal au sein duquel les femelles se débrouillent pour choisir les mâles les plus forts ? *À défaut d'avoir tout à fait dépassé ses frustrations, on n'a pas en tout cas perdu son temps*. Soit on a pris goût à une situation qui aiguise la férocité et on va s'y complaire indéfiniment, soit on ne perd pas de vue le bénéfice qu'on a poursuivi et qui s'avère dès lors accessible : ne suffit-il pas souvent, en effet, d'à peine claquer les doigts pour voir, docile, l'objet convoité venir au pied ?

On comprend mieux, quand on saisit l'effet négatif, pour les deux sexes, de l'absence de coït face à l'effet lénifiant de sa pratique, que les mouvements pacifistes aient pu conseiller : « Faites l'amour, pas la guerre. » On pourrait d'ailleurs aller plus loin encore en redoublant cette injonction d'autres au moins aussi pertinentes, telles que : « *Faites-vous l'amour au lieu de vous faire la guerre* » *ou bien* « *Faites-vous l'amour surtout quand vous vous sentez pris de l'envie de vous faire la guerre* » *ou bien encore* « *L'amour que vous vous faites vous coûtera toujours bien moins et vous rapportera bien plus que la guerre que vous croyez devoir préparer.* »

Les effets d'un attachement lointain

Nu donc. Préoccupé seulement de lui-même et surtout de son sexe. Soit ! Mais n'est-ce pas un peu squelettique comme description pour cet être masculin qui a tant créé et tellement modifié son environnement comme sa personne ? Comment le retrouver bâtisseur, penseur, gouvernant, conquérant, créateur, artiste, derrière cette ridicule ébauche ?

Rien de plus simple. Car cette ébauche ne lui a jamais interdit d'accéder à une palette infinie de possibles. À ceci près que ces potentialités appelées à la rescousse ne sont jamais parvenues à lui conférer un brin de sérénité, pas plus qu'à entamer son angoisse et la compulsion sexuelle qui y demeure étroitement nouée.

Il faut, pour le comprendre, l'imaginer à nouveau nu.

Mais dans un autre contexte, dans un autre paysage que celui que dessine ce rapide parcours de son ontologie, en essayant de pénétrer les arcanes de ce que j'ai esquissé plus haut de ses dispositions générales.

L'imaginer donc à nouveau nu. Plus du tout néanmoins comme l'adulte menacé, errant dans un paysage hostile et désertique, mais comme le tout-petit, frêle, lové dans les bras d'une mère avec laquelle il va poursuivre, longtemps sinon indéfiniment, l'aventure commencée au stade fœtal.

Il a eu un peu froid, quand il en est sorti. Mais c'est fini maintenant que le vaste corps l'a pris contre lui. Le voilà plongé dans un univers sonore nouveau et, au milieu de sensations reconnaissables, percevant des sensations nouvelles. La lumière frappe sa rétine qui, bien que pourvue de tous ses cônes et bâtonnets, n'avait encore jamais été sollicitée. Des ombres floues et mouvantes évoluent autour de lui. Il serait certainement perdu s'il ne reconnaissait la voix qui s'adresse à lui et les effluves odoriférants qui émanent du corps porteur qui a simplement changé sa manière de porter. Il est un garçon. C'est le regard qui a été porté sur son sexe, dès qu'il a été là, qui a permis de le dire. Ce fameux regard qu'il guettera sa vie durant, l'attendant et le redoutant à la fois. Ce regard face auquel il se sentira terriblement transparent. Ce regard qu'il ne cessera pas d'investir tout au long de sa vie sexuelle. Ce regard qu'il lancera pour jouir du spectacle de ce qu'il convoite ou bien auquel il tentera de faire apprécier sa parade en essayant, sans toujours y parvenir, de se tenir à une distance suffisamment bonne du voyeurisme et de l'exhibitionnisme. Ce regard enfin que goûte, bien que sa préoccupation lui soit personnellement étrangère, son éventuelle partenaire qui fait d'ailleurs tout pour l'attirer.

Ce sexe, que la biologie lui a fait activement construire en lui ayant dicté ses lois, a donc été reçu, reconnu, validé et nommé. Voilà décrété désormais qu'il en est pourvu et du coup intégré, dans l'univers du langage, qu'il en est porteur. Le nom qui lui est donné va pouvoir à jamais en attester. Ce qu'il ne sait pas encore, c'est que tout ce à quoi le préparait sa détermination biologique va se trouver affecté par ce que véhiculent le langage et le discours. Son sexe va connaître l'aventure longue et tourmentée du sexe des hommes et, ce faisant, devra impérativement composer, si tant est qu'il le puisse, avec l'idée qu'en a engrangée sa mère, la femme, la première d'entre toutes, la majuscule dont il est sorti et dont la trace demeurera à jamais vivace en lui.

Tout étrange et agitée qu'elle était, elle avait mis au monde quatre garçons en cinq ans, alors même qu'à chacune de ses grossesses elle avait espéré une fille et qu'elle s'était soumise, pour les trois dernières, au régime réputé pouvoir orienter le sexe avant la conception. *Quid* de son histoire personnelle, sinon qu'elle était la seule fille d'une fratrie de quatre enfants, négligée par ses deux parents et humiliée par ses frères ? Elle aurait dû somme toute se féliciter d'avoir réussi à préserver de son propre sort une fille. Elle aurait pu en rester là, et c'est ce qu'elle a semblé pendant quelques années avoir fini par faire. Mais, à la mort de sa mère, alors que son benjamin avait près de 9 ans, elle a réclamé à son mari la fille qu'elle n'avait toujours pas eue. Ce dernier a fermement refusé d'accéder à sa demande. Quel étrange désir de vengeance s'est-il alors emparé d'elle pour qu'elle ait inventé le stratagème assassin dont elle m'a fait l'aveu, accoutumée, depuis presque trois lustres, à m'entretenir de ses débats intérieurs ? Elle a commencé par me confier sa crainte de ce que l'absence de sœur ne pénalise ses garçons dans leur future vie d'homme en les inhibant devant le corps des femmes. Puis elle m'a dit combien elle avait été heureuse d'y avoir pensé. Elle avait trouvé, elle qui estimait être là pour les préserver et parer au risque, le moyen le plus simple à ses yeux : depuis plusieurs mois, elle les réunissait pour les faire assister… au changement de ses tampons périodiques !

Que feront, plus tard, ces garçons du spectacle qui aura été répétitivement engrammé en eux ? Quel usage feront-ils de l'anatomie et de la physiologie supposée de leur propre sexe comme de celles de l'autre ? Et à quoi leur servirait de lire des traités de sexologie clinique ?

La hantise, étonnante, de cette autre, c'était que l'érythème papulo-érosif des fesses de son garçon n'en vienne à lui « nécroser » – c'est le mot qu'elle a spontanément employé – le pénis. Mon amusement à sa réaction n'a pas plus réussi à la calmer que ne l'ont fait mes assurances et ma promesse d'une guérison totale des lésions en quelques jours. Quand elle est revenue sans rendez-vous le surlendemain au motif de prendre mon avis sur l'évolution que j'avais prévue, j'ai compris qu'il était urgent de ne pas en rester là. Ainsi ai-je appris qu'elle était la dernière de trois sœurs. Ses aînées, qui avaient la première trois et la seconde deux enfants, n'avaient que des filles. Sa mère était elle-même la troisième d'une fratrie de cinq filles dont aucune n'a eu de fils ou de petit-fils. Il en était strictement de même pour les quatre sœurs de sa grand-mère maternelle. Si bien que ce petit garçon était, dans la branche maternelle de son ascendance, le premier de son sexe, depuis près de cent ans ! Elle avait le sentiment, dont elle ne comprenait ni l'origine ni la logique, d'avoir « trahi un certain ordre et de devoir certainement payer pour cela ». Qu'elle eût à payer, elle, cela lui était égal. Mais il n'était pas question que ce soit son enfant ! J'ai longuement suivi ce garçon qui, malgré la poursuite du travail, mes recommandations et la naissance d'une petite sœur a été gâté au point d'en devenir évidemment insupportable. Ses résultats scolaires finirent par enfin assez préoccuper ses parents pour les amener à accepter la thérapie familiale que je leur proposais depuis déjà longtemps. Je ne suis cependant pas sûr que cela suffira à effacer en lui le pli que lui aura donné le surinvestissement dont il a été si longtemps l'objet.

Son fils l'irritait-il ou la décevait-il ? Elle ne pouvait pas en décider, reconnaissant cependant qu'elle se sentait avec lui « tout à la fois dans l'amour et dans la violence ». Fille de sa mère, dont elle se savait la préférée, elle avait une relation simple et satisfaisante à son aînée, une fille.

Mais, avec son garçon, c'était autre chose. Son récit et les éléments qu'elle apportera révéleront la manière dont elle se trouve littéralement coincée dans ce qui, plus qu'une répétition, ressemblerait à une solide forme de tradition. Sa grand-mère paternelle avait autant rejeté le père de ses enfants que le seul fils qu'elle en eut après trois filles. Sa grand-mère maternelle avait en revanche adulé un fils venu après deux filles qu'elle a aussitôt plus ou moins méprisées. En réaction à la survenue de ce frère qui l'a détrônée, sa mère prendra donc une revanche qu'elle-même se sent contrainte de poursuivre : elle avilira autant le père de ses enfants (lequel, accoutumé à l'être par sa propre mère, a dû probablement la choisir pour cela) que les fils qu'elle en a eus. Mais le mari qu'elle s'est choisi est lui-même le fils d'une mère qui, adulée par la sienne propre et rejetant ses frères, préférera ses filles à ses fils, abandonnant ces derniers à leur père qu'elle désinvestira rapidement après la naissance de ses enfants. Il en va donc comme si ce fils, qui lui pose question, se trouvait dans un champ de tir au sein duquel la gent féminine s'évertue obstinément, depuis des générations, à régler son compte au monde masculin.

Elle n'est pas venue me consulter, elle est venue me demander mon aide. Sa mère venait en effet de gagner contre elle un procès, et elle craignait le pire pour l'issue de l'appel qu'elle avait interjeté. Parce que sa mère, outre qu'elle était redoutable, était un personnage important doté d'une grande influence politique. Les choses ont pris ce tour parce qu'à la suite de ce que lui avait raconté son fils à un retour de week-end son mari et elle ont exprimé à la grand-mère leur refus définitif de lui laisser l'enfant seul. Je ne savais pas quel crédit prêter à son récit. Aussi m'y suis-je pris prudemment. Mais j'ai adhéré totalement à sa cause quand elle m'a montré le texte du témoignage que ses frères ont produit, en vain hélas, au procès. Il y était dit que leur mère avait l'habitude de les prendre avec elle dans la baignoire jusqu'à un âge avancé – douze ans pour l'un, dix pour l'autre – et que là, de façon récurrente, écartant ses jambes, elle leur montrait son sexe en disant à chacun d'eux : « Voilà d'où vous êtes sortis, mais sachez que ça vous est définitivement interdit ! »

Je pourrais multiplier les exemples vivants d'histoires d'êtres masculins tentant de se construire. Je pourrais montrer comment, tout en prenant en compte leurs déterminants biologiques, ils ne peuvent cependant pas s'écarter de la vision de ce champ qu'en ont et que leur imposent leurs mères. Je n'inventerais rien. Je ne ferais que décrire les prémisses d'aventures que tant d'hommes célèbres ont racontées comme ayant été les leurs.

Albert Cohen[7] n'a, par exemple, fait aucun mystère de la manière dont sa mère a fait de lui un objet de culte ; il a dit toute l'aide que, ce faisant, elle lui a apportée et il lui a témoigné par son écriture à la fois sa reconnaissance et son hommage. Est-ce un hasard s'il a réussi à déployer, comme il l'a fait, son impressionnant savoir sur l'âme féminine et à camper dans son héros, Solal[8], le parfait architecte d'un amour impossible au point de conduire au suicide ?

Albert Camus, interrogé le 12 décembre 1957, au moment de la remise de son prix Nobel de littérature, en pleine guerre d'Algérie, n'hésite pas à formuler cette déclaration, pathétique dans la bouche d'un philosophe engagé dans la lutte contre l'injustice : « Je crois à la justice, dit-il, mais je défendrai ma mère avant la justice. » Plus que les éléments de compréhension de sa position que nous apportent les détails des biographies qui lui ont été consacrées, la lecture de son ouvrage posthume, *Le Premier Homme*[9], nous permet de saisir la complexité du processus qui l'a conduit à une profession de foi moins métaphorique qu'il n'y paraît.

---

7. Albert Cohen, *Le Livre de ma mère*, Paris, Gallimard, 1954.
8. Albert Cohen, *Belle du Seigneur*, Paris, Gallimard, 1968.
9. Albert Camus, *Le Premier Homme*, Paris, Gallimard, 1994.

Romain Gary, quant à lui, pour faire prendre la mesure du poids que les souhaits de sa mère ont eu sur son destin, éprouve le besoin de signaler dans le fil du récit de son livre autobiographique[10] : « Il vaut peut-être mieux dire tout de suite, pour la clarté du récit, que je suis aujourd'hui consul général de France, compagnon de la Libération, officier de la Légion d'honneur et que si je ne suis devenu ni Ibsen, ni d'Annunzio, ce n'est pas faute d'avoir essayé. » C'est pour cette mère qu'il a écrit son ouvrage, pour cette mère dont on apprend qu'il recevait encore des lettres d'elle trois ans après sa mort : elle en avait écrit plus de deux cents qu'elle avait confiées à une amie pour les envoyer à son fils pendant ces années-là.

On sait tout aussi bien, et nombre d'auteurs ont fouillé cet aspect des choses, l'importance considérable qu'ont eue sur le destin de leurs enfants les mères de Marcel Proust[11] et d'André Gide[12]. Ce que résume d'ailleurs, en un vers d'un magnifique poème[13], Pier Paolo Pasolini qui écrit : « *Sei mia madre e il tuo amore è la mia schiavitù* » – (Tu es ma mère et ton amour est mon [me réduit en] esclavage).

On les multiplierait, ces exemples, en ouvrant le recrutement à d'autres pays, que la statistique ne ferait sans doute que confirmer la conclusion que dégage leur réunion. L'intéressant, c'est que, si ces différents personnages ont eu des carrières brillantes et des succès enviables, ils ont eu une vie sexuelle, qu'ils aient été hétérosexuels comme les trois premiers ou homosexuels comme les trois derniers, pendant laquelle ils n'ont jamais pu, pour ne pas les trahir, s'éloigner de leurs mères respectives. Les hétérosexuels ont tous été, à leur insu bien évidemment,

10. Romain Gary, *La Promesse de l'aube*, Paris, Gallimard, 1960, Folio 373, p. 52.

11. Michel Schneider, *Maman*, Paris, Gallimard, 1999, et Folio, 2005.

12. Jean Delay *La Jeunesse d'André Gide*, (2 vol.), Paris, Gallimard, 1956, et Jacques Lacan : *Écrits*, Paris, Seuil, 1966, p. 739-764.

13. Pier Paolo Pasolini : « Supplica a mia madre », tiré de *Poesia in forma di rosa* (1961-1964) *in Le Poesie*, Milano, Aldo Garzanti, 1975.

ce qu'on appelle des « hommes à femmes » : multipliant ainsi les aventures, ils se sont, longtemps sinon à jamais, interdit d'investir solidement une femme en lieu et place de celle qui leur avait imposé exclusivement les siens. Quant aux homosexuels, ils se sont comportés de manière plus radicale encore en s'interdisant tout simplement l'investissement d'une femme quelle qu'elle eût pu être. Pasolini le dit clairement dans le poème dont j'ai extrait la phrase précédente : « *Sei insostituibile. Per questo è dannata/Alla solitudine la vita che mi hai data* » (Tu es insubstituable. C'est pourquoi est condamnée/À la solitude, la vie que tu m'as donnée). Cela va d'ailleurs parfois plus loin encore dans les cas, comme celui par exemple de Léonard Bernstein[14], statistiquement moins rares semble-t-il qu'on ne le croirait, où des hommes ont été des « hommes à femmes » tout en cultivant l'homosexualité[15].

On pourrait évidemment introduire ici, comme instrument de lecture de ces différentes aventures de vie, le concept de phallus. On devra convenir que ces différents hommes n'ont jamais été que les phallus de leurs mères respectives. On comprendra alors pourquoi j'ai affirmé au chapitre précédent que le phallus pouvait parfaitement être détenu par des femmes.

On comprendra également sans doute la rapidité avec laquelle Marianne a fait le deuil de Markus. Elle aura compris, et la découverte de la vieille maîtresse de son mari le lui confirmera, que Markus, qu'elle a vécu comme

---

14. Léonard Bernstein, marié et père de famille, collectionnait autant les maîtresses que les amants (www.8notes.com/bibliographies/bernstein.asp).

15. Parce qu'elle n'entre pas dans mes propos, je n'entame pas ici une réflexion cependant possible qui mettrait en parallèle d'une part la Grèce antique, avec son Panthéon, et l'homosexualité constituée, dans certaines couches de la société, comme une norme du comportement masculin, et d'autre part le monothéisme hébraïque qui, conférant un rôle fondamental au père, classait l'homosexualité comme une abomination.

détenant le phallus, avait certainement été celui de sa propre mère. C'est au plus intime de cette mécanique démoniaque que se joue la tragédie. Car Markus, l'artiste qui s'appuie plus sur son art que sur les discours, a sincèrement tenté avec elle, pendant onze années, de sortir du statut qui avait peut-être été longtemps le sien. Il avait en apparence réussi, avec certes l'aide préalable de cette vieille maîtresse. Il aura été en quelque sorte bigame. Sans doute parce qu'il avait senti qu'il lui fallait au moins deux femmes pour le débarrasser tout à fait du statut dans lequel l'avait éventuellement mis sa mère. On peut se demander, soit dit au passage, si ce n'est pas une intuition de cet ordre qui aura présidé, sur un mode empirique, à l'officialisation de la polygamie dans nombre de sociétés antiques soucieuses de permettre aux hommes un plus grand détachement de leurs mères. C'est en tout cas elle, Marianne, qui a ruiné l'effort de Markus et qui l'a replongé dans le statut qu'il avait fui. C'est comme si elle lui avait signifié la vanité de son entreprise en investissant dans David, un « homme à femmes », autrement dit un individu condamné, lui, à ne pas cesser d'être le phallus de sa propre mère. À lire le parcours de Marianne comme celui d'une errance allant d'un phallus de mère à un autre phallus de mère, on est contraint de convenir que ce « être phallus d'une mère » ne lui parle à ce point que parce qu'elle est, elle-même, le phallus de la sienne. C'est ce que laissent entendre, en filigrane et avec une justesse stupéfiante dans le montage, la présence et les interventions ponctuelles de sa mère, l'omniprésente Mamy. Prendre un amant pour Marianne équivalait, comme c'est souvent le cas pour les femmes, à tenter d'interposer entre sa mère et elle un personnage de plus que Markus. Mais prendre David pour amant était en même temps une manière d'allégeance à sa mère, allégeance survenue après – je le rappelle – qu'elle eut constaté, au cours de cette répétition du quatuor de Brahms, que sa fille semblait n'avoir pas besoin d'elle. Ce qui laisse entendre qu'elle avait elle-même voulu faire de cette fille son propre phallus. *Morale de l'histoire : quand deux phallus se rencontrent et se conjoignent, le drame est inéluctablement au bout de leur parcours ! Morale de la morale : quand les mères cesseront-elles donc de faire de leurs enfants leur phallus ? Morale de la morale de la morale : quand elles conféreront au père de leur enfant ce phallus qui leur brûle les doigts – perspective qui s'éloigne tant, et à une si grande vitesse, qu'elle frôle désormais l'utopie.*

Une preuve de la pertinence de l'analyse que je propose se trouve dans la multiplication récente des unions précaires : l'homme qui refuserait de contracter un mariage ne le ferait pas pour crier, haut et fort comme il prétend vouloir le faire, un amour suffisamment sûr pour pouvoir se passer de contrat, mais tout simplement parce que le rapport ancien que sa mère a tissé à lui continue à son insu de lui interdire d'investir dans sa vie une autre femme qu'elle. La femme se situe, quant à elle, comme on le verra, dans la même logique, en ne prenant pas le risque de désinvestir une mère, qui le lui interdit, au bénéfice d'un homme. Ce n'est d'ailleurs pas un hasard si, sur le plan historique et sociologique, ces formes d'unions ont émergé après que le pôle paternel de la cellule familiale a été affaibli.

Dialogue illustratif entre une bru et sa belle-mère – qui permet d'imaginer ce qu'il en serait entre ces deux femmes si la plus jeune avait été simplement la compagne du fils :

— Vous êtes certes sa mère, mais je suis sa femme.

— Pour l'instant ! Moi, je serai toujours sa mère.

À saisir de cette manière cet aspect des choses, on ne peut pas non plus éviter d'examiner un comportement paradigmatique, celui de Don Juan – et de ses parangons : chaque femme nouvelle ne servirait en réalité qu'à renforcer chez lui son lien premier à une mère dont il a été et dont il continue d'être le phallus. Ne le dit-il pas clairement quand il déclare, dans l'opéra de Mozart[16] : « Laisser les femmes ? Insensé ! Laisser les femmes ! Sais-tu que, pour moi, elles sont plus nécessaires que le pain que je mange, plus que l'air que je respire... » en poursuivant ce qu'il importe d'entendre par-delà les faits dont il est question : « C'est l'amour qui, à une seule, est fidèle et cruel envers les autres. » Ce qui n'est d'ailleurs pas, en soi, sans devoir angoisser l'impénitent séducteur. Car le retour à la surface du lien enfoui va raviver en même temps une horrible crainte fantasmatique : celle de voir son père découvrir cet attachement interdit et le punir en le... châtrant ! Le fantasme va donc, à son tour, engendrer une nouvelle angoisse, laquelle ne pourra être combattue que par un nouvel acte sexuel destiné à le rassurer, au moins pour le temps qu'il dure, sur l'intégrité de ses génitoires. L'acte sexuel va raviver à nouveau le lien premier puis l'angoisse... le tout produisant un cercle vicieux infernal dont il lui sera pratiquement interdit de sortir. Alors, Sisyphe à sa manière et pitoyable comme il l'est au fil du déroulement d'un texte opératique qui ne montre jamais le moindre de ses succès, il chargera son valet Leporello de « faire sa pub » et de déployer un catalogue assorti d'une comptabilité – le fameux *In Espania, mile e tre*. Comme s'il avait compris qu'il devait bien y avoir des femmes susceptibles de deviner l'amour dévorant qu'il porte à sa mère et qui, partageant la même fascination que lui pour la leur, ne pourront que vouloir s'unir à lui[17]. Une telle vision des choses permet de mieux comprendre l'insistance de Donna Elvira à le poursuivre d'un amour

16. *Don Juan*, opéra de Mozart sur un livret de Lorenzo Da Ponte, Acte II, scène 1, *L'Avant-Scène Opéra*, n° 172, traduction de Michel Noiray, Paris, Premières Loges, 1996.

17. Un père de ma clientèle, qui s'était constitué un véritable harem au sein duquel chacune des femmes savait l'existence des autres, me disait : « Moi, je ne suis pas un dragueur. Je ne cours pas après les femmes. Je ne vais pas les chercher. Ce sont elles qui viennent à moi. Il doit y avoir quelque chose chez moi qui les attire. Mais quoi ? »

dont il ne veut pas, alors que Donna Anna, fille, elle, de son père, le poursuit de sa vengeance !

On ne peut cependant pas imaginer que la distribution des fils de ces diverses mères phallophores en hétérosexuels et homosexuels puisse être un effet du hasard. Pourquoi, en effet, ceux-là sont-ils ainsi et d'autres autrement quand, pour les uns comme pour les autres, l'investissement de leur mère a été toujours aussi massif ? J'avancerai pour ma part que cela tient probablement à la sexualité des mères elles-mêmes. *Les mères des « hommes à femmes » ont dû se vivre assez comme femmes assumant leur sexualité pour que leurs fils aient pu en prendre acte.* Cela conduira chacun d'eux à tenter d'appréhender, dans le spectacle démultiplié d'orgasmes féminins, celui que sa mère aurait pu éprouver au moment de sa conception. *Les mères des homosexuels ont dû, en revanche, subir sinon haïr plus qu'assumer leur sexualité féminine. Ce que leurs fils, qui ont perçu cet état de choses, ne veulent probablement pas, à leur insu, faire vivre à d'autres femmes.* Lacan ne professait-il pas qu'« à mère sainte, fils pervers » ?

Bien sûr que les histoires qu'on peut entendre, ou la perception que chaque individu peut avoir de la sienne propre ou de celle de son comportement, n'entrent pas dans les tableaux succincts que j'ai brossés. Bien sûr que les nuances ne manquent pas ! Il n'y a même qu'elles ! Bien sûr qu'il y a beaucoup, beaucoup d'hommes qui, sans avoir une vie sordide, un physique ingrat ou être inhibés, ont fondé des ménages solides au sein desquels ils s'estiment heureux ! Bien sûr qu'il y en a – et je m'attarderai un peu plus loin sur leur destin commun – qui ne se cassent pas plus la tête qu'ils ne se posent de questions ! Tant mieux ! Il n'en reste pas moins que, tôt ou tard, aujourd'hui plus que jamais, un homme, si satisfaisante que soit sa situation, peut devoir affronter plus ou moins ouvertement, dans cette question du sexe, la grande constante de son inquiétude... et de sa liberté !

Souvenons-nous une fois encore du Dr Herbert, le héros de *Eyes Wide Shut* : il aurait bien continué toute sa vie, lui, à exercer son métier lucratif de médecin, à se fumer de temps à autre un pétard, à être le petit garçon gentil et obéissant de ses vieux patients aussi riches que pervers ; il serait tout aussi volontiers demeuré avec sa si jolie femme sans rien demander de plus. Mais voilà qu'une question lui vient, et il ne peut plus s'y faire sourd ! Il découvre alors l'étendue de la préoccupation centrale des hommes les plus estimables qu'il croyait avoir approchés. On est heureux pour lui qu'alors qu'il ne sait plus comment faire sa femme lui apporte la solution dans la toute dernière réplique du film : « *To fuck*, baiser ! » Aux siècles précédents, quand les hommes n'avaient pas une épouse pour leur proposer cette solution et qu'ils allaient chercher leur réponse dans les bordels, la syphilis œuvrait à tour de bras. Les mœurs plus libres d'aujourd'hui n'ont pas tant bloqué le questionnement par la crainte du sida – dont le statut n'est pas strictement superposable à celui de la syphilis – que révélé la misère sexuelle de sujets perdus dans le lacis inextricable des déterminants de leur histoire. Les plus angoissés, pour ne pas dire les moins résignés, qui savent en avoir les moyens n'hésitent pas à combattre cet état en sniffant de la cocaïne – le cartel de Médéline a encore de beaux jours devant lui !

Comment encore croire, après tout cela, qu'un homme puisse habiter sereinement son sexe, avoir le moindre pouvoir sur son pénis et s'en servir de la façon que les livres pornographiques décrivent comme banale, que les traités sexologiques décrivent comme une norme et que les traités érotiques disent pouvoir être atteinte ? Alors même que l'usage de ce sexe est littéralement subverti par ce que l'histoire fait transiter jusqu'à lui ? Et ça ne va pas toujours dans le sens de la dépravation.

Je me souviens en effet de la surprise que j'ai éprouvée en entendant les propos véhéments du père d'une fillette asthmatique de 3 ans et demi que je suivais depuis plusieurs mois. Je le rencontrais, lui, pour la première fois. Et je dois dire que je me suis aussitôt demandé, le voyant aussi replié sur lui-même, comment il avait pu être l'élu de cette jeune mère ravissante qui respirait la sensualité. Parce que sa présence m'offrait une chance de comprendre le malaise que j'avais perçu derrière le symptôme de l'enfant, je l'ai remercié de sa présence et je lui ai demandé ce qu'il pensait de la maladie de sa fille. « C'est la faute de sa mère, tout est la faute de sa mère ! », m'a-t-il crié presque au visage. Avant même que je réagisse, il a poursuivi : « Je ne sais pas ce qu'elle lui fait, mais je suis sûr qu'elle doit lui faire quelque chose, parce qu'elle ne se gêne pas pour faire ce qui lui passe par la tête, même si ça dépasse les bornes. Et pas seulement à ma fille, mais même à moi ! » Comme sa réaction m'a surpris au point que j'ai dû le manifester par une mimique, il s'est penché alors vers moi par-dessus le bureau, comme pour me prendre à témoin d'homme à homme avant de poursuivre dans un mélange de colère et de rage : « Vous ne savez pas ce qu'elle peut faire et qu'elle trouve normal ! Vous ne savez pas, à la voir comme ça ! Vous ne pouvez pas imaginer ! Vous lui direz, vous, parce qu'elle vous écoute ! Quand on est au lit, cette dégueulasse, vous savez ce qu'elle me fait ? Elle me prend le sexe dans la bouche ! C'est pas croyable ! Et quand je lui dis que c'est dégueulasse, elle me répond : "Mais non, c'est bon !" Vous vous rendez compte, docteur ! » Sur la fin de sa tirade, son visage avait pris une expression profondément dégoûtée et il a même eu un haut-le-cœur.

Aurais-je pu ou dû lui conseiller la lecture d'un de ces nombreux ouvrages destinés à instruire dans le domaine du sexe ?

Une peur panique par laquelle tout commence

On aura bien sûr remarqué que, aussi bien pour les auteurs dont j'ai parlé que pour les cas que j'ai racontés, je n'ai parlé que de l'influence – dans ces occurrences – excessive et nuisible des mères et de la responsabilité qu'elles ont dans le devenir de leurs garçons. Comme si ces garçons n'avaient pas de pères, alors même que, ne manquera-t-on pas de relever, il leur a bien fallu en avoir un pour au moins venir au monde ! Si étonnant que cela puisse paraître, ces sujets masculins n'ont effectivement pas eu de père, tout du moins au sens fonctionnel du terme. Ils n'ont eu que des géniteurs, ces porte-sperme qui demeurent encore indispensables à la procréation mais qui, de leur fait ou de celui de leurs compagnes, ne sont pas autorisés à interférer de quelque façon que ce soit dans le devenir que les mères ont assigné à leurs enfants. S'agit-il de cas extrêmes ? Bien moins qu'on ne le croit. Car un regard jeté sur l'aventure humaine suffit à montrer combien l'intervention des pères dans le destin de leurs enfants a été et demeure souveraine tout en étant une véritable gageure[18]. Tout autant sinon plus, pourrais-je dire, que l'est la mise au monde elle-même, dont l'existence entière semble n'être jamais que le parachèvement.

Mais en quoi ce défaut de père intervient-il dans le destin des enfants, filles ou garçons ?

Parce que en l'absence d'un père susceptible de la leur faire relativiser les unes comme les autres vont avoir de leur mère une peur si grande et tellement sidérante qu'elle les poursuivra leur vie entière. C'est en effet cette peur proche de la ter-

18. Pour plus de détails, on peut se reporter à Aldo Naouri, *Les Pères et les Mères*, *op. cit.*

reur, et elle seule, cette peur récurrente qui n'est pas, il ne faut pas l'oublier, sans intervenir sur les mécanismes même de l'érection, qui est capable d'expliquer que des êtres, aussi dotés de moyens intellectuels que peuvent l'avoir été les auteurs dont j'ai parlé, n'aient pas réussi à changer d'un iota la direction donnée à leur existence. Pour concevoir que cette peur ait pu garder la même intensité et demeurer permanente et facilement mobilisable, on ne peut l'imaginer d'abord que considérable et ensuite suffisamment enfouie pour être soustraite à tout traitement. Ce qu'elle est toujours : dans l'état même dans lequel elle a été conçue et dans une zone strictement inatteignable de la psyché. Comme elle est survenue, avec l'intensité qu'on peut lui deviner, au cours de cette phase de développement d'avant l'émergence de la parole et qu'on appelle, pour cette raison, « archaïque », aucun langage ne peut jamais l'atteindre ou la retrouver pour la chasser, la tempérer ou l'amender. La preuve en est que des personnes fort estimables – j'en connais personnellement un certain nombre – sont demeurées, même après de longues années d'une psychanalyse bien menée, pour certains des « hommes à femmes » et pour d'autres les homosexuels qu'ils étaient. Cela explique aussi que le psychanalyste Wladimir Granoff, si doué (il parlait couramment sept langues) et si brillant (il a été membre didacticien de la Société psychanalytique de Paris à moins de trente ans) qu'il ait été, ait pu encore éprouver, en 1989, à l'âge de 65 ans, le besoin d'écrire sur un ton quasi enragé dans une lettre à sa mère[19] : « Je te rappelle en passant que, depuis 1959, je suis médecin-chef du centre médico-psychologique infantile de la ville de Nanterre [...]. Avec ta prétention habituelle, tu parles d'un sujet dont je suis comme par hasard un spécialiste, et toi tu es d'une ignorance absolue sur ce même sujet. »

---

19. Wladimir Granoff, *Le Désir d'analyse*, Paris, Aubier, 2004, p. 259.

Cette peur, dont je prétends qu'elle est l'événement majeur de l'existence humaine, se met en place pour tous les bébés sans distinction de sexe, sans exception et quoi qu'on fasse ou veuille faire, à la suite d'une cascade de microcatastrophes inévitables et qui se succèdent, dans le troisième trimestre de la vie[20], au moment où les sens commencent à s'aiguiser, la perception à s'affiner, la motricité à mieux se coordonner et le vécu de soi à émerger.

Cela se déroule selon un scénario à peu près immuable : le bébé, pour une raison quelconque, va appeler sa mère, laquelle ne va pas lui répondre sur-le-champ, là aussi pour une raison quelconque (elle est sous la douche, elle est au téléphone, elle est allée chercher le courrier, etc.). La récurrence des incidents va faire progressivement prendre au bébé une vague mais toute nouvelle et effrayante conscience de son immaturité. Il en déduira à sa manière que, s'il peut, comme il l'a toujours fait, compter sur sa mère pour le maintenir vivant, cette dernière pourrait, après tout, décider à son seul gré de ne pas le maintenir en vie. Il vient de percevoir confusément qu'il est mortel, mais il n'a pas d'autre moyen que de condenser cette perception sur la personne de sa mère. Il en viendra à la doter, quoi qu'elle fasse et à son corps défendant, d'une véritable « toute-puissance », terrorisante et proprement aliénante. À côté des sentiments tendres qu'il ne cesse de lui porter, il va concevoir d'elle une peur panique quasi paralysante contre laquelle il tentera de réagir en dressant, sans beaucoup de moyens et sans grande conviction, sa propre et dérisoire toute-puissance : c'est l'âge où il la testera en s'évertuant à jeter par terre tout ce qui est à sa portée pour le lui faire ramasser, en développant une

20. J'ai décrit tout cela dans certains de mes ouvrages, mais très en détail dans : Aldo Naouri, *L'Enfant bien portant*, Paris, Seuil, 2004, p. 355-362. J'y ai montré comment cette étape cruciale du développement en arrive à mettre également en place, dans la psyché, l'ébauche d'une conscience de la vectorisation du temps.

conduite capricieuse destinée à la désarçonner, en s'accrochant éperdument à elle, etc. Mais, quoi qu'il fera, il restera avec sa terreur d'elle, laquelle culminera au stade qu'on dit être le « stade du miroir », qui survient autour du neuvième mois et où l'acmé de l'angoisse va se résoudre peu à peu dans une forme de résignation. Il me semble important de relever que l'intensité de cette peur sera toujours inversement proportionnée à toute disponibilité que la mère avait développée jusqu'alors : elle sera infiniment plus grande chez le bébé qui aura toujours été l'objet de soins si attentifs que ses besoins auront toujours été satisfaits sur-le-champ que chez celui qui, pour toutes sortes de raisons directement dépendantes des conditions de vie de la mère, aura dû faire l'expérience de l'attente et celle de la satisfaction différée de ses besoins. C'est la raison pour laquelle la psychanalyse convient que la manière actuelle d'élever les enfants, sur un mode que je dénonce comme consécutif à l'infantolâtrie[21] idéologique, fabrique à tours de bras des structures « obsessionnelles » au sein desquelles la peur de la mort a une place prépondérante.

Quelle que soit son intensité, cette peur ne pourra s'amender quelque peu que si le bébé constate que sa mère, cet être au pouvoir si terrorisant, semble comme par miracle l'être infiniment moins en présence de cet individu, étrange et familier à la fois, qui rôde dans l'environnement et qu'on lui a dit être son père. Or, pour que cette mère puisse être perçue de la sorte par son bébé, encore faut-il qu'elle lui permette de sentir que ce père compte pour elle et qu'elle en est suffisamment impressionnée pour ne pas se croire autarcique dans sa conduite et dans les décisions qu'elle prend. C'est la définition la plus précoce et la plus précise que j'ai été amené à donner de la fonction paternelle, en associant dans mon observa-

21. Aldo Naouri, *Les Pères et les Mères*, *op. cit.*

tion les caractéristiques comportementales des bébés à la manière dont ils fabriquent et vivent leurs maladies. La psychanalyste anglaise Melanie Klein – que Lacan qualifiait de « géniale tripière » – n'a-t-elle pas, elle aussi, élaboré toute sa théorie de l'approche thérapeutique des enfants petits sur, entre autres concepts, ce qu'elle appelait le « mauvais objet » et que pouvait être une mère ?

Voilà qui conduirait à soutenir que les mères seraient, de par leur seule condition, peu ou prou de « mauvais objets ». Et ce, en raison du fait qu'il n'y aurait jamais eu, somme toute, que des pères de pacotille. Condition dont on imagine combien elle s'est aggravée de nos jours. On en a une preuve aisément vérifiable dans le fait que, de tout temps et en tous lieux, les hommes ont eu peur des femmes[22]. Ils en ont plus ou moins peur, mais ils en ont toujours peur. C'est un fait admis et dont on ne mesure probablement pas assez l'effet potentiel sur la dynamique de leur désir. Ce qui l'est moins et qui est généralement occulté, c'est que les femmes, elles aussi, ont toujours eu et ont plus ou moins peur des femmes. Ce qui reviendrait à dire que les femmes font autant peur aux hommes qu'aux femmes[23]. « La femme est ennemie de la femme, comme l'homme et autant que lui », déclare un personnage féminin de Goliarda Sapienza[24]. Or on ne peut comprendre l'existence d'une telle peur qu'en la rapportant précisément à cette peur ancienne enfouie dont je viens de faire état et qui est rattachée, parce qu'elle a précipité

---

22. On peut se reporter pour le développement de cet aspect des choses au livre de : Jean Cournut, *Pourquoi les hommes ont peur des femmes ?*, Paris, PUF, 2001.

23. Cette réflexion autour des comportements sexuels et de la peur des femmes m'a fait revenir en mémoire, en me permettant de mieux la comprendre, une citation anonyme que j'avais relevée dans mon adolescence parce qu'elle m'avait beaucoup frappé. Elle énonçait que « l'amitié, les hommes avec les hommes la vivent, les femmes avec les femmes la miment, les femmes avec les hommes la risquent, les hommes avec les femmes l'inventent ».

24. Goliarda Sapienza, *L'Art de la joie*, Paris, Viviane Hamy, 2005.

sur elle, à celle que les unes et les autres ont conçue de la première femme qu'ils ont rencontrée dans la personne de leur mère.

Une stratégie intelligente contre la peur

Je n'ai bien sûr rien laissé entendre de cet ordre jusqu'à présent et en particulier lorsque j'ai esquissé les rapports passionnels que le petit garçon entretient à sa mère. C'est vrai. Mais c'est seulement parce que j'ai décrit et situé ces rapports à un âge où tout ce qui avait pu auparavant paraître effrayant a commencé à être géré au point qu'il sera plus tard refoulé. Or c'est probablement le désir de parachever ce refoulement qui explique le choix de la voie de l'amour que le petit garçon va mettre en place. Il ne s'agit pas d'un comportement né *ex nihilo*. Il ne s'agit pas non plus d'un stade ou d'une phase de développement redevable à la seule violence de la pulsion sexuelle. Il s'agit d'une véritable opération stratégique. D'une opération stratégique qui, pour inopérante qu'elle s'avérera être le plus souvent, n'en demeure pas moins d'une prodigieuse intelligence.

Je prétends que ce que l'on désigne depuis Freud sous le terme de « phase œdipienne », pendant laquelle se manifeste l'attachement du petit garçon à sa mère[25], ne se met en place qu'en raison même de la présence de cette peur du tout petit âge dont ce petit garçon, admirable économe et métaphysicien hors pair comme tous les enfants, cherche absolument à se débarrasser. Sa tonalité comme son intensité et ses chances de succès seront d'ailleurs strictement proportionnées à l'intensité de la peur elle-même.

---

25. Comme dans le cas que j'ai exposé de ce garçon qui coursait sa mère en lui disant vouloir lui « faire l'amour ».

Reste à comprendre comment le petit garçon va procéder. Il n'a aucun doute sur la propension de sa mère à lui vouloir du bien, elle ne cesse d'ailleurs pas de le lui prouver. Il n'en demeure pas moins hanté, père présent ou non, par la crainte que, par un retour accidentel à ses vieux démons, elle puisse cesser de lui vouloir ce bien. Il en conclut que, s'il se rend on ne peut plus agréable à elle, elle ne pourra plus jamais se laisser aller à lui vouloir autre chose que ce bien. Il va donc tenter par toutes sortes de moyens de la séduire. Il va utiliser pour ce faire cette pulsion sexuelle dont il a traversé les différents stades, oral, anal et enfin phallique. Il va donc offrir les services de son pénis en étant certain, tant lui-même l'investit, qu'il sera apprécié. Il est d'ailleurs tellement convaincu de la pertinence de son initiative qu'il va faire de cet organe et de son efficience la parade la plus sûre contre la mort. Cela ne va pas seulement contribuer à forger sa gestuelle sexuelle ultérieure, cela va conférer à l'organe une centralité si grande dans le vécu qu'il en a qu'il assimilera son éventuelle perte à la mort. C'est pour cette raison que les psychanalystes d'obédience lacanienne ne parlent pas d'« angoisse de mort » mais d'« angoisse de castration ».

Après bien des années d'obstination, il en arrivera à devoir prendre acte, un jour, que sa mère lui est interdite. Il va y renoncer. Non pas de gaieté de cœur, mais seulement parce qu'il prend peur de son père qui pourrait certainement aller jusqu'à le châtrer. Cette peur, nouvelle, du père va, à partir de là, amender quelque peu la peur ancienne de la mère, voire la remplacer. C'est elle, cette peur du père, qui va opérer la véritable coupure du cordon ombilical. C'est elle, et elle seule, qui va permettre à ce garçon de renoncer à sa mère et de s'éloigner d'elle. À condition toutefois qu'elle y consente, elle ! C'est-à-dire qu'elle ne redouble pas d'attention à son endroit pour se consoler elle-même de sa limite et se faire pardonner de le priver de la satisfaction qu'il espérait. Qu'elle renonce à lui faire croire que, malgré cette frustration qu'elle lui impose, elle demeure « toute » pour lui et qu'elle n'a pas d'autre but que de lui donner « tout ». Car, si elle s'obstine à l'entretenir dans une illusion de cet ordre, elle l'empêchera de faire son deuil de l'inceste dans lequel il était prêt à plus ou moins sombrer.

Entré en revanche dans la loi de l'espèce, la Loi de l'interdit de l'inceste, grâce à la peur de son père et à un comportement sain de sa mère, néanmoins édifié par la dimension hétérosexuelle de l'amour qu'il a conçu pour cette dernière, il se consolera en se promettant de trouver plus tard une femme qui lui ressemblera le plus possible. Tout cela restera en lui à l'état de traces mnésiques qu'un rien pourra à tout moment réveiller. Ce n'est donc pas par hasard s'il lui arrivera souvent de retrouver plus tard avec une émotion intacte, dans une aventure adultérine, l'attrait enivrant de femmes interdites.

On a tort de penser que cette phase œdipienne est toujours transitoire et qu'elle s'achève tôt ou tard dans le développement du garçon. Les histoires des auteurs que j'ai cités démontrent en effet combien souvent elle se pérennise quand elle ne s'éternise pas. Il n'y a là rien d'extraordinaire. Car, je le répète ou bien ils n'ont pas eu de père du tout, ou bien ceux qu'ils ont eus ne comptaient pas beaucoup pour des mères prêtes à leur concéder les places de géniteurs et de pères sociaux tout en les invitant à ne pas se mêler des rapports qu'elles instauraient à leurs fils. Il s'agit donc, dans tous les cas, d'une aventure réduite à au moins une aventure à deux, dans laquelle, comme on l'aura compris, la mère est loin, bien loin, d'être neutre.

Le violent attachement initial qu'elle marque à l'endroit de son enfant – garçon ou fille[26] –, s'inscrit dans le fil on ne peut plus logique d'une aventure que j'ai déjà plus ou moins longuement décrite. Il a séjourné dans son ventre,

---

26. Je serai amené à traiter plus loin de la phase œdipienne de la fille, dont la stratégie est plus périlleuse que celle du garçon.

et elle lui a apporté tout ce dont il avait besoin pour advenir à la vie : chaleur, protection, oxygène et nutriments. Elle l'a même pourvu, dans son cerveau sensoriel, de tout ce dont il pouvait avoir besoin pour communiquer avec elle : reconnaissance de sa voix, de son odeur, du goût des aliments qu'elle absorbait, de sa manière de se mouvoir, lesquelles contribueront, après la naissance, à la faire reconnaître visuellement. Elle est son univers. Elle est le lieu d'origine de sa vie. Elle est la source de la vie qui se répand jusqu'à lui et en lui. Et, jusqu'à cette horrible phase transitoire d'installation de la peur, il l'identifiera comme telle et il la créditera de tout ce qui peut contribuer à sa sécurité et à sa propre survie.

Il avance alors sur cette lancée dans la vie. Mais à regret et à reculons, sans parvenir à la quitter des yeux, entretenant même le fantasme de retourner entièrement en elle. Il en est fasciné au point de vouloir se fondre à elle, de se vouloir elle. Au point qu'il en arrive, dans un éclair de passion, à entrevoir le possible sacrifice de l'organe qui le rend différent d'elle – ce que j'ai signalé plus haut comme « fantasme archaïque ». Mais il se rétracte aussitôt en prenant acte que cet organe fonde son identité propre. Il reviendra sur la concession imprudente qu'il était prêt à faire et qu'il remplacera par la promesse d'être plus tard comme elle. C'est, hélas, déjà trop tard : il a si bien compris que son organe pouvait lui être ôté qu'il se prépare à en faire le plus précieux de ses biens et marquer désormais à son endroit une vigilance obsessionnelle. Il ne pourra plus vivre sereinement sa possession au point de fantasmer en toute occasion la menace dont il pourrait être l'objet. Enfermé dans son dilemme, il regimbera contre la loi qui lui est imposée mais qu'il ne peut pas transgresser sans courir les plus grands risques. Il haïra en silence ce père, potentiellement castrateur, qui lui intime parfois l'ordre de détourner son regard de sa mère, de se retourner et d'avancer plus naturellement dans la vie. Comment pourrait-il d'ailleurs ressentir autrement les choses, tout logique que soit leur ordre, quand il sait qu'au bout de son chemin il ne pourra pas ne pas avoir à se jeter dans le gouffre de la mort qui est son destin ? Voilà qui va convertir, une fois que commence à être enfouie la peur engrammée, la fascination de sa mère en un amour si puissant qu'il constituera la matrice de toutes les amours ultérieures. Il ne se gêne pas pour le manifester, pour le lui signifier, pour le lui dire, pendant sa phase œdipienne, histoire de continuer à enfouir la peur. Dans les meilleurs cas, il finira, grâce à son père, par s'éloigner d'elle et se chercher une femme enfin autorisée. C'est alors qu'il la retrouvera. Car la femme qu'il aura trouvée, il l'aura choisie en raison d'une empreinte chimique – équivalente à une empreinte digitale – que son cerveau sensoriel olfactif aura gardée de la trace de ses phéromones. Sans le savoir, c'est comme les animaux qu'avec son nez[27], et plus particulièrement avec ce qui lui reste de son organe voméro-nasal, il aura suivi la piste, jusqu'à le retrouver. C'est ce que j'ai appelé, au début de ce chapitre en citant la Genèse, une aventure de retour.

Mais il n'a jamais été et il n'est bien sûr jamais seul dans ce long et difficile parcours : indéfectible, sa mère a été là, toujours là, pour l'accompagner.

Elle n'a pas pu en effet, elle, rester insensible à tout ce qui est venu ainsi rehausser l'exploit d'avoir donné la vie à un être qui a fait d'elle, en toute innocence, le centre de son monde. Il lui faudrait être folle, ou mue par de sérieuses et bien suspectes raisons, pour reculer devant un tel privilège. Tout est de fait en place pour que l'échange ne cesse jamais d'être satisfaisant. Elle dispose à portée d'elle de l'être qui va pouvoir enfin, dans le statut nouveau auquel elle accède, demeurer indéfiniment attaché à elle, la consoler, compenser ses frustrations, la venger de tou-

27. Il est intéressant de relever à ce propos que le commandement décalogal, quand il dit en hébreu l'interdit de l'adultère, dit *lo tinhaf*, lequel signifie tout aussi bien « ne sens pas », au sens olfactif du verbe sentir.

tes ses humiliations et l'installer dans la puissance qui lui avait été refusée jusque-là – on retrouve, ce disant, encore une fois la notion de phallus à laquelle le pénis de ce garçon va conférer un brin de consistance sinon de matérialité. Au mépris de la loi et des injonctions de ce père dont souvent elle n'a cure[28], elle va tisser autour de lui, comme un véritable fourreau, un utérus virtuel extensible à l'infini dans lequel elle va l'enfermer sa vie durant.

Pourquoi et comment une situation aussi satisfaisante pour les deux parties peut-elle prendre fin ?

De fait, elle ne prend jamais fin, ou du moins rarement – il y a assez peu de Folcoche[29] dans le monde des mères. Sur un mode plus ou moins flagrant, elle dure la vie entière, pour les mères comme pour les enfants. C'est pourquoi j'ai dit plus haut que, *pour un homme, la rencontre avec le corps d'une femme, quel que soit son rang, met toujours cette femme en rang deux, le rang un étant à jamais occupé par sa mère*. À ceci près, néanmoins, que, dans les exemples des auteurs que j'ai cités, ce rang un a pris une place si grande qu'il n'y en a même plus la moindre pour qui que ce soit d'autre. Ce qui ne signifie pas pour autant que l'accès à une femme ait été totalement interdit par la plupart de ces mères à leurs fils. Mais un tel accès ne devrait en aucun cas autoriser ces fils à installer durablement une telle femme dans leur vie. C'est parfaitement clair dans le récit de Romain Gary : sa mère, à l'opposé de celle d'André Gide, n'a cessé de lui intimer clairement l'ordre de devenir le plus performant des séducteurs. Il se lance d'ailleurs, en une paire de pages

28. En 1987, une journaliste, dont je soignais les petits-enfants et qui voulait me remercier d'une interview que je lui avais accordée, m'a demandé lequel de mes ouvrages je voulais voir cité. Je lui ai indiqué *Une place pour le père*, Paris, Seuil, 1985. Elle m'a interloqué en me déclarant sur un ton véhément : « Une place pour le père ? Mais pour quoi faire, grands dieux ? »

29. La mère du narrateur dans le roman d'Hervé Bazin, *Vipère au poing*, Paris, Le Livre de Poche, n° 58, 1954.

écrites au vitriol, dans une attaque de la psychanalyse à laquelle il reproche d'avoir soutenu que le garçon pouvait éprouver un désir sexuel pour sa mère. Il affirme n'avoir pour sa part jamais éprouvé un tel désir. Ce dont tout analyste serait certainement prêt à lui donner acte, un tel désir pouvant être suffisamment refoulé pour échapper à toute possibilité de réminiscence tout en laissant place, par une série de déplacements, à une foule d'équivalents.

À lire, comme je le fais, la logique qui traverserait toutes ces histoires à peine effleurées, je pourrais être accusé – ce sera jamais qu'une fois de plus – de vouloir « régler leur compte » aux mères en général – et à la mienne en particulier, n'hésiteraient même pas à laisser entendre certains. Je ne m'élèverais pas contre une telle accusation et je la soutiendrais volontiers moi-même si je ne m'étais évertué à signaler et à souligner dans tous mes écrits et depuis le temps que j'en publie *qu'en conscience aucune mère, elle-même produit d'une histoire qu'elle n'a en aucun cas choisie, n'est libre de procéder comme elle l'entendrait en s'attachant aux conclusions dictées par la raison*. Quelque recette qu'on lui donne et quelque conseil qu'on lui prodigue, elle ne peut les recevoir qu'en les passant par les filtres de son histoire et de ce que celle-ci, tout comme elle l'a fait pour l'être masculin, a fait d'elle : un être qui, pour féminin qu'il soit, n'en est pas moins elle aussi – et bien plus encore ! – le réceptacle des messages de sa mère, lesquels interfèrent avec ceux de sa biologie spécifique et lui confèrent les caractéristiques de la condition qui est la sienne.

Si on admet cela, on se trouve bien sur le chemin du décryptage de la règle que je me proposais de faire découvrir.

LA CONDITION FÉMININE

« Une femme, c'est du marbre !
Dur, dense, inaltérable.
Une femme, c'est du marbre,
toujours du marbre,
même si tu l'as cueillie flottant
à la surface d'un ruisselet. »
Aphorisme de mon folklore d'origine.

Unique

J'avoue, sans la moindre gêne, que l'abord de ce chapitre m'a mis plus longtemps que je ne le pensais dans l'embarras. Je savais bien, et je l'ai laissé entendre, que j'allais devoir aborder une condition qui, outre qu'elle n'est pas la mienne, est bien plus complexe que la condition masculine. Vouloir produire à son propos un travail, apparenté à celui que j'ai esquissé du côté des hommes, ne pourra être que lacunaire si tant est qu'il puisse ne pas paraître affleurer à la prétention. Car il n'est pas sûr qu'une vie entière passée à réfléchir à la condition féminine, tout autant qu'à lire la quantité d'ouvrages qui l'abordent sous ses angles innombrables, puisse suffire à en donner une idée un tant soit peu consistante. C'est une illustration parmi d'autres, me semble-t-il, de ce sur quoi insistait la formulation de Lacan qui opposait toujours L'homme à UNE femme, manière de dire que, si l'article défini permettait une certaine généralisation de tout ce qui concerne le premier, l'article indéfini imposait de ne jamais perdre de vue la singularité de tout ce qui pouvait toucher de près ou de loin à la seconde. Envisager de donner une idée d'une condition qui traite par définition du général, c'est, qu'on le veuille ou non, trahir cette dimension qui fait UNE de chaque femme. Marie n'a en effet rien à voir avec Lysistrata, Médée, Jeanne d'Arc, Judith, Messaline, Antigone ou Mère Teresa.

Le même Lacan disait par ailleurs d'UNE femme qu'elle était « le symptôme de L'homme », excluant implicitement, bien entendu, toute réciprocité ou symétrie de sa proposition, L'homme n'étant pas et ne pouvant jamais être le symptôme d'UNE femme.

Tout cela semble gratuit, et surtout opaque, tant qu'on ne comprend pas la place que Lacan, toujours lui, attribuait au symptôme. Il avait assez tôt proposé une meilleure approche des processus psychiques en postulant que l'inconscient comporte trois registres, le réel, l'imaginaire et le symbolique, qu'il représentait en autant de cercles liés entre eux en un nœud borroméen : un nœud tel que, si l'un des cercles venait à se rompre, les deux autres ne pouvaient plus demeurer liés entre eux. Quand il en est arrivé à traiter, des années plus tard, du symptôme dont il avait déjà dit tant de choses, il en a fait un quatrième cercle dont le tissage avec les trois précédents assurait à leur nouage d'origine une certaine solidité, sinon un certain degré de pérennité. À la différence du poète[1] qui s'est contenté de faire de la femme « l'avenir de l'homme », lui a en quelque sorte dit d'elle qu'elle est indispensable à L'homme tout au long de sa vie et à quelque étape de cette vie qu'il se trouve.

1. Aragon chanté par Jean Ferrat en 1961.

On peut élargir encore cette opposition entre les articles défini et indéfini en la rapportant à celle qu'on peut faire entre L'Histoire, définie avec son grand H unifiant et que j'affuble pour la circonstance d'un grand L, et UNE histoire, celle de chacun, toujours singulière par définition. Si l'Histoire s'est incontestablement édifiée jusqu'à présent sur les œuvres de L'homme, chacun des hommes qui l'a faite a été individuellement porté par UNE histoire, la sienne, à origine unique ou double, qui lui a toujours été transmise exclusivement par UNE femme, sa mère.

Une telle affirmation peut étonner. Mais seulement parce que je n'ai pas pris, ici, le temps d'expliquer en détail[2] la place privilégiée que la mère occupe dans ce type de transmission. Aussi rappellerai-je succinctement que le module sensoriel de communication, mis en place dans le cerveau du fœtus au cours de la gestation, fait de la mère le personnage pivot de toute transmission. Au point que même l'histoire du père d'un enfant, fille ou garçon, ne peut être transmise à ce dernier que par son intermédiaire. On conçoit, à partir de là, que tout individu, homme ou femme, reçoit automatiquement de sa mère, sans même qu'elle ait conscience de le faire, les éléments de l'histoire dont elle est porteuse. Il sera amené, si elle ne fait rien d'autre et dans le meilleur cas, à avancer dans la vie comme un unijambiste. Je dis « dans le meilleur des cas », en référence à ce qui se profile à l'horizon pour ces enfants fabriqués comme des colifichets et qui, faute d'avoir le moindre accès à une histoire considérée comme superfétatoire, n'auront en guise de membres moteurs que des moignons. Il est vrai que notre société d'assistance ne man-

2. Je l'ai amplement fait dans de précédents ouvrages dont *Les Pères et les Mères, op. cit.* Dans ma pratique, j'expliquais cela aux parents en leur disant, sur un mode imagé, qu'un enfant entend un chuchotis de sa mère même si elle se trouve à l'autre bout d'un tunnel de un kilomètre, alors qu'il n'entendra pratiquement rien de ce que lui dit son père, même si ce dernier lui colle sur les oreilles des baffles de 300 watts par lesquels il fait transiter son message.

quera pas de pourvoir les culs-de-jatte qu'ils seront des fauteuils roulants dont ils ne manqueront pas d'avoir besoin ! Un enfant avancera plus vite que les précédents, mais en boitant cependant, si sa mère ne consent à lui transmettre qu'une parcelle de son histoire paternelle. Il avancera en revanche parfaitement et pourra prétendre opérer ses choix propres en toute connaissance s'il parvient, grâce à sa mère, à avoir à sa pleine disposition ses deux histoires parentales. Mais ce dernier cas s'avère fort rare, sinon exceptionnel aujourd'hui. Car, comme je l'ai montré, il aura fallu que l'étape œdipienne, dans laquelle la mère intervient activement, ait été pleinement réussie pour que s'atténue et devienne supportable, grâce à la place conférée pleinement par cette dernière au père, l'inéluctable peur des femmes conçue dans le tout petit âge.

C'est d'ailleurs la possibilité de restauration de ce qui aurait dû se mettre ainsi physiologiquement en place que vise en général une psychanalyse. La cure, quand elle est bien menée, permet en effet au sujet d'explorer et d'intégrer dans le meilleur des cas les signifiants de son histoire paternelle[3] que le discours de sa mère ne lui aura pas suffisamment transmis quand il ne l'a pas peu ou prou invité à les occulter.

Ce disant, je reviendrai à la règle que j'ai comparée au fil à plomb de l'architecte. Elle permet à chacun d'opérer une lecture fiable de l'histoire des autres comme de la sienne propre. On peut en effet déjà vérifier, avec cette rigoureuse topologie de la communication, que *tout ce qui advient de regrettable à un individu, quels que soient son sexe ou son âge, peut être ramené de façon plus ou moins évidente, plus ou moins directe, à la dissymétrie d'accès qu'il a eue à ses deux histoires parentales*. Or, comme cet accès lui a été ou non, ou insuffisamment, fourni par sa

---

3. Une belle démonstration en est donnée pour le cas de François Mitterrand lui-même dans l'ouvrage d'Ali Magoudi, *Rendez-vous*, Paris, Maren Sell, 2005.

mère, on pourrait rapporter pratiquement tout ce qui lui advient à la relation de sa mère à lui – laquelle relation a fabriqué celle qu'il a eue lui-même à elle –, et à la place qui lui a été assignée et qu'il a occupée dans l'histoire de cette mère, sous la pression de cette histoire elle-même. Les psychanalystes, et Françoise Dolto[4] en particulier, ont montré comment on peut retrouver l'origine précise d'une psychose affectant un sujet en remontant dans l'histoire de ce dernier jusqu'à la troisième génération.

Voilà qui affuble chaque femme, surtout quand elle devient mère, d'une responsabilité qu'elle perçoit comme écrasante, contre laquelle elle proteste vigoureusement et à laquelle elle serait prête – combien souvent ne le dit-elle pas ! – à totalement et définitivement se soustraire. Quand elle entend ce type de propos, elle hurle en effet et elle le rejette, avant de se mettre à protester vigoureusement et à dénoncer le procès qui lui serait ainsi fait et qu'elle accuse de vouloir la culpabiliser. Quand, au lieu de rompre le dialogue, on le nourrit en y apportant patiemment, et les arguments, et les nuances susceptibles de clarifier le débat, elle semble finir par entrevoir la différence qu'on l'invite à faire entre responsabilité et culpabilité. On croit l'avoir convaincue en lui faisant valoir que le conducteur d'un véhicule, responsable de ses passagers n'est pas *a priori* coupable à leur endroit. On s'imagine alors l'avoir gagnée à ces vues en assistant à la modification qui s'opère parfois en elle. Mais on constate le plus souvent que, face à l'événement qui la sollicite, elle se met à observer la situation d'une manière nouvelle, à y réfléchir, à la juger et à ne jamais hésiter à la prendre en charge, voire à se battre, avec une détermination qui se joue du temps, pour imposer la solution originale qu'elle aura trouvée. Un peu comme si, s'étant lancée dans une forme de marchandage et, avertie qu'elle serait d'être le symptôme

4. Françoise Dolto, *Le Cas Dominique*, Paris, Seuil, 1966 et Points-Seuil, n° 69.

indispensable à L'homme, elle se disait que la couleur, la forme ou la texture des brins de l'anneau qu'elle tisse en tant que tel avaient bien peu d'importance par rapport à la place essentielle qu'on lui a demandé d'occuper. Tout ce qu'elle aura engrangé sera en quelque sorte passé par les mailles d'un filtre dont l'agencement et les caractéristiques sont seulement les siens et en aucun cas ceux d'une autre personne, cette autre personne fût-elle une femme.

Elle était vraiment attendrissante de bonne volonté. Et plus encore parce que, atteinte d'une surdité congénitale totale, elle communiquait en lisant sur les lèvres. C'est une expérience assez particulière de s'adresser à quelqu'un en cherchant son regard et de voir ses yeux, attentifs, fixer la bouche, et la bouche seule ! Elle était par ailleurs vive, dynamique et dotée d'un humour rare. Bref, nous nous aimions beaucoup.

Elle était venue ce jour-là parce que son fils de 8 ans, que je connaissais depuis la naissance, venait de connaître une baisse brutale de son rendement scolaire. L'enquête que j'ai entreprise m'a appris que cela avait commencé à peu près au moment où le père s'était mis à s'absenter toute la semaine pour son travail, ne rentrant à la maison que le week-end. Or, depuis ce temps-là, elle s'était mise à faire dormir son fils dans son lit, à la place de son père. Quand je lui ai expliqué par le détail que ce n'était pas une chose à faire, elle m'a rétorqué qu'il ne pouvait pas en être autrement parce qu'il fallait bien que quelqu'un la réveille si sa fille de trois ans, qui partageait la chambre de son frère, l'appelait dans la nuit. J'ai insisté en reprenant mes explications et en lui faisant remarquer que son fils pouvait tout à fait venir la réveiller depuis sa chambre, ajoutant qu'il n'était pas bon pour lui qu'il prît ainsi la place de son père. Elle m'a chaudement remercié de mes explications et elle a clos la consultation en s'adressant à son garçon : « Mon chéri, on va continuer de faire comme on a fait jusqu'à présent, mais on ne le dira plus à ton père. »

Pathétique

C'est en raison de ce comportement, paradoxal en apparence dans la mesure où il associe souvent l'intelligence la plus fine des situations au réflexe irréfléchi et mystérieux d'une « tripe » qui résiste et ne cesse pas de s'exprimer, que le premier mot qui m'est venu en tête, dans la perspective de ce travail autour de la condition féminine, a été le mot « pathétique ».

La condition féminine, telle que je l'ai côtoyée tout au long de ma vie professionnelle, m'a paru être en effet une condition profondément pathétique.

On pourrait me trouver excessif, et mettre en doute mon appréciation, en me faisant d'abord remarquer que, dans mon travail, j'ai en réalité surtout côtoyé des mères et qu'on imagine mal, ensuite, l'adjectif « pathétique » s'appliquant à Margaret Thatcher, Hillary Clinton, Angela Merckel, Laurence Parisot et tant d'autres femmes à poigne qu'on a vues occuper le devant de la scène. Je récuserai immédiatement la première réserve, car elle dénoterait un clivage étrange et suspect visant à refuser aux mères la possibilité d'être des femmes ! Quant aux femmes à poigne, je persisterai à dire qu'elles sont inscrites dans la même condition que les autres, pour la simple et bonne raison qu'elles sont et demeurent des femmes à part entière, même si la place qu'elles occupent dans le paysage politique ou économique ne fait qu'alourdir un peu plus leurs multiples, et toujours quasi impossibles, tâches. De même ne ferai-je, dans la suite de cet exposé, aucune différence entre les femmes qui travaillent et celles qui ne travaillent pas. Car cette différence affecte seulement le champ de la réalité et n'intervient en rien dans la condition que je cherche à explorer.

Je prétends donc que, dans quelque domaine ou lieu qu'elle déploie ses potentialités, une femme le fait toujours dans la passion, au double sens qu'on donne habituellement au terme. Elle a toujours à « supporter » et elle « supporte ». Mais avec cette détermination têtue qui contribue à épaissir le mystère qui l'entoure dans le regard porté sur elle, que ce regard soit d'ailleurs celui d'un homme, dont on est prêt à admettre qu'il ne comprend en général rien à elle, ou celui d'une femme, qui, partageant avec elle une condition commune, est censée pouvoir déployer quelque clairvoyance à son endroit.

Il en irait comme si une femme, dans toute sa personne, était la métaphore spatialisée de son sexe anatomique. *Alors que l'homme s'affiche fièrement dans l'ostensible de ce pénis qui le fait transparent, elle évolue, elle, dans la discrétion, le secret, le mystère*. Le mystère suprême, jusque dans la manifestation de son désir ou de son orgasme. Au point que, pour donner une idée de ce que peut être ce dernier, Lacan, usera, pour illustrer la couverture du livre[5] où il en traite, de la photographie de la statue de sainte Thérèse d'Avila par le Bernin. Une sainte en extase dont rien ne laisse deviner sous les amples plis de son vêtement qu'elle aurait ce sexe dont on a prétendu qu'invisible même à leurs yeux les femmes en auraient honte. N'est-on d'ailleurs pas allé jusqu'à dire qu'elles le vivraient comme laid au point que tout le soin qu'elles portent à la beauté de leur personne serait destiné à faire oublier l'horreur qu'il susciterait chez les hommes !

Il est vrai que les questions qu'elles n'ont cessé de se poser à son propos sont longtemps demeurées sans réponse. Car le discours environnant s'est évertué, des millénaires durant, à jeter sur ce sexe un voile de pruderie, quand il ne l'a tout simplement pas réduit à sa fonctionnalité procréative : destiné à recueillir un jour, au bénéfice patent de l'homme, le sperme fécondant, il a été considéré comme ne devant être que cela, pour permettre un autre jour la restitution du fruit de la fécondation. Cela ne continuerait-il pas d'ailleurs de relever d'une

---

5. Jacques Lacan, *Encore, Séminaire XX*, Paris, Seuil, 1975.

vérité irrécusable pour cette part numériquement importante de l'humanité qui estime avoir toute raison de considérer les femmes comme des êtres inférieurs, potentiellement diaboliques mais hélas indispensables à la seule procréation ? Il est vrai que, si, à l'inverse du Petit Prince, on ne tient pour essentiel que ce qui est visible pour les yeux, on ne peut être porté qu'à réduire la féminité à la maternité puisque ce sont ces seins destinés un jour à nourrir qui, sur le corps d'une femme, frappent au premier chef le regard. Que l'éthologue Desmond Morris[6] ait voulu en faire un appât sexuel en disant qu'ils seraient des « fesses par-devant » semble être une construction destinée à tenter de masquer la trace du rapport que chacun y a eu dans les premiers temps de sa venue à la vie. Que la mythologie grecque nous ait par ailleurs rapporté la fréquence avec laquelle la vision du sexe féminin parvient à faire reculer démons et maléfices situe toutes ces considérations dans une vision du monde on ne peut plus masculine, qui privilégie une fois de plus le regard et lui seul.

Par-delà le regard

Mais que pourrait-il en être d'une vision autre, d'une vision, au sens large du terme, qui associerait au regard et au spectacle qui lui est ou non offert les effets d'une sensibilité ouverte à quantité d'autres afférences ?

Elle ne fait pour l'instant que laisser deviner sa possible existence dans l'ébauche d'un discours qui a commencé il y a à peine quelques décennies et qui n'a pas encore trouvé un langage univoque pour se faire entendre de tous. Il faut dire que la pente à remonter et le terrain à conquérir étaient singulièrement savonneux !

---

6. Desmond Morris, *Magie du corps*, Paris, Grasset, 1986.

Il est vrai que, jusqu'à une époque assez récente, on ne trouve pratiquement rien, du côté des femmes qui aurait pu donner une idée consistante de leur rapport au monde, aux autres, à la vie, de leurs fantasmes, de leur vécu de leur propre sexe ou de celui de l'autre et encore moins de leurs exploits sexuels, alors que les récits des hommes sur ces différents points n'ont pas cessé de se multiplier et de se répandre dans toutes les langues depuis l'invention de l'écriture. À quelques exceptions près appréciées seulement d'un public averti, tout ce qui existait en la matière et qui leur était attribué n'était de fait écrit que par des hommes qui projetaient sur elles les produits de leur propre imagination. On peut évidemment mettre cette discrétion sur le compte des mœurs ayant longtemps interdit aux femmes l'accès à tous ces registres. Quand il est professé qu'« une femme honnête n'a pas de plaisir », on imagine mal cette femme entreprendre de disserter sur le registre de ses émotions et encore moins sur celui de ses sensations, de surcroît sexuelles. Mais je ne crois pas qu'il s'agisse seulement de cela. Je crois qu'il s'agit surtout de ce que j'appellerai encore une fois la singularité de chaque femme. Une singularité qu'elle ressent profondément être la sienne, qui la laisse interdite et qui la fait renoncer à la clamer tant elle la pressent inaudible, parce qu'elle n'est pas parvenue elle-même à adhérer au discours de quelque autre que ce soit qui a tenté de lui parler. Au risque du pléonasme, j'ajouterai que c'est cette singularité qui la fait UNE, même si elle est le lieu de confluence de quantité de messages auxquels elle ne peut se soustraire, qu'elle enregistre, qu'elle intègre et qu'elle métabolise selon une dynamique qui est, là encore, toujours la sienne – le filtre dont je parlais plus haut – et celle d'aucune autre. Combien de femmes ont-elles entendu ou emboîté le pas, de quelque manière que ce soit, à Catherine Millet qui déclare[7] pourtant avoir voulu s'adresser en premier

7. Catherine Millet, *op. cit.*, « Pourquoi et comment ? », p. IV.

lieu à elles ? Combien d'entre elles, sans même la lire, ne l'ont-elles pas vouée aux gémonies ? Combien souvent n'entend-on pas une femme commenter en termes sévères la liberté relative des mœurs d'une autre ou brocarder l'inhibition qu'elle juge pathologique d'une troisième ? L'inattendu et l'étonnant du discours que l'une ou l'autre, ou encore une autre, peut être amenée à tenir proviennent d'une absence si radicale de norme en la matière que chacune, en toute innocence, jauge sa réputée semblable à l'aune de sa propre propension. Je ne suis pas moi-même certain que reconnaître l'unicité de chacune ne me vaudra pas, de la part d'une ou de plusieurs de ces unes, l'accusation d'être passé à côté de son originalité. Cela ne se retrouve-t-il d'ailleurs pas dans la mode, le vêtement, le parfum, la cosmétologie ? Deux femmes avec la même robe, le même parfum, la même coiffure, le même maquillage, dans une soirée, n'est-ce pas un drame pour chacune des deux – et plus encore pour leurs fournisseurs ? S'il est pratiquement convenu, en un mot, que L'homme n'a « que ça en tête », on ne sait rien, strictement rien, de ce que peut éprouver UNE femme en la matière. Sauf, parce que d'aucunes l'ont heureusement confessé, qu'elle ne peut pas ne pas éprouver ! Une certitude pacifiante et irritante à la fois, à tout le moins pour les hommes. Une certitude sans laquelle le monde serait pour eux d'une fadeur insupportable.

Je me souviens par exemple du véritable bouleversement qu'a constitué au sein des générations de ma jeunesse la publication d'un livre, *Histoire d'Ô*[8], paru en 1954, sous la signature de Pauline Réage avec une préface de Jean Paulhan. Il fit immédiatement scandale. Il a été immédiatement retiré de la vente, et son éditeur a été poursuivi, mais il a circulé sous le manteau. Non pas en raison de son réalisme pornographique – dans ce

8. Pauline Réage, *Histoire d'Ô*, Paris, J.-J. Pauvert, 1954.

registre les livres ne manquaient pas –, mais au seul motif qu'il était réputé avoir été écrit par une femme ! On aura confirmation du fait seulement quarante ans plus tard, en 1994, en apprenant que l'auteur en était Dominique Aury, pseudonyme d'Anne Desclos, qui était à l'époque l'assistante et l'amante de Jean Paulhan aux éditions Gallimard. On mesure mal l'effet qu'a donc eu cet ouvrage. Si les femmes, toujours aussi discrètes, n'ont rien manifesté de la probable levée qu'il a opérée sur nombre de leurs inhibitions, les hommes se sont sentis, eux, étrangement déculpabilisés par le fait que soit enfin reconnu, et décrit avec force détails, un désir sexuel féminin authentique et ouvert – même s'il l'était de façon assez singulière – sur le plaisir. Ils ne se sont plus perçus comme les seuls esclaves d'un désir irrépressible que chacun d'eux, quoi qu'il eût pu en être dit, croyait toujours imposer à une compagne dont il pensait qu'elle lui cédait dans le seul espoir de se caser et de trouver en lui celui qui allait lui permettre, dans l'ordre social de l'époque, d'être un jour mère. Si cela peut paraître de nos jours ridicule, c'est seulement parce qu'on n'a pas pris assez acte de la mentalité de cette époque et de l'effet du discours qui s'y tenait sur les mœurs.

Que les choses aient changé depuis quelques décennies et que les écrits et confessions n'aient donc pas cessé de fleurir sous les plumes féminines n'a fait paradoxalement qu'introduire un peu plus de confusion. Car on n'y retrouve toujours pas la moindre constante qui en permettrait une saisie globale. Si divers éditeurs ont lancé des collections d'ouvrages à la limite du pornographique signés par des femmes, il n'est pas certain que leur contenu ne soit pas avant tout un artifice produit en direction d'un public masculin qui aime s'entendre distiller ce qu'il imagine être un discours tenu et prisé par les femmes. Quand on prend, en revanche, la mesure du succès permanent qu'obtient depuis des décennies, bien qu'elle se soit récemment enrichie elle aussi d'une série hard, une collection « à l'eau de rose » comme celle des éditions Harlequin[9], on s'aperçoit que la gent féminine continue massivement de privilégier la rêverie, le flou et tout au plus un certain romantisme, au détriment de la violence des faits concrets, des images trop fortes ou des mots crus. Serait-ce, comme l'énonce Saint-Exupéry[10], que la femme serait « comme une plage aride : elle aussi attend quelque chose comme le manteau bleu du Prince charmant » ? Ou serait-ce que, plus sensible à la voix qu'au regard, elle privilégierait de manière cohérente le suggéré, l'obscur, la caresse, l'impalpable qui, avec la discrétion, l'emportent toujours, chez elle, sur l'ostensible et la violence brute et par trop effractive d'un certain langage ? Qu'elle entretiendrait savamment le mystère sans lequel la stratégie manœuvrière qu'elle pourrait être amenée un jour à devoir mettre en œuvre serait compromise ? Qu'elle a eu la sagesse d'intégrer la vectorisation de la relation que L'homme veut avoir à elle pour ne pas en être effrayée ?

Je me souviens de l'usage qu'a fait de la conscience de cette vectorisation une de mes amies : marchant dans une campagne désertique et devant traverser un cours d'eau sur une passerelle étroite, elle a vu venir vers elle deux hommes dont elle a vite compris qu'ils avaient l'intention de lui faire passer un mauvais quart d'heure ; ne pouvant compter sur aucune aide, elle a continué d'avancer face au danger qui se précisait ; mais, parvenue à la hauteur des deux hommes, elle a eu l'idée et le courage, en passant entre eux, de leur coller les mains à leurs braguettes : ils ont pris leurs jambes à leur cou ! Elle n'a pas seulement inversé les rôles convenus de l'homme actif et de la femme passive dans l'acte, elle a touché à quelque chose qui a été instauré dans la petite

---

9. Annick Houel, *op. cit.*
10. Antoine de Saint-Exupéry, *Citadelle*, Paris, Gallimard, 1948.

enfance : le petit garçon ne peut dire son désir à sa mère qu'assuré quelque part que, sous peine d'inceste, elle n'y répondra pas ; pour la même raison, la petite fille espère bien une réponse de son père à ses avances généralement discrètes, mais sans vraiment l'attendre tant elle reste prise dans l'amour qu'elle porte encore à sa mère.

Ce n'est donc pas un hasard si cette multiplicité infinie des UNES, si radicalement différentes les unes des autres et qui récuseront toutes assurément ce que j'essaie de dire d'elles, a désarçonné les hommes – et autant les femmes, d'ailleurs – les plus perspicaces et les plus porté(e)s à tenter d'entendre quelque chose d'elles.

Freud, dont on sait qu'il a déclaré de la femme qu'elle était un « continent noir », a aussi été amené à en dire qu'elle « conservait une disposition perverse polymorphe[11] » au point, ajoute-t-il dans le même paragraphe, que, « sous l'empire d'un séducteur averti, elle prendra goût à toutes les perversités et en fera désormais usage dans son activité sexuelle ». On sait combien son opinion, d'une finesse que rien ne parvient à démentir, n'a cessé de choquer et d'être contrebattue. Dans son sillage, Lacan encouragera assez tôt les femmes psychanalystes de son école à tenter d'élaborer un discours consistant sur le féminin. Mais, lorsqu'il entendra la communication de Françoise Dolto sur la sexualité féminine, au congrès d'Amsterdam (5-7 septembre 1960), il lui dira, la laissant perplexe, « tu es culottée[12] ». Des années plus tard, il écrira[13] : « De cette jouissance, la femme ne sait rien, c'est que depuis le temps qu'on les supplie, qu'on les supplie à genoux – je parlais la dernière fois des psychanalystes

11. Sigmund Freud, *Trois Essais sur la théorie de la sexualité*, Paris, Idées/Gallimard, n° 3, 1974, p. 86.

12. Jean-François de Sauverzac, *Françoise Dolto, itinéraire d'une psychanalyste*, Paris, Aubier, 1993, p. 239.

13. Jacques Lacan, *Séminaire XX, Encore*, Paris, Seuil, 1975, p. 69.

femmes – d'essayer de nous le dire[14], eh bien motus ! On n'a jamais rien pu en tirer. » Il est vrai que, depuis cette époque, les travaux et les publications psychanalytiques, au sein desquels se disent parfois tout et son contraire, n'ont cessé de se multiplier. S'ils ont réussi à mettre quelque peu à mal la compacité d'un certain discours phallocentrique en attirant l'attention sur un vécu vaginal incontestable au cours du développement de la fille[15], ils ont plus contribué à affiner le soubassement technique de la cure que permis aux hommes d'en savoir un peu plus sur les femmes, et à ces dernières d'en savoir un peu plus sur elles-mêmes. Si bien que ce type de savoir reste encore dévolu aux discours idéologiques, aussi vigoureux que réducteurs, que relaient fréquemment les revues grand public.

Ce que je peux en dire, à partir du poste d'observation qui a été le mien, c'est que, si cet ensemble d'informations parvient à intéresser les femmes que j'ai côtoyées, je ne les ai pas entendues me confier qu'elles en ont été bouleversées, modifiées ou un tant soit peu émues. Comme si chacune d'elles les recueillait en tant que telles, en arrivait parfois à les discuter avec ses collègues, ses amies ou son partenaire, s'en laissait même nourrir, mais ne se sentait jamais devoir de près ou de loin être concernée.

Serait-elle, cette chacune, enfermée dans une tour qu'elle se serait construite – seule ? –, qu'elle voudrait inviolable

---

14. Le même Lacan, reprend le titre déja parlant à lui seul du fameux tableau de Gustave Courbet, l'Origine du Monde. Se jouant, selon les bonnes règles de la psychanalyse, de la rigueur des processus philologiques, il l'écrit « l'Origyne du Monde ». Ce faisant, il triture l'orthographe du mot origine, en s'appuyant pour les deux premières syllabes sur le latin *os, oris*, la bouche, et pour la dernière sur le grec *gyne* qui désigne la femme (in Thierry Savatier : *L'Origine du monde. Histoire d'un tableau de Gustave Courbet*, Paris, Bartillat, 2006). Ainsi le sexe de la femme serait-il une « bouche de femme » ouvrant sur la palette inépuisable du dire et du fantasme.

15. Jacqueline Schaeffer, *Le Refus du féminin,* Paris, PUF, 1997.

et sur laquelle elle aurait collé une affiche : « défense de même tenter d'y voir » ? Mais, si tel était le cas, comment aurait-elle été conduite à opter pour une telle attitude ? De quelle expérience aurait-elle pu se prévaloir pour armer sa détermination ? Dans quel vivier et sur quels critères aurait-elle opéré ses choix ? À l'insistance de ces questions, elle n'offre pas le moindre indice susceptible de leur imaginer une réponse. Il est vrai que ces questions se révèlent une fois encore d'essence masculine. Car, pour ce qui la concerne, elle n'imagine pas même qu'on puisse se les poser !

La mission et la Loi

Et si, après tout, elle n'était ainsi murée que dans ce qu'elle croit, sans même pouvoir le dire ou le reconnaître, être une mission ?

Une mission. Sa mission. Inconsciente, bien évidemment, mais qui n'en est pas moins une. Une mission qu'elle ne peut en aucun cas trahir, ni dire clairement – ce qui équivaudrait pour elle à une trahison. Une mission dont elle laisserait seulement deviner qu'elle est composite et qu'elle la sollicite, de manière spécifique, dans l'intégralité des potentialités de son être. Une mission qui rendrait compte de ce que j'ai désigné à plusieurs reprises comme son filtre. Fille, sœur, *superwoman*, amante, mère, amie, confidente ou épouse, etc., elle le sera toujours, dans une passion viscérale qui lui fait exiger autant la reconnaissance de la place qui lui a été assignée que celle d'avoir fait et de faire de son mieux. Et, dans ce désir têtu de faire de son mieux, elle ne manifeste pas de souci de scrupulosité plus que de perfectionnisme, elle esquisse seulement sans relâche un bilan dans l'attente d'une énigmatique approbation.

Elle n'a jamais marchandé son temps ou son énergie, elle n'a jamais reculé devant l'épreuve, elle a affronté les obstacles, elle a toujours fait comme elle l'a pu, avec les moyens dont elle disposait, mais justice doit lui être rendue : elle s'est toujours appliquée et elle a fait de son mieux ! De son mieux, malgré la forme de marché de dupes dans lequel elle s'est trouvée prise dès sa venue au monde et qu'évoque Moustapha Safouan[16] quand il déclare : « La relation de la fille à sa mère [est] centrée autour d'une question : que réclame la petite fille de sa mère ? [...] Ce que l'analyse nous apprend de sûr, c'est que ce que la petite fille *ne veut pas,* ce qui l'exaspère et la met hors d'elle, c'est qu'aux dons maternels s'ajoute la prétention [de cette mère] de savoir ce qu'il lui faut [...]. Il lui faut quoi ? Être belle, intelligente, etc. ? Mais pour qui ? Il lui faut un mari, des enfants ? Peu lui importe à la fille. Ce qui l'intéresse [elle], *c'est de savoir pour quel manque tout cela lui sera donné.* » Or, bien que n'ayant jamais reçu la moindre réponse à une question que sa propre mère a dû se poser elle-même, comme d'ailleurs toutes les ascendantes de ses deux lignées, dans une forme d'« oubli où se perpétue le souvenir de la loi[17] », elle a cependant fait et elle fait de son mieux. De ce mieux, loyal, qui expliquerait qu'elle puisse être ce symptôme, cet anneau concaténé au réel, au symbolique et à l'imaginaire d'un homme. De ce mieux qui laisse entendre, en même temps, et le puissant contre-pouvoir qu'elle constitue et la nostalgie, comme le dépit, de n'avoir pas pleinement ce pouvoir aux sortilèges duquel elle s'évertue à essayer de toutes ses forces de ne pas s'intéresser. Un perpétuel et épuisant débat scandé par la douleur de son retour que l'oubli tente de neutraliser au point de fabriquer une relation singulière au temps et à la mémoire qui en témoigne. La

16. Moustapha Safouan, *La Sexualité féminine*, Paris, Seuil, 1976, p. 118-119.
17. Moustapha Safouan, *op. cit.*, p. 116.

mansuétude y trouverait sa racine – les femmes étant censées être douées d'une grande faculté de pardon –, tout comme l'investissement massif de l'instant au détriment de sa durée et de son écoulement. Il faut voir, dans le fait que le résultat qu'elles en obtiennent est immédiat, qu'elles ont excellé dans ce qu'on nomme les « travaux féminins » : balayer, c'est rendre propre aussitôt, repasser, c'est obtenir sur-le-champ l'effacement d'un pli, nourrir un enfant, c'est apaiser instantanément ses cris ou sa faim. Alors que L'homme ne cesse pas de mémoriser pour construire sa conscience du temps, elles font de l'instant l'émanation d'un temps si bien adossé à l'éternité qu'il les dispenserait d'avoir à se souvenir[18].

Si, à partir de là, on revient à sa « disposition perverse polymorphe » dont parlait Freud, on pourrait avancer que ce qui fait de chaque femme UNE femme aurait à voir, comme c'est précisément le cas pour les pervers, avec la Loi de l'espèce.

Les sujets pervers – ce sont des hommes, et on a longtemps prétendu qu'il n'y avait pas de femmes perverses – ne veulent rien savoir de cette Loi qu'ils passent leur temps à contourner, sinon à ignorer. Les femmes seraient toutes, sans doute depuis toujours, structurellement, non pas ignorantes, mais délibérément rétives à la Loi de l'espèce. Et ce qui fait UNE de chacune d'elles, ce serait le degré de rétivité qu'elle y marquerait, ne consentant à y adhérer que partiellement, à contrecœur et toujours sous l'effet de la pression, sinon de la menace. Comme si, contrainte de toutes parts à devoir la faire sienne, elle n'acceptait de lui

---

18. Un débat talmudique relève que le mot hébreu *ZaKHoR*, qui désigne le « masculin », désigne aussi la « mémoire ». S'interrogeant sur ce que peut également désigner le mot *NeKeVa*, qui dit le « féminin », et constatant qu'il désigne le « trou », il en conclut que le « trou » en question ne peut être qu'un « trou de mémoire », dans la mesure où les femmes, ayant dans leurs règles une horloge biologique efficace, n'éprouvent pas le besoin de s'encombrer la mémoire pour inscrire le temps en elles.

sacrifier du bout des lèvres qu'un certain formalisme, sans jamais rien entamer de la disposition profonde et singulière qui a été vraiment depuis toujours la sienne en propre. Dans la dialectique de « l'oubli et du souvenir », chaque génération de femmes encouragerait chez la suivante l'oubli, pour combattre la pression environnementale qui chercherait à entretenir le souvenir de la Loi.

C'est cela qui s'est dégagé depuis toujours de son comportement et de ses attitudes, et qui lui vaut, selon les circonstances et les interlocuteurs, et paradoxalement, autant le mépris que l'attendrissement qui se manifestent à son endroit et qui la laissent souvent sans mots ! C'est cela qui fait parfois lever les bras au ciel aux hommes qui, soumis, eux, à la Loi, se sentent découragés et démunis face à ses comportements. C'est cela aussi qui a intrigué les psychanalystes, hommes et femmes, qui ont voulu interroger sa sexualité et essayer de comprendre, par l'entremise d'une activité aussi expressive, la nature de cette disposition et la manière dont elle parvient à l'entretenir.

N'est-il pas d'ailleurs étonnant que ces femmes, toutes bavardes qu'ont les ait toujours accusées d'être, aient pu, sur cette disposition qu'elles auraient en partage, demeurer à ce point muettes ? Il est vrai que, muettes, elles le sont. Mais probablement et seulement en ce que leur langage, strictement en harmonie lui aussi avec leurs caractéristiques anatomiques et physiologiques, est tout simplement inaudible par les hommes qui ne manquent d'ailleurs pas de le leur reprocher. Ce qui reviendrait à soutenir que, si on doit chercher à comprendre LA disposition strictement féminine, il faut non pas s'évertuer à la faire dire, mais la pister dans ce qui s'en exprime dans les faits, gestes et comportements de chacune de toutes ces UNES.

On pourrait rétorquer que cette histoire de mutité ne fait après tout que renvoyer à l'impasse classique de la communication entre humains et que les femmes seraient sourdes, elles aussi, au langage des hommes. Ce n'est pas vrai : les femmes entendent habituellement le plus clair du langage des hommes, même si elles ne parviennent pas à se faire entendre d'eux. Chacune d'elles se déploie même dans cette tâche avec un art qui lui est propre mais toujours incontestable.

C'est Zerline, dans le *Don Juan* de Mozart[19], qui déclare en une belle métaphore au malheureux Mazetto roué de coups qu'elle va lui offrir un remède qu'elle « porte sur elle, qu'aucun apothicaire ne saurait préparer » et qui le guérira de tous ses maux. Elle peut le faire et elle s'apprête à le faire. Elle a en effet compris qu'elle disposait sur et dans sa personne du moyen souverain pour faire oublier à son benêt d'époux une trahison qu'elle avait été sur le point de commettre et qu'il aurait été en droit de lui reprocher.

C'est une autre femme[20] qui, en termes plus émouvants encore, dit à son partenaire : « Si tu te serres contre moi et si tu m'étreins, moi, femme, je t'aiderai à te souvenir et à ne pas craindre ce qui doit changer pour nous permettre de continuer à être vivants. » Et il n'est pas besoin d'être grand clerc pour entendre, dans une invitation aussi émouvante, que cette femme se propose tout autant de procurer à son homme le plaisir qu'il escompte que de lui fournir aussi, par l'éventuelle transmission de son histoire aux enfants qu'il fera avec elle, ce brin d'éternité qui le consolera un tant soit peu de son destin de mortel. Et, quand elle parle ainsi, elle le fait tout autant avec sa mémoire, son cœur et son intelligence qu'avec ses seins, son sexe, son ventre et ses tripes. Avec toutes ces parties de sa personne auxquelles s'accroche, sur un mode des plus heureux, chacun des termes de ce qu'elle croit être sa mission, cette fameuse mission qu'elle veut absolument et obstinément remplir au mieux.

Et il en est ainsi pour chacune des UNES. Leurs amoureux, trop heureux d'avoir été les bénéficiaires d'une telle

---

19. *Don Juan*, *op. cit.*, acte II, scène 6.
20. Goliarda Sapienza, *op. cit.*

générosité, ne se gênent jamais pour s'en prévaloir et le clamer de toutes les manières.

Mais pourquoi une telle obstination à remplir ce qu'elles pensent être leur mission et à faire de leur mieux ? Qu'escomptent-elles en retirer ou en obtenir ? Fillettes, elles ne demandaient rien de ce que leurs mères voulaient pour elles ? Espéreraient-elles un quitus de leur mission qui apurerait ce qu'elles auraient perçu comme une dette symbolique et leur permettrait de recouvrer une liberté qu'elles imaginent et souhaitent alors même qu'elles n'en ont pas la moindre idée ? Pensent-elles pouvoir revenir, pour ce faire, vers leurs mères, récupérer son approbation et s'en écarter enfin ? Quelle diabolique forme d'attraction les contraint-elle à ce parcours régressif, les extrayant brutalement de leur univers du moment ? Comment peuvent-elles prendre le risque d'un tel retour qui va les plonger, à nouveau et souvent pour toujours, dans le gouffre même dont elles ont eu tant de mal à sortir ?

Quand elles franchissent le pas, elles le font sans en concevoir le moindre état d'âme, devenant simplement sourdes au langage de leurs partenaires.

On sait que cela est survenu lorsque, par exemple, un enfant prend pour elles un statut singulier ou qu'un être tiers entre dans leur vie, quand ce ne sont pas les deux facteurs entremêlés qui interviennent à la fois. L'un ou l'autre de ces facteurs, voire les deux à la fois, témoignent que leurs possibilités se sont soudain trouvées débordées et qu'elles sont acculées à devoir prendre, sur la voie qu'elles avaient pensée rectiligne de leur mission, l'embranchement régressif dont elles n'avaient pas même subodoré la possible existence et qu'elles découvrent dans la surprise. Quoi qu'elles veuillent ou fassent, dans la dynamique qui a toujours été la leur, elles ne peuvent que s'y engouffrer. Sauf, comme toujours, à trahir leur mission – ce qu'au grand jamais elles ne sauraient évidemment faire, puisque cette mission a constitué jusqu'à ce moment même leur raison d'être !

« Ma mère m'a dit : L'homme, tu peux t'en foutre. Il n'a pas la moindre importance. Il est remplaçable à tout moment. Ce qui importe, c'est l'enfant, seulement l'enfant. » La dame qui parlait ainsi était une grand-mère paternelle. Elle accompagnait régulièrement en consultation le couple formé par son fils et une jeune femme qui me conduisaient leur bébé. Moi qui adore entendre des histoires et qui leur donne un statut important dans le destin des générations, j'ai apprécié et encouragé son initiative. Elle a poursuivi son récit en me racontant que sa mère avait été abandonnée par son père. Le propos qu'elle rapportait pouvait du coup s'entendre comme l'expression de l'amour que sa mère lui disait avoir eu pour elle. Comme pour alléger le poids de cette dette, en répétant plus ou moins l'histoire de sa mère, elle a eu au père de son fils une relation à éclipses. C'est seulement quand, au travers de son propos, elle a entrevu qu'elle risquait de proposer à la mère de son petit-fils de ne faire aucun cas de son fils qu'elle s'est reprise : « Mais mon fils est tellement extraordinaire que sa femme l'aimera sûrement autant que leur enfant. » Elle professait, ce disant, que l'ordre de mission que sa mère lui avait dicté n'avait de valeur que de passer de mère à fille et en aucun cas de belle-mère à bru. Était-ce pour cela qu'elle avait eu un garçon et non une fille ? Était-ce pour faire entendre cela qu'elle s'était imposée dans ces consultations ? Était-ce pour lui permettre de dire cela que son fils a toléré qu'elle y vienne ? On retrouve un dispositif d'échanges qui n'est pas sans rappeler la Loi de l'espèce, dont la génération antérieure avait tenté de promouvoir l'oubli. Alors que la mère de cette grand-mère lui avait dit que la filiation excluait les hommes, cette grand-mère a dit à sa bru qu'elle l'agrégeait à son fils, la prévenant, à partir de sa propre position de femme et de mère, contre les termes de la mission qu'aurait pu lui distiller, comme à toute fille, sa mère.

Ce n'est pas sans poser la question de l'intensité, et surtout de la nature, des liens que les partenaires d'un couple continuent d'avoir à leurs mères respectives[21]. Car ces liens ne sont pas toujours faciles à aménager. Comme ils sont susceptibles, selon les cas, de renforcer ou de fragiliser le lien conjugal, ils ne sont pas toujours étrangers à la problématique de l'adultère.

« Ma mère m'a demandé quand j'allais enfin me décider à tromper mon mari, me raconte cette jeune femme. Et quand je lui ai répondu que je n'en avais aucune envie, elle m'a rétorqué que ça viendrait tôt ou tard. Je me suis insurgée en lui demandant en quoi cela pouvait la concerner. Elle m'a répondu qu'elle goûterait cela comme une petite vengeance personnelle et elle s'en est expliquée en me disant garder une solide rancune envers son gendre du fait qu'il avait oublié de l'embrasser un soir de la Saint-Sylvestre, trois ans auparavant. »

Le plus dur et le plus difficile à comprendre et que l'expérience démontre, c'est qu'en une telle circonstance le *partenaire d'une femme est souvent lui-même, à son insu, partie prenante de la plus ou moins grande fidélité qu'elle marque à sa mission*. Il n'est jamais innocent dans ce qui leur advient. Parce qu'il s'est lui-même engagé dans la rencontre avec un savoir implicite incontestable sur la nature du lien qui unit sa comparse à sa mère, lequel ris-

---

21. On sera sans doute, une fois encore, choqué par le fait que je ne parle pas des pères des mêmes partenaires. Qu'on se souvienne de ce que j'ai dit plus haut : les mères dont je parle en l'occurrence seraient ce qui resterait de mères en elles, après que le père fut intervenu. Combien de pères ne redoublent-ils pas tout simplement l'action de la mère de leurs enfants, occupant en cela le degré zéro de la paternité ! Peu d'entre eux, en revanche, envahissent tout l'espace – et c'est tant mieux parce que les effets ne sont guères moins nocifs que ceux du cas de figure précédent –, ne laissant pratiquement pas de place aux mères. Entre ces deux extrêmes existent toutes les nuances.

que de faire rencontrer à cette dernière l'embranchement régressif qui pourra aller jusqu'à faire capoter leur aventure commune. Un homme doit être particulièrement benoît, irréaliste ou fou pour exclure délibérément de son union avec une femme, à quelque promesse d'éternité qu'elle se soit engagée, l'embranchement qu'elle peut être inopinément appelée à prendre, qu'il s'agisse d'un retour à ses liens d'origine, d'une fixation à un enfant ou d'un adultère. *Car c'est avec lui, parce qu'elle l'a choisi sur la matrice de l'amour qu'elle a porté à sa mère, qu'elle réglera les conflits laissés en suspens avec cette dernière.* Elle ne pourra faire autrement en conséquence que de s'en laisser littéralement arracher une jouissance à laquelle, sans le savoir, elle se refuse – débat qu'elle n'aura pas à vivre avec un amant, et d'autant moins qu'il serait passager !

Retour à une illustration

L'histoire du couple de Markus et Marianne s'avère, une fois encore, particulièrement édifiante à cet égard.

Tout accompli qu'il ait pu sembler, tout puissant qu'il ait pu paraître, Markus a néanmoins toujours eu un besoin vital de Marianne. Elle était le lieu de son manque, comme l'est, basiquement, une femme pour tout homme ! Il s'est, en retour, admirablement comporté à son endroit. Un peu trop sans doute ! Et c'est cela qui, paradoxalement encore, a suscité la suite des événements ! On le voit en effet lui faire scrupuleusement rapport de ses succès et de ses projets, lui raconter ses voyages, lui montrer les couvertures de ses disques. Non pas tant pour s'en faire admirer – et la mise en scène de ces détails est admirable –, mais pour l'associer à tout cela et lui signifier combien elle en a été, et elle ne cesse pas d'en être, un agent singulièrement adjuvant. On pourrait dire que, ce faisant, il parle à la femme-mère qu'elle est, puisque mère de leur enfant commun, et qu'elle devait être même pour lui, puisque intimement revêtue du signifiant mère. Il lui parle ainsi en lieu et place de cette mère qui l'a fait, lui, qui l'habite au plus profond de sa personne et dont il n'a jamais pu tout à fait effacer – à l'instar de chacun de nous – la trace. On pourrait peut-être déjà repérer dans la fonction maternelle totale qu'il lui fait ainsi occuper un chapitre du texte de la mission implicitement impartie par sa mère à Marianne qui s'est proposée de la remplir (en stricte conformité de la fameuse proposition freudienne dans ce sens), y compris pour sa propre satisfaction. Mais il ne s'adresse pas seulement à la mère qu'il fait ainsi d'elle. Il s'adresse aussi à son être, à sa personne, à laquelle il ne cesse pas de parler, en s'intéressant à son travail, en sollicitant sa sensibilité et son intelligence aux répétitions du quatuor de Brahms, en lui faisant partager une expérience d'amitié, son ami à lui devenant aussi son ami à elle. Il satisfait ainsi un autre chapitre de la fameuse mission. Qu'en aurait-il été pour elle s'il ne l'avait pas fait ! Combien de femmes ne s'estiment-elles pas frustrées, non sans raison, par la trop grande place que prend parfois leur partenaire dans leur couple et dans les relations de ce couple ! Lui, il ne la frustre pas, il la comble puisqu'il ne cesse même pas de s'adresser à son sexe – chapitre de plus, et non des moindres – quand il lui fait l'amour en lui fournissant des orgasmes qui la font parfois s'évanouir et en lui ayant rempli une fois le ventre de leur Isabelle commune. Il s'adresse enfin à leur histoire commune, à son histoire à lui, mais aussi à son histoire à elle, quand il lui dit et lui répète une confiance dont il espère qu'elle ne la trahira pas.

Or c'est au cœur de cet ultime chapitre – comme il le déclare dans la scène où il surprend les amants – qu'il aura subodoré le danger de l'adultère, à savoir le fameux embranchement de la mission, dès le projet de ce voyage commun d'elle et David à Paris.

Comment a-t-il fait pour savoir, comme il le déclare, ce qui allait advenir ?

Et pourquoi cela ne lui a-t-il pas permis pour autant de prendre les mesures nécessaires à éviter la catastrophe ?

On doit impérativement se poser ces deux questions et tenter d'y répondre. Ce sont elles en effet qui vont démontrer que Markus était, à son insu, partie prenante de l'existence de l'embranchement que Marianne n'avait pas encore pris, mais qu'elle ne pouvait que prendre. J'ai esquissé ce point quand j'ai évoqué la rencontre de deux individus dont chacun demeure le phallus de sa propre mère.

Le savoir de Markus sur ce qui allait advenir provient d'abord de ce qu'il sait de son ami David, homme comme lui, auquel peut s'appliquer l'ensemble, relativement restreint, des généralités applicables à L'homme. Il le sait en particulier « homme à femmes » qui, comme toujours, profite de chaque occasion, quand il ne la suscite pas, pour retrouver le lien à sa mère et se rassurer en même temps sur la pleine possession de ses génitoires. Il est d'autant plus fondé à comprendre la propension de son ami qu'il traîne, lui-même, depuis vingt ans une maîtresse destinée à lui permettre de sombrer épisodiquement dans ce vieux lien dont il a sans doute voulu, sans jamais le pouvoir, depuis longtemps s'affranchir. Markus peut toujours afficher ses sentiments, faire valoir son amitié ou sa confiance, tenir des discours à tonalité moralisatrice, il ne se nourrit pas pour autant d'illusions : « un homme à femmes » ne saurait laisser passer la moindre occasion ! Compterait-il alors sur la fidélité de la seule Marianne ? Il se croit fondé à le faire en raison de tout ce qu'ils se sont apporté de satisfaisant, et plus précisément de ce qu'il lui a apporté, dans tous les registres de leur relation : « Ma Marianne » sonne assurément plus vrai dans sa bouche que « Mon David ».

Le projet des amants devient du coup, pour lui, la voie ouverte à deux possibilités : soit Marianne ne le trompe pas, et le don qu'elle lui ferait de sa résistance à tout crin à un « homme à femmes » l'incitera et l'aidera à se débarrasser définitivement lui-même autant de la nostalgie du lien à sa mère que de la vieille maîtresse qui n'aurait plus aucune utilité ; soit Marianne cède à l'adultère parisien, forcément conjoncturel et passager, et il ne manquera pas de le supporter parce qu'il lui permettra de continuer le sien propre sans en avoir de remords. C'est ce qui s'est d'ailleurs à peu près passé après que le couple adultérin a rompu à son retour de Paris. Les choses ne se précipitent en effet que lorsque la reprise de la relation entre les amants va faire basculer l'adultère conjoncturel dans la tromperie.

C'est cette conscience du risque et ce type de calcul, bien moins conscient qu'on ne l'imagine, qui ont empêché Markus de prendre les mesures nécessaires à éviter la catastrophe.

Il en est toujours ainsi dans les couples : quel que soit le degré d'intimité dans lequel les met la jonction de leurs organes les plus intimes et quelle que soit l'intrication qu'ils produisent dans le déploiement de leurs histoires respectives, chacun de partenaires garde son quant-à-soi et tient masquées les cartes essentielles de la partie qui se déroule.

Que contiennent ces cartes et pourquoi sont-elles gardées masquées ?

Elles contiennent les modes de distribution du phallus. Même si, grâce à son investissement de Marianne, Markus a cessé de tirer pleinement bénéfice d'être le phallus de sa mère, cette dernière n'a pas cessé de le considérer comme tel au point de le faire passer, malgré lui, comme le détenant. C'est ce que laisserait comprendre une allusion que fait Marianne à la tradition des vacances d'été que le couple passe dans la maison familiale des parents de Markus. Marianne, quant à elle, demeure pleinement le phallus de son omniprésente mère. L'équation « donner ce que L'on n'a pas à qui ne L'est pas » ne peut pas pleinement s'appliquer à deux individus qui continuent, à leur corps plus ou moins défendant, de L'être plus ou moins pour leurs mères respectives.

On peut, sans trahir cette construction, la formuler d'une autre manière, comme je l'ai fait plus haut en disant que c'est peut-être plus facile à saisir. Quand un individu a été le phallus de sa mère, il a eu une mère qui l'a comblé et qui ne l'a pas laissé éprouver la moindre forme de manque. Cela le rend à son tour à la fois exigeant, c'est-à-dire ne supportant pas le manque, et comblant, c'est-à-dire ne laissant pas l'autre manquer. Cela revient à détenir et à faire détenir ce qui contrevient à l'équation écrite plus haut, au sein de laquelle, justement, le manque occupe la position centrale, car il est le moteur du désir et que, sans lui, le désir disparaît.

Les liens de Markus et Marianne à leurs mères respectives sont en effet en miroir. Markus y sombre de temps à autre sans rien en dire avec sa vieille maîtresse, en supportant que Marianne s'y complaise dans la relation continue qu'elle entretient à la dévouée Mamy, discrète mais présente sur tous les fronts.

Du premier de ces deux liens, le sens commun, qui n'en admet pas la persistance et qui voudrait le voir disparaître, convient qu'il exhale un parfum d'inceste. Il semble que le même sens commun, qui est bien plus tolérant et plus indulgent à l'endroit du second, quand il ne l'encourage pas ouvertement, ignore à l'évidence qu'il est plus terriblement incestueux, plus destructeur et encore plus mortifère que le premier. Françoise Héritier, qui a admirablement développé l'étude de ce sujet[22] et qu'on ne peut pas soupçonner d'être partisane, fait de l'inceste mère-fille l'inceste fondamental. Et ce, dans la mesure où l'anthropologie définit avec une grande précision l'inceste comme une démarche visant à « faire du même avec du soi ».

Or c'est lorsque Marianne perçoit, au cours de la répétition du quatuor de Brahms, qu'elle semble ne plus être aussi indispensable à sa fille Isabelle qu'elle fait un retour

22. Françoise Héritier, *Les Deux Sœurs et leur mère*, *op. cit.*

violent à ses pulsions maternelles, devenues pratiquement sans objet, face à David endormi. Son adultère va constituer pour elle une manière de retour au vieux lien qu'elle a eu avec une Mamy suffisamment présente pour ne pas lui permettre de l'oublier. Ce que confirme l'analyse qu'en fait Annick Houel[23] quand elle écrit : « La liaison adultère permet de rejouer une liaison première, le lien primordial mère-fille. La figure de l'amant relève de ce registre : il est celui qui prend en charge le désir et la demande envers la mère qui le soutient sans rien dire. »

La tragédie va s'inscrire là. Personne, sauf Markus bien sûr, ne trouvera à redire à l'agencement des événements, les « hommes à femmes » étant plutôt enviés, les femmes devant être reconnues absolument libres de mener à bien les expériences dont l'envie leur passe par la tête, et l'étroite jonction mère-fille[24], summum de la mise en échec de la Loi de l'espèce, étant devenue, depuis quelques décennies dans nos sociétés[25], le paradigme de l'amour le plus pur et le plus prometteur ! Ce qui explique la tolérance extrême qui se marque à l'endroit de l'adultère dont le concept même est en voie de disparition, « [Le mari étant le] garant de l'interdit de l'inceste, mais de l'inceste mère-fille, celui qui se rejoue avec l'amant[26] ».

---

23. Annick Houel, *op. cit.*, p. 163.

24. J'ai choisi, ici, cette écriture – titre au demeurant de l'ouvrage de Caroline Éliacheff et Nathalie Heinich, Paris, Albin Michel, 2002 – plutôt que l'inverse en raison des milliers de lettres que m'a values mon ouvrage *Les Filles et leurs mères*, Paris, Odile Jacob, 1998. Ces lettres de filles de mères insistaient, toutes, pour dire combien l'insupportable investissement de leurs mères sur elles avait nui au cours de leurs vies. Quand elles étaient elles-mêmes des mères de filles, elles disaient leur souhait d'être moins nuisibles pour les leurs que ne l'avaient été leurs mères pour elles, tout en n'étant pas sûres d'y parvenir.

25. Comme en témoigne le succès considérable de boutiques de mode féminine qui ont exploité le créneau en créant des lignes de vêtements coordonnés et échangeables entre mères et filles.

26. Annick Houel, *op. cit.*, p. 164.

C'est par ce biais d'ailleurs que peut se comprendre la relative indifférence que Marianne éprouve après être allée voir la dépouille de Markus et la manière laconique dont elle informe Isabelle de la mort de son père. Il en va comme si elle avait compris l'ambivalence de Markus et la demande implicite qu'il lui faisait, en la comblant, de privilégier leur relation par rapport au lien continu avec Mamy, demande à laquelle elle avait échappé au point de sentir le besoin de se rassurer tout en réassurant sa fille : « Il n'y a plus personne, dirait-elle en quelque sorte à cette dernière, pour interférer dans ce lien, toujours salutaire pour une mère, qui ne doit jamais cesser de courir de mères en filles. »

Je me souviens du cas d'une petite fille de 4 ans qui m'avait été conduite par sa mère et sa grand-mère maternelle, endeuillées et inquiètes après le décès accidentel de son jeune père survenu quelques jours auparavant. Les deux femmes me posent les questions qui les préoccupent pour l'avenir immédiat. Et, comme, bouleversé moi-même, je me fais raconter les événements, j'entends la grand-mère me dire qu'à peine avait-elle appris le décès de son gendre qu'elle est tout de suite allée voir sa petite-fille dans sa chambre et qu'elle lui a dit : « Ça y est, ça y est, ton père est mort » (*sic*).

J'avais suivi, depuis leur naissance, les enfants de cette autre dont le dernier avait 13 ans. Je l'ai revue après un accident grave du père de ces enfants. Elle m'a raconté que, s'étant rendue, en compagnie de sa propre mère, au chevet de son époux sortant du coma, elle a entendu ce dernier lui dire dans un souffle : « Tu aurais fait une veuve de qualité. » Avant qu'elle n'eût pu réagir, elle a entendu sa mère dans son dos dire froidement à son gendre : « Ne vous inquiétez pas, je veillerai à ce qu'elle soit une veuve de qualité. »

Le sexe féminin et la rétivité à la Loi

Depuis que la végétation existe à la surface de la terre, les plantes n'ont pas cessé de capter l'énergie solaire pour transformer en nutriment le gaz carbonique de l'air. On a depuis longtemps découvert que ce processus est rendu possible par un pigment, la chlorophylle. Mais, quels qu'aient été, depuis, les efforts des biologistes, le mystère de la synthèse chlorophyllienne n'a toujours pas été levé. Et ce n'est pas une mince affaire. Car la découverte du mécanisme intime de ce processus résoudra à elle seule les problèmes énergétiques comme les problèmes écologiques de la planète. Cette image m'est venue parce qu'il me semble que la démarche qui consiste à interroger, en vain, ce qu'il en est de la sexualité féminine, en particulier par le biais de son effecteur génital et de l'orgasme qui en résulte, butte sur une énigme identique.

On ne sait toujours rien en effet de ce qui s'y passe, malgré les multiples caractéristiques et les non moindres exigences que la sexologie clinique s'évertue à décrire avec autant de minutie et de soins. Le plaisir féminin est-il d'essence purement clitoridienne ? Vaginale ? Clitoridienno-vaginale ? Utéro-annexielle ? Hétéroérotique ? Autoérotique, à sa façon ? Plus ou moins, dans ce dernier cas, que du côté masculin ? Dépend-il de l'anatomie, d'une prétendue physiologie normative, des qualités anatomiques ou amoureuses du partenaire, quand il semble conditionné à ce point par un lien d'une consistance impressionnante, forgé sans doute depuis le début de l'aventure humaine et pratiquement destiné à se renforcer à chaque passage générationnel ?

Parce que j'ai lu beaucoup d'ouvrages de paléontologie pour la rédaction de mon dernier livre, je me suis surpris à produire quantité d'associations d'idées sur une image qui m'a frappé à la lecture d'une fiction de qualité[27]. Il m'a en effet semblé que c'est aux origines de l'espèce qu'a dû probablement se mettre en place la première des strates qui, laissant à peu de chose près L'homme dans sa condition, a dû voir se succéder par-dessus elle toutes celles qui ont fabriqué la complexité féminine.

On sait tout d'abord que l'hominisation a entraîné la mort d'une quantité considérable de femmes. La station debout a en effet produit chez elles des déformations du bassin qui n'ont permis la survie que des seules femmes destinées génétiquement à accoucher de manière très prématurée – au bout de neuf mois d'une grossesse qui devait prendre probablement plusieurs années. Ces femmes sont donc devenues rares. Et, comme elles se sont mises à être les seules femelles dans le règne animal à ne pas avoir d'œstrus, elles ont rapidement rendus fous, par leur perpétuelle disponibilité sexuelle, ces mâles qui ont passé leur temps à les rechercher et à les consommer sans jamais plus se préoccuper de leur assentiment que de ce qu'allait éventuellement perpétrer leur acte.

Dans la fiction dont je faisais état et qu'il situe au sein d'une tribu primitive de Nouvelle-Guinée, l'auteur, l'explorateur et écrivain danois Jørn Riel, met en scène quelques rencontres que fait son héroïne et qui ne sont pas sans évoquer celles qu'on pourrait imaginer être survenues en ces temps reculés de l'histoire de l'espèce. Dans chacune d'elles, se sentant menacée par le mâle inconnu et inquiétant qui vient à sa rencontre, pour préserver sa vie, elle prend les devants en se couchant sur le dos à même le sol et en offrant son sexe. C'est, je le répète, une fiction ; et rien, strictement rien, ne prouve que les choses aient pu se passer de cette manière ; mais ce n'est pas non plus impossible. Et ce ne serait pas sans rejoindre une certaine logique de l'enseignement qui a longtemps été professé par des

27. Jørn Riel, *La Faille*, Paris, 10/18, n° 3669.

femmes âgées aux plus jeunes et destiné à leur faire prendre conscience qu'elles ont dans leur sexe propre le moyen non seulement de faire disparaître l'agressivité masculine, mais de garder la haute main sur le devenir de leur partenaire. Leur signalant que la plupart des dissensions qui émaillent la vie d'un couple se résolvent on ne peut plus facilement au lit, elles leur délivrent ce savoir simple qu'un homme se serait ni plus ni moins qu'un individu qui se mène, et se maîtrise, « par la queue ». Ce à quoi les hommes ne trouvent d'ailleurs pas à redire quand ils conviennent eux-mêmes par exemple que « la nuit porte conseil » ou, comme on le dit au Portugal : « Je dois consulter mon oreiller. » L'une comme l'autre de ces manières de dire ne sont pas sans évoquer le propos de Zerline ou sans renforcer les conclusions de Goliarda Sapienza en laissant entendre combien, plus que précieux pour un homme, se trouve parfois être indispensable un sexe de femme. L'image qui se dégagerait de cette incise suggérerait que, délivré de son agressivité par un coït, fût-il autoérotique, grâce à une femme, l'homme peut à la fois entrer dans l'échange et recouvrer la raison que son état de tension sexuelle – ou son déficit en ocytocine, diraient les neurobiologistes – ne ferait qu'obscurcir. Dans un tout autre domaine, parce que je n'avais rien compris, dans ma jeunesse, à l'étendue et à la portée de tout cela, je me souviens d'avoir été frappé d'étonnement, sinon sidéré, quand j'ai appris qu'un des critères fondamentaux de sélection des médecins, que le psychanalyste Michael Balint[28] recrutait pour mettre en place ses groupes, était qu'ils aient une vie sexuelle régulière. Il m'a en effet fallu longtemps encore pour comprendre que cette condition était garante de l'équanimité des praticiens et indispensable autant à leur effort de travail qu'à la qualité et à la pertinence de leur réflexion.

28. Michael Balint, *Le Médecin, son malade et la maladie*, Paris, Payot, coll. « Petite Bibliothèque Payot », 1966.

Dans le roman de Jørn Riel, divers hommes font donc usage de l'héroïne sans se préoccuper évidemment de ce qu'elle en dit ou en pense et en l'imaginant, si tant est qu'ils l'eussent pu, déjà heureuse d'être demeurée en vie. C'est cela, me semble-t-il, cette faiblesse relative, conditionnée par le fait qu'elle est pénétrable en toutes circonstances, qui, condamnant la femme à une passivité, assumée ou refusée selon le cas, la confine dans sa solitude et constitue la toute première strate de son archéo-ontologie. On retrouve à l'œuvre aujourd'hui encore cette caractéristique, liée à l'anatomie, identique à elle-même, comme en témoignent les fléaux que sont le harcèlement sexuel, les viols et l'inceste. Ce n'est pas parce que certaines femmes se sont initiées aux arts martiaux et exercent des professions jadis réservées aux hommes du fait de leur dangerosité que les choses ont changé. Le sentiment d'une forme immanente d'injustice naturelle qui s'ensuit semble faire le lit d'une forme d'insatisfaction primordiale autour de laquelle s'agrègent quantité d'autres.

Je me souviens par exemple des propos stupéfiants entendus à la radio, de la bouche d'une gynécologue célèbre, interrogée, il y a quelques années, autour de la mise au monde d'un bébé par une grand-mère italienne. Elle signalait qu'à l'inverse des hommes qui peuvent procréer jusqu'à un âge avancé les femmes étaient limitées par la ménopause et elle déclarait : « C'est une injustice (*sic*) que la médecine doit absolument réparer. » Une injustice ! Rien de moins que ça ! Il en allait pour elle comme si les caractéristiques conférées aux vivants par la nature devaient s'évaluer en de tels termes. La peau blonde, noire, laiteuse ou sombre, les cheveux roux ou blonds, raides ou frisés, les seins gros ou petits, la taille, la longueur des jambes, etc., seraient autant de points où se lirait une forme d'injustice ! Si j'avais entendu un tel propos dans la bouche d'une femme quelconque, cela ne m'aurait pas autant arrêté. Mais la locutrice était un personnage célèbre, très écouté, militant de gauche, etc. Je crois que, aussi sourd que tous les hommes au langage des femmes, je n'ai pas pu m'empêcher de verser cette déclaration au compte d'une forme de paranoïa mineure mais constante fréquemment retrouvée dans le discours féminin. Une paranoïa qui n'est pas sans rappeler celle dont j'ai signalé l'existence chez les hommes : eux craindraient en toutes circonstances pour la permanence de leur sexe, elles craindraient qu'en raison de la pénétrabilité du leur on abuse d'elles en tous domaines et en toutes circonstances. Ce qui les amène dans leur lutte légitime contre l'inégalité des droits à persister dans une revendication phallique et à nier et à rejeter les effets de la différence sexuelle.

Freud écrit à ce propos[29] : « La femme, il faut bien l'avouer, ne possède pas à un haut degré le sens de la justice, ce qui doit tenir, sans doute, à la prédominance de l'envie dans son psychisme. »

Si une telle paranoïa s'est mise en place dès les temps les plus reculés, elle n'a pu que se trouver renforcée par l'édiction de la Loi de l'espèce qu'a été la loi de l'interdit de l'inceste. Je rappellerai que, aussi bien dans le scénario qu'en a construit Freud[30] que dans la manière dont en a traité le discours anthropologique, cette loi a été édictée par les hommes, et par eux seuls, qui, pour éviter de continuer de s'entre-tuer pour la possession des femmes, ont décidé de les échanger entre eux, sans jamais s'être évidemment préoccupés de leur avis ou de leur assentiment. Qu'on puisse voir, de nos jours encore, chacune d'elles à sa propre manière marquer sa rétivité à la Loi, puise sûrement sa force et prend sa racine dans ce qui est intervenu à cette époque.

Pour les besoins de son récit, Jørn Riel, auquel je reviens, va jusqu'à décrire chez son héroïne la survenue d'un orgasme, le tout premier qu'elle ressent et qui s'avé-

---

29. Sigmund Freud, *La Féminité, op. cit.*, p. 176.
30. Sigmund Freud, *Totem et Tabou*, Paris, Payot, coll. « Petite Bibliothèque Payot », 1965.

rera contemporain d'une fécondation qui fera d'elle une mère. Une telle construction, et la coïncidence un peu forcée de deux événements dont les rapports sont discutables, semble un peu trop simpliste et par trop inspirée de la physiologie des lapines et des chattes[31]. Elle permet néanmoins de prendre la mesure de ce que j'ai appelé plus haut la roublardise de l'instinct de procréation et d'envisager après tout l'orgasme féminin comme une potentialité – inexistante chez les femelles mammifères mues seulement par l'œstrus – destinée à favoriser, bien qu'elle ne soit pas nécessaire, la fécondation des femmes. Non pas en intervenant directement sur le mécanisme de la fécondation, mais en engageant les femmes à se prêter plus volontiers au coït. Que cet orgasme soit d'origine seulement clitoridienne comme l'affirme Hite Shere[32] ou qu'il soit l'« écho accidentel de l'orgasme masculin » ainsi qu'en parle Elisabeth Lloyd[33], il n'en a probablement pas moins contribué à modifier le rapport des femmes et des hommes, voire à les faire quelque peu évoluer ensemble, avec la lenteur qu'on sait avoir été celle de tous ces processus vers la constitution de liens sociaux plus stables. Il n'est d'ailleurs pas impossible que ce soit à partir de cette étape que les échanges sexuels entre mâles et femelles humains soient entrés dans l'ordre habituel des échanges entre mâles et femelles connus dans le reste du règne animal sous le nom de « parade ». La logique de la relation se sera inversée, et les hommes se seront mis à « parader » ou à se battre pour être sûrs d'être choisis par la femme qu'ils convoitaient.

On peut continuer d'imaginer un scénario qui aurait évolué assez rapidement sur cette lancée.

---

31. Les femelles de ces espèces ovulent en effet au cours de la copulation. Mais leur cri, qu'on croit être l'expression d'un orgasme – qui n'existe pas dans les espèces animales –, n'est en réalité qu'un cri de douleur, douleur provoquée par les écailles péniennes des mâles et qui déclanche l'ovulation.

32. Shere, Hite, *op. cit.*

33. Elisabeth Lloyd, *op. cit.*

Sans rien savoir des raisons qui les poussaient, les mâles, dont le seuil d'excitabilité sexuelle a toujours été très bas, n'ont jamais cessé d'être torturés par leur besoin de copuler, et ce, sur un mode uniquement autoérotique éloigné de toute préoccupation du sort de l'objet – réifié, au sens le plus étroit du terme, sans état d'âme – susceptible de les satisfaire. Les femelles, seulement averties de la violence potentielle des comparses qu'elles rencontraient dans cet état, ne faisaient d'abord que se soumettre prudemment à eux quand elles ne pouvaient pas faire autrement. Qu'elles aient pu ne pas rechercher spontanément de telles rencontres, ou ne les envisager qu'avec un profond déplaisir, semble découler logiquement d'un tel état de fait. La peur et la sourde mais légitime révolte générées par cette situation de soumission n'ont certainement pas, pendant longtemps, plus contribué à favoriser leur seuil d'excitabilité sexuelle qu'à générer un plaisir quelconque. On ne sait d'ailleurs pas exactement à quel point de pareils sentiments peuvent encore intervenir, à notre époque de guerre souterraine entre les sexes, pour expliquer que, dans le rapport Spira[34], seulement 35 % des femmes déclarent éprouver un orgasme au cours du coït. On peut cependant supposer qu'à côté de ces sentiments susceptibles de générer une forme plus ou moins accentuée de répulsion il s'est mis un jour à exister une gamme de sensations voluptueuses susceptibles de conduire une femme à priser, voire à souhaiter, la rencontre sexuelle avec un homme. Une ambiguïté comportementale qui se retrouverait encore de nos jours et dont il pourrait être dit, à propos de chaque femme, que, si « son sexe exige la défaite, son moi la hait[35] ». Que l'orgasme féminin ait été, de nos jours, reconnu comme composite et bien supérieur, dans ses effets sinon dans son rendement, à l'orgasme masculin, voilà qui semblerait avoir

34. A. Spira, N. Bajos, *Les Comportements sexuels en France*, Paris, La Documentation française, 1993.
35. Jacqueline Shaeffer, *Le Refus du féminin*, *op. cit.*

pu intervenir en compensation de la faiblesse et de la passivité fondatrices de la paranoïa de base.

Mais il n'en va pas toujours ainsi chez toutes les femmes. Ce qui n'a rien d'étonnant pour qui admet qu'un acte sexuel mobilise une quantité d'émotions qui ne permettent pas de le réduire au résultat de la simple mise en œuvre mécanique d'un couplage de deux appareils, fussent-ils faits l'un pour l'autre.

L'intervention de ces émotions, tout comme leur origine, ne cesse pas de nourrir aujourd'hui des débats passionnés qui tentent de fournir une lecture correcte du sort féminin tout au long de l'histoire humaine. Ce que j'en ai dit est d'un volume et d'une consistance ridicules à côté des bibliothèques qui en ont traité du côté tant historique que sociologique, anthropologique, psychanalytique, idéologique, politique et autres encore.

La société des hommes, le pouvoir des hommes, leur prétention à produire une lecture partiale, univoque, du monde et à tout régir au nom de cette seule lecture, sont de plus en plus mis en accusation, par les femmes bien entendu, mais par des hommes aussi.

Nous sommes entrés depuis peu, me semble-t-il, dans une phase de bouillonnement intense : les arguments ne cessent pas de s'émettre et de se confronter, les regards de se déciller et de prendre enfin la mesure d'excès strictement injustifiés et proprement grotesques. Quand on pense que dans notre pays, la patrie des droits de l'homme, il a fallu attendre 1945 pour que les femmes aient accès au droit de vote, que jusqu'aux années 1960 une femme mariée, même travaillant, ne pouvait pas ouvrir un compte en banque sans l'autorisation de son mari, il y aurait de quoi hurler de rire devant la puérilité des politiciens de l'époque ! Cela ne peut s'expliquer de façon cohérente qu'à imaginer que, si les femmes se sont toujours défiées des hommes et se jugent encore en être maltraitées, les hommes qui ont passé leur temps, comme je l'ai signalé, à avoir peur d'elles n'ont toujours pas réussi, même quand ils avaient à prendre en considération le cours de l'Histoire, à se délivrer de la peur[36] qui circulait dans chacune de leurs histoires propres.

La guerre des sexes

Il n'est pas inutile de revenir quelque peu à cette longue histoire des rapports des hommes et des femmes pour y reconnaître cette guerre féroce et authentique qu'on retrouve à l'œuvre dans le recueil de la moindre histoire individuelle.

Cette guerre, soigneusement occultée par les jeunes qui s'unissent, n'a jamais cessé d'avoir cours et a fait certainement autant de morts qu'elle a produit de dégâts. À ceci près que, ce qui est advenu aux victimes n'entrant pas dans le champ de compétences des instances répressives, ces dernières n'en font jamais état, quand elles ne l'évacuent pas. Ce sont d'ailleurs les tentatives d'y mettre fin qui ont présidé à l'invention des systèmes sociaux qui ont été élaborés à tâtons, à la surface de notre planète. Aucune de ces tentatives n'a encore réussi à produire un résultat un tant soit peu satisfaisant pour les deux parties. Les femmes n'ont pas cessé, avec plus ou moins de succès – et à juste titre, comme je l'ai montré dans les quelques exemples dont j'ai fait état –, de se plaindre du sort inique dans lequel elles ont été tenues. Que des hommes leur emboîtent aujourd'hui le pas est à saluer. Mais, quand on examine les débordements dans lesquels tombent parfois les propositions que font certaines d'entre elles, il y a de quoi être quelque peu inquiet pour l'avenir de l'espèce. Quand on pense à ces sociétés qui ne concèdent aux femmes que le statut avilissant d'esclaves domestiques et

36. Voir Jean Cournut, *op. cit.*

sexuelles des hommes et à peine un droit de regard sur les enfants qu'elles mettent au monde, on se sent légitimement révolté. Mais, quand les tenants du pouvoir de ces mêmes sociétés entendent, au sein des nôtres, certaines femmes revendiquer la transmission de leur patronyme à leurs enfants ou prôner la masturbation comme seule source de plaisir, ils ont beau jeu de radicaliser la férocité de leurs options. Le choc des civilisations semble se jouer, sans rien en laisser paraître, sur le terrain périlleux du rapport des sexes.

Revoir cet ensemble de faits en y incluant les effets de l'expérience de maternité chez les femmes ne peut en conséquence que les éclairer encore mieux.

Car cette femme préhistorique, quand elle devenait mère, s'est trouvée pendant des millions d'années, comme les mères animales, seule encore, avec une progéniture à sa seule charge et requérant longtemps ses soins. Que l'invention des cultures, infiniment récente à l'échelle paléontologique – à peine une trentaine de milliers d'années –, l'ait inscrite au sein d'une famille nucléaire ou élargie dans laquelle le père s'est mis à exister ne l'a pas plus extraite de sa solitude qu'elle n'a atténué sa paranoïa. Elle garde intact son fond de rétivité qui va la conduire, surtout de nos jours, à tisser autour de son enfant un utérus virtuel[37] extensible à l'infini qui lui permettra de ne jamais manquer de rien.

Cette propension de nature incestueuse[38] va cependant prendre un cours différent au fil du développement de l'enfant en fonction du sexe de ce dernier.

J'ai montré la nature du lien que la mère entretient à son garçon quand j'ai abordé la phase œdipienne que traverse ce dernier. Celui qu'elle entretient à sa fille est

37. *Cf. Les Pères et les Mères, op. cit.*

38. *Cf.* ma contribution : « Un inceste sans passage à l'acte : la relation mère-enfant », *in* Françoise Héritier, Boris Cyrulnik, Aldo Naouri, *De l'inceste*, Paris, Odile Jacob, 1994, « Poches Odile Jacob », 2001.

d'un tout autre ordre et produit des effets foncièrement différents.

Cette fille, elle peut la regarder comme une reproduction clonale d'elle-même et projeter, par un simple effet de translation, sur la relation qu'elle a à elle, celle que sa mère a eue à elle-même – la logique de la poupée russe. Elle lui est familière, et ce qu'elle va lui transmettre passe par un lien plus perméable encore que celui qu'elle avait eu avec son garçon et par lequel ses messages ne cesseront jamais de transiter avec une facilité considérable. Si, tout délicieux qu'il soit, elle consent à laisser son fils rejoindre, tôt pu tard et plus ou moins aisément, la horde des hommes, il ne peut pas être question pour elle de laisser cet être si semblable à elle s'éloigner d'elle et être livré à une Loi avec laquelle ses semblables n'ont toujours pas fini de régler leurs comptes. Elle lui enseignera tout ce qu'elle sait et dont l'essentiel a été transmis de mère en fille, depuis l'aube des temps.

La fillette, prise dans ce lien, traversera le premier âge sur le même mode que son frère : elle aussi se découvrira immature et mortelle, et concevra, à la fin du troisième trimestre de la vie, une peur intense de sa mère. C'est à l'étape suivante que les choses vont changer. Freud mettait au principe du comportement de la fillette ce qu'il appelait le *Penisneid*, l'« envie du pénis », cette envie conduisant cette fillette, qui croit pouvoir voir un pénis se greffer sur elle, à aller le demander au porteur qu'elle a sous la main, son père, augurant ainsi la phase œdipienne de son développement. Sans prétention aucune, j'ai proposé[39] pour ma part, sans toujours être compris, que cette relation au pénis soit à entendre comme une « nostalgie » de sa possession. Car cette possession aurait permis tout d'abord à la fillette de trouver son identité propre en échappant à une identification excessive, voire à la fusion totale, que

39. Dans *Les Filles et leurs mères*, *op. cit.* et *Les Pères et les Mères*, *op. cit.*

lui propose sa mère. Elle lui aurait permis par ailleurs de séduire sa mère sans risque, et de la gagner à elle comme a tenté de le faire son frère, pour effacer la terreur qu'elle en a conçue. C'est devant l'impossibilité objective qu'elle rencontre que, dépitée, elle va déployer comme elle le peut une stratégie adaptative équivalente dans le but qu'elle lui assigne, à celle de son frère : elle se tourne vers ce personnage qu'elle a perçu comme en imposant à sa mère et qui était déjà parvenu par sa seule présence à atténuer la peur qu'elle en avait. Elle va l'investir sans tarder pour tenter de s'en faire le plus fiable des alliés et des protecteurs.

Cette délicieuse fillette de 4 ans déclare à son père qu'elle l'aime tant que, plus tard, elle se mariera avec lui. Cet homme, averti des bonnes conduites à observer dans ce cas de figure, lui explique patiemment qu'il est déjà marié et que, lorsqu'elle sera, elle, en âge de se marier, lui sera un vieillard qui ne l'intéressera plus. Il ajoute qu'elle rencontrera en revanche un garçon de son âge qu'elle ne connaît pas encore et qui ne la connaît pas non plus, mais qu'elle aimera. Il lui fait enfin remarquer que c'est ainsi que les choses se sont passées pour sa mère et lui. Une heure après, cet homme méritant croit avoir tout lieu de se féliciter de l'échange qu'il vient d'avoir : il voit en effet passer la fillette juchée sur les épaules d'un sien cousin, grand adolescent, et il l'entend rétorquer à ce dernier qui vient de lui dire :

— Tu es une fille chouette, quand tu seras plus grande, je me marierai avec toi.

— Non, mon papa m'a expliqué qu'on se marie toujours avec des gens qu'on ne connaît pas.

Il se dit que sa fille a bien intégré le message. Mais le surlendemain, alors qu'il est en train de lire son journal dans le salon, sa fillette vient vers lui et lui déclare :

— Papa, Papa, je sais, j'ai compris que je me marierai plus tard avec un garçon que je ne connais pas, mais pour l'instant, ajoute-t-elle en lui sautant au cou, tu es le plus formidable !

Il avait cru bien manœuvrer. Mais, toute docile qu'elle soit, elle est venue lui rappeler qu'elle avait besoin de lui, là, tel qu'il était, pour mener à bien sa stratégie adaptative de défense contre la peur de sa mère.

Alors que, pour le petit garçon, les choses prennent un tour relativement simple ; la peur du père remplaçant la peur de la mère et lui permettant d'entrer dans la Loi et de rester dans la dimension hétérosexuelle de son amour premier, la stratégie développée par la fille lui complique singulièrement les choses. La peur qu'elle avait de sa mère ne pourra en effet que se surmultiplier. Elle aura d'abord à craindre les effets du dépit que suscitera nécessairement son investissement nouveau : sa mère ne pourra pas ne pas lui en vouloir de s'être détournée d'elle en lui ayant préféré son père ! Elle aura ensuite à craindre que sa mère ne la punisse de tenter de séduire son propre objet d'amour. C'est vraiment une mauvaise affaire qu'elle fait : à avoir voulu évacuer une peur univoque, elle a été contrainte de l'enrichir de deux composantes supplémentaires ! Elle peut sortir de cette impasse si elle parvient à constater que, toute terrifiante qu'elle soit, sa mère éprouve elle-même quelque chose qui s'apparente à de la peur vis-à-vis de celui qu'elle lui a désigné comme père. Une condition dont on sait de nos jours qu'elle affleure à l'utopie. C'est pourquoi l'initiative qu'elle prend va la laisser dans une forme d'hésitation à investir massivement la dimension hétérosexuelle de l'amour et à la mettre à l'écart de la Loi. Alors que L'homme vit dans la peur de la perte de son sexe, elle vivra tant, elle, dans la peur de la perte d'amour, et en particulier de l'amour de sa mère, qu'elle ne se sentira jamais assez aimée ! Ce que dit[40], on ne

40. Diane Wood Middlebrook, *Anne Sexton, a Biography,* New York, Vintage Books, 1992, p. 147-148 (communication personnelle et traduction d'Elsa Rooke). La biographe a recueilli ces paroles d'Anne Sexton sur les enregistrements des séances qu'elle a eues avec son psychiatre et que ce dernier lui a confiés pour la rédaction de la biographie.

peut plus clairement, la poétesse américaine Anne Sexton (1928-1974) : « Ce n'est pas que je suis belle, c'est juste que je sais faire en sorte que certains hommes tombent amoureux de moi. L'effet de cette chose-là est plus fort que l'alcool. Ce n'est pas pour coucher avec eux, c'est comme un rituel. Si je veux aller plus loin, je n'ai qu'à dire : j'ai besoin de toi… Quand j'y songe, vraiment, je me dis que je vais en crever, c'est une vraie maladie ; ça va détruire les enfants, briser mon mari et l'idée que n'importe qui se fait de moi. Depuis que ma mère est morte, je veux toujours avoir le sentiment que quelqu'un est amoureux de moi. Un sacré narcotique que d'avoir des gens amoureux de moi. »

Cet être féminin investira donc, toujours, bien plus l'expression de l'amour qui lui sera offert que celle du désir dont elle pourra être l'objet. Si bien qu'en fonction des circonstances et des nuances de son histoire – et de celles de son père et de sa mère en amont[41], avec leur éventuel double amour aliénant entre lesquels elle tente de flotter – elle entrera dans sa vie sexuelle sur un mode qui lui sera toujours spécifique. *Elle ne pourra jamais tout à fait en exclure une dimension homosexuelle* ; elle ne pourra jamais en rendre un compte exhaustif ; et, surtout, elle en restera interdite au point qu'elle ne pourra jamais et en aucune façon la mettre en mots, en mots simples susceptibles de lui permettre de prendre une conscience, minimale mais précise, de sa composition. Elle la vivra non sans étonnement dans une éventuelle expérience adultérine, car « la demande apparente de la femme adultère s'adresse bien à un homme, et même à deux, mais elle sert aussi à

---

41. Tous les cas de figure peuvent se voir : sa mère peut l'investir massivement, en faisant son propre phallus alors que son père s'en désintéresse ; sa mère peut ne pas l'investir et la livrer à son père qui va reporter sur elle l'amour qu'il a eu pour sa mère ; l'un et l'autre peuvent la surinvestir ou ne pas en être intéressés ; sans compter l'infinité de nuances qui s'inscrivent dans l'intervalle de ces schémas. Le tout étant toujours redevable de la façon dont le féminin et le masculin se sont inscrits dans l'histoire personnelle de chacun des deux parents.

se défendre de l'homosexualité inscrite dans l'histoire de la petite fille – et sans doute, en dernier ressort, du féminin. La demande hétérosexuelle continue à couvrir la demande homosexuelle inassouvissable[42] ».

Il me semble important de ne pas laisser planer le moindre malentendu, à propos de tout ce que j'ai dit de la dimension homosexuelle qui parasite, sur un mode toujours spécifique, la sexualité de chaque femme. Il n'est pas question de laisser croire que cette homosexualité puisse concerner la sphère génitale et qu'au cours d'une relation sexuelle avec un homme toute femme aurait le fantasme d'avoir une relation sexuelle avec une autre femme ! Cela existe, bien sûr, et j'ai entendu une femme me confier que, toute hétérosexuelle qu'elle était, elle ne pouvait atteindre l'orgasme qu'en se fantasmant suçant de gros seins ou en se représentant une femme sucer les seins d'une autre. Mais c'est bien moins fréquent qu'on ne l'imagine. *La teinture homosexuelle de la relation réside principalement dans le refus plus ou moins massif, au profit des seules qualités et des seuls critères féminins, de la dimension masculine et de la vision du monde des hommes*. Les hommes ne seront éventuellement jamais assez raillés par exemple pour leurs rapports aux westerns, aux réunions entre copains, au PMU, à la bière, au football, aux belles voitures, pour l'indigence de leur niveau de conversation, pour leur propreté approximative, fussent-ils sortis à l'instant même de la douche, et pour la manière ridicule dont ils croient devoir jouer aux paons dès qu'ils flashent sur une paire de jambes. Leur barbe paraîtra dure, et leur odeur repoussante. Quant à ce sexe qu'ils mettent au centre de leur vie et dont on n'est pas sans apprécier à l'occasion l'usage, sa vision serait tout simplement insupportable. Cela n'a pas été sans effet sur ces hommes, comme en atteste l'explosion de la cosmétologie masculine avec ses séances de bronzage et

42. Annick Houel, *op. cit.*, p. 166.

d'épilation, ses déodorants, ses crèmes, ses parfums et ses rasoirs multilames, toutes choses qui ont produit la récente tendance « métrosexuelle » et assuré le succès des revues masculines dispensant des conseils sur les moyens à déployer pour être accepté par les femmes. On aura compris qu'une vision aussi biaisée de la réalité de l'autre sexe privilégie le formatage du sien propre par une mère dont on continue de ne pas pouvoir se détacher.

Cela ira plus loin encore et interviendra, comme je l'ai montré dans la relation entre Marianne et Markus, dans la gestion de la relation au partenaire avec lequel elle va former couple. *De ce partenaire, choisi sur la matrice de l'amour porté à la mère dans le tout petit âge, elle attendra qu'il la comble comme l'avait fait sa mère avant l'éclosion de la peur qu'elle en a eue. S'il ne le fait pas, elle en sera parfois assez déçue pour aller adresser sa demande à un autre homme. Mais, s'il le fait, elle en sera doublement atteinte : elle se sentira d'abord, en raison de la disparition du manque, sans désir et comme morte ; elle concevra ensuite à l'endroit de cet homme une forme plus ou moins grande de défiance, voire de répulsion, dans la mesure où elle aura le sentiment de retrouver, en lui, sa mère dans toute sa stature, y compris dans la peur qu'elle en a jadis conçue et qui ne l'a pas quittée.* La solution de l'amant pourra alors lui apparaître, là encore, comme une solution jouable. Bloquée qu'elle a longtemps été par la contention exercée dans les mariages par arrangement, elle en a été réduite, selon les époques, à la fuite dans le dépit, la dépression, l'amour courtois, la maladie ou les fantasmes. Plus libre à notre époque, elle a tout loisir d'enrichir cette palette de moyens d'une ou de plusieurs aventures extraconjugales plus ou moins consolantes ou libératrices – ce dont avertit la sentence de Lucien Israël que j'ai citée à deux reprises.

Cette difficulté relationnelle, dont Freud fait la conséquence directe du *Pénisneid*, va par ailleurs évoluer tout au long d'une vie. Le profond et radical sentiment d'injustice qui date de cette phase du petit âge va en effet mettre en place chez l'être féminin une forme de comptabilité rigoureuse dont l'entretien méticuleux ne laissera rien au hasard. *Alors que du côté masculin tout acte sexuel remet les pendules à l'heure et les comptes à zéro, du côté féminin, il renvoie peu ou prou, en fonction de la qualité de l'orgasme, à cette phase archaïque du développement.* On verra nombre de femmes vieillissantes glisser dans le dépit et l'insatisfaction, voire développer une agressivité qui les étonne parfois elles-mêmes. Comme pour remplir, au sein de leur environnement immédiat, une fonction à laquelle elles seraient appelées sans le vouloir ni le savoir, elles entrent dans la peau de ces femmes dont ont peur les femmes et les hommes, au premier rang desquels on trouve le leur. C'est malgré elles qu'elles deviennent exigeantes, critiques, autoritaires, cassantes et bien entendu castratrices. Si on essaie de le leur faire remarquer, elles s'en défendent, sincèrement étonnées et protestant, sans qu'on puisse les soupçonner de mauvaise foi, de leurs bonnes intentions, de leur tendresse et de l'étendue de leur dévouement. Mais juste pour recommencer aussitôt à être comme elles ne peuvent pas ne pas être. C'est toute l'économie existentielle de leur couple qui est en question. L'intensité de leur revendication et le degré de sensibilité que leur partenaire va y marquer vont en fabriquer le destin. Cela ira du tableau de ruptures plus ou moins précoces à celui des couples donnant en spectacle leur conflit, sans compter le paysage ultime qui pourrait être dressé à partir des statistiques des assureurs : la plus grande longévité des femmes n'est pas seulement due à des facteurs physiologiques.

Il me semble, pour parachever ces considérations, que c'est en ce point précis que doit s'inscrire le propos de Lacan – « La femme n'ex-siste pas » – qui, à peine émis, fut repris par toute la presse et fit un bien beau scandale. Il s'avère que j'assistais au séminaire où il a été prononcé. Et je me souviens que Lacan avait pris le soin d'écrire au tableau ce qu'il venait de dire, exactement comme je le reproduis ici. Comme tous ceux qu'il a lancés tout au long de sa carrière, ce propos revêtait les caractéristiques d'une interprétation psychanalytique destinée à ne jamais rien figer. On peut néanmoins le lire dans sa littéralité en prêtant attention à son écriture : elle n'ex-siste pas, LA femme. J'ai déjà dit comment entendre le fait qu'un article défini ne puisse pas s'appliquer à elle, faisant UNE de chacune. À cela s'ajouterait qu'elle ne se « tient pas hors de », qu'à l'inverse de L'homme au destin hétérosexuel elle serait toujours en quelque sorte, elle, dans le féminin qui, l'ayant précocement enfermée, ne l'aura jamais lâchée au point que, contrainte de composer avec lui, elle finirait par l'investir en s'y intéressant peu ou prou. Elle évoluerait sa vie durant sur une crête fragile, évitant autant qu'elle le pourrait de chuter dans les gouffres de deux incestes jumeaux aussi détestables l'un que l'autre : celui ré-engloutissant avec sa mère et celui attractif mais interdit avec son père.

La description du parcours augural de la vie sexuelle de la fillette permet de mieux comprendre ce que disait Freud annonçant que, « sous l'empire d'un séducteur averti, elle prendra goût à toutes les perversités et en fera désormais usage dans son activité sexuelle ». Car ces « perversités », dénuées de tout parasitage affectif, ne cesseront pas, pour elle, par l'investissement central du pénis qui les lui propose, de lui permettre d'en jouir et de les apprécier sans courir le risque de voir remonter en elle les peurs qui l'ont marquée. Toutes choses qui permettraient de comprendre le statut de l'orgasme, impossible à mettre en mots[43], à symboliser, dans l'un comme dans l'autre sexe. Si, tout bref et difficilement renouvelable qu'il soit pour l'homme, il rassure ce dernier du côté de son angoisse de castration, il lui confère à elle, qui peut l'éprouver plus intensément encore et à plusieurs reprises, la certitude récurrente, quand elle y parvient, qu'elle est elle-même et non sa mère.

---

43. F. Péréa, J. Morénon, « Les manifestations vocales et verbales pendant l'acte sexuel : une désactivation de la chaîne signifiante », *Synapse*, n° 223, mars 2006, p. 31.

Ce qui, en fonction des données de son histoire et de la permission d'être que lui a accordée son aventure œdipienne, va la conduire à s'empêcher de l'éprouver en développant nombre de phobies au service de l'inhibition qu'elle se construit[44], à accepter de l'éprouver avec une audace plus ou moins grande, voire à tomber dans la compulsion jamais satisfaisante[45] de sa collecte.

On comprend, à partir de là, que j'aie pu exprimer des réserves par rapport à ce que prétend nous enseigner la sexologie clinique. L'activité génitale d'une femme, et la palette considérable de la gestuelle dans laquelle elle peut se déployer, est tellement enracinée dans son passé archaïque qu'il est vain, plus encore que pour L'homme, de tenter d'en décrire la moindre norme. Pas plus qu'il n'est étonnant d'avoir à constater que celle qui se sent devoir être toujours réservée dans sa vie conjugale puisse parfois se révéler à elle-même d'une audace inouïe dans une relation adultérine passagère ou durable.

J'exprime d'ailleurs les mêmes réserves sur ce qui me semble être une mise en accusation réglée de l'idéologie phallique qui serait seule responsable de la dissymétrie fréquemment constatée dans l'obtention d'orgasmes par les deux partenaires au cours du coït. J'irai même jusqu'à ajouter que l'adhésion d'une femme à l'idéologie phallique efface totalement cette dissymétrie, à condition que dans son histoire le phallus n'ait pas été confisqué par sa mère qui l'aura dévolu à son père. D'où se déduit l'intérêt que l'homme prend à lui faire obtenir sa jouissance : cela l'assure qu'elle est prête à lui conférer le phallus et qu'elle ne le revendiquera pas pour elle.

---

44. Celle-là constituera en l'occurrence le cas typique permettant de relativiser le propos de Freud noté p. 274. Car, au grand jamais, elle ne se laissera séduire par un « séducteur averti » pas plus qu'elle ne se laissera gagner par la moindre « perversité » qui lui serait proposée.

45. *Cf.* Catherine Millet, *op. cit.*

La relation au sein du couple conjugal

Comme la relation conjugale est donc toujours et peu ou prou parasitée[46] par un retour sur scène de la mère, il va bien falloir, à cette femme, trouver le moyen de la gérer au quotidien et de composer avec son partenaire. Si ce dernier lui rappelle en effet sa mère et qu'elle l'a choisi sur ce critère, il n'en est pas moins doté d'un pénis comme l'était ce père dont elle avait essayé de se faire un allié.

Le soutien sociétal offert par les cultures, jusqu'à une date récente, au pôle masculin de la conjugalité invitait peu ou prou les femmes à interposer, entre la hantise du retour en force de leurs mères et elles-mêmes, cet homme qui prenait le relais de leur père. Cette mise en œuvre, dans chaque couple, de la Loi de l'espèce offrait formellement à chaque femme une forme de protection – « un mari [est] mis en position de maintenir le cadre de la Loi, un amant pour la transgresser[47] ». Cela ne l'empêchait évidemment pas de projeter sur son partenaire le conflit non résolu avec sa mère – ce que le partenaire était d'ailleurs amené lui aussi à faire pour son propre compte.

Cette succession de micro-affrontements quotidiens à tous propos, parfois pour un oui ou pour un non, sans parvenir à chasser totalement les peurs respectives, permettait néanmoins à chacun d'éprouver la protection offerte par son partenaire contre l'éventuel retour de pans pénibles de son histoire. Les délices des retrouvailles après les scènes de ménage comme l'évolution éventuelle de la relation

46. Ce que dit avec ses propres termes G. Chaboudez, *op. cit.*, p. 133, quand elle écrit que, « dans l'acte sexuel où règne l'appel à faire UN, la référence de la relation à la mère est présente, fût-elle inconsciente ».

47. Annick Houel, *op. cit.*, p. 149.

sexuelle rendaient compte du degré de distension des entraves que le conflit avait réussi à opérer. Les progrès étaient certes très lents. Mais chaque étape franchie éloignait un peu plus de la version adolescente piaffante de l'amour, lui conférait sa dimension adulte plus sereine et renforçait d'autant l'attachement. Les progrès consistants n'étaient pas espérés à l'échelle d'une vie, mais à celle de la succession des générations. On était encore dans l'état d'esprit qui, inscrivant l'homme dans une perspective d'éternité, avait déjà présidé à la construction du pont du Gard et s'est poursuivi avec celle des cathédrales. Il n'en est plus ainsi aujourd'hui qu'on bâtit un viaduc comme celui de Millau en lui prévoyant une durée de vie de cent soixante-dix ans !

Est-ce à dire qu'il en était toujours ainsi et que les épouses s'accommodaient aisément de la Loi, y sacrifiant totalement la relation à leurs mères en interposant leurs maris entre elles ? Cela s'est fait et continue d'ailleurs, même si c'est devenu très rare, de se faire. On reconnaît ces femmes à une caractéristique assez singulière : elles sont en effet sereines et lumineuses, n'ayant pas plus peur pour leurs enfants qu'elles n'ont peur d'eux. D'autres, sans être dans le cas des précédentes, ont néanmoins délibérément opté pour un certain degré de paix conjugale. Elles ont développé une stratégie qui leur permet de mieux supporter la distance que les exigences de leurs partenaires leur enjoignent de mettre entre leurs mères et elles. Selon leur structure psychique, par déplacement, elles cultivent la mémoire d'un défunt cher au deuil impossible[48], ou bien celui d'un amour contrarié dont elles ne se sont jamais remises, si tant est qu'elles veuillent s'en remettre.

48. Hélène Vecchiali, *Ainsi soient-ils*, Paris, Calmann-Lévy, 2005, p. 35 : l'auteur rapporte que dans un échange avec sa filleule, autour du film *Titanic* de J. Cameron (1997) qu'elles venaient de voir ensemble, cette dernière lui a déclaré : « Maintenant, Beth (l'héroïne du film dont le premier amour est mort pendant le naufrage) aura toute sa vie un homme qui l'aime et qui l'aimera toujours dans son cercueil. »

Découverte tardive

Elle est venue avec sa mère, une fois de plus. Et elle m'a annoncé avoir mis à la porte le père de sa petite dernière. Elle n'en pouvait plus de le voir être à sa traîne, sombrer dans l'alcool, ne faire aucun effort pour sortir de l'échec de son entreprise qui l'avait mis au chômage depuis de longs mois et refuser de consulter qui que ce soit. C'était son troisième compagnon. De l'un des deux précédents elle avait eu un garçon. Sa mère a levé les yeux au ciel :

— Je ne sais pas ce qu'il te faut, ni ce que tu cherches, lui a-t-elle dit. Je me demande où tu veux aller et comment tu fais pour te choisir des hommes qui finissent toujours par te décevoir !

— Tu peux parler, toi, lui a répondu la jeune femme avec un regard haineux ! Tu voudrais que je fasse peut-être comme toi ? Rester ma vie entière avec un homme, en se faisant l'un l'autre la gueule sans jamais avoir le courage de rompre ! On n'en est plus là, aujourd'hui ! Faut que tu te mettes ça dans la tête ! Et puis ce sont mes affaires et pas les tiennes.

Comme elle me prenait à témoin du regard, j'ai demandé à cette grand-mère si ce que sa fille racontait de son couple était vrai. Elle ne s'est pas fait prier pour me raconter son histoire. Elle était fille unique de ses parents. Mais, d'un premier ménage de sa mère, elle avait une demi-sœur qui a toujours été la préférée de sa mère et qui a toujours beaucoup compté pour elle-même. Cette demi-sœur a fait une brillante carrière dans l'administration et a eu trois garçons qui ont bien réussi dans la vie. Elle, elle a démissionné de la banque où elle a travaillé jusqu'à la naissance de son aînée. Elle l'a fait par choix, pour s'occuper des trois filles qu'elle a eues dont cette dernière qu'elle accompagnait. Comme elle les avait eues tard, elle estimait leur devoir ça. Sa propre mère ne travaillait d'ailleurs pas. Elle trouvait que sa fille exagérait un peu quand elle décrivait ce qu'a été son ménage. Son défunt mari et elle, même si ce n'était pas l'amour fou, ne s'entendaient cependant pas si mal. Ils avaient été présentés l'un à l'autre par des amis. Ils étaient dans le même cas : déjà âgés et bien trop timides pour entreprendre seuls quoi que ce soit. Je lui ai demandé si elle savait ce qu'était devenu le père de sa demi-sœur. Elle m'a répondu qu'il était mort dès les premiers jours de la guerre de 1939-1945. Il y était parti en laissant sa jeune femme enceinte.

Sa fille, qui s'était calmée et qui avait écouté sans rien dire ce récit, lui a déclaré, comme si elles reprenaient ensemble une conversation laissée en suspens, sur un ton las :

— Tu sais, je ne t'en veux pas. Je crois, comme tu me l'as dit toi-même, que tu as toujours eu un problème avec les hommes et que tu as été à ta manière une sorte de handicapée de l'amour.

— Jamais de la vie ! s'est-elle récriée en éclatant brutalement en sanglots. J'ai aimé. J'ai aimé et j'ai été aimée en retour ! J'ai aimé plus que tu ne pourras jamais imaginer !

Elle s'est écroulée sur elle-même, puis elle a repris, après avoir pleuré un long moment :

— J'avais dix-neuf ans et lui vingt. Il s'appelait Serge. Nous nous aimions comme des fous. Nous devions nous marier. Nos parents étaient d'accord. Il est parti dans le dernier contingent d'appelés en Algérie. Il est mort là-bas, juste avant la signature des accords de paix, dans un attentat perpétré par l'OAS. Voilà, maintenant tu le sais. Je ne l'ai jamais oublié. Il est encore là, pour moi, et je n'ai jamais été à aucun autre qu'à lui.

Sa mère, ayant sacralisé la mémoire de son premier mari mort à la guerre, avait donc peu investi son père. Elle-même investira peu le père de ses propres enfants, toute fidèle qu'elle ait été, répétant ainsi l'histoire de sa mère, à la mémoire de son premier amour, mort lui aussi à la guerre. Quant à sa fille, qui apprend à l'occasion de cette consultation le détail d'importance d'une histoire qu'elle s'entend confier pour la première fois, elle n'investit que timidement les hommes qui se succèdent dans sa vie. Pour chacune de ces trois générations de femmes – au moins, car on n'a pas de détails sur ce qui en a été des générations antérieures –, le seul investissement qui résiste au temps, c'est celui de la mère, et de la mère seule, les pères n'ayant pratiquement pas compté pour elles.

À cœur battant

Cette autre-là avait pris l'initiative de la consultation. Et elle est aussitôt intervenue, avec un très discret accent anglais. Bien que silencieux, lui n'était cependant pas absent ; il était attentif et il me regardait les écouter avec dans les yeux une lueur que j'ai crue d'amusement et dont j'ai vite compris qu'elle était d'espoir. Elle était grande et belle, et elle devait avoir autour de trente-cinq ans. Lui aussi avait une belle allure et il portait allégrement sa probable cinquantaine. Ils avaient un petit garçon de deux ans.

Elle voulait justement que je les aide à le préserver en leur permettant par un travail approprié de réussir leur séparation. Elle lui avait signifié depuis quelques mois déjà qu'elle ne l'aimait plus et qu'il fallait qu'il s'en aille. Au lieu de quoi, il s'incrustait et trouvait tous les motifs pour demeurer sur place. Il s'est immédiatement récrié en me disant qu'il attendait seulement d'avoir des revenus suffisants pour se payer un loyer personnel. On était entré d'emblée dans une scène qui s'était sans doute répétée déjà plusieurs fois et à laquelle j'étais en train de devoir assister à mon corps défendant. J'ai donc pris la parole et je leur ai dit que je ne pourrais certainement rien comprendre à leur histoire s'ils continuaient sur ce mode et si je n'avais pas la réponse à quelques-unes de mes propres questions.

Elle était la troisième fille de ses parents et elle avait deux frères plus jeunes qu'elle. Lui était fils unique. « Sixième génération de fils uniques », a-t-il tenu à préciser, tous prénommés Guillaume, sauf son fils auquel elle avait tenu à donner le prénom de William. Le détail l'a fait réagir : « C'est le premier homme que j'ai rencontré et que j'ai aimé avec une force si grande que je lui ai aussitôt demandé un enfant. C'est simple : mon amour pour lui était d'une telle intensité, il m'avait tellement envahie que je savais devoir le retrouver dans les cinq minutes suivantes à la brusque accélération des battements de mon cœur. J'étais désespérée de ne pas pouvoir être enceinte. J'ai multiplié les consultations de stérilité, je l'y traînais avec moi. Lui, il souriait, il restait calme, se contentant de me dire que, puisqu'il ne l'avait fait avec aucune autre femme, nous ferions tôt ou tard un petit Guillaume, comme lui, comme son père, son grand-père et ainsi de suite en remontant les générations. » Il a ponctué le propos : « Pour moi, c'était une évidence et même une certitude. »

Le travail qui a commencé ce jour-là s'est prolongé pendant plusieurs semaines. À leur demande. Car, à chaque fin de séance, je leur proposais de ne revenir que s'ils le souhaitaient. Ce fut un travail productif dans lequel nombre de querelles, rapportées aux incidents biographiques qu'amenait la libre association d'idées, se sont vidées.

Alors qu'ils avaient repris un rendez-vous, elle m'a adressé un courrier pour me demander si j'acceptais de la recevoir avec sa mère qui était prête à l'accompagner et à laquelle son partenaire acceptait de céder sa place. Je n'en attendais pas tant et je me suis félicité de ce que son homme avait à sa manière apparemment compris. « Quand l'homme ne peut plus vaincre, quand il ne peut plus triompher, on se retrouve sur le territoire de la mère de la toute-puissance infantile, [...] de la mère prégénitale réengloutissante[49]. »

Je les ai reçues toutes les deux et je me suis contenté d'écouter les échanges très riches qu'elles ont eu la délicatesse d'avoir en français, alors qu'elles m'ont dit communiquer entre elles en anglais. La fille s'est ainsi entendu raconter, dans le plus grand étonnement et avec force détails à l'appui, la joie qu'a été sa naissance, alors qu'elle avait cru jusque-là avoir été accueillie dans le dépit du fait de son sexe. Elle s'est mise alors à interroger sa mère sur nombre de détails de son histoire. Cette dernière a fini par lui raconter que, lorsqu'elle est arrivée en tant que jeune élève dans le collège où elle a fait ses études, elle est tombée immédiatement amoureuse du directeur de l'établissement qui, bien que marié avec deux enfants, n'a pas non plus été insensible à elle. Il ne s'est cependant jamais rien passé entre eux. Sauf que, pour ne pas la voir s'éloigner de lui, cet homme lui a fait épouser son propre secrétaire. Ils ont donc vécu pendant des années dans les mêmes lieux, ne cessant pas de se recevoir les uns les autres, jusqu'à ce que son mari ait été appelé à un poste plus important. Elle avait eu le temps d'avoir ses quatre premiers enfants. Le déménagement n'a pas mis fin pour autant à sa relation passionnelle, toute platonique qu'elle ait été, à cet homme et n'a été interrompue que par son décès.

Bouleversée par ce qu'elle venait d'entendre, la fille en larmes a demandé à la mère ce qu'elle pouvait faire, elle, de tout cela. J'ai entendu cette dernière lui dire, en lui caressant le visage : « Fais une fille ! »

« Fais une fille ! », lui a-t-elle donc dit. Comme pour lui confier une recette, un secret. Pourquoi pas, d'ailleurs, une mission ! « Car, aurait-elle pu ajouter, ce que tu ne pourras

49. Jacqueline Shaeffer, *op. cit.*, p. 23.

pas faire dans ta vie, ta fille le fera pour toi. Et, si elle ne réussit pas à le faire, ce sera au tour de sa fille de s'y essayer. N'en a-t-il pas été ainsi depuis la nuit des temps ? »

Est-on loin de tout cela aujourd'hui ? Pas autant qu'on serait porté à le croire. Combien de femmes n'éprouvent-elles pas en effet, sans le savoir ni même s'en apercevoir, le besoin de divorcer à l'âge même où leur mère a elle-même divorcé. Il arrive en outre qu'elles divorcent à l'âge où leur mère a eu la tentation de le faire avant de se raviser. Comme si elles avaient deviné la chose et qu'elles se sentaient contraintes, à leur insu, de mener jusqu'au bout et par procuration l'acte qui n'avait pas été accompli. « Tout ce qui n'est pas symbolisé se retrouve dans le réel », enseignait Lacan. Malgré le passage générationnel, serait-on tenté d'ajouter. Quand elle cesse brutalement d'aimer l'homme qui faisait battre son cœur, cette jeune femme anglaise a exactement l'âge qu'avait sa mère au moment où s'est produit le déménagement qui a éloignée cette dernière de son amant platonique. Et quel message lui délivre sa mère en guise de consolation, après lui avoir confessé l'amour impossible qu'elle a interposé entre le père de ses enfants et elle ? « Fais une fille ! » À entendre comme : les filles ont pour mission d'accomplir ce qui est resté inaccompli, parce qu'elles n'ont pas eu l'opportunité ou le courage de le faire, dans la mission que leurs grand-mères avaient confiée à leurs mères, lesquelles, etc., en remontant ainsi indéfiniment les générations. *À chaque génération, l'intervention des hommes, tractant avec plus ou moins de succès les femmes vers l'hétérosexualité, a été peu ou prou responsable de l'échec de la mission confiée depuis le fin fond des temps* – ce qui lui confère son label d'éternité – *aux filles par leurs mères. Elle a fabriqué des pères aux enfants en évitant à ces derniers, eussent-ils eu à en être dépités ou révoltés, ce trop maternel*[50] « *qui vise [...]*

50. *Ibid.*, p. 148.

à l'exclusion de la figure paternelle et à l'utilisation de l'enfant comme complément narcissique [...] Si [en effet][51] *l'enfant est maintenu comme partenaire érotique de la mère dans une relation perverse, il est menacé dans sa sexualité future d'adulte. Une mère qui se complète (au sens de complétude) avec son enfant, au lieu de se compléter (au sens de complémentarité) avec son partenaire amoureux, menace l'intégrité identitaire ou sexuelle de son enfant* ».

La mise en place de l'idéal démocratique au sein du couple et la suppression définitive du soutien sociétal au pôle paternel de la parentalité ont prétendu changer la donne précédente du tout au tout. Elles y ont réussi. Mais à quel prix et avec quels dégâts à la clef ! Chacun des deux partenaires – et plus encore depuis la désertion de l'institution du mariage – se retrouve du coup, en effet, littéralement livré au débat crucial et terrifiant avec sa mère. Il en demeure le phallus, soumis et docile à son insu, et ce d'autant que, la longévité s'en mêlant, les mères ne cessent pas d'intervenir dans la gestion du quotidien de leurs enfants. La relation sexuelle s'en trouve elle-même largement affectée. Rapidement décevante mais désormais présentée comme relevant d'un droit imprescriptible à être satisfaisante, elle ouvre la voie au gouffre d'une transgression devenue une norme hors de laquelle il n'y aurait point de salut.

On se retrouve dans le malaise qui a affecté d'une façon considérable le rapport des hommes et des femmes.

Les premiers ont passé le plus clair de leur temps à tenter de trouver de nouveaux repères. Ils se sont essayés à être des pères modernes, puis des « nouveaux pères » à l'ère prétentieuse où ont été également sacrés les « nouveaux philosophes » – seul avait alors droit de cité ce qui était « nouveau », style, comportement, politique, etc. Ils furent ensuite des « papas poules », et j'en passe – je me

51. C'est moi qui ajoute cette parenthèse-ci.

suis moi-même amusé à en faire des « pères dus[52] » ! Ils ne sont toujours pas sortis de leur impasse et ils ne sont pas près d'en sortir. Ils ont été les victimes collatérales – le mot est désormais à la mode – d'une erreur de diagnostic dont on ne parle jamais assez. Ils ont en effet été confondus dans leur statut individuel, au cours du long procès fait au patriarcat, avec ces « petits pères des peuples », les Mussolini, Hitler, Lénine, Staline et autres Mao, qui ont poussé l'autorité, acceptable parce que nécessaire, jusqu'à l'autoritarisme, détestable parce que mortifère. Mais qu'étaient-ils tous, ces « petits pères », sinon des phallus de leurs toutes-puissantes mères qui les ont tenus, plus et pire que d'autres, à l'écart de leurs pères respectifs, qui sont parvenues à les convaincre que tout leur était dû et que rien ne devait leur résister. On peut répéter cette évidence historiquement incontestable à s'en époumoner, nul n'est plus capable de la prendre en considération. Si bien *qu'il ne reste plus aux pères, aujourd'hui, que de faire ce qu'ils font : entrer en concurrence avec les mères et tenter de séduire leurs enfants, imitant d'ailleurs en cela la démagogie de nos classes politiques qui donnent le ton.*

Cet historique succinct, repris de temps à autre ici ou là, n'a pas en soi grand intérêt. Car les femmes, flattées par de multiples processus, tous éminemment trompeurs, ne se sont pas trouvées logées à meilleure enseigne que leurs partenaires. Ayant collecté de plus en plus de droits et de reconnaissance destinés à leur donner le change dans leur réalité quotidienne, elles ont en même temps récolté nombre d'inconvénients dont les moindres n'ont pas été la parentalité solitaire[53], la multiplication des tâches et la solitude !

---

52. Aldo Naouri, *Une place pour le père*, Paris, Seuil, 1985 et Points-Seuil-Essais, 1992.

53. 79 000 mères élevant seules leurs enfants en 1979 sont devenues plus de 2 300 000 en 2003.

Elles auront somme toute été livrées aux effets de leur lignée maternelle par des hommes guère mieux préservés qu'elles de la leur, mais qui ont cru pouvoir tirer leur épingle de la conjoncture nouvelle en fonçant la tête la première dans la sexualité débridée que leur a offerte la société de consommation.

Pourquoi les adolescences cesseraient-elles ?

Pourquoi la dimension adulte de l'être devrait-elle intervenir quand tout serait ainsi en place pour la taire ?

Parce que la sexologie clinique insiste sur la dissymétrie inhérente à la relation sexuelle ?

Quelle erreur ! Quelle tromperie ! Quelle illusion !

UNE RÈGLE
CONTRE LES IDÉES REÇUES

Les impasses du couple

Le sens commun a toujours plus ou moins associé l'adultère à l'insatisfaction sexuelle de la personne qui s'y adonne. Au point de manifester à son égard autant de compréhension que de mansuétude. Sauf dans certains pays, stigmatisés à juste titre pour leur obscurantisme et la violence des sanctions qu'ils continuent de prendre à leur endroit, les amants ont toujours bénéficié d'un capital de sympathie. L'amour, censé les avoir poussés à transgresser les engagements qu'ils ont pris, est une denrée beaucoup trop précieuse pour qu'on s'autorise à en juger. Le mystère dans lequel il se déploie émeut chacun et interdit à quiconque de prétendre en connaître, en contrôler ou en fixer les règles. Il ne se décrète en aucune façon, et rien ne peut en prévoir les caprices ou en prédire les modalités d'évolution. Le provocateur roi Pausole[1] en convient quand il absout la femme d'un de ses sujets venu se plaindre d'avoir été trompé. Ce denier proteste contre

1. Pierre Louÿs, *Les Aventures du roi Pausole*, Paris, Albin Michel, 1932.

son jugement en hurlant : « Elle m'avait pourtant promis de m'aimer toute la vie ! » Il rétorque : « Elle aurait pu tout aussi bien te promettre de ne pas mourir avant toi ! Qu'aurais-tu fait si elle était morte avant l'heure ? »

L'amour qui se déploie sans mesure, l'amour qui se rit des limites, l'amour capable de transformer de fond en comble les êtres, l'amour si merveilleusement vivant et vivifiant peut donc lui aussi mourir ! De plus en plus souvent, semble-t-il, si on en juge par la crise qui frappe l'institution du couple. Et ce, à la suite, était-il implicitement admis, de la disparition de la satisfaction sexuelle qui en a toujours été considérée comme une condition, sinon comme une preuve. Qu'un(e) amant(e) ne se résigne pas à cet état de chose au point de lui chercher et de lui trouver parfois une solution, ne voilà-t-il pas de quoi lui valoir assentiment et sympathie ? Et qui pourrait trouver à y redire quand il se sait lui-même dans l'angoisse de cette mort, quand il sait combien l'absence d'amour ferait sombrer son propre ordinaire dans l'indigence et la tristesse !

Quand on songe à ces stratégies matrimoniales qui ne lui ont même pas accordé de place, on en arrive à se demander quelle cruauté a poussé les semeurs obstinés de malheur qui les ont promues à imaginer pouvoir fabriquer les couples selon leurs seuls critères et sans tenir compte des aspirations des individus qu'ils unissaient pour la vie ! Quelles illusions nourrissaient-ils ? Comment pouvaient-ils espérer voir naître dans leurs œuvres la moindre entente physique ou affective ? Peut-être n'en avaient-ils cure et estimaient-ils ces ingrédients sans intérêt ! N'est-ce pas pour cette raison qu'ils ont mis en place les puissantes mesures coercitives dont était assortie leur épouvantable entreprise ? Il est vrai que jamais autant que dans ce contexte la conjugalité n'a répondu à sa stricte définition. Dissuadés par des mesures adéquates, aussi bien de divorcer que de se tromper l'un l'autre, les partenaires partageaient dans les mariages arrangés un vrai et même joug leur vie durant. Nous en arriverions presque à nous demander ce qui a pu s'inscrire en nous du cauchemar qu'ont dû vivre nos ancêtres assortis entre eux de cette manière inqualifiable. Notre sort actuel ne serait-il pas obéré par les conséquences de la souffrance que nous pouvons leur supposer ? Et ce, même si nous mesurons l'étendue de la chance que nous avons de vivre à une époque dont l'esprit s'est enfin ouvert !

À bonne distance de ces temps heureusement révolus, notre horizon s'est suffisamment élargi pour nous offrir des perspectives de bonheur qui semblent désormais à notre portée ! L'amour n'est plus le privilège de quelques rares élus. L'amour n'est plus le fantasme consolateur pour ceux à qui l'institution interdisait de le vivre. L'amour n'est plus un rêve réputé inatteignable. L'amour a pleinement droit de cité. L'amour ne se contrarie plus. Chacun peut le concevoir et y accéder quand et comme il l'entend – il n'est pas jusqu'aux enfants des écoles maternelles qui ne s'en préoccupent et qui, sous le regard attendri de leurs parents, n'en parlent ouvertement ! Nul, de nos jours, ne peut avoir à craindre d'être orienté et encore moins contraint dans le choix de son partenaire. La liberté d'accès qu'il peut y avoir a même fondé chacun à en espérer la pérennisation. Seul auteur de sa démarche, il s'y lance sans hésiter, certain de pouvoir en conscience la mener à bon port. La prise en considération de son goût et de ses attentes n'est pas censée lui assurer seulement le respect de sa dignité, elle lui donne l'impression de lui garantir la pleine satisfaction de… sa relation sexuelle, laquelle renforcera l'amour, lequel accroîtra la satisfaction, laquelle… Le tourbillon enivrant qui se dessine de la sorte semble ne devoir connaître aucun frein et place l'aventure sous les meilleurs augures.

Mais pourquoi alors a-t-il fallu si peu, si peu de temps, à l'échelle de l'Histoire, pour que la perspective prometteuse qui s'était enfin dessinée se soit si vite ouverte sur la déception ? Le piteux naufrage qu'elle a connu, comme celui de l'espoir qui y était accolé, a fini par faire émerger de nouvelles questions au sein desquelles les sempiternelles notions d'amour, de désir, de possession, de plaisir, de fantasmes, de jouissance, de don, de réalité, d'échange, se sont trouvées si étroitement entremêlées que nul n'imagine plus pouvoir un jour y mettre un ordre quelconque.

Comment peut-on en effet aimer une femme, un homme, et en désirer en même temps une autre, un autre ? Comment peut-on absoudre sa propre conduite adultérine et souffrir à en crever de l'intérêt porté par son ou sa partenaire à une ou un autre ? Qu'est-ce qui fait que l'acuité du plaisir, donné à l'autre ou obtenu de lui, puisse à ce point varier en fonction de la place qui lui est dévolue ou reconnue dans le quotidien, dans un projet de vie ou tout simplement dans une conjoncture particulière ? Quelle est la place qu'occupent respectivement dans l'environnement le permis, le tu, l'omis, le passager, le convenu, le frelaté, le durable ou l'interdit, pour produire des effets aussi frappants ? Comment et pourquoi supporte-t-on, ou ne supporte-t-on pas, qu'un partenaire soit déloyal et décide, ou ne décide pas, de partir vivre sa vie ailleurs ? *Pourquoi a-t-on échoué ? Pourquoi en souffre-t-on ? Pourquoi peut-on en être soulagé ? Pourquoi, alors même qu'on était assuré d'être lucide, prêt à tout et en possession de tous ses moyens pour diriger sa vie comme on l'entendait, se retrouve-t-on avec l'esprit embrumé à ce point ?*

Sur un terreau plus torturé et plus mystérieux encore, Freud a pris en charge ce déjà immense et douloureux étonnement et a dit à son propos que tout y était sexuel. Et notre environnement actuel a pris son diagnostic au pied de la lettre. Il n'a pas compris que *le sexuel en question désignait la manifestation de la pulsion de vie*. Il l'a confondu avec le génital. Il a cru, du coup, pouvoir résoudre tous les problèmes à la fois, en balayant la pudeur, en levant les inhibitions et la censure, en prônant la plus grande liberté, pour mettre ouvertement la relation sexuelle et la satisfaction qui en est attendue au centre de la constitution et du devenir des couples. Nul ne s'y trompe : le blanc et les fleurs d'oranger de la jeune mariée d'aujourd'hui n'ont plus de signification autre qu'esthétique et vaguement traditionnelle. Pourquoi d'ailleurs devraient-ils en avoir une autre alors qu'on sait que, de tout temps, le marié n'a pas manqué, comme on le dit, de « prendre du bon temps » ? Alors, que la mariée ait enfin pu faire de même ne relève-t-il pas d'une symétrie légitime obtenue de haute lutte ? Mariage ou non, les couples qui se constituent et s'installent ont généralement accompli un galop d'essai dont ils se sont nécessairement trouvés l'un et l'autre satisfaits. À partir de là, *la question qui reste entière est celle de savoir pourquoi la Princesse se met subitement à perdre de son attrait et le Prince charmant à tomber de son destrier au point que, même au lit – et surtout, dira-t-on –, plus rien ne va. La détérioration de la relation sexuelle qu'on retrouve immanquablement dans ce type de circonstance est-elle la cause du malaise que traverse le couple ou bien sa conséquence ?* De fait, rien ne permet *a priori* d'en décider.

Ce n'est en tout cas pas une mince question puisqu'il est entendu que cette relation est cruciale, qu'elle est à juste titre très investie, longuement attendue, rêvée, et toujours fantasmée comme forcément satisfaisante – ce qu'elle aurait tout lieu d'être puisqu'il existe, à son service, des appareils effecteurs idoines complémentaires et potentiellement performants. On sait cependant que, même entre des êtres qui se sont choisis en conscience et dans une passion mutuelle, elle devient – quand elle ne l'est pas déjà – parfois bien moins satisfaisante qu'on s'y attendrait. Freud, qui a personnellement renoncé[2] à la poursuivre relativement tôt dans sa propre vie, insistait déjà sur sa fragilité naturelle et évoquait, sans l'expliquer, son inéluctable usure au fil du temps. Ce qu'illustrait, dans le vif et avec son style, Roger Vailland[3] quand il écri-

2. Didier Anzieu, *L'Autoanalyse de Freud*, Paris, PUF, 1975, p. 375.
3. Roger Vailland, *Drôle de jeu*, Paris, Buchet Chastel, 1996.

vait qu'il lui serait « certainement plus facile de faire l'amour à cent femmes différentes que de le faire cent fois à la même ».

Mais doit-on en rester là, tenir ces choses pour dites, accepter cette forme de fatalisme et l'entériner, ou bien tenter d'interroger la pertinence de l'approche qui en est faite ? Je dois dire, pour ma part, que cette approche me semble ne pas être sans évoquer les explications indigentes fournies dans un autre registre à d'autres époques. L'opium n'était-il pas censé avoir une fois pour toutes une « vertu dormitive », et la nature ne devait-elle pas à jamais avoir « horreur du vide » ? Les sciences exactes n'ont heureusement pas manqué de dénoncer ces inepties. Et elles sont parvenues à fournir à des phénomènes jusque-là incompréhensibles des explications qui n'ont cessé de s'affiner. *Au nom de quelle preuve sérieusement établie devrait-on, comme on le fait, condamner par avance tous les couples qui se forment, et dans quelque projet ou contexte qu'ils le fassent, à un échec programmé* ? Au nom des propos dépités de quelques ramenards plus ou moins talentueux ? Au nom d'un romantisme mal digéré ? Au nom d'une idéologie de l'échec ? Au nom de l'expérience qu'exploite avec tant d'habileté le discours pervers ? Au nom de l'opinion commune ? Ou bien encore au nom des enquêtes de masse et de la statistique ?

La belle affaire que cette dernière trouvaille ! La belle affaire, quand l'adhésion à l'individualisme triomphant rend indéniable qu'on ne peut pas réduire à une vague norme l'affectivité des sujets vivants, même en s'évertuant à délibérément ignorer la spécificité des histoires dans lesquelles ils sont inscrits ! Cela reviendrait, ni plus ni moins et une fois encore, à enfermer par exemple toutes les femmes dans un ensemble et à nier que chacune d'elles est unique, se reconnaît comme telle et revendique sa singularité. Est-on pour autant autorisé à procéder à une telle uniformisation au moins pour les hommes en les enfermant dans un ensemble commun, celui-là même qui aurait permis à Lacan de parler de L'homme ? Ce serait encore une erreur ! Car il n'y a pas eu et il ne peut y avoir d'homme sans qu'il n'y eût eu ou qu'il n'y ait de femme ! Tout homme est né d'une femme. Et quand on sait l'importance considérable qu'a eue pour lui celle qui lui a donné naissance[4], on ne peut plus prétendre le réduire, lui non plus, à un échantillon statistique univoque et interchangeable.

Faut-il alors voir dans la disposition commune brouillonne qui a envahi la réflexion l'adhésion encore une fois à cette forme de fatalisme que je dénonce, l'expression de la morose résignation qui a gagné notre époque ou bien la manifestation d'un désespoir, sinon d'une paresse certaine ? Aucun de ces facteurs ne peut être écarté. Mais il n'est pas impossible d'y voir une conjoncture qui, s'étant appuyée sur l'évolution de nos sociétés, les a habilement récupérés dans une forme de vaste manipulation, redoutablement efficace mais savamment masquée.

C'est manifestement cette manipulation qui a donné en particulier à la conjugalité le tour qu'elle a récemment pris. Contre l'octroi d'une sexualité libérée et d'une polygamie diachronique, les couples ont cessé de s'obstiner à tenir. Chacun des partenaires, avec la sympathie navrée de l'environnement, s'installe plus ou moins rapidement seul. Et, pour le bonheur de la machine économique, tout se consomme en double, depuis l'appartement – un appartement sur deux à Paris est occupé par une personne seule – jusqu'à la voiture en passant par le poste de télévision, le lave-linge, le réfrigérateur, etc. *Ça consomme double, et plus encore si on tient compte des stratégies de*

4. À l'approche de la fête des Mères 2006, les murs ont été recouverts d'une publicité montrant le visage de face d'un petit garçon d'environ 2 ans et demi collé au ventre, de profil, de sa mère très enceinte. Le texte disait : « Pensez à dire je t'aime à la femme la plus importante de votre vie. »

compensation ! Et ça ne résout rien, bien entendu, du côté des causes puisqu'elles sont présentées comme faisant partie intégrante et inévitable de l'aventure de vie !

Solution(s)

À la question de savoir si la détérioration de la relation sexuelle est la cause ou la conséquence du malaise des couples, la sexologie clinique, en tant que discipline médicale, répond sans ambiguïté. Pour elle, c'est la difficulté sexuelle qui est la cause de tout. Elle la prend donc en charge en la portant, sur un mode relativement simple, au compte de la dissymétrie dynamique des appareils effecteurs. La phase d'excitation masculine serait toujours objectivement plus rapide que la phase d'excitation féminine, et le plaisir masculin, d'obtention rapide, bref et non renouvelable, serait d'une intensité moindre que le plaisir féminin, d'obtention plus lente mais plus ample, plus long, et surtout facilement renouvelable. Cela suffirait à conduire l'un à se fatiguer d'attendre la satisfaction de l'autre, laquelle désespérerait plus vite encore d'être régulièrement déçue !

Pour aider les consultants qui lui confient leur sort, cette discipline aborde leurs difficultés en analysant leurs composantes à partir de cet axe premier. Maniant avec une prudence qui l'honore le registre des relations interpersonnelles, elle prodigue les conseils que semble lui commander la situation et prescrit en général des traitements de type comportementaliste. Avec des intentions en apparence généreuses, ses tenants, aux États-Unis, interviennent régulièrement sur des chaînes de télévision, expliquant par exemple aux femmes que la fellation, le cunnilingus ou la sodomie peuvent avoir leur place dans un acte d'amour et leur enseignant, à coup de recettes, comment s'y adonner en combattant la répulsion qu'elles pourraient en concevoir. Cela laisse à penser que le but poursuivi consisterait d'abord et avant tout à lever les inhibitions de la gestuelle sexuelle des femmes pour leur permettre d'accélérer leur phase d'excitation et de s'adapter à la dynamique sexuelle masculine. Ces traitements de type symptomatique peuvent parfois servir d'adjuvants pendant un certain temps, ne serait-ce que par la fantasmatique qu'ils ravivent. Ils se révèlent cependant décevants et exposent à des rechutes de plus en plus fréquentes. Cela n'a rien d'étonnant dans la mesure où ils ne résolvent pas le fond du problème, lequel se situe, lui, à un tout autre niveau. Il en va ici comme avec les antalgiques, qui ont incontestablement leur utilité puisqu'ils suppriment la perception de la douleur. Mais si la cause du mal n'est pas traitée, on verra cette douleur revenir quand l'effet du médicament sera épuisé. Et ce, indéfiniment.

Un autre abord[5] de ce type de situation considérée dans sa réalité objective prend le problème en sens inverse en rappelant qu'il a été repéré, et même résolu, depuis de nombreux siècles par les civilisations extrême-orientales. Sans qu'elles en aient eu la moindre intention parce qu'elles visaient surtout à éviter aux hommes une déperdition d'énergie, les pratiques taoïstes du coït – qui encourageaient les hommes à ne pas du tout éjaculer – parvenaient en effet à laisser aux femmes le temps qu'il leur fallait pour obtenir leur plaisir. Outre la difficulté de sa mise en œuvre dans un contexte culturel qui ne s'y prête en aucune façon, ce nouvel angle d'abord de la dissymétrie – qui n'intervient en aucune façon sur la dynamique féminine – demeure en tout état de cause, lui aussi, un traitement symptomatique qui ne résout en aucune manière le fond du problème.

Car le fond de ce problème n'a, de fait, rien à voir avec les appareils effecteurs et leur prétendue physiologie.

5. Gisèle Chaboudez, *op. cit.*

Le sexe, ce n'est pas dans ou avec le sexe qu'il se passe ou se pratique. Le plaisir sexuel ne jaillit pas du comportement plus ou moins correct des appareils effecteurs mis au service de son obtention ; il ne dépend pas plus de leurs caractéristiques anatomiques ; il n'en est pas même issu[6]. *Le sexe, c'est dans la tête ! Le sexe, c'est le produit conjoncturel d'une foule de facteurs – dont l'amour – accumulés dans la psyché qui ressurgissent et s'agencent, on ne sait jamais comment, dans l'instant même où il s'évoque ou se pratique. Le sexe, c'est un rendez-vous avec une part de soi enfouie, ignorée, strictement insaisissable, que le partenaire peut ou non révéler, avec toutes les nuances entre ces deux extrêmes. Le sexe, c'est une chimie complexe, subtile, non encore totalement décryptée, mais repérable dans le cerveau*[7]*, qui unit étroitement ledit cerveau aux appareils effecteurs qui en reçoivent les informations et les ordres.*

Est-ce à dire, dans ce cas, que nul n'en sait rien, qu'il ne peut donc que répondre à ses impératifs et en subir les manifestations ?

Oui et non.

Oui, quand il s'agit d'une personne fruste et dotée de peu de moyens – d'un faible surmoi, comme diraient les psychanalystes – ou bien quand il s'agit de personnes aliénées par une pathologie – dans divers pays, une castration chimique est proposée aux pédophiles qui plaident la violence irrépressible de leurs impulsions.

Non, pour la majorité de nos semblables, et encore moins pour les individus doués pour l'introspection ou attentifs à leurs états d'âme. Ceux-là ont repéré, relativement tôt dans le cours de leur vie, l'existence d'un certain nombre d'émotions qu'ils savent reconnaître, différencier,

---

6. Ce que je reconnais comme un apport considérable de la sexologie, c'est d'avoir montré que des femmes, auxquelles étaient greffées des anses coliques en lieu et place des vagins qu'elles n'avaient pas, pouvaient avoir des orgasmes strictement identiques à ceux des autres femmes.

7. *Cf.* Jean-Didier Vincent, *op. cit.*, et Lucy Vincent, *op. cit.*

voire mettre en mots, même sans toujours parvenir à les hiérarchiser. Il leur est aussi facile d'évoquer leurs peurs d'enfant que la tendresse qu'ils ont éprouvée ou celle dont ils ont été l'objet, quand ce ne sont pas les rencontres, les moments de joie, de bonheur, de colère, de tristesse. Ils reconnaissent en quelque sorte qu'ils sont porteurs d'une histoire, même s'ils ne la font pas remonter plus haut qu'à leur vécu avec leurs parents. Ils ne sont pas toujours pour autant prêts à admettre qu'ils ont été façonnés par cette histoire. Pour nombre d'entre eux, leurs souvenirs ne sont que des souvenirs, dont ils disent parfois qu'ils sont assez tardifs. Et il ne leur apparaît pas qu'il puisse exister un rapport quelconque entre la mémoire qu'ils en ont et ce qu'ils vivent ou ce qu'ils sont devenus. Se protègent-ils, ne veulent-ils rien savoir de leurs affects ou bien craignent-ils d'en être débordés ? Les trois possibilités ne sont pas plus exclusives les unes des autres qu'elles ne le sont d'autres encore. Une illustration en est fournie par Ali Magoudi, qui rapporte le malaise que sème parfois sa présence, dans les dîners en ville, quand les convives apprennent qu'il est psychanalyste[8]. Il raconte qu'une fois l'un d'entre eux lui a spontanément déclaré, sur un ton un peu sec : « Moi, monsieur, je n'ai jamais eu envie de coucher avec ma mère. » Il lui a répliqué, le confondant sans doute : « Vous êtes jeune encore, monsieur, ça peut encore vous arriver ! »

Si je m'attarde sur cet ensemble d'éléments d'apparence aussi hétéroclite que futile, c'est pour insister sur la place, importante même si elle est incernable, que chacun, le reconnaît-il ou non, ne manque cependant pas de conférer aux sentiments qu'il a portés, tout enfant, à ses parents pendant la période œdipienne de son enfance.

La psychanalyse nous apprend, à ce propos, que le petit garçon a aimé passionnément sa mère et est entré

8. Ali Magoudi, *Le Livre d'Ali*, Paris, Albin Michel, 2004.

en rivalité avec son père et que la petite fille a dû échanger l'amour porté à sa mère contre celui qu'elle a développé pour son père afin de le conquérir. J'ai montré plus haut l'importance de cette étape. Je rappelle que, pour le petit garçon comme pour la petite fille, elle a d'abord eu un rôle stratégique considérable dans leur tentative d'alléger la peur panique qu'ils ont gardée de leur mère. Mais elle a été aussi l'occasion, pour le premier de vivre intensément une relation exclusivement hétérosexuelle, et pour la seconde de s'y essayer, sans toujours y parvenir tant elle était préoccupée de sauvegarder son *pool* d'amour, négociant acrobatiquement celui qu'elle abandonnait par crainte de s'y perdre contre celui qu'elle visait sans être sûre par avance de l'avoir. On sait aussi que, quels qu'aient été les scénarios qui sont intervenus ou les influences qui ont joué, cette étape a fini par déboucher, à l'âge dit « de raison », sur ce qu'on appelle la « période de latence », laquelle dure jusqu'à l'adolescence et voit céder les préoccupations amoureuses et sexuelles au bénéfice de la faim d'apprendre, de l'entrée en contact avec les autres et de la socialisation.

Or ce silence se rompt un jour : les fameuses préoccupations amoureuses et sexuelles mises en sommeil reviennent au premier plan. Et ce qui revient avec elles, avec une force spécifique à cet âge, c'est l'espoir chevillé au corps de la rencontre. Comme s'il la fallait absolument, cette rencontre, pour remettre sur le métier la stratégie œdipienne de lutte contre la peur de la mère. Car il serait inconcevable d'avoir à se retrouver à nouveau à se débattre seul avec elle. On a bien sûr tout à fait intégré l'impossibilité de poursuivre la déjà vieille tentative de jonction qui avec maman, qui avec papa. On a même un peu honte de l'avoir vécue au point de fuir la menace de récidive qu'engendre parfois la conduite des parents. Mais est-ce une raison pour ne pas en envisager une autre ? On se met donc dans son attente, convaincu(e) qu'elle surviendra. Ce ne pourra être que la rencontre majeure, la rencontre à laquelle on sait intimement avoir droit, la rencontre qui changera à ne pas en douter la vie et qui en augurera une nouvelle, placée sous son signe et inconcevable autrement que pour l'éternité.

Qu'est-ce qui contribue à fonder une telle certitude ? L'effet, à retardement, des contes de fées de la petite enfance ? La remontée à la surface d'affects enfouis et refoulés ? Ou bien encore le retour du fameux objet petit a, dont j'ai parlé au début de l'ouvrage comme étant l'agent de ce que j'ai désigné comme l'« appel » ? Pourquoi pas ? Pourquoi pas, même, les trois causes à la fois, et peut-être là aussi d'autres encore ? Mais ce ne sont pas tant ces explications qu'il faut relever ou sur lesquelles il faut s'arrêter. Ce qu'il y a de plus intéressant dans le phénomène, c'est le phénomène lui-même. Et ce, en raison du fait qu'il survient aussi bien chez les adolescentes, qui peuvent parfois se l'avouer[9] les unes aux autres, que chez les adolescents plus réservés et plus timorés, qui se l'avouent à peine à eux-mêmes. Qu'il survient non seulement chez les adolescentes et les adolescents aux familles unies et structurées, mais également chez celles et ceux qui ont vécu dans des familles désunies et recomposées une ou plusieurs fois, ou bien dans des familles monoparentales, voire chez ceux qui n'ont pas eu de famille du tout ! Or la rencontre de l'autre sexe, même si elle est réputée à ce stade-là ne pas tant se préoccuper de la réalité du sexe – encore que ce soit de moins en moins vrai ! –, envisage toujours l'autre sexe dans sa différence radicale. Pour le garçon, la fille est nécessairement pleinement fille ; pour la fille, le garçon est pleinement garçon. Ni l'un ni l'autre ne mettent de nuance à cette perception. L'étrange dans tout cela sera, bien entendu, pour l'un comme pour

9. Une tendre, émouvante et désopilante illustration en est donnée dans les deux ouvrages consacrés à ce sujet par Agnès Desarthe, *Je ne t'aime pas, Paulus*, Paris, École des Loisirs, 1991, et *Je ne t'aime toujours pas, Paulus*, Paris, École des Loisirs, 2005.

l'autre et assez rapidement, la découverte des nuances. On pourra toujours dire que la perception de la différence radicale des sexes est générée par une forme d'approche plus ou moins émue de la nouveauté et de l'interdit, et que c'est l'affaiblissement de l'émotion au fil du temps qui engendre une vision plus réaliste de ce qui se joue. Mais rien n'empêche de penser que la confrontation à l'interdit aura tout simplement réactivé la trace de la Loi de l'espèce dont chacun sans exception est porteur. Une trace qui, sauf pour les pervers, n'a jamais cessé de rappeler chacun à son ordre et de se manifester à tous les âges de la vie.

Comment imaginer la mise en sommeil de la phase œdipienne si n'intervenaient pas la Loi et l'activation de sa trace ? On observe en effet que, lorsque cette phase s'éternise, ce n'est jamais directement du fait de l'enfant, mais du fait d'un comportement incestueux de la mère pour le garçon (comme ce fut le cas pour ce petit garçon auquel sa mère avait dit : « Mais il y a ton père. ») ou du père pour la fille, quand on entend par exemple ce dernier dire, non sans une imbécile fierté : « Celle-là, je me la réserve, il ne faudra pas qu'un homme y touche ! »

C'est encore et toujours cette Loi qui intervient à l'adolescence. Il suffit de voir la manière dont se développe le corps, à cet âge-là, pour comprendre qu'il a dû en être ainsi depuis les temps les plus reculés de l'histoire de l'espèce. La Loi a dû probablement fabriquer le corps de l'adolescent comme il l'est encore aujourd'hui, pour lui permettre d'obéir à son injonction. L'adolescent porte un torse ridicule et de faible poids sur des membres inférieurs très longs et très musclés, comme si, dans le projet qui avait été forgé pour lui, s'était marqué le souci de lui conférer les moyens de courir vite. Il le lui fallait bien, ce moyen, pour qu'il eût le courage de quitter son cocon d'origine et se lancer, malgré l'hostilité de l'environnement et les périls sans nombre, à la recherche d'une partenaire. L'obésité péripubérale de l'adolescente, surajoutée chez elle à la même longueur des membres inférieurs que celle de son comparse, était inscrite dans la même perspective puisque destinée à constituer, au cas où la nourriture venait à manquer, une réserve énergétique pour une éventuelle grossesse. Ce n'est pas parce que les forêts et les bêtes féroces ont disparu et que chaque ado a sa bande, son argent de poche, son mobile, sa webcam et son blog que les choses ont changé sur le fond. Pourquoi la Loi, qui commandait ouvertement le comportement des adolescents préhistoriques et qui était inscrite en chacun d'eux, aurait-elle cessé d'exister ?

L'hypothèse, que je forme, d'une trace de la Loi, qui ne demanderait qu'à se réactiver, me semble d'autant plus encore à retenir qu'on a décrit ces dernières années des comportements d'évitement de l'inceste chez de nombreuses espèces animales qui vont des oiseaux aux singes. Rien n'interdit de penser que la seule différence – elle est de taille, j'en conviens et je vais y revenir – qu'il y aurait entre animaux et humains serait que le mécanisme de l'évitement est redoublé chez les derniers de son inscription dans le langage. Il est vrai que les auteurs qui se sont penchés sur l'évitement animal ont moins cherché à en expliquer l'origine que de le rapporter – pour parfois en questionner sinon en ridiculiser la pertinence[10] – au comportement humain.

Le paradoxe de cette mise en parallèle viendrait de ce que le langage, qui fait de l'espèce humaine ce qu'elle est et qui était censé, par la mise en mots, faire une Loi de l'évitement peut-être inscrit dans les gènes aura contribué à malmener cette Loi, voire à en nier la nécessité.

La seule explication qu'on puisse donner à ce paradoxe, c'est que le langage, dont il aurait été espéré qu'il mît en mots, traduisît et contrôlât le registre pulsionnel, se sera révélé insuffisant et aura créé ses pièges en même temps que sa structuration. S'il était vrai, comme le soutiennent les Écritures, qu'« au début était le verbe », sans doute ce

---

10. Boris Cyrulnik, *Les Nourritures affectives*, Paris, Odile Jacob, 1993 et « Poches Odile Jacob », 2000.

conflit n'aurait-il pas eu lieu et n'en serions-nous pas où nous en sommes. D'autant que, dotée de ce langage, notre espèce aura réussi sur ce point une véritable performance : faire de chaque génération l'héritière des acquis de la précédente sous la forme d'une mémoire et d'une histoire. Et ce, plus encore sans doute depuis la mise en place des cultures.

Or c'est à partir de là que tout a dû singulièrement se compliquer, qu'a dû se radicaliser une guerre des sexes qui n'a plus jamais cessé et que la Loi a été malmenée jusqu'à être sérieusement remise aujourd'hui en question.

Les nombreux cas que j'ai cités et analysés donnent déjà, me semble-t-il, une idée de l'ampleur de cette guerre et des résultats préoccupants auxquels elle a abouti sans que nous y ayons pris garde.

Je me souviens d'une diatribe édifiante que j'ai eue, il y a quelques lustres, avec un de mes éditeurs. Fort de sa position, avec une grande sérénité et l'assurance qu'il avait raison, il me sommait tout simplement d'expurger l'ouvrage, qu'il m'avait commandé et que je venais de lui remettre, de tout ce qui avait trait ou dépendait de cette fameuse Loi ! Au motif, m'a-t-il avancé, que « les femmes n'en veulent plus, de cette Loi » *(sic)* et que mon insistance à la leur rappeler allait immanquablement entraîner la perte de leur lectorat. Stupéfait par une argumentation rien de moins que perverse et parce que je connaissais la formation scientifique de mon interlocuteur, j'ai eu la naïveté de croire que je pouvais l'aider à changer d'opinion. Balayant du tranchant de la main la table du bistrot où nous nous étions rencontrés en envoyant un verre se fracasser par terre, je lui ai alors demandé comment il pouvait expliquer que le malheureux verre continuât d'obéir à la loi de la gravitation universelle, alors que nous étions parvenus à envoyer dans l'espace tant de satellites ! Mon argument ne l'a, bien sûr, pas convaincu, tout comme il me semble qu'aujourd'hui il ne convaincrait pas grand monde !

Mais pourquoi, se dira-t-on, ces digressions et cette épuisante accumulation de preuves ?

Parce que c'est de l'assomption de la trace de la Loi de l'espèce, du respect qu'on marque à son égard et du traitement qu'on lui réserve que découlent les plus ou moins grandes difficultés des hommes et des femmes, dans la relation qu'ils entretiennent entre eux et dans le destin qu'ils dessinent aux enfants qu'ils font ensemble.

Revenons, par exemple, pour interroger la pertinence de cette affirmation, une fois encore à ce qui se passe parfois à la période œdipienne. Que dit implicitement la mère, dont j'ai parlé plus haut, en disant à son fils le fameux « Mais il y a ton père ! » ? Elle ne fait rien d'autre que lui avouer que, pour ce qui la concerne, le désir qu'il lui exprime et la satisfaction qu'il en escompte la flatteraient au point que, si ce n'était la disparité physique, elle serait tentée d'y répondre ! Et que dit le père que j'ai cité dans le même paragraphe, si ce n'est un fantasme incestueux qu'il regretterait de ne pas pouvoir satisfaire un jour ? Comment peut-on espérer voir ces enfants-là échapper à la machinerie qu'ils avaient déclenchée pour combattre leur peur si cette peur s'ouvre sur une perspective à ce point diabolique ? On les imaginerait plutôt condamnés, dans leurs vies respectives, à demeurer esclaves de messages qu'ils auront pris pour des vérités universelles : *le garçon pourra, par exemple, ne pouvoir s'unir qu'à une collection de femmes volages ou beaucoup plus âgées que lui, et la fille ne pouvoir échanger sans en être nécessairement satisfaite qu'avec des hommes vieux*. Sans le savoir ni pouvoir faire autrement, ils seront par ailleurs amenés à agir avec leurs enfants comme leurs parents ont agi avec eux. Lesquels enfants, à leur tour, etc. *Car l'expérience démontre que les distorsions affectant la Loi ne se réparent jamais spontanément, mais s'aggravent toujours au passage générationnel.* Ce qui permet de comprendre que je puisse considérer la mère et le père dont j'ai dénoncé les comportements comme responsables mais non coupables en tant qu'ils ont certainement été, eux-mêmes, victimes de leurs histoires respectives. J'ai longuement analysé tout cela ailleurs[11] en montrant qu'un père au comportement incestueux a été le fils d'une mère ayant eu un tel comportement, alors que, dans la mesure où elle est obsédée par le désir que son enfant « ne manque de rien » (*incestus* = qui ne manque de rien), une mère est spontanément dans une disposition incestueuse.

Ce qui se passe entre les hommes et les femmes, jusques, y compris – et surtout, devrais-je ajouter – dans leurs relations sexuelles, se place lui aussi sous le signe de la Loi et peut connaître des distorsions au pronostic préoccupant.

Pour le comprendre, il faut revenir au comportement adolescent et à l'attente de la rencontre qui en est contemporaine. Chaque sexe attend de l'autre sexe qu'il le soit pleinement et sans nuance : les jeunes filles sont pensées comme devant être pleinement femmes pour les jeunes hommes, lesquels sont pensés, pour elles, devoir être pleinement des hommes. Exactement comme cela devait se passer lors de la mise en place de la Loi, avant que le développement des cultures n'ait forgé l'affectivité et l'ambiguïté des sentiments et totalement évacué le reste d'animalité que réclame le sexe. De nos jours, l'engagement des jeunes filles et des jeunes hommes dans la relation, et la confrontation à sa réalité font remonter à la surface un véritable formatage de leur sexualité, formatage dont on sait qu'il s'est uniformément opéré sur la relation entretenue avec la mère pendant l'enfance.

De ce fait, L'homme se trouve nettement inscrit dans la Loi en ayant été formaté sur un modèle de relation hétérosexuelle sans mélange avec sa mère à laquelle il a renoncé en raison de la peur qu'il a eue d'être châtré par son père. Ayant ainsi rencontré la limite du « tout » dont

---

11. Françoise Héritier, Boris Cyrulnik, Aldo Naouri : *De l'inceste, op. cit.* Voir ma contribution : « Un inceste sans passage à l'acte : la relation mère-enfant ».

le comportement de sa mère lui avait laissé croire qu'il pouvait l'espérer d'elle, il concevra un « manque ». Le jour où il se choisira une femme, à l'image de sa mère, il attendra de cette femme qu'elle lui donne ce qui lui a « manqué » dans le « tout » qu'il avait attendu de cette mère. S'il ne trouve pas ce qui lui a « manqué » – la satisfaction sexuelle, toute centrale qu'elle soit, n'en étant que le révélateur –, il lui arrivera de croire pouvoir aller vérifier la pertinence de son attente en s'adonnant à une relation adultérine à laquelle l'interdit donnera une coloration plus attirante encore.

Le destin féminin est foncièrement différent du destin masculin. La fille, située dans le même rapport initial à sa mère que le garçon, va en effet quitter la relation à cette dernière en croyant pouvoir entrer avec son père dans une relation aussi exclusivement hétérosexuelle que celle dont a bénéficié le garçon. La manière dont est vécue la mutation de son amour par ses deux parents et elle-même va écrire, plus encore que pour son frère, son équation personnelle : en fonction de la place qu'elle occupe dans l'économie psychique de chacun de ses deux parents, et de sa mère en particulier, elle risque de demeurer longtemps sans pouvoir investir la relation hétérosexuelle. À cet égard, elle demeure longtemps hésitante, inachevée dans le mouvement qu'elle avait auguré. Si bien que chaque femme, en raison de la trace qu'elle a gardée de la relation plus ou moins tumultueuse qu'elle a eue avec sa mère dans le premier âge et de la part d'homosexualité qu'elle a conservée, abordera l'autre sexe sur un mode qui ne sera pas toujours pleinement hétérosexuel. Ce qui la fait, qu'elle en convienne ou non, rétive à la Loi, sur un mode qui lui sera propre. Cette rétivité freinera autant l'investissement que la dynamique de son activité sexuelle. C'est, pour revenir à elles, exactement cette difficulté que cherchent à résoudre les thérapies sexologiques. Elles viseraient, par leurs recommandations et les exercices qu'elles prescrivent, à permettre en quelque sorte aux femmes de faire l'expérience des effets de la Loi, afin de la réintégrer pleinement. La promotion de la pratique taoïste du coït serait en revanche destinée à faire accepter aux hommes la rétivité féminine et à s'y adapter. La promotion de l'une ou de l'autre de ces mesures n'est pas justifiée, comme on pourrait le croire, par un processus d'alliance masquée avec L'homme, mais pour faire accéder les deux partenaires à la dimension majeure de leurs potentiels sexuels. Car, quand elle est dans la Loi ou qu'elle y est entrée, une femme n'a pas, loin s'en faut, une phase d'excitation sexuelle plus lente que celle de L'homme. Ils évoluent au même rythme, et elle peut collecter les orgasmes même avec un partenaire qui n'a rien d'un étalon et qui se trouvera, lui, toujours pénalisé par sa détumescence pénienne.

Anaïs Nin, qui fut une « grande amoureuse », a répondu un jour à une journaliste qui lui demandait si, comme il arrive qu'on le dise, l'amour, c'était « sale » : « À la réflexion, oui. Surtout quand c'est bien fait ! »

Entrevoir la règle

Sue ou non, la différence radicale de rapport au sexe sur laquelle je me suis autant attardé n'a évidemment jamais empêché les individus de s'unir, ni leurs unions d'évoluer plus ou moins favorablement en fonction des transactions qu'ils ont ou non réussi à opérer entre leurs histoires respectives. La palette de ces évolutions pouvant aller d'une accoutumance réciproque bénéfique à l'autre jusqu'à son refus mortifère. L'accoutumance faisant le lit de la durabilité des couples, le refus mortifère précipitant leur rupture, l'adultère masculin ou féminin s'inscrit souvent dans un registre régressif exploratoire et fait parfois partie intégrante, quand il est tu et qu'il ne sombre pas dans la tromperie, de la logique transactionnelle.

Il est entendu que, pour le commun d'entre nous et sans distinction de sexe, cette grille de lecture présente un inconvénient : celui de poser fermement la Loi de l'espèce comme omniprésente, sourde à toute transaction, exigeante jusqu'à la férocité et faisant toujours payer, sinon aux sujets qui y contreviennent, du moins à leur descendance, un prix proportionné à la gravité des contraventions commises à son endroit. Plus que toute autre, l'étape œdipienne est placée sous son contrôle et engage sans exclusive tous les acteurs qui y participent.

Je reconnais sans hésitation, quelque reproche que l'on me ferait, avoir toujours privilégié, pour ma part, le filtre œdipien dans l'analyse de toutes les situations dont j'ai eu à connaître. Est-ce parce que je n'en ai pas eu d'autre ? Est-ce parce que j'ai manqué d'information ou d'imagination ? Ou bien est-ce parce que l'atmosphère des histoires que j'ai vues se déployer au cours de mon exercice de pédiatre ne pouvaient se lire et être résolues qu'au moyen de ce filtre et m'y ont toujours ramené ? Combien de fois n'ai-je pas eu à repérer ce qui se percevait comme soumis à un effet de répétition parce que l'histoire de l'enfant faisait entrer en résonance, à un moment ou à un autre, celle de l'un ou l'autre de ses parents quand ce n'était pas, chacune à sa manière, celle des deux à la fois !

Mais je crois surtout n'avoir jamais pu imaginer, et ne pouvoir imaginer, comment il pourrait en être autrement !

À moins de décider, ce à quoi je ne parviens pas à me résoudre, que l'inconscient n'existe pas – alors que la neurologie la plus organique[12] est en train d'en démontrer l'existence ! –, que tout ce qui survient n'est que l'effet d'une conjoncture quand ce n'est pas celui du simple hasard, que les symptômes relèvent tous sans exception de la grille diagnostique du DSM et sont destinés à recevoir un traitement chimique. Des siècles d'invention, d'ingénio-

12. Lionel Naccache, *Le Nouvel Inconscient*, Paris, Odile Jacob, 2006.

sité, de progrès, de conquêtes et d'ouvertures, tout comme notre accès à la démocratie, semblent avoir convaincu nombre d'entre nous qu'ils étaient libres, qu'ils détenaient leur sort entre leurs mains et que le possible n'a pas de frontières. Il est vrai, hélas, que, quoi qu'on s'évertue à tenter dans le sens contraire, les tenants de cette opinion disposent de tous les moyens et condamnent tout travail de réflexion au statut d'un luxe original mais sans grande portée. L'esprit qui anime nos médias – qui, à leur gré, fabriquent l'opinion et modèlent les mentalités – privilégie le spectaculaire que la perversion[13] excelle à mettre en relief pour promouvoir sa vision du monde : une vision dans laquelle toute loi, et *a fortiori* la Loi de l'espèce, ne serait là que pour être contournée ou mise en échec.

Le travail que j'ai entrepris, pour ma part, depuis longtemps, a toujours visé à tenter d'offrir à mes petits patients les meilleures conditions possibles pour un développement équilibré de leur psyché. Aussi me suis-je attaché à saisir la moindre manifestation de distorsion de la Loi pour montrer aux jeunes parents combien leur union, leur complémentarité et le respect sourcilleux de leurs places respectives étaient susceptibles autant de préserver leurs enfants que de les protéger eux-mêmes contre un retour inopiné de leurs histoires respectives.

L'histoire, comme je l'ai dit à plusieurs reprises, ne laisse en effet jamais personne en paix, parasitant la relation sexuelle elle-même jusque dans sa dynamique et dans ses zones les plus reculées.

---

13. Le 22 avril 2006, aux informations de 13 heures, sur France-Inter, il a été question de l'autorisation donnée aux couples homosexuels, par le gouvernement belge, d'adopter des enfants. La sociologue, invitée à répondre à la question de savoir pourquoi la France hésitait encore à légiférer en ce domaine, a regretté, sans paraître choquer son interlocuteur, que notre pays continue de légiférer « en fonction de principes » *(sic)*. Un tel état d'esprit applaudira à n'en pas douter la fondation, aux Pays-Bas, du NUD, parti politique pédophile (*Le Figaro Magazine* du 24 juin 2006, p. 24).

Même les couples heureux ont une histoire

J'ai ouvert la porte de la salle d'attente et je l'ai prise en plein dans les yeux ! Elle était debout, avec son bébé dans les bras. Mince, élancée, aérienne, merveilleusement à l'aise dans l'espace. Belle, très belle. Et d'une élégance rare avec son pantalon noir en crêpe satin tombant sur des escarpins vernis et surmonté d'une veste courte, à grosses fleurs roses et mauves, serrée à la taille. De grands yeux noirs et souriants conféraient à son visage, encadré de cheveux lisses presque bleus serrés en arrière par un chignon, un caractère à la fois gracieux et énergique. Je ne la connaissais pas. J'ai regretté sur le moment, moi qui me repais de la beauté d'où qu'elle vienne, de ne l'avoir même jamais entrevue. Elle était une patiente de ma collègue. C'était moi qui assurais la permanence des soins, ce samedi matin-là, et elle m'avait appelé quelques instants auparavant pour une fièvre subite de son petit garçon.

Je l'ai invitée à me suivre. Elle est entrée dans le cabinet, et, reconnaissant de la délicieuse émotion esthétique qu'elle m'a procurée, je n'ai pas pu m'empêcher de lui déclarer, avant même de m'intéresser au cas de son enfant :

— Comme vous êtes belle ! J'ai toujours professé que la beauté était d'utilité publique. Permettez-moi de vous remercier du plaisir que vous me donnez à me permettre de vous regarder. Ce triste matin gris l'est devenu beaucoup moins grâce à vous. Vous devez être au moins mannequin ! Non ? Je me trompe ?

— Vous vous trompez, docteur, m'a-t-elle répondu avec un sourire ravi. Je suis professeur de biologie moléculaire à la faculté.

La suite de la consultation, probablement des plus banales, n'a rien eu de saillant.

Elle m'a rappelé, des années plus tard, que, je ne sais trop pourquoi, j'aurais ponctué sa réponse, en lui mettant un doigt sur le front, d'un : « Vous féliciterez votre père de ma part pour vous avoir invitée à investir autant votre tête que vos traits. » Je ne m'en souvenais pas. Mais je savais que c'était assez dans mon style, comme l'avait été ma manière d'introduire cette consultation dont rien d'autre ne m'est resté. J'ai déjà dit quelque part, plus haut, l'importance que j'ai toujours accordée à la tonalité des premiers échanges. L'âge avançant, j'ai perçu combien souvent ma relation aux jeunes mères qui me consultaient était fondée sur un contre-transfert de type paternel ; elles étaient toutes pour moi autant de filles. Celle-là a dû l'être plus que d'autres.

Je ne l'ai plus revue.

Pendant des années.

Un après-midi, alors que nous consultions dans nos cabinets respectifs, ma collègue et moi, cette dernière m'a appelé par le téléphone intérieur :

— J'ai fait attendre dans le secrétariat, m'a-t-elle dit, une maman avec son bébé dont je pense qu'il a une maladie de Kawasaki. J'aimerais que tu y jettes un œil quand tu auras fini ta consultation en cours. Et fais-moi appeler pour que nous en discutions.

C'est un des avantages du travail en cabinet de groupe de pouvoir ainsi discuter des cas difficiles. La maladie de Kawasaki en est un. D'origine mystérieuse, elle évolue par petites épidémies, associant une forte fièvre à une éruption assez typique. C'est une maladie grave, qui peut être mortelle en l'absence de traitement, en particulier parce qu'elle est la seule maladie d'enfant qui peut donner des infarctus du myocarde.

Quelques minutes plus tard, j'ai gagné le secrétariat.

Je l'ai reconnue aussitôt, alors qu'il y avait des années, me semblait-il, que je ne l'avais vue. Malgré son inquiétude, elle m'a accueilli avec le sourire que je lui avais connu comme si elle aussi avait recouvré, sur-le-champ, la tonalité du seul échange que nous ayons eu.

Je me suis mis à examiner son petit garçon de 15 mois, qui était donc son deuxième, en attendant que ma collègue me rejoigne. Quand celle-ci est arrivée, je lui ai fait part de mon impression, à savoir qu'il ne s'agissait probablement pas d'une maladie de Kawasaki, mais d'un érythème polymorphe – les deux maladies, dont le diagnostic est seulement clinique, se ressemblent beaucoup, la seconde étant cependant infiniment plus bénigne que la première. Ma jeune collègue, clinicienne excellente et scrupuleuse qui avait eu le mérite d'avoir porté très tôt, par trois fois, ce diagnostic dans les années précédentes, a néanmoins voulu discuter chacun des signes. Son argumentaire, précis, n'entendait donc pas le céder au mien, et elle a dit être prête à parier cent francs sur son diagnostic. Conscient, à un moment, que notre discussion ne pouvait qu'angoisser un peu plus la jeune maman, et en étant sûr d'avoir l'approbation de ma consœur, je me suis adressé à elle :

— Vous venez d'assister à une discussion technique un peu ardue et non concluante. Comme nous ne sommes pas d'accord, ma collègue et moi, je vous propose de prendre un troisième avis. Nous avons un excellent ami, chef de service hospitalier, tout près d'ici. Nous allons l'appeler pour qu'il voie tout de suite votre enfant. Si ma collègue a raison, nous n'aurons pas perdu de temps, votre enfant sera aussitôt hospitalisé, et le traitement qui s'impose sera immédiatement mis en route. Si c'est moi qui ai raison, vous repartirez de l'hôpital avec une ordonnance d'antibiotiques pour une semaine.

Elle a acquiescé à la solution que je proposais en disant à ma collègue qu'elle était prête à lui donner les cent francs de son pari si elle le perdait. Nous avons ri. Je l'ai saluée et j'ai tourné les talons pour rejoindre mon bureau quand j'ai vu dans l'encadrement de la porte un homme superbe. À peine ai-je eu le temps d'évaluer sa stature et de croiser le regard bleu acier qui allait si bien avec la blondeur de son visage énergique que je l'ai entendue, elle, dans mon dos me dire : « Je vous présente mon mari. » J'ai salué le monsieur, qui m'a dit avoir entendu notre conversation, en pensant que ces deux-là étaient sacrément bien assortis.

J'ai su la suite des événements le lendemain quand ma collègue est venue me donner un billet de cent francs.

La troisième fois que je l'ai vue, c'était encore longtemps après, dans la tranche horaire que je consacrais à recevoir des parents seuls. Et j'en ai été étonné.

Elle était très enceinte. Elle avait dû beaucoup pleurer, comme en attestaient ses yeux encore rouges. Mais elle s'est efforcée de sourire. Peut-être pour ne pas décevoir le regard qu'elle me savait avoir et renouer entre nous les fils de notre dialogue épisodique. Elle avait pris ce rendez-vous sur les recommandations de ma collègue. Parce qu'elle venait d'apprendre qu'elle attendait une fille et que c'était l'« horreur » pour elle. Elle avait été très heureuse d'avoir eu ses deux garçons. Elle en espérait un troisième et elle avait toujours su qu'elle ne voudrait à aucun prix au monde être mère d'une fille. Tout en prêtant une parfaite attention à son exposé, je me suis dit qu'il aurait été vraiment regrettable qu'elle ne transmît pas à une fille sa si grande beauté.

Je lui ai fait tout d'abord remarquer qu'à prendre en compte la dimension de l'intervention de l'inconscient dans les processus vivants on pouvait émettre l'hypothèse que, si, en conscience, elle savait ne pas vouloir avoir de fille, un désir de fille avait cependant cheminé quelque part en elle. Mon propos ne lui a pas paru délirant. Elle a acquiescé. J'ai alors poursuivi en l'invitant à examiner la crainte qu'elle manifestait et à essayer de la mettre en relation avec sa propre expérience de fille. Ce qu'elle vivait par avance comme une éventuelle « horreur » ne la renvoyait-il pas à l'expérience personnelle d'une autre « horreur » à tenter de repérer dans son parcours de fille de sa mère ? Je l'ai donc invitée à me parler comme elle le voulait de sa vie de fille. Elle n'a fait aucune difficulté, et j'ai écouté son récit d'une oreille un peu distraite et en détournant mon regard d'elle.

Elle était la seule fille d'une fratrie de six enfants. Elle avait deux frères plus âgés qu'elle et trois frères plus jeunes. Elle m'en a donné les âges. Elle m'a parlé consciencieusement de ses parents, de ses oncles, de ses tantes, cousins et cousines de chaque côté, au point que je me suis retrouvé à dresser mécaniquement son arbre généalogique. Elle a continué de me parler de son enfance, des réunions de famille, de ses relations à ses frères, à ses enseignants, à ses amis. Tout cela venait sur le mode banalement associatif, et je commençais à être désespéré de n'avoir rien recueilli de consistant, quand je l'ai entendue me dire, au détour de je ne sais plus quel propos : « Ce que je n'aimais pas, c'était quand il arrivait à ma mère de venir le matin, en chemise de nuit, dans la cuisine où je prenais mon petit déjeuner avant de partir pour l'école. » J'ai dû sans doute, et sans savoir ni pourquoi ni comment, réagir. Peut-être me suis-je redressé, peut-être ai-je simplement levé la tête ou lui ai-je jeté un regard interrogateur sinon encourageant ? Je ne saurais le dire. Elle a poursuivi : « Il lui arrivait quelquefois de s'asseoir à la table et de me dire : “Excuse-moi, ma chérie, si je ne sens pas très bon. Ton père cette nuit a voulu faire l'amour, et il a un sexe qui sent mauvais.” »

J'ai hurlé. Intérieurement bien entendu, mais de toutes mes forces ! Car, même à tenter d'en analyser et d'en comprendre la genèse, la stupidité et l'indécence désespérantes de ces parents de plus en plus nombreux à avoir cru bon d'effacer la salutaire différence entre générations ne me sont jamais apparues autrement qu'assassines et suicidaires à la fois. Elles illustrent, on ne peut mieux, la manière dont procède la rétivité à la Loi. *Que fait en effet une mère quand elle procède ainsi, sinon envahir sa fille, la considérer comme son prolongement, ne faire aucune différence d'avec elle et, plus encore que tout, violemment raviver, comme pour l'entretenir, la terreur que cette fille a jadis conçue d'elle ?* Il est déjà tellement difficile, dans les circonstances les plus favorables, pour cette malheureuse fille d'accéder à son identité en demandant à son père de l'aider à chasser la peur qu'elle a eue de sa mère ! Alors, quand cette mère se jette sur la moindre occasion pour en remettre une couche, ça devient l'enfer pour elle ! Quand on pense à la violence avec laquelle il est de bon ton, aujourd'hui, de critiquer la mise en place de la Loi ! Au motif qu'ayant procédé par l'échange des femmes entre les hommes elle a été une initiative imposée par les hommes aux femmes au mépris de leur avis, la voilà à apparaître profondément inique sur fond de la préoccupante égalité en droits de nos sociétés actuelles. On la foule aux pieds et, hommes ou femmes, on y contrevient à qui mieux mieux ! En raison de la confusion facile entre différences et inégalités, nul, du coup, ne risque plus de prendre la peine de montrer qu'elle constitue l'indispensable et irremplaçable coup de pouce que demande l'œdipe féminin pour finir de remplir son office.

C'est dans cet état d'esprit que, pour alléger ma patiente du poids du matériel qu'elle venait de rapporter, j'ai violemment critiqué, m'emportant presque, l'attitude de sa mère. En sachant parfaitement ce que je faisais, j'attaquais bien entendu l'image que cette jeune femme en avait, mais je défendais plus violemment encore la fillette qu'elle avait été et qui n'avait certainement pas manqué de se sentir agressée sans pouvoir se défendre par la confidence grossière et inconvenante qui lui avait été faite. J'ai profité de ma prise de parole pour lui faire remarquer qu'elle ne devait pas se croire condamnée à répéter le comportement de sa mère, dans la mesure où elle avait concrètement interposé entre cette dernière et elle le magnifique époux qu'elle s'était choisi. Pour enfoncer le clou, je lui ai raconté, d'autant plus facilement que c'était vrai, le choc de ma rencontre avec ce dernier, l'émotion dans laquelle je me suis trouvé et la réflexion que je m'étais faite. Elle n'a pas cessé de sourire, heureuse et fière, tout le temps que j'ai parlé. Ce disant, je n'ai rien fait d'autre que de mettre, formellement, notre dialogue dans l'esprit, tout obsolète qu'on le veuille, de la Loi et de l'échange de femmes qu'elle instaure. Père pour elle dans le contre-transfert, et probablement aussi dans le transfert si on en juge par ce qui s'est passé dans nos précédentes entrevues, je lui aurais quelque peu dit qu'elle avait depuis longtemps à disposition un homme pour assurer le relais de sa sauvegarde par son père ; et qu'elle pouvait sans hésiter dresser ce dernier, en toute occasion, entre sa mère et elle, entre ce qu'elle craignait du retour de l'histoire de sa mère et l'histoire qu'elle était, elle, en train de construire.

Ses traits se sont détendus. Elle a souri, apparemment soulagée. J'ai poursuivi mon propos. Pas seulement pour résoudre sa difficulté – elle l'était, manifestement –, mais pour lui apporter sur tous ces points une information précise, détaillée et édifiante. C'est ma manière personnelle de militer : ce qu'elle aura compris et intégré de sa situation lui permettra d'aider à son tour, un jour ou l'autre, des collègues ou des amies en situations similaires. Chaque fois que je procède ainsi, je me dis que, comme tout ce que j'ai écrit, ça fera tâche d'huile comme ça pourra, sur fond de ce discours abrutissant servi par nos médias et qui a tellement mis à mal nos repères que nous ne savons même plus où nous en sommes. Je lui ai donc expliqué les statuts différents de la répétition, toujours mortifère, et de la reproduction, toujours vivifiante parce que y est prise en considération la réalité de l'autre qui y a été associé. Nous sommes convenus que nous ne nous reverrions que si elle en avait besoin.

Elle n'est pas revenue.

Quelques semaines plus tard, elle m'a adressé, sur ma boîte aux lettres électronique, un message joyeux et heureux. Avec de magnifiques photos de la petite Lucile, dont une en particulier, où elle était portée à bout de bras par son père, semblait constituer un clin d'œil à notre rencontre précédente. J'avais le sentiment, rare mais toujours satisfaisant, d'avoir fait à peu de frais un travail qui avait suffi à remettre, et pour longtemps sans doute, une histoire sur ses bons rails. Aussi lui ai-je répondu longuement sans plus réprimer l'expression de ma joie que celle de ma tendresse.

J'ai donc été très surpris quand je l'ai revue trois à quatre mois après, encore un jeudi matin, à ma consultation. Le sourire que je lui connaissais avait déserté son visage. Elle était tendue et semblait plus furieuse qu'inquiète.

— Je viens vous dire que j'ai pris rendez-vous chez un avocat, que je vais voir samedi. Je vais entamer une procédure de divorce.

Comme, faute d'aucune autre information, je n'ai pas réagi, elle a poursuivi sur un ton où la colère le disputait à la rage :

— En pianotant sur nos boîtes mail, j'ai découvert sur celle de mon mari un mail d'une femme qui lui fixait rendez-vous dans une chambre d'hôtel, à une date et à une heure précises. La chose m'a été d'autant plus insupportable qu'à la date de ce mail je relevais de couches. J'estime que c'est une trahison, la pire des trahisons que je pouvais avoir à vivre. Je n'admets pas qu'il ait pu me faire ça. C'est dégueulasse. C'est ignoble. J'ai eu beau avoir tourné le problème dans tous les sens, je ne parviens pas à comprendre comment il a pu faire ça. Et vous imaginez bien que je ne suis pas prête à le lui pardonner !

— ...

— Je lui ai fait part de ma découverte. Il n'a pas nié. Il m'a expliqué calmement qu'il n'y avait pas de quoi faire un plat. Il s'agissait, à ses dires, d'une excitée qui lui courait après depuis longtemps et dont il ne savait pas comment se débarrasser. Il m'a dit avoir d'ailleurs reçu d'autres mails de cette femme et les avoir jetés sans y répondre. Il regrettait vraiment que celui-là ait échappé au nettoyage de sa boîte. Et il croit me faire avaler ça ? Quel culot ? Il me prend en plus pour une imbécile !

Notre rencontre, qui avait ressemblé jusqu'à présent, me suis-je dit, à une manière de tenter de faire avancer un bonheur banal et légitime en opposant une certaine clairvoyance aux vents contraires d'une histoire, n'allait tout de même pas virer au triste vaudeville ! Je me souvenais de la forte impression que m'avait faite son mari. Je lui ai rappelé comment nous avions chassé son « horreur » de l'attente d'une petite fille, en introduisant la référence de l'inconscient. Je lui ai dit que nous allions procéder sur le même mode. Attentive et en bonne élève qu'elle a dû toujours être, elle n'a pas soulevé d'objection, semblant même laisser de côté pour un instant l'indignation qu'elle avait manifestée.

Je lui ai alors fait remarquer que, s'il s'était agi seulement d'une pratique adultérine, son mari n'aurait certainement pas commis l'erreur de laisser un message aussi compromettant dans sa boîte, alors qu'il eût été si simple de l'effacer. Elle m'a paru plus étonnée que je ne m'y serais attendu de mon propos. Peut-être se demandait-elle si je n'étais pas en train de vouloir la consoler un peu trop vite par ma lecture de l'événement. Au lieu de lui laisser la parole et l'encourager à réagir à ma lecture de l'événement, j'ai ajouté que, si le message qu'elle avait découvert était demeuré dans la boîte, il fallait absolument le considérer comme destiné à être lu, d'abord et avant tout par elle, puis se poser ensuite la question du métamessage qu'il était censé porter. Elle a semblé encore hésiter à me suivre, se demandant sans doute, cette fois, si l'interprétation que je lui donnais n'était pas à mettre au compte d'une solidarité masculine qui avancerait masquée. Comme, malgré sa mine qui en disait long, elle n'a pas osé me le dire directement, j'ai repris mon argumentaire en lui disant qu'en prenant en compte l'explication de son époux il fallait absolument considérer la persistance de ce message dans la boîte comme un pur acte manqué. Je ne pouvais évidemment pas savoir pourquoi son mari lui adressait un tel message. Mais ce message semblait logiquement devoir lui dire quelque chose d'autre que ce navrant « sache que je te trompe » qu'elle y lisait. Ma logique a paru finir par l'ébranler. Elle s'est un peu reprise. Puis elle a paru se calmer. Elle a même fini par recouvrer peu à peu son sourire.

Tout cela semblait fonctionner de manière cohérente dans le transfert. Le père symbolique, que j'étais censé être pour elle, ne devait et ne pouvait tout de même pas être indifférent à une grossière trahison de son honneur. J'étais bien placé pour en juger. J'avais rencontré son mari. Et, si je n'ai pas réagi dans l'indignation, l'explication que je lui avais fournie était peut-être la bonne. Je lui ai alors demandé de me raconter comment ils s'étaient connus.

— L'été qui a suivi ma première année de fac, j'ai trouvé du travail pour gagner un peu d'argent dans une grosse boîte d'assurances. Il y avait lui-même travaillé le mois d'avant. Je l'ai su parce que, dès que je suis arrivée, toutes les filles m'ont parlé de lui en bavant presque. Le lendemain, j'ai dû descendre aux archives. Dans les travées, j'ai croisé un mec dont les traits m'ont évoqué la description que j'avais entendue la veille. Le temps de me le dire, il était déjà passé. Je me suis retournée machinalement et j'ai constaté que lui aussi s'était retourné et me regardait. L'après-midi même, une collègue est venue me voir pour m'inviter à une soirée que donnait une autre pour son départ. Elle m'a dit que nous serions trois filles et trois garçons – qu'elle m'a montrés et dont un n'était pas mal. J'ai accepté l'invitation et, sur le chemin qui m'y conduisait, je me suis dit que j'avais bientôt dix-neuf ans et qu'il était temps pour moi d'avoir ma première expérience sexuelle. J'ai décidé que je l'aurais cette nuit même avec le mec que j'avais repéré. Quand je suis arrivée, on était bien trois filles. Les trois garçons s'étaient décommandés, et, à leur place, il n'y avait que celui que j'avais croisé dans les travées des archives. À minuit, je suis partie avec lui. Et depuis, nous ne nous sommes plus quittés.

Une rencontre. Décisive. Une de ces rencontres dont on ne sait pas, quand elle survient, qu'elle sera à ce point déterminante, mais dont il est bon de savoir qu'elle peut survenir à tout moment et changer le cours d'une existence.

J'ai mis fin à la séance en lui proposant, une fois encore, de nous revoir si elle en avait besoin. Arrivée à la porte, elle s'est retournée et elle m'a dit qu'elle allait téléphoner à l'avocat pour annuler son rendez-vous de samedi.

C'est un bien étrange travail que celui que j'ai fait ! Comme celui que je fais en général, d'ailleurs, et qui, pour la dominante perverse de nos sociétés, est condamnable dans la mesure où il n'est pas dénué d'idéologie. Ce qui n'est bien sûr pas faux, puisqu'il repose sur une adhésion sans réserve à la Loi de l'espèce et qu'il ne rechigne pas à s'en faire servant et prosélyte. Mais est-il si facile d'être indifférent et de laisser deux individus qui se sont choisis et aimés, qui ont fait sciemment et élevé trois enfants, se déchirer à belles dents pour des motifs dont le déterminisme gît à coup sûr dans leurs histoires respectives ? Et ce, au motif qu'ils sont adultes et qu'ils doivent prendre leurs décisions en toute autonomie ? Aurais-je dû laisser cette femme associer comme elle l'entendait et me tenir dans la fameuse neutralité qui, en l'occurrence, n'aurait été bienveillante que de nom ? Aurais-je dû la laisser découvrir seule ce que je lui ai indiqué ? Prendre le risque qu'elle y mette un temps fou, que la blessure narcissique largement ouverte dont elle m'a fait état ne fasse s'accumuler, s'accroître et fermenter jusqu'à un point de non-retour le ressentiment qu'elle était en droit de manifester ? Bien entendu que les patients n'ont pas à être tenus en sujétion ! Bien entendu qu'ils sont libres ! Encore faut-il s'entendre, car voilà le souverain mot lâché ! Qu'est-ce donc – et c'est une question que je pose encore une fois ! – que cette fameuse liberté dont on se gargarise à peu de frais, sinon comme le dit Lacan « l'illusion de l'autonomie du moi » ? Alors quand, dans une atmosphère certes travaillée par une libido thérapeutique mais où règne une confiance définie autant par le transfert que par le contre-transfert, j'invite mon patient à procéder à une incursion du côté de son « moi », de ce « moi » qui s'est construit dans la lutte contre la peur archaïque de la mère, pourquoi aurais-je à me gêner ? Pourquoi me gênerais-je s'il me semble facile de lui faire entrevoir le sentier qu'il avait opportunément emprunté et qu'il a dû quitter sous la pression de facteurs contre lesquels il ne pouvait pas grand-chose ?

J'avais eu à voir ainsi un couple qui avait une fillette de 2 ans. Brillants intellectuels l'un et l'autre, ils avaient entrepris une recherche appliquée sur eux-mêmes. Elle, elle avait écumé, depuis de nombreuses années, différentes approches, du cri primal à la thérapie comportementale en passant par un travail ericksonnien et une psychothérapie de type analytique. Lui s'était contenté d'une psychanalyse qu'il poursuivait depuis six ans. Ils étaient également en thérapie de couple depuis deux ans. Au cours de notre première rencontre, j'ai recueilli les motifs de leur dissension et les éléments de leur histoire. Quand, au cours de la seconde rencontre, je leur ai posé la question de ce qu'ils pensaient être au cœur du malaise de leur couple, elle m'a répondu que ça venait certainement du fait qu'ils n'avaient plus eu de rapports sexuels depuis la déclaration de la grossesse de leur enfant. Bien entendu qu'il se sentait frustré, a-t-il reconnu quand je lui ai demandé ce que lui faisait cette abstinence. Mais il ne pouvait tout de même pas, s'est-il empressé d'ajouter, « forcer [sa] femme ». Il attendait qu'elle « en manifeste le désir ». J'ai levé les bras au ciel ! Et j'ai entrepris de lui expliquer longuement, en appelant à la rescousse l'anatomie et la physiologie, la vectorisation des rapports des hommes et des femmes et l'erreur dans laquelle il s'était enfermé au nom d'une galanterie et d'une délicatesse prônées, fielleusement et sans innocence, par un environnement qui y avait tout intérêt. Au terme de quoi je l'ai engagé à n'hésiter en aucune manière à manifester son désir à sa partenaire et à le lui offrir en lui demandant de le satisfaire. Il m'écoutait ébahi, surpris. Sans doute se serait-il levé et aurait-il quitté les lieux s'il avait été moins inhibé et moins confiant dans le discours qu'on lui avait tenu sur moi. Elle, en revanche, était tout simplement rayonnante. À la séance suivante, tout allait beaucoup, beaucoup mieux. Ils avaient même mis fin d'un commun accord à leur thérapie de couple. L'œuf de Colomb !

Pour revenir à mon héroïne, elle est revenue. Un mois plus tard. Elle était resplendissante. Avec dans le regard l'expression que je ne lui avais plus revue depuis notre première rencontre. Elle m'a aussitôt dit « baigner dans un bonheur comme (elle) n'avai(t) pas même soupçonné qu'il eût pu en exister ». Sa vie avait pris un tour tout nouveau et « tellement, tellement extraordinaire, qu'(elle se) pince parfois pour pouvoir y croire ». Elle était donc venue me le dire, me dire sa reconnaissance et me tenir au courant de l'évolution de la situation. Elle a poursuivi encore une minute ou deux sur ce ton. J'étais content pour elle. Mais je me demandais pourquoi elle avait éprouvé le besoin de revenir alors qu'elle aurait pu m'adresser un mail ou m'envoyer un mot.

— J'ai beaucoup réfléchi à la lecture que vous avez faite du sens de ce fameux mail. Elle m'a ébranlée sans être toutefois parvenue à me convaincre. J'ai fini par en conclure que, si vous n'aviez pas entièrement raison, la piste que vous m'ouvriez valait quand même la peine d'être explorée. Si mon mari, comme vous me l'avez dit, ne voulait pas me signaler qu'il me trompait, il me disait je ne sais trop quoi, mais il me disait quelque chose. Je me suis dit que, si ce qu'il voulait me dire passait par une relation sexuelle avec une autre femme, ça devait avoir probablement trait à notre relation sexuelle. J'ai alors fait quelque chose de fou, quelque chose que je ne me serais jamais crue capable de faire, quelque chose que je suis presque gênée de vous dire, je me suis acheté de la lingerie affriolante ! Voilà ! Et je suis venue vous dire que vous aviez raison. Parce que, depuis, c'est l'apothéose. Moi qui ai longtemps fait de la danse et qui croyais connaître mon corps, je n'aurais jamais, jamais pu imaginer qu'il pouvait receler tant de ressources et me procurer autant de bonheur. J'en ai même fait reproche à mon mari. Après tout, je n'ai jamais connu d'autre homme que lui. Il a été mon Pygmalion. C'est lui qui m'a tout appris. Et je ne savais même pas que ce qu'il s'est mis à m'apprendre depuis cette explication pouvait exister.

— Hmm ! Dites-moi une chose, d'où vous est donc venue cette idée de lingerie ?

— Oh, ça, c'est une histoire ancienne. Autour de mes seize ans, sur une tocade et avec mon propre argent de poche, je m'étais acheté de jolis dessous. Dès que je suis entrée à la maison, je les ai essayés. Je me suis trouvée tellement mignonne dedans que je n'ai pas résisté au plaisir d'aller les montrer à mes parents qui étaient dans le salon ; ma mère a eu une mine ébahie et s'est mis la main devant la bouche pour ne pas crier, mais mon père a dit à la cantonade et en riant : « Celle-là, plus tard, il ne faudra pas lui en promettre ! »

Le propos qu'elle mettait ainsi dans la bouche du père frôlait assurément le graveleux. En contrepoint de la réaction de sa mère, il a néanmoins dû, par sa brutalité, compenser l'invitation au dégoût proférée par la mère des années auparavant et qui a ressurgi au moment où cette femme a conçu une fille. Il est revenu là, dans l'échange, ponctuant comme pour l'illustrer la manœuvre qui a permis à cette jeune femme d'attirer le regard de l'autre sexe pour être reconnue dans le sien propre. Si le regard d'une mère n'est pas toujours indispensable à un fils confortablement installé par son aventure œdipienne dans son destin hétérosexuel, celui d'un père, à condition qu'il ait une distance suffisamment bonne à sa fille, contribue à extraire un peu plus cette dernière de la part d'homosexualité que son destin la contraint de concéder.

Car « la persistance d'un certain mode de relation à la mère est un des plus solides obstacles à la jouissance féminine. Se vouloir encore l'objet phallique de l'Autre maternel, tandis que l'homme peut être désiré comme un semblable, constitue souvent la nature de l'obstacle. Jouir avec l'homme situe une femme dans l'être à son égard, et la laisse orpheline de l'Autre maternel[14] ». Ce qui peut se traduire, en langage courant, en ceci : être pleinement une femme pour un homme, c'est s'accepter comme telle et seulement comme telle et non plus comme la fille d'une mère.

Tout en un

Les séquences de l'histoire s'enfilaient comme des perles. Fille unique et adulée de sa mère – probablement, autrement dit, objet phallique de cette dernière –, cette jeune femme le demeure jusqu'au moment où elle apprend qu'elle va être mère d'une fille – laquelle, qui plus est, va avoir le même rang qu'elle. Notre rencontre, qui lui a permis, parce que je l'ai incitée à le faire, à interposer le père de ses enfants entre sa mère et elle, la conduit à surmonter ses craintes et à éviter de sombrer dans la répétition menaçante. C'est le moment que son mari choisit pour lui adresser un message dont la suite laisse entendre qu'elle a fini par le lire sous la forme de : « Toutes les femmes ne sont pas comme toi, il y en a même qui me sollicitent. Fais quelque chose ! » Elle réagit d'abord à l'aveuglette sur le mode narcissique : on lui aurait volé l'objet qui lui revenait, son objet, son objet à elle, phallus de sa mère, auquel, de ce fait, tout aurait toujours été dû. Combien souvent ce type de réaction de l'un ou de l'autre des partenaires n'a-t-il pas précipité la rupture des couples ! Au lieu d'adhérer avec commisération et indignation à son analyse de la situation, je l'invite à tenter de la dialectiser. Elle se souvient alors,

14. Gisèle Chaboudez, *op. cit.*, p. 238.

par dessous interposés, de la parole de son père : « Celle-là, plus tard, il ne faudra pas lui en promettre ! » Parole qui la reconnaît dans son sexe propre en l'autorisant, par cette reconnaissance, à se propulser sans gêne dans l'hétérosexualité et à en exploiter sans restriction toutes les potentialités. Elle dit regretter que son Pygmalion de mari ne l'ait pas conduite au plus tôt sur le chemin de ce qu'elle a découvert. Ce n'est pas rien que lui soit venue la référence à ce sculpteur de Chypre dont l'art et le désir firent qu'Aphrodite conféra la vie à la statue qu'il avait exécutée de Galatée. On sait que, dans la pièce éponyme que G. B. Shaw tira du mythe, un linguiste entreprend de rééduquer une fille des rues et en tombe amoureux dès que son entreprise est couronnée de succès. Quand un homme, habile dans son art, prend en charge son œuvre, il fabrique un chef-d'œuvre qui le conquiert lui-même. Cette jeune femme dit, en quelque sorte, avoir toujours attendu que cet homme, le premier auquel elle se soit unie et le seul qu'elle ait connu, lui donne vie en l'initiant. Et ce, d'autant plus qu'il avait eu, lui, de nombreuses expériences avec d'autres femmes – ses collègues filles ne lui en avaient-elles pas parlé « en bavant presque » ? Cette référence à Pygmalion, et la manière dont elle vient dans son discours, prouve également que la plus grande quantité de travail qui s'est effectué en elle l'a été à son insu. Car il est indubitable que son mari n'a rencontré, longtemps chez elle, que des inhibitions en ce domaine. « Elle avait pour moi des pudeurs de jeune fille », aurait-il pu reconnaître à l'instar du poète. Mais pouvait-il faire reproche à sa compagne de telles pudeurs quand elles constituent la preuve même qu'elle n'a pas été initiée par d'autres hommes à la riche complexité de la gestuelle amoureuse ? N'aurait-il pas eu lieu de les entretenir, de s'en féliciter, de s'en enorgueillir ? Certes, mais à quel prix ? Quand son acte manqué révèle à sa compagne le prix qu'il paie pour l'entretien de ses inhibitions, craignant de le perdre, elle les abandonne. Elle parle alors d'« apothéose », mot auquel le sens commun croit pouvoir donner le seul sens de « summum » alors qu'il désigne l'acte de déification d'un humain. Galatée à sa manière, elle divinise son homme pour lui avoir donné vie en l'initiant à la richesse et à la complexité d'une gestuelle sexuelle à laquelle il avait accès et dans laquelle elle n'avait pas encore osé se lancer, ayant encore à l'oreille la manifestation du peu d'enthousiasme, sinon du dégoût, que sa mère éprouvait pour le sexe de son propre homme. Elle dit alors, on ne peut plus clairement et avec l'enthousiasme dans lequel l'a mise sa découverte, qu'elle s'est débarrassée de toute teinture homosexuelle de sa sexualité et qu'elle assume désormais sans réserve son hétérosexualité. Qu'elle est, autrement dit, pleinement entrée dans le cadre de la Loi.

Qu'on n'aille pas dire que cet ordre des choses aliène les femmes aux hommes. Le père de cette jeune femme, s'exclamant comme il l'a fait devant elle parée de ses dessous, ne l'a pas empêchée de devenir l'universitaire qu'elle a été, pas plus que son époux n'a jamais cessé de l'aimer, même s'il a tenté de lui signifier qu'elle pouvait accéder à une dimension plus ample de l'exercice de sa sexualité. Tout cela est cohérent avec la lecture qu'une auteure[15] fait de l'énigme féminine : « C'est que plus elle est blessée, plus elle a besoin d'être désirée ; plus elle est défiée, plus elle est arrachée ; plus elle chute, plus elle rend son amant puissant ; plus elle est soumise, plus elle est puissante sur son amant. Et plus elle est vaincue, plus elle a de plaisir et plus elle est aimée. »

Cette entrevue m'a confirmé par ailleurs que c'était bien sur fond d'une parole refoulée de père que s'était écrit, dans notre rencontre et dès la première fois, grâce aux mots que je lui ai dits après que mon regard se fut exprimé à sa manière, le texte du transfert qu'elle a opéré sur ma personne, vécue comme « bonne » et qui se vérifiera comme

15. Jacqueline Schaeffer, *op. cit.*, p. 73.

telle à plusieurs reprises, y compris au cours de la maladie de son second fils. On peut tenter de gloser sur tout cela et relever que, si je regarde comme je le fais mes propres filles et celles qui en tiennent lieu dans ma clientèle, c'est probablement pour retrouver, répétitivement, dans cet échange de regards avec elles, le regard que ma mère a dû porter sur moi. Et alors ? Je ne vois pas pourquoi je le nierais. J'ajouterai même avoir conscience que j'ai dû bénéficier de circonstances favorables et d'une place privilégiée dans l'histoire de ma mère. La sexualité de tout enfant n'est-elle pas d'autant mieux promue et assumée que le regard porté sur lui par son parent du sexe opposé le reconnaît, et l'honore du même coup, dans son essence ? Et ne serait-il pas souhaitable qu'il en fût ainsi pour chacun ?

Ce qu'il y a de plus intéressant encore dans ce développement, c'est de se demander pourquoi ce couple, vieux de plusieurs lustres, a dû tout de même affronter une crise qui aurait eu les plus grands risques d'aboutir à sa rupture. Pourquoi donc le mari a-t-il été conduit à commettre un acte manqué pour dire à sa femme, comme l'a prouvé la suite de l'histoire, que la relation sexuelle dont il s'était contenté jusque-là ne lui convenait plus ? La réponse à cette question ne se trouve pas ailleurs que dans l'arrivée de la petite Lucile, son premier enfant féminin.

C'est ce que me confirmera ma rencontre avec lui.

C'est elle qui m'a adressé un mail dans lequel elle me disait qu'ayant raconté à son époux, dans le bonheur de leurs échanges à tonalité nouvelle, la teneur de nos entretiens ce dernier souhaitait lui-même me rencontrer, si toutefois je ne jugeais pas la chose inconvenante ou impossible.

Il est venu. Je n'avais pas la moindre idée de ce qui pouvait l'amener. Il ne m'a pas laissé longtemps dans l'interrogation car il m'a dit, d'entrée, avoir demandé ce rendez-vous pour m'exprimer personnellement sa reconnaissance.

— Vous savez, je me le suis dit souvent, nous avons eu beaucoup de chance que ma femme vous ait rencontré.

Parce que ce que nous vivons, grâce au tour qu'a pris notre relation à la suite de vos entretiens, ne pouvait pas même être imaginé. J'ai aimé ma femme dès que je l'ai rencontrée. C'est elle, et pas une autre que j'attendais. J'ai su tout de suite, et je le sais toujours, que je passerai toute ma vie avec elle, que je finirai ma vie avec elle. J'ai besoin de ma femme. Le monde ne serait rien sans elle. Mais, voyez-vous et pardonnez-moi de le dire d'une façon aussi grossière, j'ai toujours eu besoin aussi de « putains ». Je veux dire de ces femmes qu'on traite comme telles parce qu'elles ont un goût marqué pour le sexe. Depuis ce qui nous est arrivé, j'ai le tout en un !

Le grand thème de la femme et de la putain ! Cet éternel masculin, décliné de toutes les sortes de manières dont l'adultère, m'était servi sur un plateau !

Il y a d'un côté la femme, celle qu'on se choisit, celle qu'autorise l'institution, celle qui sera un jour mère des enfants parce que l'amour qui lui est porté est fabriqué sur celui, vénérable, qu'on a eu pour sa « sainte » mère. Pour cette mère dont on a eu tant de peine à croire qu'elle avait pu avoir une relation sexuelle. Puis, d'un autre côté, séparé par une cloison presque étanche, il y a le sexe à l'état brut, le sexe animal, le sexe qui nourrit les fantasmes, le sexe revêtu de mystère, le sexe source de toutes les curiosités, le sexe qui se conquiert, le sexe que tue l'octroi qu'en font certains parents, le sexe dont on finit par admettre un jour, la mort dans l'âme, qu'on en est sorti, le sexe dans lequel, on ne sait trop pourquoi, on espère entrer à nouveau, à défaut de le pouvoir avec toute sa personne, du moins avec ce pénis qui ne demande que ça, le sexe que pratiquent sans retenue les putains, ces femmes « qui aiment ça », comme ces femmes vénales, mais si généreuses en même temps parce qu'elles sont capables de « donner tout[16] » et même plus encore pour faire monter les enchères !

16. Il faut réécouter la superbe chanson, *La Complainte des filles de joie,* que leur a consacrée Georges Brassens.

Avoir « le tout en un » n'est pas aussi courant qu'on pourrait le croire. Et ce n'est pas si évident à mettre en œuvre pour un homme. Car « l'homme se sent limité dans son activité sexuelle par le respect pour la femme et ne développe sa pleine puissance que lorsqu'il est en présence d'un objet sexuel rabaissé », dit Freud[17], qui ajoute un peu plus loin : « Ce que je vais dire est déplaisant à entendre et au surplus paradoxal, mais on est pourtant forcé de le dire, pour être dans la vie amoureuse vraiment libre et, par là, heureux, il faut avoir surmonté le respect pour la femme et s'être familiarisé avec la représentation de l'inceste avec la mère ou la sœur. »

« Putain de ta mère ! », la plus violente et la plus insupportable des insultes méditerranéennes. Elle abat l'étanchéité prisée dans ces régions où l'aura de la mère revêt pour les hommes une plus grande importance que partout ailleurs. Et pourtant ! Y a-t-il, à certains égards, plus grande proximité qu'il n'y en a entre putain et mère quand, de l'une comme de l'autre, L'homme attend qu'elle lui « donne tout » ? Ce « tout » si vaste qu'on croit pouvoir en faire circuler des équivalents ou l'étendre sans limite. La mère, de par la Loi, est contrainte d'exclure le sexe de ce « tout ». La putain qui fait accéder au « tout » du sexe, comblant le « manque » de celui qui lui achète ses services ou, quand elle n'entre pas dans le cadre marchand parce qu'elle aime ça, lui donne le sentiment d'avoir enfin « tout » puisqu'il obtient, à cette occasion, la part qui « manquait » au « tout » intégral qu'il a longtemps caressé le rêve d'obtenir. On peut toujours, à cet égard, invoquer la notion galvaudée de « tempérament ». Il y a en effet des hommes qui ont une activité sexuelle qu'on qualifierait de « raisonnable » et d'autres qui éprouveraient des besoins qu'on pourrait dire « excessifs ». Qu'y a-t-il derrière des expressions aussi convenues ? Rien de plus qu'une forme d'ajuste-

17. Sigmund Freud, *La Vie sexuelle*, Paris, PUF, 1969, p. 61.

ment au fameux « tout » qui a été jadis fourni par la mère à l'enfant. Si ce « tout » a été fourni sur un mode pléthorique, le « manque » qui s'y sera inscrit du côté du sexe y sera étroitement proportionné et la demande dans ce registre sera très grande. On concevra à partir de là qu'une certaine modération dans l'investissement de la mère pour son garçon fera de lui un adulte moins exigeant. À ce propos, je discuterais volontiers pour son insuffisance et son ambiguïté, portées l'une et l'autre par sa formulation même, la conclusion de Freud qui soutient[18] que « le bonheur conjugal reste mal assuré tant que la femme n'a pas réussi à faire de son époux son enfant, tant qu'elle ne se comporte pas maternellement avec lui ». Parce qu'à suivre à la lettre son raisonnement il serait demandé aux femmes devenant mères de leurs partenaires de tout lui donner, comme à un enfant, tout sauf le sexe qu'aucune mère ne saurait, sauf à lui nuire gravement, donner à cet enfant. Or le cas de figure se rencontre plus fréquemment qu'on ne l'imagine, dans une stratégie féminine que j'appelle « l'asservissement par le service ». « Qu'est-ce qui lui manque ? », se défendent ces femmes aux petits soins avec leurs hommes au point de s'en faire de véritables esclaves. *Il ne lui manque en effet rien à cet homme, sauf ce qui est pour lui l'essentiel et dont elles le privent, le castrant, quand elles ne l'ont pas déjà fait avec des attitudes ou des mots plus tranchants que le plus effilé des sécateurs.* Elles fuient de fait cet essentiel pour revenir, et entretenir méticuleusement, elles, l'homosexualité primaire qui, les ayant depuis toujours plus ou moins fortement liées à leurs mères, a acquis le statut d'une loyauté propitiatoire incontournable à son endroit. C'est sur ce point que se branche aussi bien le comportement des femmes dans l'atmosphère conjugale ordinaire que cette notion d'usure qu'on prête à la relation sexuelle.

---

18. Sigmund Freud, *La Féminité, in Nouvelles Conférences sur la psychanalyse*, Paris, Idées-nrf, 1978, p. 175.

Du côté du comportement des femmes, on se retrouve dans la grande thématique d'une jouissance qui doit leur être arrachée malgré elles. Elle renvoie à l'ambiguïté relationnelle de la période œdipienne : j'ai aimé ma mère jusqu'au jour où j'en ai été terrorisée, j'ai cru bien faire en me tournant vers mon père pour m'en faire un allié contre « ma peur d'elle ». Il a fait ce qu'il a pu – assez peu d'ailleurs tant il est si souvent, lui-même, malmené par ma mère. Mais tout cela m'a mise dans une peur encore plus grande encore, puisque ma mère va m'en vouloir d'avoir jeté aux orties l'amour que je lui portais et plus encore parce que ma conduite va lui laisser penser que je « drague » son amoureux. Elle ne va plus m'aimer, et mon père risque de ne pas m'aimer comme je le voudrais. Je vais donc tempérer mon inconduite en me privant, même avec l'amoureux que je prendrai à leur double image, de me donner totalement à lui, de me laisser aller totalement à lui. Ils ne le sauront peut-être pas, eux, mais moi, je me punirai par cette privation qui construira ma bonne conscience puisqu'elle me renverra en retour que j'ai rempli ma mission et que je suis restée loyale.

Quand les jours, les mois, les années passent sans que rien ne se modifie dans cette attitude fondamentale d'une femme, le désir de son partenaire pour elle s'épuise. Il ne faut pas oublier que lui physiologiquement ne « pense qu'à ça », qu'elle y pense bien moins tant elle craint de ne pas être aimée. Si le partenaire, lui-même encombré de son propre passé œdipien, ne fait rien pour la convaincre de le rejoindre, c'est alors la récurrence des scènes qui s'installe. Et ces scènes trouveront plus rarement qu'auparavant dans une relation sexuelle le fusible souverain qui désamorce habituellement leur potentiel destructeur. C'est de ça, et seulement de ça qu'il s'agit quand on parle de la fameuse usure de la relation sexuelle au sein des couples vieillissants.

« Je n'ai rien contre ta mère, disait cet homme en s'adressant à sa femme. Ta mère est un être humain, et tu sais le souci que j'ai de l'éthique. Elle est par ailleurs charmante et très gentille. Je l'apprécie beaucoup. Sois tranquille à jamais, je n'ai rien contre elle. Si tu le souhaites, je peux lui trouver un appartement dans l'immeuble. Si tu le veux, j'accepterais même qu'elle vienne vivre sous notre toit. Je vais encore plus loin, si tu penses que ça te ferait du bien et que tu serais tranquille sur les sentiments que je lui porte, j'accepterais même qu'elle dorme avec nous, dans notre lit. Tu vois, je ne veux pas la chasser, ta mère. Le seul endroit d'où je voudrais la chasser c'est de là ! » En disant ces derniers mots, il a joint le geste à la parole et il lui a touché la tête de son index.

La quête du Graal !

Cela mériterait presque un bref retour au débat, que j'ai ouvert sans le clore, entre mariages arrangés et mariages par inclination. L'amour porté dans le second cas au partenaire n'est pas, physiologiquement, sans rappeler celui qui, jadis, avait été porté à la mère. Cette mère parasite en quelque sorte le couple, et le rapport que la femme continue d'entretenir à elle freine son plein accès à la Loi et à l'hétérosexualité. Dans le premier cas, l'union d'une femme à un homme qui lui est imposé fait, en revanche, de cet homme un étranger radical. On pourrait en inférer que la stratégie qui a été mise ainsi en place aurait visé à mettre la femme à l'abri du parasitage de sa relation par le modèle maternel et à lui permettre, par la découverte de cet homme lambda, d'accéder plus facilement à son hétérosexualité. Cela pouvait évidemment se faire ou ne pas se faire.

Un cas intermédiaire, qui fut délicat à traiter, me semble pouvoir démontrer la pertinence de cette approche.

Elle est venue me voir pour de gros troubles de sommeil de sa première enfant, une petite fille de 2 ans. Elle est convenue, assez rapidement, que son état de tension personnelle était en cause dans la genèse du symptôme. Nous nous sommes donc revus pour parler d'elle. Elle m'a immédiatement fait état de la peine énorme qu'elle avait conçue de la distension des liens de sa mère à elle. Elle avait l'impression que sa mère lui en voulait de s'être mariée. La preuve en était qu'elle ne lui téléphonait jamais et qu'elle ne venait jamais spontanément la voir. Elle en était d'autant plus déçue que le cas de ses amies était à l'opposé du sien, elles partageaient toutes, avec leurs mères, une complicité qui s'était renforcée avec leurs propres accès à la maternité. « On dirait, a-t-elle conclu, que ma mère a cessé d'être ma mère et que j'ai cessé d'être sa fille, le jour même où je me suis trouvé en présence de mon futur mari sous la "houpa". » La « houpa » est le dais nuptial sous lequel l'homme accueille sa future épouse lors de la cérémonie religieuse juive du mariage. Sa remarque m'a fait lui demander de me raconter son histoire. Ses parents, juifs, originaires tous deux du Maroc, avaient émigré avant sa naissance en Belgique où elle est née, où elle a vécu jusqu'à l'âge de cinq ans et où sont également nés ses deux frères. La famille est alors retournée au Maroc. Elle y est restée quatre ou cinq ans avant de venir s'installer définitivement en France. Elle raconte ce périple en insistant sur l'extrême qualité de présence et de soins que sa mère lui a toujours marqués : « Je ne crois pas qu'il ait pu y avoir au monde une fille plus gâtée et plus heureuse que moi ni une mère aussi douce, prévenante, attentive et aimante tout en étant ferme sur mon éducation. Je ne me fais pas à ce qui m'arrive. C'est comme si j'avais perdu la moitié de moi, et même plus ! Je ne sais pas ce que j'ai pu lui faire. » Comme tout cela m'a paru assez clair, je lui ai proposé ma lecture de son aventure. Je lui ai expliqué que les migrants qu'étaient ses parents n'avaient jamais de fait cessé d'être enracinés dans leur culture d'origine. Ils étaient restés les mêmes juifs marocains que l'avaient été leurs ancêtres cinq, six ou vingt générations auparavant, obéissant à une tradition multiséculaire elle-même héritée sans doute de l'environnement arabo-islamique. Dans cette tradition primait la patrilocalité des époux. Quand un homme prend femme, il agrège cette femme à sa propre famille d'origine. Les parents d'une fille savent qu'ils vont devoir la « donner » un jour à la famille de l'homme qui l'épousera, tout comme ils accueilleront eux-mêmes leurs brus au sein de leur famille. Ils veilleront, par souci d'honorabilité, à faire en sorte que la famille d'accueil n'ait pas à se plaindre d'elle ou de son éducation. La qualité de la relation que sa mère a entretenue à elle, outre l'amour authentique qu'elle comportait sans le moindre doute, incluait un tel souci, doublé, bien évidemment, de celui de la faire arriver vierge sous la « houpa ». J'ai souligné, pour elle, le mérite que sa mère a eu d'obéir à une telle tradition malgré un environnement qui en rendait la mise en œuvre difficile sinon périlleuse. Une fois qu'elle a été sous la fameuse « houpa », sa mère a estimé son devoir accompli – dans sa culture d'origine, sa fille lui en aurait été éternellement reconnaissante et se serait promis de s'inspirer d'elle pour élever sa propre fille. Quant au fait qu'elle ne lui téléphonait pas plus qu'elle ne venait spontanément la voir, c'était sa manière de respecter son gendre et de veiller à ne pas la déranger ou à interférer de quelque façon que ce soit dans son quotidien. Tout cela était si différent de ce qui se vivait autour d'elle qu'elle ne pouvait pas se défendre d'en faire une lecture biaisée et génératrice de douleur. Elle a très bien compris mes explications. Je n'ai pas eu à la revoir. J'ai néanmoins gardé son cas en mémoire dans la mesure où il constitue pour moi, outre une illustration de l'effet des cultures, celle du lien de la fille à sa mère que ces cultures ont essayé de gérer chacune à sa manière.

Lui, auquel je reviens, que je n'ai pas perdu malgré ces digressions et que j'avais donc en face de moi, lui, il l'a dit, il avait désormais « le tout en un ».

La consultation s'est poursuivie sur un mode banal. J'ai profité de l'occasion pour compléter mon arbre généalogique. Ainsi ai-je appris que cet homme, chercheur en océanographie, était le petit dernier d'une fratrie de quatre garçons, dont la conception accidentelle était survenue quatorze ans après la naissance de son frère précédent. Il a toujours été très proche de sa mère – ce qui illustre l'approche que j'ai esquissée plus haut de la notion de tempérament – dont il a dû être, comme le sont souvent les petits derniers ou les enfants venus par surprise, peu ou prou le phallus. Son expérience de vie – les collègues de sa femme étudiante, je le rappelle encore, « en bavaient » quand elles parlaient de lui –, sans le laisser devenir un « homme à femmes », le conduira à faire avec les « putains » de rencontre, pour tenter de le distendre, de fréquents retours au lien avec sa mère. La question du devenir ultérieur de ses garçons ne le préoccupe apparemment pas, ils se débrouilleront sans doute comme lui, a-t-il dû penser. Mais voilà que lui naît une fille. Comment va-t-il en être le père ? N'ayant jamais eu de sœur, il ne peut pas prendre exemple sur ce que son père aurait fait.

Il ne peut s'inspirer que de ce qu'il perçoit de la relation de son beau-père à son épouse. Il en va comme s'il découvrait alors, dans cet échange dont il n'a aucune conscience, combien il est plus difficile à une fille qu'à un fils de distendre le lien qui la lie à sa mère. Son acte manqué va tout enclencher. Sa femme a enfin compris. Elle le reçoit et l'accepte pleinement comme le relais de son propre père. Ils sont désormais, l'un et l'autre, l'un avec l'autre, dans les termes mêmes de la Loi de l'espèce. Il est fait par elle plus père encore pour ses garçons et pleinement père de leur petite Lucile, laquelle n'aura certainement pas à vivre, comme l'écrasante majorité des filles d'aujourd'hui, la mainmise de sa mère sur elle.

Son opération est une véritable mise à l'écart définitive et réussie de leurs deux mères à la fois. Et tout cela parce que sa femme a réussi à lui donner, sans la moindre limite, ce sexe exclu du « tout » que s'est proposé de lui offrir sa mère dès qu'il est venu au monde.

Retour à la règle

Que nous enseigne cette histoire édifiante ?

Quelque chose susceptible de fournir, même aujourd'hui, la preuve tangible que *les rêves d'enfant ne sont pas irréalistes*, qu'*il existe des couples à propos desquels il pourrait être dit un jour qu'« ils vécurent heureux et eurent beaucoup d'enfants »*. Quelque chose qui va donc totalement à l'encontre de l'idéologie qui, de diverses manières et sous l'effet de différents facteurs, développe savamment l'idée de l'inéluctabilité de la mésentente au sein des couples qui s'obstinent à se former. Quelque chose qui nous ramène à l'efficacité des dispositions de la Loi de l'espèce et à l'inanité de la stérile guerre des sexes nourrie par les inégalités sociales et l'exacerbation des narcissismes chatouilleux.

J'ai évoqué à plusieurs reprises, dans les précédents chapitres, l'existence d'une règle que je suis tenté de proposer et qui serait susceptible de permettre à chacun de faire une incursion autant dans l'histoire des personnes auxquelles il s'intéresse que dans la sienne propre. J'en parle comme de quelque chose dont j'ai fait régulièrement usage dans mon travail et qui explique pourquoi j'ai rapporté mes cas cliniques avec une telle précision. Du moins toutes les fois que cela a été possible, car combien ai-je récolté de cas que j'ai renoncé à publier en raison de l'impossibilité dans laquelle je me suis trouvé, sans les dénaturer, d'en masquer les paramètres pour ne pas contrevenir au secret professionnel !

Cette règle repose sur un constat qui s'énonce assez simplement. À savoir que tout symptôme, de quelque ordre qu'il soit, serait redevable à une plus ou moins grave contravention à la Loi de l'espèce, survenue à un moment ou à un autre de l'histoire du sujet.

Cette contravention, qui peut emprunter toutes les sortes d'expressivité ou de figure, se transmet d'une génération à l'autre et sème sur son passage des dégâts qui seront plus ou moins bien supportés mais qui, allant en s'aggravant, finiront un jour par se constituer en symptôme.

Cette règle ne contrevient pas le moins du monde à l'approche du sujet qu'opère le discours psychanalytique. Elle s'en inspire même très largement. Elle en diffère cependant assez radicalement dans l'horizon qu'elle cherche à ouvrir. Le discours psychanalytique soutient, non sans raison, et je serai le dernier à le contredire, que le sujet est pris dans le réseau serré de ses signifiants (pour les lacaniens) ou de ses affects (pour les autres) et qu'il ne peut s'en dégager que par un travail de parole destiné à explorer ce réseau et à l'en libérer. Le postulat que pose la règle que je propose consiste d'abord à prendre solidement acte du caractère intangible de la Loi de l'espèce. C'est seulement après cela qu'en faisant appel à sa raison et à sa mémoire chacun pourra tenter de repérer le point où dans son histoire a pu intervenir une contravention à la Loi. Le premier mérite, et non le moindre, d'une telle démarche, c'est de parvenir à s'écarter de toute tentation de juger : *aussi loin qu'on remonte dans l'histoire, il n'y a jamais de coupable, il n'y a que des victimes, victimes le plus souvent d'une dérive d'un discours social qui n'a, à ce jour, jamais encore réussi à accepter, à intégrer et à mettre en œuvre les attendus de cette Loi*.

Quel est le point de fragilité de cette Loi qui fait qu'elle est à ce point malmenée ?

C'est la relation de toute mère à son enfant, quel que soit le sexe de ce dernier. Car, par essence, cette relation prête le flanc, comme je l'ai laissé entendre, à une dérive incestueuse. Quelle mère ne rêve-t-elle pas que son enfant « ne manque de rien ». De qui « ne manque de rien », je l'ai signalé, le latin dit qu'il est *incestus*. Si une telle propension maternelle s'avère indispensable à l'enfant dans les premières semaines de sa vie, elle lui est nuisible, autant qu'elle l'est à sa mère, et à son couple parental, assez rapidement. Or aucune mère ne peut spontanément mettre un frein à sa propension. Elle ne le peut que sous l'effet de l'intervention, à caractère jugé fréquemment arbitraire donc récusable, du père de l'enfant. Elle ne pourra recevoir cette intervention que sur fond de sa propre histoire, sur fond, autrement dit, du statut que sa propre mère a conféré à son propre père. La manière dont une mère reçoit l'intervention du père de ses enfants permettra ou non à sa fille de recevoir celle du père du sien, et à son fils de tenir ou non une parole en direction de sa femme. C'est en raison du risque de répétition couru par chaque couple au passage des générations que le contexte sociétal a décidé, jusqu'à une date très récente, de soutenir délibérément la place conférée au père dans la constellation familiale. Qu'un tel soutien ait donné lieu à des abus de pouvoir et à l'éclosion d'inégalités insupportables ne justifiait peut-être pas la totale mise hors circuit de l'instance paternelle et la stupide promotion de sa version mère *bis*.

Si on introduit dans ce canevas la dynamique du développement affectif de l'enfant en partant de la terreur précoce que, garçon ou fille, il conçoit de sa mère et des stratégies que, pendant les phases œdipiennes, il met en œuvre pour l'annuler – alors qu'elle fait souvent tout pour sa part pour les contrarier –, on obtient une grille de lecture relativement efficace de la logique qui travaille chaque histoire.

Je me suis répandu, tout au long de ma carrière, en écrits destinés à dénoncer ces comportements nocifs. Je me suis plus attiré des critiques et de la haine que je n'ai gagné d'adhérents à mes vues, sauf en ce qui concerne les patients qui m'ont accordé leur confiance et que je ne remercierai jamais assez. J'ai passé mon temps à tenter de tempérer la passion que les parents développent pour un enfant surinvesti parce que fait, aujourd'hui, quand ils le veulent et avec qui ils le veulent. Ce disant, je n'ai jamais cultivé l'illusion que mes recommandations pouvaient suffire à freiner le cours d'une histoire qui intime l'ordre au sujet à qui elle échoit de la proroger. C'est la raison pour laquelle j'ai déploré la démission des instances sociétales seulement préoccupées, pour les faire taire et sans en mesurer les conséquences, à satisfaire les revendications de toute nature. Lacan n'avertissait-il pas, en tant que théoricien, que « l'inconscient, c'est le social[19] » ? Françoise Dolto, pionnière de la cause des enfants, avait saisi à sa manière la difficulté qu'il y avait à résoudre, dans des délais raisonnables, les apories des conditions de notre temps. Aussi était-elle largement favorable à l'élevage mercenaire des enfants, professant en maintes occasions que les enfants ne devraient pas être, autant que faire se pouvait, élevés par leurs parents. Elle était certes fondée à soutenir une telle opinion, ayant découvert dans son analyse n'avoir elle-même eu la vie sauve que parce qu'elle avait été élevée par une nourrice. Mais sa recommandation vise également à permettre aux parents de sortir de la difficulté que je relève pour ma part. *Comment en effet pouvoir espérer concilier, chez les sujets, les recommandations d'un discours qui fait appel à leur raison alors qu'ils sont des esclaves impuissants de leurs pulsions, que le langage s'avère insuffisant à résoudre un tel conflit et que notre idéologie sociale, soucieuse d'ordre, prétend respecter toutes les opinions et n'en contrarier aucune ?*

J'ai imaginé pouvoir dénoncer l'infantolâtrie pour protéger les enfants du sort d'enfant tyran qu'elle leur dessine. J'ai proposé[20] une mesure très simple, souveraine et en aucune façon nocive dans la mise en œuvre précoce, chez les tout-petits, d'un nourrissage contrôlé dans ses quantités et son horaire. Elle n'a pas été reprise, et mes confrères pédiatres ne s'en sont pas sentis concernés quand ils ne m'ont pas attaqué. On y viendra peut-être dans vingt-cinq ou trente ans, quand une ou plusieurs générations auront été sacrifiées et que les difficultés n'auront fait que s'accroître. Aurai-je le toupet de revenir à la charge et de signaler que *la frustration, ainsi imposée*

19. Jacques Lacan, *Télévision*, *op. cit.*
20. *In Les Pères et les Mères*, *op. cit.*

au bébé, le ferait se frotter précocement à l'écoulement du temps, tempérerait sans doute l'intensité de la peur qu'il continuera d'avoir de sa mère, l'armerait quelque peu et lui ferait assurément traverser son étape œdipienne, comme plus tard son adolescence, sur un mode moins violent ? Aurai-je le toupet de soutenir que cette manière de faire, faisant taire la culpabilité de la mère, la rendrait à sa condition de femme, celle qu'investit au premier chef son partenaire, et assurerait la solidité de son couple ?

Bien sûr que les conditions requises pour que les choses s'améliorent à coup sûr sont difficiles, sinon impossibles, à satisfaire ou à réunir. Je n'en disconviens pas. Il en est cependant que je suis pas seul à dénoncer.

Il y a longtemps déjà, une mère est entrée dans mon cabinet, avec son garçon de six ou sept mois dans les bras, après avoir passé plus de quarante minutes dans la salle d'attente. Elle avait l'air grave et elle s'est assise en soupirant. Je m'apprêtais à l'entendre exprimer son irritation ou me faire des reproches, au demeurant justifiés, sur mon retard. J'étais embarrassé mais décidé à faire amende honorable et à lui présenter des excuses. Elle a rompu le silence pour me déclarer, à mon grand étonnement : « Je viens de passer un moment très intéressant dans votre salle d'attente. » Amusée par mon regard surpris et vaguement inquiet, elle a poursuivi : « Je n'ai pas perdu mon temps. Je ne me suis pas ennuyée. Je me suis instruite. Oui, je me suis instruite ! Ça vous épate ? Figurez-vous que j'ai eu le temps de regarder tous ces parents avec leurs petits. Et ça m'a fait beaucoup penser ! Ils sont comme on ne doit pas les voir souvent dans la vie. C'est vrai, ils sont incroyables ! Ils sont à leurs pieds ! Ils ont une patience inimaginable ! Et que je te donne des "mon chéri" par-ci et des "mon amour" par-là. Et que je te relève quand tu tombes, et que je te bisouille-vite-fait-bien-fait. Et que je te donne le jouet que tu réclames, et que je t'en change si tu n'en veux plus. Et que je deviens chèvre si tu me veux chèvre et chou si tu me veux chou ! En plus, vous savez quoi ? Ils sont béats d'admiration. Béats ! C'est bien simple, ils les traitent comme s'ils avaient affaire, pour chacun d'eux, à la huitième merveille du monde ! Rien que ça ! J'invente pas ! Ça se lit dans leurs yeux ! Mais qu'est-ce qu'il y a de miraculeux dans tout ça ? Les chats et les chiens, ça fait aussi des petits, comme toutes les bêtes ! Alors, vous voyez, moi j'ai regardé tout ça et je me suis dit que c'était bien beau. Mais que c'était facile aussi. Y a même rien de plus facile. Surtout qu'on peut se régaler soi-même. Et à bon compte en plus ! J'ai pensé qu'au fond tout ça, en définitive, ça n'a pas grande importance. C'est peut-être beaucoup pour eux, je veux bien. Mais c'est beaucoup, et c'est rien en même temps. Je me suis dit que leur regard, ils vont finir par l'user en l'employant comme ça à tout bout de champ pour un oui ou pour un non ! Leur regard, ils devraient en faire autre chose. Ils devraient le brider, ils devraient le garder en eux jalousement, longtemps. Très longtemps. Pour le libérer seulement dans vingt-cinq ou trente ans. Parce que ce qui est important dans la vie, c'est pas de donner de la joie à un bébé, c'est pas non plus de le rendre heureux un moment ou même longtemps. Ce qui est important dans la vie, c'est d'en faire un homme ou une femme ! Et ça, eh bien, ça, croyez-moi, c'est une tout autre affaire ! »

Ce que cette jeune maman a fait, ce n'est pas seulement ouvrir le débat sur les notions de court terme, prisé par nos sociétés, et de long terme, qui en a disparu, c'est ouvrir aussi le débat sur l'*égoïsme foncier que masquent le dévouement et le désintéressement parentaux*.

La plupart des parents font aujourd'hui des enfants pour le plaisir narcissique qu'ils escomptent en tirer. Les enfants sont devenus de purs produits, instrumentalisés au point que même les couples homosexuels, dont la sexualité a pourtant tourné délibérément le dos à la procréation, revendiquent le droit d'en adopter ! Nos ancêtres, dont on n'a pas hésité à stigmatiser les arrière-pensées, accueillaient avec joie ceux qui leur venaient en pensant au plus grand nombre de bras qu'ils auront pour leurs travaux des champs. Ils enfermaient ces enfants dans une forme de destin clos, mais ils investissaient au moins, eux, le long terme. Ce qui n'est plus le cas aujourd'hui où *l'enfant est investi immédiatement dans une perspective de réparation narcissique personnelle. Si bien qu'il s'instaure à lui un rapport cannibale. On se nourrit de lui et sur lui. Et le pli qu'on lui fait prendre le prive de tout moyen de réclamer un jour, même devenu adulte et parent, le droit de penser par lui-même, de vivre pour lui-même, d'élever ses enfants comme il l'entend.*

Est-il délirant de réclamer aux instances qui font l'opinion de faire comprendre aux parents qu'on n'élève pas un enfant pour soi et pour le conserver indéfiniment pour soi, mais qu'on a le devoir de l'élever pour lui-même et pour qu'il s'en aille un jour ? Ce qui inclut la responsabilité à laquelle on s'engage pour le préparer à sa vie future dans un environnement où il perdra pied s'il est élevé comme un agneau et où il ne fera pas de bien vieux os s'il est élevé comme une crapule.

On pourrait arguer que les comportements parentaux contraires au bon sens et à l'intérêt de l'enfant trouvent leur origine dans l'angoisse de mort qui n'a jamais été aussi intense alors que la mortalité infantile est passée du chiffre de 400 pour mille dans les conditions naturelles à moins de 6 pour mille toutes causes confondues.

Là encore, il est nécessaire de rappeler que la Loi de l'espèce, parce qu'elle a mis en place la différence des générations, a donné le moyen de prendre conscience de la vectorisation d'un temps, qui s'écoule toujours dans le même sens et au sein duquel la mort est une ponctuation du règne de la vie. Se placer sous le boisseau de cette vie et accepter l'idée qu'elle se prolonge au-delà de soi, avec ou sans les enfants qu'on a mis au monde, c'est amadouer peu ou prou la perspective de l'inéluctable, c'est accéder pleinement à la dimension adulte de l'existence, cette dimension à laquelle chacun est appelé et dont on a pu comprendre combien souvent l'adultère cherche à la faire taire.

Il n'est plus temps d'ouvrir ce nouveau chapitre que je n'écrirai pas. Aussi me contenterai-je, pour relativiser la violence qu'on lui devine, d'offrir à ce sujet deux réflexions à méditer.

La première est tirée du poème lyrique *Lazare* d'Émile Zola[21]. Lazare, à qui Jésus donne l'ordre de ressusciter, déclare : « Revivre, hélas ! Se sentir mourir un peu, chaque jour dans sa chair [...]. J'avais franchi le pas de la mort, cette seconde si horrible qu'elle suffit à empoisonner la vie entière. »

J'ai entendu la seconde, mise dans la bouche du saxophoniste Paul Desmond par Alain Gerber[22] : « Tous les ennuis du moribond [...] viennent [de ce qu'il] est rattrapé par ce fantasme d'éternité qui est le plus absurde des rêves humains. Quel être lucide, après y avoir songé deux secondes, voudrait de l'immortalité ? Qui se mettrait sur le dos une telle corvée ? On ne fait semblant d'y aspirer que parce qu'on a la chance d'être une denrée périssable. »

---

21. Alfred Bruneau, *Lazare*, poème lyrique d'Émile Zola, CD Adès, Direction, Jacques Mercier.

22. Alain Gerber, « *Le jazz est un roman* ». Émission de France-Musique du 20 décembre 2005. Texte à paraître en octobre 2006 aux éditions Fayard.

ANNEXE

J'ai longuement parlé dans le premier chapitre de cet ouvrage de ma lutte contre l'opacité que j'ai métaphorisée par le soin porté aux verres de mes lunettes. Ce type d'opacité concerne la seule vision, même si j'ai laissé entendre que, pour moi, il la déborde largement. Je voudrais montrer ici, en revenant sur une période de mon enfance, que l'opacité n'exclut pas, loin s'en faut, celle du langage et peut même constituer un véritable traumatisme pour qui doit la vivre.

Ce traumatisme, pour ce qui me concerne, est survenu à un moment de ma vie d'enfant où, en raison des circonstances de mon histoire familiale, je me suis trouvé confronté à une langue nouvelle et strictement incompréhensible. L'insupportable agression de l'opacité comme la lutte que je n'ai pas cessé de livrer contre elle me semblent en effet dater de cette confrontation. Et je ne regrette pas d'avoir été conduit à récuser dans le corps de cet ouvrage les aspects négatifs de la pulsion scopique convoquée au bénéfice de la seule clarté des mots. Je serai toujours le dernier à dénier l'intrication du sexe et du langage, car voilà bien deux ingrédients dont l'intimité est telle qu'ils ne cessent pas de se nourrir l'un à l'autre, l'un de l'autre. Mais cela ne doit pas être un argument pour vouloir assortir à tout prix mon propos du parfum de perversion que d'aucuns pourraient ou voudraient y mettre.

À l'été 1942, notre famille, restée française malgré son installation depuis plusieurs générations en Libye, en a été chassée par les autorités italiennes qui ne voulaient plus continuer d'héberger sur leur territoire des étrangers, ressortissants de surcroît d'une puissance ennemie. Aussi avons-nous été dirigés *manu militari* sur l'Algérie.

Que savions-nous de la France ou du français ? Rien, hormis le fait que, de mémoire de vivants, tous les mariages, les naissances et les décès avaient toujours été enregistrés à l'ambassade ou au consulat de France. Je ne m'attarderai pas sur les détails matériels de cette histoire ni sur ceux du retour interminable qui fut le nôtre et qui, en guise de retour, avait plus l'allure d'un insupportable arrachement. Je soulignerai seulement les préoccupations récurrentes que nous ne cessions pas d'avoir, tout au long de notre voyage, autour de la langue.

Mes deux frères aînés, plus âgés que moi, l'un de dix-sept ans, l'autre de treize, instruits en italien et le parlant parfaitement, relevaient le fait comme un handicap supplémentaire à devoir dépasser. Ils savaient pouvoir, bien sûr, utiliser éventuellement le dialecte arabe dont nous usions et qui, à peu de chose près, devait s'avérer compréhensible dans le pays d'accueil. Mais ils savaient aussi, par expérience, que ce dialecte ne permettait jamais l'indispensable communication avec l'omniprésente et intimidante administration. Lassée de leur angoisse, à moins qu'elle ne le fût de la sienne propre et qu'elle eût voulu elle-même se rassurer, notre veuve de mère, que je vivais comme très vieille alors qu'elle n'avait pas quarante ans, est alors intervenue dans le débat. Elle nous a déclaré qu'elle avait quelque rudiment de français pour avoir fréquenté, au cours de sa quatrième année, l'école maternelle – l'*asilo*, comme elle a dit, empruntant à l'italien qu'elle baragouinait à peine la désinence de l'établissement – de l'Alliance israélite universelle. Son propos et la découverte qu'elle nous faisait faire nous ont tellement surpris et rassurés que nous lui avons aussitôt demandé de nous dire quelque chose en français. Elle ne s'est pas fait prier. Elle s'est mise à émettre des phonèmes qui nous parurent merveilleusement exotiques et tellement pacifiants que je n'ai pas cessé de les avoir en mémoire. S'aidant, nous ne savions pas trop pourquoi, de ses mains, elle nous a déclamé : « Mêmêouassimêmê, éassindoua, mêmêssidou, mêmêssitoua, sississisoudou, sissiésoutoua. » Nous lui avons bien sûr aussitôt demandé la traduction de son propos. Elle nous répondit qu'elle était incapable de nous la donner, mais qu'il s'agissait bien de français, voulant mettre ainsi l'accent sur le fait que, si elle, petite fille, avait pu en cueillir et en conserver quelque chose, l'acquisition par les grands que nous étions ne devait pas poser de problèmes insurmontables.

Je ne sais pas ce que mes frères et mes sœurs – nous étions sept enfants vivants des dix que mes parents avaient eus – firent de ce morceau de bravoure. Je me souviens seulement que, pour ma part, dans les semaines qui suivirent notre arrivée, je dressais régulièrement l'oreille aux conversations que je pouvais surprendre en français pour tenter d'y reconnaître l'un ou l'autre des phonèmes que j'avais engrangés. En vain, bien entendu. Mais, avant de pouvoir digérer la déconvenue, quelle souffrance a été la mienne ! Que l'aura de ma mère ait été ainsi écornée ne fut pas simple pour moi. (Et voilà l'œdipe qui montre le bout de son nez !) Mais quelle souffrance n'ai-je pas ressenti à saisir, dans l'attitude et le regard des interlocuteurs de ma mère ou de mes aînés, la condescendance mêlée de mépris qui accompagnait régulièrement leur recours au dialecte arabe – besogneux et qu'ils massacraient au demeurant – quand ils constataient que leur français n'était pas compris. Faute d'en avoir la mémoire précise, je passe sur le sentiment d'isolement dans lequel je me suis trouvé et dont j'imaginais qu'il était aussi celui des miens. Je me souviens seulement – ah ! la fonction écran du souvenir – d'une séquence : un monsieur âgé, rencontrant l'aîné de mes frères dont je tenais la main, engage d'abord la conversation avec lui avant de s'adresser à moi. Et, comme je ne lui réponds pas, il insiste et finit par traduire sa question dans le dialecte arabe local, ajoutant dans le même dialecte : « Alors, tu n'as pas de langue ? Montre-moi ta langue. » Sur ce, le voilà à sortir sa propre langue de la bouche pour m'inviter à faire de même. Je fais ce que font tous les enfants en pareille circonstance, je détourne la tête et je me promets de ne plus accompagner mon grand frère dans ses sorties. À ceci près, cependant, que j'en fais une expérience et que j'acquiers une habitude qui s'avère rapidement féconde : comme pour renouveler cette scène, quand quelqu'un s'adresse à moi et que je ne comprends pas ce qu'il me dit, je me mets à le regarder intensément et à calquer ma mimique sur la sienne.

Par quel singulier mécanisme se fait donc l'acquisition d'une langue ? On ne le sait toujours pas. Mais il n'y a pas de doute que la stratégie que j'avais trouvée m'a beaucoup aidé à acquérir celle dans laquelle je me trouvais trempé. Il nous a, en tout cas, suffi de quelques semaines à peine, surtout aux plus petits, pour comprendre et parler le français. Et c'est là, plus particulièrement pour moi, que prit forme une singulière tragédie. Parce que j'étais définitivement convaincu que ma mère nous avait sinon trahis, du moins grossièrement menti (encore un avatar de notre fameux œdipe !). Il n'y avait pas et il ne pouvait pas y avoir trace dans la langue française du moindre « mêmêouassimêmê ». Mes frères et sœurs n'allaient pas en rester là. Car combien de fois ne les ai-je pas entendus faire état de la vieille prétention de ma mère pour récuser un de ses ordres ou une de ses certitudes. « C'est comme le français que tu savais parler, lui lançaient-ils sans pitié, c'est comme "mêmêouassimêmê". » Elle encaissait le coup. Elle se taisait.

Vingt-six ans plus tard, je suis pédiatre et père de deux enfants. L'aîné est en moyenne section d'école maternelle. J'entre dans la cuisine où il est attablé, attendant le déjeuner que lui prépare amoureusement sa maman. Il nous dit alors : « Aujourd'hui, nous avons appris une jolie comptine ; vous voulez que je vous la récite ? » Et, comme, débordés de tendresse, nous l'encourageons à le faire, il poursuit, gestes à l'appui : « Ma main, voici ma main ; elle a cinq doigts ; en voici deux, en voici trois ; si ceux-ci sont deux, ceux-ci sont trois. » Le pauvre chéri ne comprit pas pourquoi je suis soudain parti d'un rire « hénaurme » et tonitruant qui n'en finissait pas et qui me donna, sur-le-champ, la sensation d'un immense, immense soulagement. Sa mère était aussi étonnée que lui, sinon plus encore. Dans les hoquets de ce rire qui s'est terminé en sanglots, je leur ai raconté cette vieille histoire : « Mêmêouassimêmê, éassindoua, mêmêssidou, mêmêssitoua, sississisoudou, sissiésoutoua. » Les phonèmes prenaient leur place, déformés certes par l'accent et la mémoire, mais on ne peut plus reconnaissables. Je vivais, par le hasard des circonstances, une véritable catharsis. Elle ne nous avait pas, elle ne m'avait pas trahi, notre mère, ma mère. Le brouillard s'était dissipé, la vitre n'était plus opaque, la lumière avait jailli, et le regard qui traversait tout cela ne rencontrait plus de butée, l'infini lui était désormais accessible. L'expérience que je venais de vivre m'a donné la certitude qu'elle pouvait être celle de chacun. Il n'a jamais été question pour moi d'en tirer un bénéfice personnel et égoïste en me sentant subitement doté d'un singulier et surprenant pouvoir de pénétrance. Elle m'a simplement ancré dans l'idée que tout être pouvait la vivre et s'en trouver aussi bien que je l'ai été.

L'opacité. Elle est le lot et le drame des êtres parlants, des parlêtres que nous sommes, tous, autant que nous sommes et sans la moindre exception. Et c'est dans le langage multiforme que nous croyons pouvoir maîtriser qu'elle se manifeste le plus. Voilà ce dont j'ai été aussitôt persuadé. Ce n'est pas par hasard, c'est à partir de cette lointaine déception, puis de ce véritable don de mon fils, c'est à partir de cette scène dans la cuisine, et du souvenir recouvré, que j'ai imprimé à ma carrière le tour qu'elle a pris.

L'opacité ne cessera plus d'être mon affaire. Elle sera, aussi bien dans ma vie personnelle que dans mon travail, l'adversaire désigné d'une lutte que je ne cesserai pas de mener. Je la traquerai partout où elle me semblera évoluer masquée ou protéiforme. Dans le symptôme de l'enfant malade, dans les propos de ses parents, dans le discours manœuvrier de l'alentour. Et que m'importe qu'elle m'ait fait ou qu'elle me fasse parfois passer pour rétrograde, conservateur ou paranoïaque. Elle ne parviendra jamais à décourager ma patience : vingt-six ans d'attente, ça vaccine contre la férocité du temps qui passe. Et combien je me sens légitimé dans mon attitude par le propos si beau et si juste d'Albert Camus quand il nous avertit que « mal nommer les choses, c'est ajouter à la misère du monde ». On aura tôt fait, là encore, de réduire ma démarche à une sordide vengeance ou à une tentative de restauration de la dignité bafouée de ma mère. Que m'importe, là encore ? On pourra même me traiter de fou prétentieux qui aura ambitionné de devenir une nouvelle figure de Prométhée. Je n'en ai cure. Médecin je suis, médecin j'ai toujours été, assumant sans le moindre remords, quitte à avoir dû rester entre ces deux chaises que sont le corps et le langage, ma tentation thérapeutique – c'est le titre que j'avais d'ailleurs donné à mon tout premier ouvrage avant que l'éditeur n'en fasse, pour des raisons commerciales, *L'Enfant porté*.

RÉFÉRENCES

Bibliographie

ANZIEU Didier, *L'Auto-Analyse de Freud*, Paris, PUF, 1975.

ATLAN Henri, *L'Utérus artificiel*, Paris, Seuil, 2005.

AULAGNIER Piera, *in Le Désir et la Perversion,* ouvrage collectif, Paris, Seuil, 1967.

BALINT Michael, *Le médecin, son malade et la maladie*, Paris, Petite Bibliothèque Payot, 1966.

BAZIN Hervé, *Vipère au poing*, Paris, Le Livre de Poche, n° 58, 1954.

BENATTAR Marie-Claude, « L'amplification du point G », *Medica judaïca,* 2004, n° 93, p. 14.

BERGMAN Ingmar, *Une affaire d'âme*, Paris, Cahiers du cinéma, 2002.

BIBLE : Traduction d'André Chouraqui, Paris, Desclée de Brouwer, 1989.

BIBLE : Texte bilingue sous la direction du rabbin Élie Munk, Paris, Fondation Samuel et Odette Lévy, 1988.

BLAFFER HRDY, Sarah, *Les Instincts maternels*, Paris, Payot, 2002.

BLOCH Olivier, « Le matérialisme éclairé de Diderot », *in La Lumière,* Paris, Odile Jacob, 2005.

BONNET Gérard, *Voir et être vu*, 1 et 2, Paris, PUF, 1981.

BONNET Gérard, *L'irrésistible pouvoir du sexe*, Paris, Payot, 2001.

BRENOT Philippe, *Le Sexe et l'Amour*, Paris, Odile Jacob, 2003, p. 189.

CAMUS Albert, *Le Premier Homme,* Paris, Gallimard, 1994.

CHABOUDEZ Gisèle, *Rapport sexuel et rapport des sexes*, Paris, Denoël, 2004.

CHANGEUX Jean-Pierre (sous la direction), *La Lumière au siècle des Lumières*, Paris, Odile Jacob, 2005.

CODE HAMOURABI : http://perso.wanadoo.fr/jdtr/Hamourabi.htm.

COHEN Albert, *Solal*, Paris, Gallimard, 1930.

COHEN Albert, *Le Livre de ma mère*, Paris, Gallimard, 1954.

COHEN Albert, *Belle du Seigneur*, Paris, Gallimard, 1968.

CYRULNIK Boris, *Les Nourritures affectives*, Paris, Odile Jacob, 1993 et « Poches Odile Jacob », 2000.

COURNUT Jean, *Pourquoi les hommes ont peur des femmes ?*, Paris, PUF, 2001.

DELAY Jean, *La Jeunesse d'André Gide* (2 vol.), Paris, Gallimard, 1956.

DESARTHE Agnès, *Je ne t'aime pas, Paulus*, Paris, École des Loisirs, 1991.

DESARTHE Agnès, *Je ne t'aime toujours pas, Paulus*, Paris, École des Loisirs, 2005.

DOLTO Françoise, *Le Cas Dominique*, Paris, Seuil, 1966 et Points n° 69.

DOUGLAS Mary, *L'Anthropologue et la Bible. Lecture du Lévitique*, Paris, Bayard, 2005.

EHRENBERG Alain, *La Fatigue d'être soi*, Paris, Odile Jacob, 1998 et « Poches Odile Jacob », 2000.

ÉLIACHEFF Caroline et HEINICH Nathalie, *Mères-Filles*, Paris, Albin Michel, 2002.

ERNOULT A., MEILLET A., ANDRÉ J., *Dictionnaire étymologique de la langue latine*, Paris, Klincksieck, 1994.

FOUCAULT Michel, *Naissance de la clinique*, Paris, PUF, 1978.

FREUD Sigmund, *L'Interprétation des rêves*, Paris, PUF, 1973.

FREUD Sigmund, « La féminité », *in Nouvelles Conférences sur la Psychanalyse*, Paris, Gallimard, idées-nrf, 1978.

FREUD Sigmund, *Totem et tabou*, Paris, Petite Bibliothèque Payot, 1965.

FREUD Sigmund, *Trois Essais sur la théorie de la sexualité*, Paris, Idées/Gallimard, n° 3, 1974.

FREUD Sigmund, *La Vie sexuelle*, Paris, PUF, 1969.

GARY Romain, *La Promesse de l'aube*, Paris, Gallimard, 1960, Folio 373.

GIONO Jean, *Jean le Bleu*, Paris, 1932, réédité en Livre de Poche, LGF, 1973.

GRANOF Wladimir, *Le Désir d'analyse*, Paris, Aubier, 2004.

GRANOF Wladimir, *La Pensée et le féminin*, Paris, Flammarion, Champs, 2004.
GRANOF Wladimir, *Filiations*, Paris, Gallimard, Tel, 2001.
GRAVES Robert, *Les Mythes grecs*, Paris, Fayard, 1967.
HÉRITIER Françoise, *Les Deux Sœurs et leur mère*, Paris, Odile Jacob, 1994 et « Opus Odile Jacob », 1997.
HÉRITIER Françoise, CYRULNIK Boris, NAOURI Aldo, *De l'inceste*, Paris, Odile Jacob, « Opus », 1994 et « Poches Odile Jacob », 2001.
HÉRITIER Françoise, *Masculin/féminin I, La Pensée de la différence*, Paris, Odile Jacob, 1996.
HÉRITIER Françoise, *Masculin/féminin II, Dissoudre la hiérarchie*, Paris, Odile Jacob, 2002.
HOUEL Annick, *Le Roman d'amour et sa lectrice. Une si longue passion. L'exemple Harlequin*, Paris, L'Harmattan, 1997.
HOUEL Annick, *L'Adultère au féminin et son roman*, Paris, Armand Colin, 1999.
IMBERT Michel, « La vision aujourd'hui », *in La Lumière au siècle des Lumières,* Paris, Odile Jacob, 2005.
IMBERT Michel, *Traité du cerveau,* Paris, Odile Jacob, 2006.
ISRAËL Lucien, *Boiter n'est pas pécher*, Paris, Denoël, 1989.
ISRAËL Lucien, *Pulsions de mort*, Strasbourg, Arcanes, 1998.
ISRAËL Lucien, *Le Désir à l'œil*, Ramonville-Sainte-Agne, Érès, 2003.
ISRAËL Lucien, *Marguerite D. au risque de la psychanalyse* ; Strasbourg, Ramonville-Sainte-Agne ; Arcanes, Érès ; 2003.
KAUFMANN, Jean-Claude, *La Trame conjugale*, Paris, Nathan, 1992.
LACAN Jacques, Séminaire du 20 janvier 1971.
LACAN Jacques, *Écrits*, Paris, Seuil, 1966.
LACAN Jacques, *Télévision*, Paris, Seuil, 1973.
LACAN Jacques, *Encore. Séminaire XX*, Paris, Seuil, 1975.
LACAN Jacques, *L'Angoisse. Séminaire livre X*, Paris, Seuil, 2004.
LA VILLE de MIRMONT Jean de, *L'horizon chimérique*, Paris, La Table Ronde, 1998.
LEROI-GOURHAN André, *L'Art pariétal, langage de la Préhistoire*, Grenoble, J. Million, 1992.
LESOUALC'H Théo, *Érotique du Japon*, Paris, J.J. Pauvert, 1968.
LÉVI-STRAUSS Claude, *in Histoire de la famille 1*(Zonabend F. dir.), Paris, Armand Colin, 1986.
LLOYD Elisabeth, *The Case of Female Orgasm – Bias in the Science of Evolution*, Harvard University Press, 2005.
LYNE Adrian, *Infidèle*, USA, 2002.
MACCOBY Hyam, *L'Exécuteur sacré*, Paris, Cerf, 1999.

MAETERLINCK Maurice, *Pelléas et Mélisande*, Paris, Fasquelle, 1956.
MAGOUDI Ali, *Le Livre d'Ali*, Paris, Albin Michel, 2004.
MAGOUDI Ali, *Rendez-Vous*, Paris, Maren Sell, 2005.
MASTERS W.H. et JOHNSON V.E., *Les Réactions sexuelles*, Paris, Robert Laffont, 1966.
MELCHIOR-BONNET Sabine et TOCQUEVILLE Aude de, *Histoire de l'adultère*, Paris, La Martinière, 1999.
MILLER Henry, *Tropique du Cancer*, Paris, Folio Gallimard, 1934.
MILLET Catherine, *La Vie sexuelle de Catherine M.*, Paris, Points-Seuil, P1008, 2001.
MORALI I., *Dissertation homilétique de R. Saadia Gaon sur le Décalogue*, Paris, Comité parisien des Israélites de l'Algérois, 1965.
MORRIS Desmond, *Magie du corps*, Paris, Grasset, 1986.
MWÀ VÉÉ, *Revue culturelle kanak,* N° 44, p. 60, « Le maître de Koné », texte traduit de la langue a'jië, Nouméa, 2004.
NACCACHE Lionel, *Le Nouvel Inconscient*, Paris, Odile Jacob, 2006.
NAOURI Aldo, *L'Enfant porté*, Paris, Seuil, 1982 et Points-Seuil n° 479.
NAOURI Aldo, *Une place pour le père*, Paris, Seuil, 1985 et Points-Seuil, 1992.
NAOURI Aldo, *L'Enfant bien portant*, Paris, Seuil, 2004.
NAOURI Aldo, *Les Filles et leurs Mères*, Paris Odile Jacob, 1998.
NAOURI Aldo, *Les Pères et les Mères*, Paris, Odile Jacob, 2004.
NAOURI Aldo, ANGEL Sylvie, GUTTON Philippe, *Les mères juives n'existent pas, mais alors qu'est-ce qui existe ?* Paris, Odile Jacob, 2005.
NOIRAY Michel, *Don Juan* (traduction de) L'avant-Scène Opéra n° 172, Paris, Premières Loges, 1996.
PASOLINI Pier Paolo, *Poesia in forma di rosa* (1961-1964), *in Le Poesie*, Milano, Aldo Garzanti, 1975.
PERRIER François, *La Chaussée d'Antin*, Paris, Albin Michel, 1994.
PERRY J. et WIPPLE B., *Journal of Sex Research*, 17, 22-39, 1981.
PÉRÉA F., MORÉNON J., « Les manifestations vocales et verbales pendant l'acte sexuel : une désactivation de la chaîne signifiante », *Synapse*, n° 223, mars 2006, p. 31.
POIRIER, Paul, *Anatomie humaine,* tome V, Paris, Masson, 1901.
RÉAGE Pauline, *Histoire d'Ô*, Paris, J.J. Pauvert, 1954.
REIK Théodore, *Le Rituel – psychanalyse des rites religieux*, Paris, Denoël, 1974.
RIEL Jørn, *La Faille*, Paris, 10/18, n° 3669.
ROUVIÈRE Henri, *Anatomie humaine*, Paris, Masson, 1954.

SAVATIER Thierry, *L'Origine du monde. Histoire d'un tableau de Gustave Courbet*, Paris, Bartillat, 2006.

SAFOUAN Moustapha, *L'Échec du principe de plaisir*, Paris, Seuil, 1979.

SAFOUAN Moustapha, *La Sexualité féminine*, Paris, Seuil, 1976.

SAINT-EXUPÉRY Antoine de, *Citadelle*, Paris, Gallimard, 1948.

SAPIENZA Goliarda, *L'Art de la joie*, Paris, Viviane Hamy, 2005.

SAUVERZAC Jean-François de, *Françoise Dolto, itinéraire d'une psychanalyste*, Paris, Aubier, 1993, p. 239.

SCHAEFFER Jacqueline, *Le Refus du féminin*, Paris, PUF, 1997.

SCHNEIDER Michel, *Maman*, Paris, Gallimard, 1999 et Poche Gallimard, 2005.

SCHNEIDER Monique, *Le Paradigme féminin*, Paris, Aubier-Flammarion, 2004.

SCHNITZLER Arthur, *La Nouvelle rêvée*, Paris, Le Livre de Poche, n° 3358.

SCILICET, *2-3*, Paris, Seuil, 1970.

HERE Hite, *Le Rapport Hite (sur les femmes)*, Paris, Robert Laffont, 1977.

SHORT Philipp, *Mao Tsé toung*, Paris, Fayard, 2005.

SINGER Isaac Bashevis, *Ombres sur l'Hudson*, Paris, Folio, n° 3670.

SPIRA A., Bajos N., *Les Comportements sexuels en France*, Paris, La Documentation française, 1993.

TESTUT L. et JACOB O., *Anatomie topographique*, Paris, Doin et Fils, 1909.

VALTIER Alain, *La Solitude à deux*, Paris, Odile Jacob, 2003.

VALTIER Alain, *L'Amour dans les couples*, Paris, Odile Jacob, 2006.

VECCHIALI Hélène, *Ainsi soient-ils*, Paris, Calmann-Lévy, 2005.

VINCENT Jean-Didier, *Biologie des passions*, Paris, Odile Jacob, 1986.

VINCENT Lucy, *Comment devient-on amoureux ?*, Paris, Odile Jacob, 2004.

VINCENT Lucy, *Petits Arrangements avec l'amour*, Paris, Odile Jacob, 2005.

WINNICOTT Donald W., *De la pédiatrie à la psychanalyse*, Paris, Petite Bibliothèque Payot, 1969.

WOOD MIDDLEBROOK Diane, *Anne Sexton. A Biography*, New York, Vintage Books, 1992.

ZAVIAVIC M, *et al.*, « La Prostate féminine », *Sexologie*, 2002, 11-39, 53-60.

ZONABEND Françoise (sous la direction de), *Histoire de la famille 1*, Paris, Armand Colin, 1986.

Discographie

BRUNEAU Alfred, *Lazare*, poème lyrique d'Émile Zola, CD Adès, Direction, Jacques Mercier.

DEBUSSY Claude, *Pelléas et Mélisande*, poème de Maurice Maeterlinck, 3 CD, Naïve, 2001, Direction, Bernard Haitink.

FAURÉ Gabriel, *Songs*, CD Résonance.

MOZART Wolfgang Amadéus, *Don Juan*, Livret de Lorenzo Da Ponte, CD EMI, Direction C.M. Giulini.

Filmographie

HOU Hsiao-Hsien, *Les Fleurs de Shangai*, Chine, 1998.

HOU Hsiao-Hsien, *Three Times*, Chine, 2004.

IMAMURA Shokei, *De l'eau tiède sous un pont rouge*, Japon, 2001.

KUBRICK Stanley, *Eyes Wide Shut*, USA, 1999.

LYNE Adrian, *Infidèle*, USA, 2002.

OUEDRAOGO Idrissa, *Tilaï*, Burkina Fasso, 1989.

PAGNOL Marcel, *La Femme du boulanger*, France, 1938.

TRUFFAUT François, *La Peau douce*, France, 1964.

ULLMAN Liv, *Infidèle*, Suède, 2000.

WELLES Orson, *Citizen Kane*, USA, 1941.

REMERCIEMENTS

Je voudrais, en tout premier lieu, remercier mon éditeur Odile Jacob de la confiance qu'elle m'a manifestée quand je lui ai fait part du projet de cet ouvrage et pour le soutien attentif qu'elle m'a prodigué tout au long de sa rédaction. Ma reconnaissance va aussi à l'équipe éditoriale si compétente dont elle a su s'entourer et en particulier à Jean-Luc Fidel avec lequel j'ai toujours un si grand plaisir à échanger.

Je voudrais également rendre hommage à mes deux premiers lecteurs et leur dire combien il a été important pour moi qu'ils aient accepté de l'être.

Merci au premier des deux que j'ai sollicités, l'artiste lyrique au si grand talent et à la si vaste culture qu'est mon fils Laurent. Pouvais-je trouver meilleur critique que lui qui chante si souvent, et toujours avec autant de talent que d'émotion, Golaud et Don Juan ? Il m'a comblé à ne rien laisser passer, du côté aussi bien de la construction que de l'évolution de mes arguments, de leur clarté et de leurs articulations. Je lui ai toujours fait confiance en tenant le plus grand compte de l'alliage singulier que constituent chez lui sa formation scientifique et sa sensibilité d'artiste.

Puis merci, merci à Jeanne, mon indéfectible épouse ; elle aura d'abord vérifié que j'ai profité de son enseignement puisque sa chasse habituelle aux adjectifs en trop et aux adverbes a été plutôt bredouille cette fois-ci. Les progrès, qu'elle m'a fait faire à cet égard, me servent surtout de prétexte pour lui dire, en usant de sa propre formulation, que nous avons vraiment bien fait de ne pas « divorcer les deux cents fois où nous en avons eu envie » et que nous aurons, je l'espère, deux cents autres occasions de ne pas le faire.

TABLE

DU MÊME AUTEUR

Aux Éditions du Seuil

L'Enfant porté, 1982 et coll. « Points-Seuil-Essais », 2002.
Une place pour le père, 1985 et coll. « Points-Seuil-Essais », 1992.
Parier sur l'enfant, 1988 et « Poches Odile Jacob », 2001.
L'Enfant bien portant, 1993, réédité en 1997, 1999 et 2004.

Chez Odile Jacob

De l'inceste (avec Françoise Héritier et Boris Cyrulnik), « Opus », 1994 et « Poches Odile Jacob », 2001.
Le Couple et l'Enfant, 1995 et « Poches Odile Jacob », 2005.
Les Filles et leurs mères, 1998 et « Poches Odile Jacob », 2001.
Questions d'enfants (avec Brigitte Thévenot), 1999 et « Poches Odile Jacob », 2001.
Réponses de pédiatre, 2000 et « Poches Odile Jacob », 2004.
Les Pères et les Mères, 2004 et « Poches Odile Jacob », 2005.
Les mères juives n'existent pas... mais alors, qu'est-ce qui existe ? (avec Sylvie Angel et Philippe Gutton), 2005.

CET OUVRAGE A ÉTÉ TRANSCODÉ ET MIS EN PAGES
CHEZ NORD COMPO (VILLENEUVE-D'ASCQ)
ET ACHEVÉ D'IMPRIMER SUR ROTO-PAGE
PAR L'IMPRIMERIE FLOCH À MAYENNE
EN SEPTEMBRE 2006

N° d'impression : 66310.
N° d'édition : 7381-1827-X.
Dépôt légal : septembre 2006.
Imprimé en France